权威·前沿·原创

皮书系列为
“十二五”国家重点图书出版规划项目

中国社会科学院创新工程学术出版资助项目

2015年 中国经济形势分析与预测

ECONOMY OF CHINA ANALYSIS AND FORECAST (2015)

主　编／李　扬
副主编／李　平　李雪松　张　平

社会科学文献出版社
SOCIAL SCIENCES ACADEMIC PRESS (CHINA)

图书在版编目（CIP）数据

2015年中国经济形势分析与预测/李扬主编. —北京：社会科学文献出版社，2014.12
（经济蓝皮书）
ISBN 978-7-5097-6828-0

Ⅰ.①2… Ⅱ.①李… Ⅲ.①中国经济-经济分析-2014 ②中国经济-经济预测-2015 Ⅳ.①F123.2

中国版本图书馆CIP数据核字（2014）第279932号

经济蓝皮书
2015年中国经济形势分析与预测

主　　编／李　扬
副 主 编／李　平　李雪松　张　平

出 版 人／谢寿光
项目统筹／邓泳红
责任编辑／任文武　彭　战

出　　版／社会科学文献出版社·皮书出版分社（010）59367127
地址：北京市北三环中路甲29号院华龙大厦　邮编：100029
网址：www.ssap.com.cn
发　　行／市场营销中心（010）59367081　59367090
读者服务中心（010）59367028
印　　装／北京季蜂印刷有限公司

规　　格／开　本：787mm×1092mm　1/16
印　张：25.25　字　数：382千字
版　　次／2014年12月第1版　2014年12月第1次印刷
书　　号／ISBN 978-7-5097-6828-0
定　　价／69.00元

皮书序列号／B-1996-001

中国经济形势分析与预测
学术委员会

经济蓝皮书编委会

主要编撰者简介

李　扬　1981、1984、1989年分别于安徽大学、复旦大学、中国人民大学获经济学学士、硕士、博士学位。1998～1999年，美国哥伦比亚大学访问学者。

现任中国社会科学院党组成员、副院长。中国社会科学院首批学部委员，研究员，博士生导师。十二届全国人大代表，全国人大财经委员会委员。中国博士后科学基金会副理事长。第三任中国人民银行货币政策委员会委员。2011年被评为国际欧亚科学院院士。

中国金融学会副会长，中国财政学会副会长，中国国际金融学会副会长，中国城市金融学会副会长，中国海洋研究会副理事长。

曾五次获得“孙冶方经济科学奖”著作奖和论文奖。已出版专著、译著23部，发表论文400余篇，主编大型金融工具书6部。主持国际合作、国家及部委以上研究项目40余项。

李　平　中国社会科学院数量经济与技术经济研究所所长、研究员，中国社会科学院重点学科技术经济学学科负责人和学科带头人。中国社会科学院研究生院教授、博士生导师，中国数量经济学会理事长、中国技术经济学会副理事长、中国区域经济学会副理事长。长期从事技术经济、产业经济等领域研究工作，主持参与多项国家重大经济问题研究和宏观经济预测，包括“我国未来各阶段经济发展特征与支柱产业选择（1996～2050）”“中国能源发展战略（2000～2050）”等项目研究；参加“三峡工程”“南水北调工程”“京沪高速铁路工程”等国家跨世纪重大工程的可行性研究和项目论证，国家南水北调工程审查委员会专家，起草南水北调综合审查报告，国家京沪高速铁路评估专家组专家，代表作有《特大型投资项目的区域和宏观经济影响分析》《中国工业绿色转型》《“十二五”时期工业结构调整和优化升级研究》等。

李雪松 经济学博士，中国社会科学院数量经济与技术经济研究所副所长、研究员，中国社会科学院研究生院教授、博士生导师，中国数量经济学会副理事长。曾在荷兰经济政策分析局、美国芝加哥大学经济系做访问研究。主要研究领域为经济形势分析与预测、经济政策的宏观与微观效应评价。在《中国社会科学》《经济研究》《数量经济技术经济研究》《人民日报（理论版）》等报刊发表论文论著百余篇。编著及合作编著有《加入WTO与中国经济前景》《宏观经济效应及前景分析》《经济政策与模拟研究报告》《高级经济计量学》《数量经济学研究及应用》《数量经济前沿方法与实证研究》等。曾获中国社会科学院研究生院“优秀教学奖”、中国社会科学院优秀科研成果奖、中国社会科学院优秀对策信息奖、孙冶方经济科学奖，入选“新世纪百千万人才工程”国家级人选、国务院政府特殊津贴专家。

张　平 中国社会科学院经济研究所副所长，研究员，中国社会科学院研究生院教授，博士生导师。1988年在中国社会科学院经济研究所从事研究工作至今，曾经参加和主持与世界银行、亚洲开发银行、世界劳工组织等多项国际合作；两次主持社科基金重大招标课题、中国社科院重大课题和国家交办的课题。主要研究领域为中国经济增长、宏观政策和收入分配。合著三次获得孙冶方经济科学奖，独立完成《增长与分享》和合作完成《中国经济增长前沿》均获得中国社会科学院专著二等奖。

2009年入选人力资源与社会保障部“新世纪百千万人才工程”国家级候选人。2011年获得国务院颁发的表彰为发展我国社会科学研究事业做出突出贡献专家的政府特殊津贴。

摘　要

2014 年前三季度，国内生产总值同比增长 7.4%，经济增长总体平稳，预计全年增长 7.3%，低于 2013 年的 7.7%。农业生产稳定发展，全年粮食产量维持 6 亿吨的高水平，有望实现“十二连增”；工业生产基本平稳，增速出现一定程度的回落，但产业结构调整取得了积极进展；第三产业发展明显快于第二产业，服务业保持良好发展势头，增加值占 GDP 比重继续提高。固定资产投资增速放缓，消费继续成为经济增长的主要支撑。世界经济曲折复苏，我国外贸进出口呈现继续低速增长。

随着中国经济规模不断扩大，从 2011 年 GDP 增速告别两位数以来，中国经济增速逐年递减。虽然受到国内资源环境约束加强、国际经济复苏不稳定的双重压力影响，中国经济仍然进入结构趋于优化、物价涨幅趋于适度、新增就业趋于稳定、经济增速趋向潜在水平的“新常态”。

2015 年，国内外发展环境仍然复杂，世界主要经济体复苏不均衡，使外部需求对我国出口的拉动作用难以大幅上升，而国内投资增长可能缓中趋稳，消费持续保持平稳增长。在服务业发展的拉动力，深化改革释放的改革红利，转型升级带来的巨大潜力等有利因素作用下，2015 年中国经济仍将保持平稳较快增长，预计增速为 7% 左右。

目　录

BⅢ 宏观经济政策与宏观调控篇

BⅣ 消费、投资与进出口形势分析篇

BⅤ 市场价格与收入分配篇

BⅥ 台港澳经济篇

BⅦ 附录

皮书数据库阅读**使用指南**

新常态　新飞跃
（代前言）

李　扬

一

近年来，在讨论全球金融危机以来的国内外经济发展格局时，越来越多的人倾向于用“新常态”（new normal）加以描述；其他如经济发展的“新阶段”“新时期”“新秩序”“中高速发展阶段”等概括，表达的也是相同的意思。

在国内，自从习近平主席在2014年初首次使用并在其后多次正式提及，“新常态”更成为概括当前及未来一段时期国内经济形势的标准概念。

“新常态”是一个具有历史穿透力的战略概念。

一个“新”字，将20世纪80年代中后期以来的全球发展划分出存在系统性差别的两个不同时期。就外在特征而言，两个时期的经济增长率存在高低之别，自然而然，与之内洽的宏观经济变量，诸如就业、物价、利率、汇率、国际收支、财政收支、货币供求等，均呈现不同的水平。就内在根源而论，支持经济长期发展的实体基础，诸如科技创新及其产业化水平、人口结构、要素供给效率、储蓄与投资关系，以及储蓄投资均衡状态下的真实利率水平等，都彰显出不同的性状。因此，新常态概念昭示我们：在认识当前、规划未来时，我们必须首先花工夫回顾来路，对“旧常态”进行认真分析，搞清楚我们几十年前从何处出发，何以发展到今天，如今又何以不能循旧轨继续走下去。

“常态”的判断，指示出当前及未来一段时期国内外经济发展的主基调。它提醒我们，“旧常态”或许值得眷恋，但是，在大概率上，它已经很难回归。因此，面向未来，我们必须全面调整理念、心态、战略和政策，迅速适应新常态，并学会在新常态下生产和生活。

二

新常态之前，全球曾经历过一个被国际经济学界称做“大稳定”的旧常态阶段。这是人们难以忘怀的一段少有的繁荣时期。自20世纪80年代中期至21世纪全球金融危机之前的长达20余年间，虽然也曾多次爆发过强度不等的金融危机（20世纪80年代在拉美，1997年在亚洲，1998年在俄罗斯，2001年在美国），同时也在美国发生过90年代末的房地产市场下泻和21世纪初的IT泡沫破裂，但总体上看，那段时期，全球经济发展经历了少有的“好时光”。经济持续高速增长、低通货膨胀率与低失业率并存，同时，经济周期波动的特征明显弱化，是大稳定时期全球经济发展的基本态势。“大稳定”是全球范围内科技进步、体制机制变革和全球化深入发展的综合产物。2007年是“大稳定”转为大危机的节点。从“大稳定”转换为大危机，并进而进入以长期结构调整为主要内容的新常态，其实只是被“大稳定”繁荣掩盖下的各种矛盾产生、累积、深化、蔓延和爆发的过程。在我们看来，在这个由多因素导致的高度复杂的历史转变中，有两大因素居于关键地位：其一，世界各国普遍存在经济发展方式偏颇和经济结构扭曲问题，而且愈演愈烈。但是，耽于大稳定的安乐，多数国家特别是发达经济体，长期对之“善意忽视”（Benign neglect），不思调整；其二，全球分工重组后形成的不合理国际经济秩序，引致了日趋严重的全球经济失衡。

随着以大稳定为主要特征的旧常态的结束，全球经济进入一个深度调整与再平衡的“新常态”。世界和中国，概莫能外。

三

2007年由美国次贷危机引发的全球金融和经济危机，终结了长达20余年的“大稳定”时期。如果我们把危机理解为“脱离经济运行常轨”，则危机的恢复便可能有两条路径，一是回归旧轨，二是另辟蹊径。回归旧轨是多数危机的出路；正是从脱离常轨到回归旧轨的周而复始，经济运行形成了其周期性。另辟蹊径则不然，它不仅使经济的运行脱离开旧轨道，摆脱了周期循环的惯性，而且开始探寻新路——人类社会发展的历史轨迹由此发生质的变化。此次危机历经七年的痛苦挣扎和深度调整但依然未见明显改观的事实告诉我们：如同20世纪30年代危机和70年代危机一样，此次危机将是又一次改变全球经济发展轨迹的大变局。应对这一变局，依靠“标准”（哪怕是“超常规”）的刺激政策，断难奏效；努力修补那些在危机中受到破坏性冲击的体制机制，使之“恢复功能”，似乎也难以回天。这意味着，我们必须重新寻找全球增长的实体经济基础，并且重构与之对应的全球治理机制。显然，我们目前面临的历史任务，与通常危机周期中的衰退与恢复阶段，存在明显区别。我们将这样一个从危机开始，以探索全球经济发展新路径为主要内容的恢复过程，概括为全球经济的新常态。

全球新常态的主要表现有五：一是全球经济增长低水平波动，二是各国均处于“去杠杆”和“修复资产负债表”两难境地，三是贸易保护主义加剧，四是主要国家政策周期非同步，五是全球治理出现真空。导致全球新常态的因素来自实体经济长期停滞。技术进步缓慢、人口结构恶化、真实利率水平下移并处于负值水平以及资产负债表衰退效应，构成长期停滞的主要原因。这意味着，即使导致危机的直接原因基本得到克服，发达经济体的增长前景仍旧面临诸多结构性挑战，因此，它们极有可能陷入以长期停滞为特征的新常态之中。在理论和实践上，应对长期停滞的主要举措，已经无法依赖心劳日拙的以货币调控为代表的需求管理政策，而须仰仗能够直接影响总支出水平及其结构的财政政策。面对此状，经济学家一致同意，走出长期停滞的唯一出路，在于大胆推进全面改革。改革的着力点则在供给端。鼓励创新创业、促进教育发展、提高人力资本、增强劳动市场弹性和降低企业和居民的税负等，均为题中应有之义。

四

中国经济自2009年始进入了新常态，其主要特点是结构性减速。由于经济增长率是国民经济的综合表现，它发生趋势性下滑，自然导致与之内洽的一系列宏观经济指标如储蓄、投资、物价、就业、财政收支（包括赤字）、国际收支、人民币汇率、货币供给、利率等，均呈现新的性状。

导致结构性减速的因素都产生自决定经济发展的实体层面，主要包括资源配置效率下降、要素供给效率下降、创新能力滞后以及资源环境约束增强等。

新常态带来了新挑战，它不仅暴露出国民经济中长期被掩盖的深层次矛盾，而且引发出一系列新的矛盾。概言之，这些矛盾主要表现在五个方面。一是经济发展陷入“投资/增长/过剩”悖论。我们的增长高度依赖投资，而投资恰又正是造成产能过剩的渊薮。新常态下经济平稳增长的关键，是要以改革的精神来完善投资机制，处理好投什么、如何投和谁来投的问题。二是杠杆率飙升。杠杆率上升是具有全局性、系统性影响的金融风险。中国地方债务存在偿付能力短绌和流动性不足两大难题。应对债务问题，短期目标主要是防止债务形势恶化，长期目标则是建立合理、可持续的地方政府融资机制。三是城镇化转型。在新常态下推进城镇化，必须改变立足于“城里人”来规划城镇化的偏颇，必须扭转“开发区化”的倾向，必须克服“失去市场”的弊端，必须确立提高土地利用效率的基本立场，必须高度重视产业积聚、人力资本积累、知识外溢等对长期可持续发展更为重要的供给面因素的耦合，必须以城乡一体化为最终目标。四是房地产市场形势逆转。此次房地产市场下滑的触发因素不是来自政策面，而是来自城镇住房市场内在供求格局的深刻变化。短期对策，应致力于清理多如牛毛的房地产规制，择其不当者和自相矛盾者而弃之，还市场以本来面目；长期对策则应加快进行房地产市场的“顶层设计”，特别解决好居民“居者有其屋”战略中的租售比问题、住房与土地关系问题、房地产市场与城镇化关系问题、房地产市场开发主体问题、政府在房地产市场中的地位和作用问题、房地产金融体系问题、支持和规范房地产市场发展的财税政策问题等。五是金融乱象丛生。我国货币量增而利率价升的情况同时出现，实属乱象。治理金融乱象必须进行体制机制改革，主要目标有三：其一是改革现行外汇储备管理制度，以求彻底摆脱外汇储备绑架我国货币政策的困局；其二是改革多部门分业监管模式，根除监管套利的基础并尽可能覆盖层出不穷的综合性金融业务；其三是摈弃繁复且多已过时的“政策约束”，还市场以本来面目。

五

新常态孕育着革命性转变，在全球范围内，新常态意味着供应链的重组、经济结构的调整、治理体系的重塑和大国关系的再造；在国内，新常态则意味着中国经济“浴火重生”。走过这个阶段，中国经济将从根本上摆脱投资驱动和出口驱动的增长方式，走上追求质量、效益和可持续发展的道路，跨越中等收入陷阱，实现中华民族伟大复兴。

新常态再次给我们带来了发展机遇，并赋予战略机遇期全新的内容。

新常态有利于“挤水分”。我国经济中的水分，主要应从投资驱动的经济增长方式中寻找。如果投资不能顺利形成生产能力，与这部分投资对应的增长率就是水分；如果投资形成了生产能力，但出现了产能过剩和产品积压，与此对应的增长率也是水分。毫无疑问，由于新常态下经济增速的下滑主要归因于投资增速下降，所以，压缩、挤出这些水分便有了有利条件。

新常态有利于创新驱动战略的推行。由于投资和出口等传统因素不再可以依赖，中国经济将被迫转向创新驱动的新轨道上，这正是我们多年来孜孜以求的重大转型。

新常态有利于理顺政府和市场的关系。新常态将弱化 GDP 考核机制，如此，地方政府的招商引资和投资冲动方能得到有效遏制，长期存在的政府“越位”“缺位”问题也才有了解决条件，我们才能更好地发挥政府作用。新常态需要我们进一步强化企业的主体地位和市场在资源配置上的决定性作用，真正实现推动资源依据市场规则、市场价格、市场竞争实现效益最大化和效率最优化。

新常态有利于经济可持续发展。只有在绷得不紧的宏观环境下，我们才有可能着手减少资源浪费和环境破坏现象，实质性推进生态文明建设。

新常态有利于实现社会公平正义。在过去相当长时期中，过于追求速度并因而高度依赖投资，造成了资本所有者在经济中长期占据主导地位的状况，从而，致使利润占国民收入中比重过高，与此对应的就是劳动者的劳动收入占比过低。这种收入分配不公格局若长期持续，还会强化两极分化，致使社会阶层和利益格局固化。

总之，新常态再次给我们带来了发展机遇，并在新条件下与时俱进地为我国的战略机遇期赋予了全新的内容。我们一定要从经济发展的这一阶段性特征出发，保持战略定力，全面调整理念、心态、战略和政策，迅速适应新常态，完善社会主义市场经济的体制机制和法治结构。

放眼全球，我们已进入一个“改革竞争期”，那些对改革的紧迫性、艰巨性及其多样化内容认识得最深刻、策略最完备、决心最大、效果最明显的国家，将会在未来的全球竞争中抢占先机。中国共产党的十八届三中、四中全会通过的全面深化改革以及依法治国的决定，正是这样一个率领中国人民进行新一轮改革、实现中国梦的成熟纲领。

总 报 告

General Report

B.1

中国经济形势分析与预测

——2014年秋季报告

“中国经济形势分析与预测”课题组*

摘 要：由于中国经济处在“增长速度换挡期、结构调整阵痛期、前期刺激政策消化期”三期叠加阶段，结构性减速具有一定的必然性、复杂性和合理性，改革红利的释放还需要一个过程，预计2014年中国经济增长7.3%左右，增速比上年回落0.4个百分点，继续保持在经济增长的合理区间。预计2015年中国GDP增长7.0%左右。“新常态”背景下，需要促进内需平稳均衡发展，促进研发、高端制造业、现代服务业、生态环保、基础设施等领域投资，优化投资结构；促进居民

* 课题总负责：李扬；执行负责人：李平、李雪松、张平；执笔：李雪松、张涛、李军、樊明太、娄峰、王文波；课题组成员：李文军、张延群、胡洁、刘强、蒋金荷、万相昱、刘生龙等。

合理的住房刚性需求和改善型需求；加大基本社会保障投入力度，促进居民消费。

关键词： 中国经济　经济形势　新常态

一　当前国际经济环境及2014 ~2015年中国经济预测

1. 当前国际经济环境分析

当前，全球经济仍处于缓慢、脆弱的复苏之中，美国与其他发达经济体的分化加剧，新兴经济体的潜在增长率在下降。发达经济体债务持续处于高位，新兴经济体增速显著放缓。自2008年国际金融危机爆发以来，世界各国为摆脱经济危机影响，纷纷采取各种刺激手段，努力寻求经济增长的新动力。然而，经济引擎的频繁异动、局部经济波动的不断加剧、各国刺激政策的不同步及其潜在的负面影响、地缘政治对经济的持续冲击，这一切都使全球经济的复苏进程面临极大的不确定性，并呈现极度的不均衡性，世界经济格局仍在酝酿着结构性的演变，在这样的大背景下，全球经济疲软的复苏态势很可能持续相当长的时间。

美国经济近期出现复苏势头，其经济增速继续领跑主要发达经济体。受严寒天气和库存调整等暂时性因素影响，美国2014年第一季度经济增速放缓。从近期的数据看，私人消费维持强劲增长态势，成为拉动经济增长的主要动力，私人投资实现了对经济增长的正向贡献，净出口对于经济增长的拖累在减弱。失业率稳中有降，非农就业人数连续6个月保持20万人以上的增长态势，两者分别实现自危机爆发以来的最低和最高水平。美联储在完全退出此轮QE后，2015年何时开始加息以及未来加息的节奏快慢仍有很大的不确定性，并将对国际大宗商品市场和国际资本流动产生较大影响。

欧盟及欧元区经济复苏的进程放缓，进入一个持续缓慢增长的阶段。欧元区经济复苏的严重不平衡、改善就业措施的乏力以及对于多元量化宽松政策的依赖，都构成了其经济增长的阻力。近期欧盟地区经济景气指数持续低迷，制造业采购经理人指数和消费者信心指数均出现环比回落态势。欧元区核心国家的经济形势严峻，德国经济复苏势头骤停，法国经济持续疲软；欧元区边缘国家的复苏进程则呈现显著的差异化特征。

日本经济增速显著回落。在经历了第一季度强劲上扬之后，2014 年第二季度国内生产总值年化增长率调整后下跌 7.1%，创 2009 年第一季度以来最大跌幅。消费税上调成为导致日本经济萎缩的主要原因，而这种消极影响可能在未来一段时间内进一步凸显，推行近两年的“安倍经济学”将迎来前所未有的挑战。日本经济在解决通缩方面略有起色，制造业采购经理人指数显著恢复，出口订单持续增长，但出口增长尚未达到预期目标，而货币贬值和消费税上调导致的成本上升挤压了私人消费能力。日本中央政府债务风险的上升将显著影响日本长期利率，未来发展难言乐观。

新兴市场国家和发展中经济体在经历了本轮经济周期的增长高点后，普遍处于经济减速过程中，对世界经济复苏的贡献率显著降低。新兴经济体自身经济结构不合理的消极效应在放大，同时受到美国量化宽松政策退出、发达经济体对外需求不足以及国际大宗商品价格低迷的影响，市场出现调整。一些经常账户和财政“双赤字”的新兴经济体面临资本流出加速、经济增速放缓、本币持续贬值、通胀高企的压力，局部波动性增强，经济脆弱性凸显。

世界各国的经济政策呈现显著的分化态势，而这种分化与当前世界经济环境以及地缘政治等因素相结合，有可能进一步加大全球经济的不确定性风险。全球经济政策分化的重要表现来自发达经济体货币政策的异质化，常态化的货币政策与非常态化的量化宽松同时存在必然要求世界各国对全球经济形势做出合理预判并实现良好沟通。世界经济复苏的不均衡性、脆弱性和易变性，短期对中国的对外经济贸易带来较大挑战，长期则对中国在国际政治和世界经济舞台上的战略决策提出了更高的要求。

2. 2014 ~2015 年中国经济主要指标预测

当前，虽然国内资源环境约束加强、国际经济复苏不稳定的双重压力下，我国仍然进入经济增速趋向潜在水平、物价涨幅趋于适度、新增就业趋于稳定、经济结构趋于优化的“新常态”。国内宏观调控在坚持稳中求质、强化改革创新的背景下，经济运行中许多深层次的矛盾和问题逐步得以解决，经济结构进一步优化。

由于中国经济处在“增长速度换挡期、结构调整阵痛期、前期刺激政策消化期”三期叠加阶段，结构性减速具有一定的必然性、复杂性和合理性，改革红利的释放也需要一个过程，预计 2014 年中国经济增长 7.3% 左右，增速比上年回落 0.4 个百分点，继续保持在经济增长的合理区间。

这次对 2014 年的预测结果比春季的预测下调了 0.1 个百分点，主要原因是：2014 年以来房地产市场调整加深，占总投资 1/4 的房地产投资的增速显著下滑；尽管政府加大了对占总投资 1/5 的基础设施的投资力度，预计全年增长 20% 以上，但因融资制约、项目准备不足、投资回报率低等问题而难以完全对冲房地产投资增速的下滑。

2014 年第三产业增速将继续快于第二产业。预计三次产业增加值将分别增长 3.8% 、7.2% 和 7.9% ，其中第一、第二和第三产业增速分别比上年回落 0.2 个、0.6 个和 0.4 个百分点，三次产业分别拉动 GDP 增长 0.4 个、3.4 个和 3.5 个百分点。三次产业对 GDP 增长的贡献率分别为 4.9% 、46.6% 和 48.5% ，其中第一产业贡献率与上年基本持平，第二产业贡献率出现回落，第三产业贡献率进一步提高，第三产业贡献率已连续四年提高。预计 2014 年第三产业增加值占 GDP 比重为 47.1% ，提前一年实现“第三产业增加值占 GDP 的比重从 2010 年的 43% 提升到 2015 年的 47% ”的“十二五”规划目标。

2014 年商品房销售面积和销售金额明显下降，房地产投资增速显著走低；成长性行业对投资稳定增长的支撑作用不强，且融资成本较高；从第二季度起中央和地方政府增加了对重点领域和基础设施投资的支持力度，但也受到资金来源的制约。预计 2014 年全社会固定资产投资将高达 51.8 万亿元，名义增长 15.8% ，实际增长 15.2% ，增速虽比上年回落 3 个多百分点，但仍保持了较快增长态势。

2014 年家具家电、建材、装修装饰等与房地产市场相关度较高的消费增速显著下降，但网络购物、电子商务等新型消费业态发展迅速，信息、文化、教育、健康、旅游等消费热点不断涌现，而且在中央坚定、持久地反对公款浪费因素影响下，高端餐饮娱乐场所正在向大众型消费转变，消费结构逐步改善。预计 2014 年社会消费品零售总额将达到 26.6 万亿元，名义增长 11.9%，增速比上年回落 1.2 个百分点；扣除价格因素，实际增长 10.8%，增速比上年回落 0.7 个百分点，总体继续保持平稳增长态势。

2014 年世界经济表现总体弱于预期，国内资源和劳动等要素成本上升导致中国产品的价格竞争力有所下降，外贸形势低位徘徊。2014 年美联储逐渐缩减 QE 规模，国际大宗商品价格处于近几年的低位。考虑到 2013 年上半年虚假贸易导致的基数偏高等因素，预计 2014 年我国出口和进口分别增长 6.0% 和 2.2%，增速分别比上年回落 1.9 个和 5.1 个百分点。全年货物贸易顺差将高于上年，但由于服务贸易逆差将进一步扩大，因此货物与服务净出口只是略高于上年。

2014 年中国经济增速有所放缓，物价缺乏快速上涨的需求面支撑；输入型通胀压力较弱；产能过剩仍较为突出，显著制约工业品价格上涨；居民消费价格指数的翘尾因素比上年也有所减弱。综合以上因素，预计 2014 年居民消费价格上涨 2.0%，涨幅比上年回落 0.6 个百分点；工业品出厂价格下降 1.7%，仍处于通缩区间。

随着我国劳动力市场结构性变化的不断发展，预计 2014 年农村居民人均纯收入实际增长率和城镇居民人均可支配收入实际增长率分别为 8.5% 和 6.6%，农村居民人均纯收入实际增速持续五年高于城镇居民人均可支配收入实际增速。财政收入 14.0 万亿元，增长 8.2%；财政支出 15.3 万亿元，增长 10.2%。

预计 2015 年中国 GDP 增长 7.0% 左右，主要基于以下考虑：外需难以显著提升，消费总体平稳，投资因制造业产能过剩及创新技术相对不足、房地产库存较高、基础设施投融资体制制约等因素而难以长期维持高速增长，且投资回报率在不断降低。改革开放以来，我国投资效果系数（即单位投资产生的 GDP 增加额）已经显著下降，1981～1996 年年均为 0.53，1997～2011 年年均为 0.26，2012～2014 年年均仅为 0.11。当前，投资对于稳增长仍起关键作用，但对经济增长的拉动效应在减弱。

预计 2015 年固定资产投资将达 59.4 万亿元，名义增长 14.7%，实际增长 14.3%，增速虽比 2014 年进一步回落，但因投资规模巨大，实现有效的投资仍需付出不少努力；预计 2015 年社会消费品零售总额名义增长率和实际增长率分别为 11.4% 和 10.4%，保持较为稳定的增长；综合考虑到国内外需求因素及大宗商品价格因素，预计 2015 年出口和进口分别增长 6.9% 和 4.6%。

总之，2014～2015 年中国经济增长将在新常态下在合理区间运行，改革将继续深化，产业结构及投资消费结构将继续得到优化。表 1 列出了 2014～2015 年国民经济主要指标的预测结果。

表 1　2014～2015 年国民经济主要指标预测

指标名称	2014 年预测值	2015 年预测值
1. 总量		
GDP 增长率(%)	7.3	7.0
2. 产业		
第一产业增加值增长率(%)	3.8	3.6
第二产业增加值增长率(%)	7.2	6.8
其中:工业增长率(%)	8.5	7.9
第三产业增加值增长率(%)	7.9	7.6
其中:批发零售业增长率(%)	9.8	9.3
第一产业对 GDP 增长的拉动(个百分点)	0.4	0.3
第二产业对 GDP 增长的拉动(个百分点)	3.4	3.2
第三产业对 GDP 增长的拉动(个百分点)	3.5	3.5
第一产业贡献率(%)	4.9	4.8
第二产业贡献率(%)	46.6	45.0
第三产业贡献率(%)	48.5	50.2
3. 投资		
全社会固定资产投资(亿元)	517780	594050
名义增长率(%)	15.8	14.7
实际增长率(%)	15.2	14.3
支出法投资率(%)	47.9	47.8

续表

指标名称	2014 年预测值	2015 年预测值
4. 消费		
社会消费品零售总额(亿元)	266140	296580
名义增长率(%)	11.9	11.4
实际增长率(%)	10.8	10.4
5. 外贸		
出口总额(亿美元)	23420	25040
出口增长率(%)	6.0	6.9
进口总额(亿美元)	19940	20850
进口增长率(%)	2.2	4.6
外贸顺差(亿美元)	3480	4190
6. 价格		
居民消费价格指数上涨率(%)	2.0	1.8
工业出厂品价格指数上涨率(%)	-1.7	-1.4
投资品价格指数上涨率(%)	0.5	0.4
GDP 平减指数(%)	1.4	1.2
7. 居民收入		
城镇居民人均可支配收入实际增长率(%)	6.6	6.1
农村居民人均纯收入实际增长率(%)	8.5	7.6
8. 财政		
财政收入(亿元)	139760	150370
财政收入增长率(%)	8.2	7.6
财政支出(亿元)	153260	165370
财政支出增长率(%)	10.2	7.9
9. 金融		
新增贷款(亿元)	93850	99930
新增货币发行(亿元)	2370	2070
居民储蓄存款余额(亿元)	497750	548500
居民储蓄存款余额增长率(%)	11.2	10.2
M2(亿元)	1248160	1400920
M2 增长率(%)	12.8	12.2
各项贷款余额(亿元)	812850	912780
各项贷款余额增长率(%)	13.1	12.3
社会融资总额(亿元)	165090	160920

二　“新常态”背景下促进内需平稳均衡发展

2008 年金融危机之后全球经济进入了缓慢而痛苦的恢复过程。无论是发达经济体、新兴市场，还是发展中经济体都面临不同程度的发展困境，世界经济已由危机前的快速发展期进入深度转型调整期。在此背景下，中国经济也不可能独善其身，在经历近三十年改革开放尤其是加入 WTO 十年的高增长之后，经济增长开始平稳减速。在增长速度换挡期，新型城镇化进程将继续推进，经济结构需要大力调整，经济体制改革迫在眉睫，中国经济正步入“中高速、优结构、新动力、多挑战”的“新常态”。

“新常态”背景下，需要促进内需平稳均衡发展，促进研发、高端制造、现代服务、生态环保、基础设施等领域投资，优化投资结构；促进居民合理的住房刚性需求和改善型需求；加大基本社会保障投入力度，促进居民消费。

1. 促进研发、高端制造、现代服务、生态环保、基础设施等领域投资，优化投资结构

从 20 世纪末开始，世界制造业的重心逐渐向中国转移，对推动我国经济发展和提高我国工业化水平起到了积极的作用。从目前情况看，产能过剩成为制约传统制造业投资的关键因素。政府可以从以下几个方面多措并举，促进投资平稳均衡发展：通过逐步扩大贴息支持企业技术改造项目的范围，逐步改善科技成果转化环境等政策措施鼓励企业进行技术改造和研发投资；以制造业梯度转移和产业承接为契机，加大对中西部地区的高端制造业投资；促进生态环保和低碳领域相关投资；打破垄断，释放改革红利，促进现代服务业投资。

国际金融危机后外需扩张放慢，当前房地产投资受市场调整影响增长放缓，国内制造业投资受产能过剩约束增幅回落。但基础设施建设特别是中西部地区基础设施建设仍有很大空间，基础设施投资可成为加快新型城镇化的重要引擎。加快铁路、交通、教育、医疗、养老等基础设施的投资，既可对冲房产投资下降所带来的负面影响，也可带动钢铁、水泥、建

材、装备、仪表、信息等相关产业发展，为企业发展提供机遇，为扩大就业增添岗位，助推经济实现持续健康发展，为改善民生产生积极效应。但是，在土地财政紧缩和地方债务负担加重的制约下，靠政府投资以及平台融资来推进基础设施建设的老路子难以为继。为保持基建投资平稳增长，必须切实改变地方政府融资渠道单一和民间资本参与动力不足的局面。加快推进垄断行业改革，破除行业壁垒，吸引各类资本进入，通过提高基础设施行业的产出效率来促进基础设施投资的稳定增长。通过财税体制改革，完善转移支付制度，培育地方主体税种，扩大市政债试点地区和发债规模，平衡地方政府资金来源。创新并分类使用 PPP 模式，对不同类型的基础设施，采取不同形式的 PPP 模式，充分调动民间资本参与城市基础设施的积极性，推动融资渠道多元化。完善多渠道投入回报补偿机制，形成可持续的融资—使用—偿还机制。

2. 促进居民合理的住房刚性需求和改善型需求

2014 年是房地产市场调整年，本轮房地产市场调整与 2008 年、2011 年的两轮调整不同，并非源于外部经济危机或内部强力调控政策，而是行业自身发展周期自发调节的结果。这次房地产市场调整的原因包括：供需结构性失衡，住房库存增加；融资成本上升；上年价格与销售基数高；等等。

房地产市场调整的短期宏观效应表现在：房地产投资增速显著回落；对上游产业联动的影响，进一步加剧产能过剩；对下游产业联动的影响，降低家电家具、装饰装修等消费需求；地方土地财政和房地产销售环节相关税费收入降低，地方基础设施建设融资来源减少。

然而，相对于投入到实体经济，如制造业、服务业以及基础设施等的投资，房地产投资对于长期劳动生产率提高的贡献相对较小。因此，如果投资过分向房地产行业集中，对于提高劳动生产率和整体收入水平是不利的，从长期看会造成有支付能力住房需求的减少，以及房地产市场的供过于求。因此，房地产业健康发展的前提条件是，房地产投资的增长速度与住房需求增长速度应相互协调，超出住房需求增速的过快投资增长是不可持续的。当然，在少数住房供给形势仍然紧张、房价较高的城市，如北京、上海等特大型城市，应面对不同的需求增加多层级的房地产投资和供给。

中国现存住房中有很大一部分是改革开放以前建造的，许多一套房家庭住在老旧住房中，迫切希望改善住房条件，因此中国住房的改善型需求依然巨大。这部分改善型需求因“限贷”导致的高首付和高资金成本而被抑制。2014 年 9 月 30 日，人民银行、银监会发布了《关于进一步做好住房金融服务工作的通知》。该通知从促进需求的角度，使居民合理的购房需求得到必要的金融支持，着力促进居民的住房刚性需求和改善型需求，通过去库存措施，逐步减缓局部房地产供给严重过剩的局面。通知还鼓励银行业金融机构通过发行住房抵押贷款支持证券（MBS）、发行期限较长的专项金融债券等多种措施筹集资金，专门用于增加首套普通自住房和改善型普通自住房贷款投放，以增强金融机构个人住房贷款投放能力。

三　实施积极的财政政策，提高财政资金使用绩效，加快推进财税体制改革

1.“新常态”下积极的财政政策要着力调整支出结构，提高财政资金使用绩效

当前，世界经济增长动力依然不足，国内新的经济增长点尚难以形成有力支撑。在此形势下，继续实施积极的财政政策是十分必要的。

随着 2014 年经济增速进一步下降，全国（公共）财政收入增长减缓趋势更加明显。2014 年全年全国财政收入增速可能将创自 1994 年实行分税制以来年度财政收入增长率新低，同时也是自 1994 年以来财政收入增速首次跌入一位数区间。财政收入增长减缓与经济增长放缓和实施结构性减税政策有关，也与房地产市场调整密切相关。然而，从更深层面看，目前我国财政收入增速减缓并非是短期现象，而是进入一种新的常态。这主要是由我国经济增长潜力趋于下降决定的。在历经三十多年的长足发展后，当前我国的资源、能源、环境及人口等基础性因素对经济增长的约束性显著增强，难以支

撑以往方式的经济高速增长。特别是作为人口大国，以人口老龄化及劳动年龄人口下降为主要特征的人口结构的变化，将不断提升我国经济增长的成本。总体上看，我国已进入经济社会发展模式的转型阶段，巨大的转型成本必然要以牺牲一定的经济增长为代价，财政收入受到影响在所难免。

在财政收入增长减缓的新常态下，积极的财政政策要着力调整支出结构，提高财政资金使用绩效。积极财政政策应以“稳增长、扩内需、保民生”为核心目标，重点加强弥补市场缺陷与失效的职责。可采用增发国债方式适度扩大财政赤字规模；继续完善“营改增”政策，扩大市政债试点地区和发债规模。

2. 加快推进财税体制改革

以改革为经济增长提供新动力，以改革激发市场活力，这是现阶段发展我国经济的重要思路。而在各项改革中，财税体制改革是牵一发而动全身的关键性改革。2014 年 6 月 30 日中央政治局审议通过了《深化财税体制改革总体方案》。这是按照中共十八届三中全会的部署，对财税体制改革工作的推进。此番财税体制改革主要围绕“改进预算管理制度、完善税收制度、建立事权和支出责任相适应的制度”三大任务进行，主要目标是“建立现代财政制度”。预计 2016 年基本完成深化财税体制改革的重点工作和任务，2020 年各项改革基本到位。现在的关键问题是，如何按总体方案要求将各项具体改革落实到位。为此，需要注意以下一些问题。

一要将财税体制改革置于我国经济社会发展的大局中考虑。财税体制改革要以财税体制是否有利于为经济社会发展提供更好、更有效率的支持与服务为标准。一方面，财税体制改革应强化政府责无旁贷的一些经济社会发展目标。主要是推动经济增长、促进就业、防止通货膨胀、维护经济与社会稳定、改善民生、防止市场失效和弥补市场不足等。另一方面，财税体制改革应在财政收入与支出工作的具体细节上下工夫，以提高财政工作效率及财政资金有效性。归根到底，财政是为经济社会发展服务的。因此，财政工作应以最大限度满足社会公众需求，发挥财政资金最佳使用绩效为基本原则制定相关财政工作管理制度。

二要充分结合当前及未来我国经济社会发展的基本趋势与特点，特别是要充分结合产业发展与产业结构变化，使财税体制改革与经济社会发展相适应。长期来看，财政收入状况最终取决于经济发展与产业结构的状况。因此，对具体的税制、税种及税率的设计，需要以对现实与未来的经济发展特别是产业发展进行科学预判为前提。例如，当前我国一些地方的财政收入是建立在房地产业基础上的，带有鲜明的土地财政特征。从长期来看，经济转型及科技进步必然导致产业发展出现重大变化，过于依赖房地产的土地财政是不可持续的。因此，财税体制改革乃至对税种与税率的调整，须与经济和产业发展相适应。特别是要增加财政对研发、创新的支持力度。

三要加强财政对扩大需求特别是扩大消费需求的作用。当前以“营改增”为主要内容的结构性减税政策，其效应主要在生产层面，对消费需求方面的影响是间接的、有限的。而实际上，以扩大内需特别是扩大消费需求促进经济增长，是转变我国经济增长方式的关键所在。因此，当前及未来迫切要求加强财政对需求方面的直接作用。为此在此番财税体制改革中，应注意加强财政对国民收入再分配、调节消费与投资关系以及促进就业等方面的重要作用。

四要建立相关制度与机制来显著提高居民收入份额。按现价计算，1994～2013年我国城镇居民可支配收入年均增长11.3%，低于财政收入年均增长率7.1个百分点，低于GDP年均增长率（现价计算）2.6个百分点。扩大内需重在扩大消费需求，而消费需求以收入为基础。应发挥财政对调节国民收入分配的作用，大力加强社会保障，通过相关制度安排（如转移支付和减免税收，增加一般转移支付，压缩专项转移支付）增加居民收入，实现居民收入增速向经济增速靠拢的局面。

3. 加强地方税体系建设，适度扩大地方财政税源

处理好中央财政与地方财政的关系，是财税体制改革的一项关键性核心内容。自实行分税制以来，地方财政长期处于明显被动的地位。此番财税体制改革，应适度兼顾地方财政的利益。应在保持中央和地方财力格局总体稳定的前提下，加强地方税体系建设，适度扩大地方财政税源。

一是在现行税收架构内适度提高地方税的分享比例。在2013年全国公共财政收入税收中，增值税占26.1%，企业所得税占20.3%，营业税占15.6%，消费税占7.4%，个人所得税占5.9%，城市维护建设税占3.1%，资源税0.9%。可见，增值税、企业所得税和营业税是当前三大税种。由于“营改增”政策的实施，营业税即将退出舞台，未来主要税种是增值税、企业所得税、消费税及个人所得税。预计未来这四大税种的税收将占总税收的70%以上。因此，适度扩大地方财政税源的一个重要内容，是如何对这四大税收按中央财政与地方财政进行划分的问题。

二是将消费税考虑作为中央财政与地方财政共享税进行改革试点。目前在增值税、企业所得税、消费税及个人所得税这四大税种中，消费税仍为中央财政的独享税。2005年全国消费税占税收比重为5.7%，2013年上升至7.4%，表现出消费税仍有上升的潜力。除了需确定中央财政与地方财政划分比例外，对消费税的改革还涉及消费税税目及税率的调整。消费税调整的政策原则应遵循：有利于限制高耗能、高污染及部分高档消费品和高档服务等产品的消费，鼓励节能、环保消费品的消费。同时，调整消费税还需考虑对不同收入阶层的消费影响；基本原则是降低中低收入群体的消费税负，适度增加高收入群体的消费税负。

三是扩大地方政府债券发行试点的地区范围和发债规模，修明渠，堵暗道。地方政府发行政府债券增加了地方政府的融资渠道，对缓解地方财政资金紧张，促进地方经济发展具有十分重要的意义。经国务院批准，2014年上海、浙江、广东、深圳、江苏、山东、北京、江西、宁夏、青岛试点地方政府债券自发自还。在及时总结经验教训的基础上，2015年应继续扩大试点地区范围，提高发债规模，修明渠，堵暗道。当前我国地方政府债券的管理体制仍处于探索中，相关法律法规不健全，有关的信息披露不够透明。近日，国务院印发了《关于加强地方政府性债务管理的意见》，全面部署加强地方政府性债务管理，有利于规范地方债发行，防范地方债无序扩大的风险。

四是将资源税计征方式由从量计征改为从价计征。目前资源税在我国税收中的比重很低，有很大的提高空间。2005 年资源税占税收比重为 0.5%，到 2013 年也仅为 0.9%。然而，资源税有鲜明的地域特征，即有利于增加矿产资源相对丰富地区的财政收入，特别是对增加中西部地区的财政收入有重要的意义。对全国一般性地区，资源税改革对地方财政收入的影响仍是有限的。资源税改革的更大意义在于有利于资源利用与环境保护，有利于经济发展方式的转变。但总的来看，资源税与房地产税在近期内难以成为地方税的主要税种。从 2014 年 12 月 1 日起，在全国将煤炭资源税由从量计征改为从价计征，税率由省级政府在规定幅度内确定。资源税将逐步扩展到水流、森林、草原、滩涂等自然生态空间，但就整体而言，目前资源税比重小且受制于地域特征，因此尚不足以成为一般意义的地方财政主要税种。特别是资源有显著的基础性生产要素的作用，对资源税改革不能操之过急，而应遵循渐进过程，否则将会对经济产生不良影响甚至冲击。房地产税涉及面广，涉及立法程序，是十分复杂的问题，短期内难以实现到位。因此，完善地方税体系，仍需在现有税收结构基础上进行通盘考虑。

四　实施定向宽松的稳健货币政策，深化改革缓解“融资难、融资贵”问题，大力发展资本市场

1.“新常态”下实施稳健的货币政策，重在定向宽松，主动有效预调

统筹稳增长、调结构、促改革、惠民生和防风险，必须兼顾长期结构调整和短期波动及社会承受力，在保持合理经济增长中推进增速换挡、结构转型、改革深化。因此，“新常态”下实施稳健的货币政策，重在定向宽松，主动有效预调。要创新信贷政策工具，实施定向宽松的结构性信贷政策；主动有效预调货币政策，促进货币信贷和社会融资规模合理增长；加强和完善宏观审慎政策逆周期调节和风险管理框架，逆周期和定向调节经济波动和结构调整，促进社会融资条件改善和金融市场资源优化配置，有效防范系统性

金融风险。

第一，创新信贷政策工具，实施定向宽松的结构性信贷政策。加强信贷政策与产业政策的协调配合，引导金融机构盘活信贷存量、优化信贷增量，支持经济结构调整和转型升级，需要创新信贷政策工具，实施结构性信贷政策组合，特别是定向降准、抵押补充贷款（PSL）和窗口指导等信贷政策的有效组合。实施定向降准、窗口指导、定向降息等结构性信贷政策，可以发挥信贷政策定向支持再贷款和再贴现政策的作用；引入抵押补充贷款政策工具，既可以创新基础货币投放补充渠道并对商业银行定向提供流动性，又可以通过调控央行对商业银行这些定向抵押贷款的中期政策利率，来引导中期市场利率，从而降低社会融资成本。要落实好“定向降准”等相关措施，加强窗口指导，发挥信贷政策支持再贷款和再贴现政策的作用，使信贷政策与货币政策等相协调，服务于保障性安居工程，农业、水利、交通等基础设施，社会事业等民生工程，以及战略性新兴产业发展；同时，建立和完善绿色信贷机制，不断提升对节能环保、循环经济、低碳发展、减缓和适应气候变化等领域的信贷服务水平。

加强和改善信贷政策的结构引导作用，可以借鉴欧美等发达经济体最近的定向量化和质化宽松货币政策的实践。近年来，由于政策利率处于零利率甚至负利率，美联储和欧央行分别通过实施“逆操作”和“定向长期再融资操作”来打通短期利率向中长期利率的传导，引导资金通过信贷途径流向相应的实体经济，其实践对我国加强和改善信贷政策的结构引导作用具有重要启示。

第二，主动有效预调货币政策，促进货币信贷和社会融资规模合理增长。坚持货币政策稳健性是稳增长的内在要求，也是贯彻“稳中求进”战略的必然选择。当前，货币政策还须主动作为，创新货币政策调控方式，丰富和优化货币政策工具组合，有效预调货币政策。具体讲，要灵活运用回购、央行票据、存款准备金率、再贷款、再贴现、常备借贷便利、短期流动性调节、利率等数量类、价格类货币政策工具，调节银行体系流动性，引导金融市场预期，促进货币信贷和社会融资规模合理增长。外汇占款的收缩可提高央行货币政策的主动性。基础货币投放渠道由外汇资产的变动转变为央行对政府以及其他存款性公司债权的变动，定向宽松成为基础货币投放的重要渠道。

第三，改善宏观审慎政策逆周期调节框架和风险管理框架，逆周期和定向调节经济运行。改善宏观审慎政策逆周期调节框架，就要继续运用差别准备金动态调整机制，根据金融机构稳健性和信贷政策执行情况调整相关参数（如再贷款优惠利率），鼓励和引导金融机构定向提高贷款比例，促进信贷合理增长。改善宏观审慎风险管理框架，就要加强央行的货币政策职能与风险管理职能的协调，特别要建立金融监管机构间的协调机制，并注意平衡微观审慎监管政策的宏观效益和货币政策基于市场微观结构的传导机制。

2. 当前实体经济“融资难、融资贵”的成因

2014 年以来，央行创新性地使用了再贷款、PSL 和定向降准等结构性工具，着力引导社会各类资金用于支持实体经济发展，但实体经济特别是“三农”、小微企业等薄弱领域的“融资难、融资贵”问题依然没有有效解决。“融资贵”不仅加重企业负担、蚕食了实体经济薄弱的利润空间，而且影响宏观调控效果，也带来金融风险隐患。因此，只有切实降低实体经济发展的融资成本，才能激发实体经济发展的活力、推动经济金融体制改革，从而有利于“稳增长、转方式、调结构、促改革、惠民生”目标的实现。

当前在融资总量总体稳定的情况下，造成实体经济融资成本居高难下的因素，既与体制机制障碍相关，又与我国经济转型升级的宏观发展阶段、发展模式有关，也与金融机构市场化选择和实体经济自身发展等多方面原因有关。

首先，体制因素导致的货币政策传导机制不畅是“融资难、融资贵”的根本原因。长期以来我国以银行信贷为主的间接融资占据社会融资总量的比重较高，而银行系统又以几大国有商业银行为主导。大型金融机构因其在解决小企业信贷过程中的信息问题和实现有效监督方面缺乏优势，通常不愿向信息不透明的小企业提供贷款；而规模小、组织复杂程度较低的小型金融机构在处理小企业贷款过程中的信息问题上存在优势。在我国正规金融体系

中，缺乏专门服务于小微企业的政策性金融机构和小型商业银行，大大限制了中小企业的融资渠道。反映在金融市场、金融机构、金融产品等微观层面的非市场化因素也导致货币政策传导机制不通畅。银行业准入方面的政策障碍导致缺乏充分的市场竞争和市场定价，市场同质化严重，快速催生了影子银行体系；借贷主体的非市场化导致信贷市场上的不公平竞争和信贷资源配置的结构性问题；地方政府的预算软约束，国有企业的政府隐性担保，以及一些对资金价格不敏感的低效部门占用了大量信贷资源，挤占了其他实体经济部门的融资机会。

其次，金融改革滞后、金融创新异化是推高实体经济融资成本的重要因素。在我国金融抑制的环境下，正规金融体系满足不了银行对信息不对称的克服与规避的需求，以及大量社会闲置资金的投资需求，导致包括各种民间金融、草根金融在内的“影子银行”体系快速发展。由于金融改革的滞后和金融双轨制的存在，传统银行为了规避银行业的利率管制，绕过存款准备金率、存贷比和贷款额度等限制，通过银信合作、银证合作、银保合作等通道业务和各种资产管理计划等结构性金融产品设计，延长了实体经济的融资链条，不仅提高了实体经济的融资成本，而且异化了金融创新。

最后，预算软约束部门的无效融资需求是实体经济融资成本居高不下的直接原因。从当前货币信贷增速来看，流动性总体充裕，因此融资成本高并非总量原因所致，更多是结构上的问题。这主要是由于大量信贷资金通过“影子银行”体系进入前期预期收益率高的房地产领域、产能过剩领域、“两高”企业，以及有地方政府提供隐性担保的地方融资平台，这些“预算软约束”部门对资金价格不敏感，占用了大量信贷资源，挤出了薄弱经济领域的信贷资源，而且直接抬高了社会融资成本，这是造成融资贵的直接原因。在当前依赖投资的经济增长模式下，投资难以缩减，一旦大量金融资源被锁定在这些领域，新增的资源更可能继续投入以维持现有体系，即便在央行控制流动性的情况下，商业银行依然通过信托等影子银行渠道，变相向前期高收益产业和政府平台提供贷款，而中小实体企业却相当多地面临银行抽贷的局面。这些问题是由于市场机制的缺失导致金融创新的扭曲，预算软约束部门的刚性兑付人为抬高了无风险利率。

3. 深化改革缓解“融资难、融资贵”问题，大力发展资本市场，促进金融业服务实体经济

要缓解“融资难、融资贵”问题，必须深化改革、标本兼治、多措并举、配套进行。促进金融服务实体经济，当前特别要大力促进资本市场发展，加大直接融资比重，加速股权和债券融资的市场化制度改革。

一要深化金融体制改革。切实降低实体经济发展的融资成本，必须深化金融体制改革，健全支持实体经济发展的现代金融体系。改革外汇管理和人民币基础货币投放机制，拓展和优化基础货币投放渠道。放松金融管制，放宽对银行体系的信贷额度控制和存贷比限制，取消贷款投向管制。对小微企业贷款实行差别化监管要求，并给予充分的业务倾斜和激励。有序推进利率市场化改革，建立健全由市场供求关系决定的利率形成机制，提高自主定价能力。完善商业银行考核评价指标体系，转变商业银行单纯追逐利润、过度依赖规模扩张的经营模式。扩大小微企业和农民的抵押物范围，增加信用来缓解融资的问题。

二要大力发展资本市场，加大直接融资，加速股权和债券融资的市场化制度改革。资本市场是直接金融的高效平台，过去二十多年来，我国资本市场快速发展，初步形成了涵盖股票、债券、期货的市场体系。但总体上看，我国资本市场仍不成熟，一些体制机制性问题依然存在，新情况新问题不断出现。2014 年第二季度，国务院发布了《关于进一步促进资本市场健康发展的若干意见》。应顺应当前我国居民多元化投资和企业多样化融资的大趋势，加速股权和债券融资的市场化制度改革，健全多层次资本市场体系，发展多层次股票市场，规范发展债券市场，培育私募市场，丰富金融工具和产品供给，从而健全促进社会储蓄高效转化为投资的机制，扩大直接融资，优化融资结构，防范和分散金融风险。

三要大力发展中小金融机构。积极稳妥发展能够真正为中小企业提供融资服务的特色中小金融机构。进一步打破垄断，鼓励和支持民间资本进入金融服务领域、放开民间金融机构，推动民间借贷的合法化和阳光化，抑制民间借贷高利贷倾向，合理引导民间资本支持实体经济发展。要进一步开放银行市场，发展社会出资、风险自担的城市社区银行，或者由民间机构出资的与中小企业对接的中小型地方性股份制银行、投资性机构，促进市场竞争，增加金融供给。具备条件的民间资本发起设立中小型银行；在国家政策的指引下适当放宽村镇银行的市场准入，使村镇银行得到较快发展；引导民间资金投向新兴金融业态，允许财务公司、信托公司、金融租赁公司、融资性担保公司、小贷公司贷款公司等新兴金融业态，使民间资金合法化、功能化、平台化；积极引导和规范互联网金融的有序发展，实现与金融机构在职能上互补、在定位上错配、在合作上共为，由无序管理到有序管理的转变。

四要合理控制软约束预算部门的无效融资需求。要真正降低实体经济的融资成本，最直接的方式是控制预算软约束部门的无效投资。逐步停止对过剩产能和预算软约束行业输血，加快国有企业改革和过剩产能行业破产重组，打消大规模刺激的预期，控制不合理的尤其是盲目的融资需求。按照金融服务实体经济的本质要求，充分发挥市场在资源配置中的基础性作用，打破刚性兑付，增强财务硬约束。合理管控地方政府债务。进一步提高政府性债务的透明度，促进自主发债改革，同时加强社会各方监督；根据其特点运用较为严格的资产负债管理，以控制政府债务的盲目和无序扩张；同时把地方政府债务规模及其成本纳入地方人大对政府年度考核项目之中，并列入中央对地方主要官员的年度考核之中。

五要构建政策性金融体制。各国在中小企业融资支持体系中，政策性银行发挥了重要作用。第一，由政府出资成立专为中小企业服务的政策性银行，资本金可以考虑来自外汇储备，还可以提高国有商业银行、垄断性企业上缴国有资本收益的比例，其上缴利润作为投入。第二，设立政府专项资金，建立小型微型企业贷款风险补偿机制。以财政资金建立小微企业贷款风险补偿机制，鼓励金融机构为初创期的小微企业提供贷款。第三，加强财税政策和金融政策的协调配合。对中小金融机构减税，甚至给予一定的补贴，

以财政贴息和担保的办法，鼓励和引导金融机构扩大对具有发展潜力、符合产业政策的科技型中小企业的信贷支持。第四，加强小微企业信用体系建设，减少信息不对称，提高小微企业融资的可获得性。第五，健全金融中介服务体系，促进信用评级、资信评估、科技成果认证、技术经纪等业务的健康发展，为企业不同成长阶段提供各种融资服务。

B.2 “中国经济形势分析与预测2014年秋季座谈会”综述

彭 战*

2014 年 10 月 10 日，中国社会科学院经济学部、“中国经济形势分析与预测”课题组召开秋季座谈会，会上发布了中国社会科学院“中国经济形势分析与预测 2014 年秋季报告”。中国社会科学院副院长李扬以及来自中国社科院各相关研究所、国家有关部委局、各研究机构以及部分高校的专家学者出席座谈会，与会专家对 2014 年经济形势中逐步呈现的“新常态”以及 2015 年趋势展开讨论。会议由数量经济与技术经济研究所所长李平主持，在京主要新闻媒体对会议进行了报道。

一 对当前经济形势及 2015 年经济走势的基本判断

2014 年前三季度中国国内生产总值同比增长 7.4%，经济增长总体平稳。其中农业生产稳定增长，粮食产量有望实现“十二连增”，维持在全年 6 亿吨的高水平；工业生产增速出现一定程度的回落，但基本保持平稳，工业企业盈利能力持续改善，产品出口保持适度增长，同时增速减缓使产业结构调整取得了积极进展；服务业保持良好发展势头，产业增加值占 GDP 比重继续提高，第三产业发展快于第二产业，增速达到 7.9%。需求方面固定资产投资增速进一步放缓，民间投资增长比投资整体增速高 2.2 个百分点；居民就业和收入形势总体较好，消费价格基本稳定，“三驾马车”中消费继

* 彭战，中国社会科学院数量经济与技术经济研究所。

续成为经济增长的主要支撑；虽然国际经济复苏缓慢，但我国进出口增速逐季回升，出口产品逐步实现转型升级。结构方面服务贸易逆差扩大，部分抵消了货物贸易的顺差规模，经常项目顺差占 GDP 比重总体较低，处于国际公认的合理区间。预计 2014 年全年经济增长 7.3% 左右，低于 2013 年的 7.7%。

对预测具体数据的关注，更多被提高经济增长质量、保持经济持续发展所取代，与会专家对当前经济发展呈现的“新常态”提出了自己的看法，多数专家认为 2015 年经济增速会进一步降低，但依然可以保持 7% 左右的平稳态势。

二　当前经济形势的特点

1. 经济增长总体平稳，下行压力加大

当前中国经济正处在“增长速度换挡期、结构调整阵痛期、前期刺激政策消化期”的三期叠加阶段，世界经济复苏形势也低于普遍预期，国内资源环境约束加剧、个别产业产能过剩问题突出。但 2014 年中国经济呈现了增长韧性，具体表现为：经济增长总体平稳，就业形势好于预期，物价水平基本稳定，居民收入稳中有增。有专家认为，政府创新和完善了宏观调控思路与方式，既保持定力又有所作为，适时适度将预调微调与定向调控结合，有针对性地解决了经济运行中的突出矛盾，有效避免出现大的波动。

从全年数据分析，下半年的情况不如上半年，经济增长的下行压力逐渐增强。其中第二产业工业生产增速明显回落，具体表现为投资增速继续放缓，制成品供需矛盾有所加剧。除传统的过剩产能影响之外，一向增长较快的汽车和电池汽车产业也发生很大变化，汽车产量增速只有 3% 左右。基础设施、制造业投资增速下降，特别是房地产投资增速下滑最为明显，与房地产市场相关度较高的家具、建材、装修装饰及家电等行业也显著下降。有专家认为，房地产投资增速回落是经济下行压力的主要来源，而“限购”“限

贷”等政策的积极调整，可能会使大城市的买房需求得到释放，使2015年经济触底反弹。

2. 居民收入逐步提高，消费价格基本稳定

随着我国劳动力市场结构不断发展变化，2014年居民收入平稳增长，农村居民人均纯收入实际增速持续5年高于城镇居民人均可支配收入实际增速。

在货币政策基本稳定，消费品市场供给充裕的情况下，居民消费价格涨势温和，前三季度同比上涨2.1%，比第一季度和上半年均回落0.2个百分点。农业继续丰收，食品价格上涨压力整体低于往年；在房地产市场持续调整下，房租价格有所回落；随着各类服务需求的释放，整体服务价格上涨；在国际大宗商品价格走低、国内部分行业产能过剩的背景下，工业生产者出厂价格持续下降，对工业消费品价格构成下行压力。在八大类商品和服务价格中，食品价格上涨3.3%，烟酒及用品价格下降0.6%。

三 2014年及2015年主要国民经济指标预测

对于当前的中国经济形势，大多数与会专家认为，经济下行压力逐渐增强，2014年经济增长低于2013年数据，值得注意的预计财政收入增长8.2%，是自1992年以来首次低于两位数增长，与2007年增速最快的32.4%相比差距巨大。虽然2015年存在多种政策选择，但各方普遍认为经济存在继续下行的可能，低于2014年，GDP增速达到7%左右。2014年和2015年主要国民经济指标的预测数据见表1。

表1 2014~2015年主要经济指标预测

单位：%

	2014年	2015年
国内生产总值GDP增长率	7.3~7.5	7.0
全社会固定资产投资实际增长率	15.2	14.3
社会消费品零售总额实际增长率	10.8	10.4
居民消费价格指数CPI上涨率	2.0	1.8

续表

	2014 年	2015 年
城镇居民实际人均可支配收入增长率	6.6	6.1
农村居民实际人均纯收入增长率	8.5	7.6
财政收入增长率	8.2	7.6
进口增长率	2.2	4.6
出口增长率	6.0	6.9
外贸顺差(亿美元)	3480	4190

四　当前经济运行的特点

1. 经济运行呈现“新常态”

有专家认为未来经济走势存在多种可能：一种是一路走低，逐步降到6%甚至更低的增长水平；另一种可能性是依靠投资拉动重返10%以上高速增长，但短期实行可能性不大；还有一种是在7%左右波动，不是“保八、保七”只守下限，而是使经济运行在上下限之间的合理区间正常波动，保持“新常态”。

专家认为“新常态”的含义包括，与过去不同的各种经济变量，不仅经济增长速度从过去的两位数下降到7%左右，财政收支连续多年20%的增长也将被终结，出现更多的财政赤字，货币供求、利率、国际收支、物价等都会出现与过去完全不同的状况。另外实体经济增长的经济基础发生变化，经济结构、人口结构、基础设施建设等都出现新情况。但“新常态”会产生新动力，实体经济的变化让新产业新业态酝酿突破，新需求新动力加快成长。

有专家认为，这种低速“常态”是全球性的，面对“新常态”需要有新的心态积极面对，经济减速到“新平台”，不要指望短期内恢复到10%甚至更高的增长速度。

2. 国际环境对国内经济的影响

当前除美国经济复苏势头略好之外，其他主要发达经济体、新兴经济体增速都在逐渐下降，世界经济复苏缓慢而脆弱。个别欧盟国家失业率居高不下、经济负增长，有专家甚至用哀鸿遍野来形容欧元区经济；日本经济增速回落显著，政府债务风险上升，未来发展很不乐观。新兴市场国家和发展中经济体经历周期高点后普遍减速，对世界经济复苏贡献率显著降低。

改革开放以来中国的发展，很大程度上依靠学习、引进、吸收了国际先进的技术管理和市场开发经验。但达到一定程度以后仅靠引进技术已经无法实现经济的可持续发展，所谓“后发优势”已经逐渐丧失。当前中国经济总量仅次于美国，同时面对罕见的世界经济贸易格局，过去的外贸体系不足以支撑国内经济转型升级。有专家认为，即使世界经济形势趋好，中国在全球经济体系中所处的地位以及国内产能规模、资源环境约束、产业结构升级等因素都决定了，传统的劳动密集型、能源密集型产品出口收益会越来越少，而具有自主品牌、产业链长、附加值高的外贸产品，应该成为出口结构不断改善的新的增长点。随着国际地位的不断提高，中国更多地参与到全球治理结构的重组中，对国际地区组织拥有更多的话语权。有专家认为，面对当前的复杂国际环境，我们要立足国内、放眼全球，实施“走出去”战略，以我为主、以创新为推动力建立发展战略规划。

五　2015 年宏观经济政策建议

专家认为，“新常态”的可持续发展需要依靠市场来增强创新活力，需要创建新的制度、新的经济布局，通过释放改革红利来实现新的腾飞。2015年宏观政策选择要定向调控、精准发力，支持实体经济做强，培育新增长点。在稳定外需的同时，促进内需平稳均衡发展，优化投资结构，重点促进研发、高端制造业、生态环保、基础设施等领域投资；培育创新消费模式，发展健康服务业、旅游服务业、商业保险等创新业态。

1. 解决“融资难、融资贵”问题

激发市场活力，推进经济结构调整和产业转型升级，需要解决实体经济中各级企业，特别是中小企业“融资难、融资贵”的问题。体制因素导致

的货币政策传导机制不畅、金融改革滞后、金融创新异化推高了实体经济融资成本，而预算软约束部门的无效融资需求导致实体经济融资成本居高不下。问题的解决需要发展资本市场，创新金融体制，加大直接融资，加速股权和债券融资的市场化制度改革，大力发展中小金融机构，合理控制软约束预算部门的无效融资需求，同时通过成立专门银行、设立专项资金、建立健全征信体制和发展金融中介等政策性金融体制解决“融资难、融资贵”问题。

2. 积极财政政策与稳健货币政策中的定向宽松

积极财政政策要调整支出结构，提高财政资金使用绩效。充分考虑产业升级与产业结构变化，结合当前发展趋势与特点改革创新，使财税体制与经济社会发展相适应，加强财政对扩大需求特别是扩大消费需求的作用，加大信息消费、绿色消费、旅游休闲消费、教育文体消费、家政养老消费等新兴热点服务领域的财政支持力度。通过加强地方税体系建设，适度扩大地方财政税源。同时建立相关机制提高居民收入，健全社会保障制度和公共服务体系，努力使广大人民群众共享改革发展成果。“稳中有宽，主动预调”是稳健货币政策的重点与难点。通过创新信贷政策工具，主动有效预调货币政策，促进货币信贷和社会融资规模合理增长。

与会专家对经济形势总体保持乐观，认为经济转型升级潜藏着巨大的增长潜力，深化改革转变政府职能，推进国家治理现代化会为经济发展注入新的动力。本次会议是中国社会科学院 1990 年以来第 48 次“中国经济形势分析与预测”座谈会。

经济增长与产业发展篇

Economic Growth and Industry Development

B.3

当前和中长期经济走势分析及政策建议

刘树成*

摘　要：本文分析了我国当前经济运行态势，指出经济下行压力不仅没有减轻，反而加大。提出未来经济走势（2015～2020年）有四种可能性：一是一路走低，二是继续走平，三是重返10%以上高增长，四是以合理区间的中线为基础，使经济运行在上下限之间的合理区间正常波动。本文主张争取第四种可能性，并提出政策建议，构建我国经济中长期发展的新棋局，把推进以人为核心的新型城镇化与长江经济带、京津冀经济带、丝绸之路经济带等重大区域发展相结合。本文最后指出，我国新型城镇化的发展还有较大空间，当前我国经济

* 刘树成，研究员，中国社会科学院学部委员、经济学部副主任。

增速下降应是一个波浪式的渐进过程，而不应是“大幅度”下台阶。

关键词：中国经济　宏观调控　经济波动　新型城镇化

一　当前经济运行态势：经济下行压力加大

以我国 GDP 季度同比增长率来考察，2007 年平均达到 14.2% 的高位；2008、2009 年，在应对国际金融危机冲击中，走出一个 V 字形下降和反转；2010 年第一季度达到 12.1% 的高峰；从 2010 年第二季度起，进入一个新阶段，至 2014 年第二季度，已 17 个季度。这 17 个季度的运行轨迹，基本上是一个下降趋势（见图 1）。不过，其中，从 2012 年第一季度至 2014 年第二季度（共 10 个季度），大体平稳在 7.6% 左右。但从 2014 年 7、8 月，特别是 8 月的经济运行数据看，下行压力不仅没有减轻，反而加大。

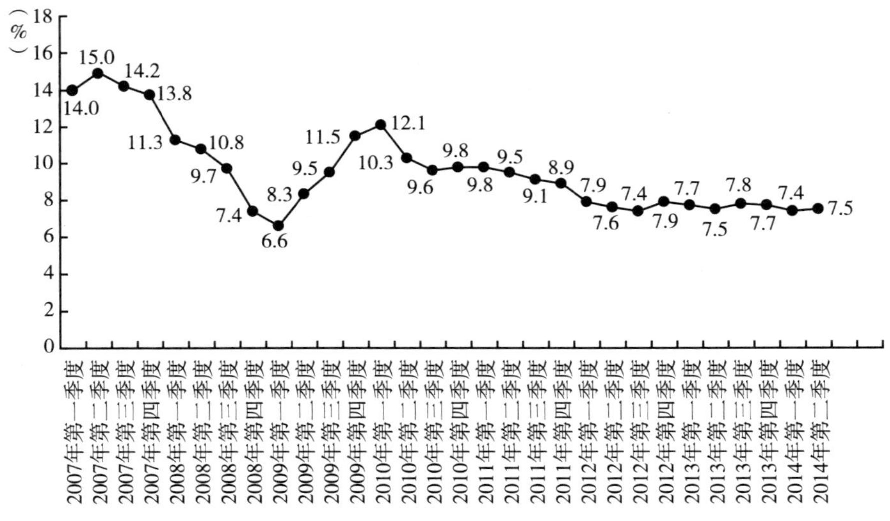

图 1　GDP 季度同比增长率（2007 年第一季度至 2014 年第二季度）

2014 年 8 月，全国工业生产增速明显回落。全国规模以上工业增加值月同比增长率降为 6.9%，较 7 月回落 2.1 个百分点。这是自 2008 年年底、2009 年年初国际金融危机严重冲击之后，全国工业生产增速近 6 年来的最低水平。2008 年 11、12 月时，全国工业生产增速曾分别降为 5.4% 和 5.7%。2009 年 1 ~2 月合计，全国工业生产增速曾降为 3.8%。在 2014 年 4 月以来不断出台“微刺激”措施的背景下，8 月工业生产增速的明显回落，超出了市场的普遍预期。有关专家分析称，8 月工业生产增速有点令人吃惊，让市场各方吓出一身冷汗。与此同时，8 月，从固定资产投资（不含农户）、房地产投资、全社会发电量和用电量、社会消费品零售额、全国财政收入、地方财政收入等反映实体经济运行状况的指标来看，它们的增速均出现回落。而且，工业生产者出厂价格和购进价格近 3 年来一直处于负增长状态。当然，预计 2014 年 9、10 月，工业生产增速等指标会有所回弹。但在目前“微刺激”情况下，这种回弹难以持久。到 2014 年年底或 2015 年年初，经济增速又会下滑。有专家呼吁，对 8 月的数据“不能慌”，不能反应过度。但也有专家认为，既不能慌，也不能掉以轻心。问题是，到年底，就算 2014 年全年 GDP 增速有可能低于但还接近 7.5% 的预期目标，而 2015 年怎么办，未来几年又怎么办？

二　未来经济走势的四种可能性

未来经济走势（2015 年至 2020 年的 6 年），有以下四种可能性。

第一种可能性，一路走低。由目前的 7.5%，降到 7%，再降到 6.5%，到 2020 年降到 6% 左右。政策含义：不再守 7.5% 的下限，使宏观调控下限不断下移。问题是，其一，给市场造成一种不断下降的预期，不利于稳定和提振市场信心。企业预期盈利不断下降，影响企业的投资意愿和投资能力，影响企业的技术创新和升级。其二，虽然目前暂时没有影响就业（因第三产业发展），但已影响城镇居民人均可支配收入的增长。一般说来，城镇居民人均可支配收入增长率要低于 GDP 增长率。到 2020 年，若 GDP 增长率降到 6% 左右，那么，城镇居民人均可支配收入增长率就要降到 5% 或以下。到那时，城镇居民人均可支配收入增长率的不断下降，将会取代就业问题成为社会关注的焦点。这也将影响消费的增长和需求动力结构的调整。其三，影响财政收入的增长，使财政的减税空间越来越小，使财政调节收入分配、缩小收入差距的作用受到严重影响。

第二种可能性，继续走平。近一两年维持 7.5% 左右；“十三五”期间维持 7% 左右。政策含义为：继续坚守目前的 7.5% 下限，或“十三五”时期坚守 7% 下限，继续采取目前的“微刺激”政策。问题是，“微刺激”的效力越来越差，守下限越来越被动。近年来的“微刺激”形成了一个循环圈，即“经济增速下滑—微刺激—小幅反弹—再下滑”的循环圈。大体上说，每年年初经济增速下滑，第二季度开始采取“微刺激”措施，然后经济增速小幅反弹，接下来，“微刺激”效力减弱，下半年或下一年年初经济增速又继续下滑。如果这种循环圈年年继续下去，宏观调控就要年年打“下限保卫战”。一旦国内外经济环境有个“风吹草动”，即受到某些不确定性因素的冲击，经济运行就很容易滑出下限。

第三种可能性，重返 10% 以上高增长。政策含义为：强刺激。这种可能性已不存在。但值得注意的是，现在，一提经济增速应该有所回升，就被扣上“要重回 10% 以上高增长老路”的帽子。实际上，在 9% 以下、7% 以上的中高速区间内仍有经济适度增长的空间。要让经济在合理区间运行，不能理解为只守下限，上下限之间还有宝贵空间。

第四种可能性，遵循经济波动规律，不是只守下限，而是使经济运行在上下限之间的合理区间正常波动（7% ~9%）。经济波动，在上升期和回落期有着不同的功能。回落期，是调整期、淘汰期，市场低迷，企业经营困难，难以实现技术创新。上升期，是市场活跃期，投资和消费活跃期，有利于推动技术创新，有利于实现提质、增效、升级，迈向中高端水平。政策含义为：2015 ~2020 年，以合理区间的中线为基础，该回升时就回升，但要把握回升幅度；该下降时就下降，也要把握下降幅度。当前，要摆脱只守下限的被动局面，已经不是靠短期的“微刺激”措施、靠临时的反周期对策、靠简单的放松政策、靠一个个零碎地推出一些项目就能解决问题的。也就是说，既不是靠“大水漫灌”所能解决的，也不是靠“喷灌”“滴灌”所能解决的。我们不能仅就短期宏观调控的力度问题去争论，不能仅就宏观调控是该松还是该紧、是微刺激还是强刺激去争论。而需要宏观调控“大手笔”。就是要把目前短期的、应急式的项目应对办法，改革为构建我国经济中长期发展的新棋局，采用具有中长期持久推动力量的总体应对办法。也就是要从把握 2015 ~ 2020 年我国经济发展大局出发，即到 2020 年我国经济发展究竟要做什么，总的发展任务是什么。[①]

笔者主张要争取以上所说的第四种可能性，但这并不容易，这需要有一个关于到 2020 年中国经济发展的顶层设计和相应的实施方案。

三　政策建议：构建中国经济发展新棋局

我国已经有了一个关于全面深化改革的顶层设计，即党的十八届三中全会通过的《中共中央关于全面深化改革若干重大问题的决定》。但还没有一个与之相配套的关于到 2020 年中国经济发展的新的顶层设计。习近平总书记在《关于〈中共中央关于全面深化改革若干重大问题的决定〉的说明》中曾指出：十八届三中全会的决定“以改革为主线，突出全面深化改革新举措，一般性举措不写，重复性举措不写，纯属发展性举措不写”[②]。中央财经领导小组办公室副主任杨伟民曾表示：在党的十八届三中全会决定的“起草和修改过程中，有两个原则让我记忆深刻，一是只写改革，特别是重

① 笔者对此曾有所分析，见《与其守住下限，不如把握中线》，《中国经济时报》2013 年 8 月 28 日；《对经济运行下限的第三个冲击波》，《经济学动态》2014 年第 4 期；《再论与其守住“下限”不如把握“中线”》，《中国经济时报》2014 年 6 月 16 日；《改革宏观调控方式与把握合理区间中线》，《财贸经济》2014 年第 7 期。

② 习近平：《关于〈中共中央关于全面深化改革若干重大问题的决定〉的说明》，《人民日报》2013 年 11 月 16 日。

大改革，发展的任务原则上不写；二是修改时，对于有可能削弱改革力度、弱化改革举措的，除非理由特别充足，一般不接受。而增加的改革内容，只要有最大公约数的、有一定共识的都写上”①。

现在，我们应借“十三五”规划的编制，进行中国经济发展的新的顶层设计。到2020年，构建我国中长期经济发展新棋局的重要抓手，或对经济增长具有中长期持久推动力量的战略支撑，应是在全面深化改革推动下，把推进以人为核心的新型城镇化与区域发展结合起来。2014年4月25日，习近平总书记主持召开中共中央政治局会议，研究当前经济形势和经济工作。会议曾提出：“推动京津冀协同发展和长江经济带发展，抓紧落实国家新型城镇化规划。”② 2014年9月11日，李克强总理在第八届夏季达沃斯论坛上的致辞中指出：“中国城乡和区域发展还很不平衡，差距大、潜力也大。推进以人为核心的新型城镇化，是最大的结构调整。”③ 新型城镇化是人类社会发展和经济发展的历史必然进程。新型城镇化是城乡结构的大调整，是社会结构、经济结构的大调整，涉及内需与外需的需求结构调整，涉及投资与消费的内需结构调整，涉及产业结构调整、地区结构调整、投入要素结构调整等。城镇化水平是一个国家经济、社会发展水平的重要标志之一。我们要集中抓住以人为核心的新型城镇化与长江经济带、京津冀经济带、丝绸之路经济带等重大区域发展相结合这一命题，将顶层设计和相应的实施方案真正落实，将它们具体化和精细化地分解为年度、季度措施，相互衔接地出台，并以全面深化改革来破解其中的困难。由此来应对当前和今后我国经济运行的下行压力，就会开创我国经济改革与发展的新局面，就不会年年被动地去打“下限保卫战”了。

---

① 《中央财经领导小组办公室负责人详解十八届三中全会亮点》，《人民日报》2013年11月15日。

② 《中共中央政治局召开会议，研究当前经济形势和经济工作》，《人民日报》2014年4月26日。

③ 李克强：《在第八届夏季达沃斯论坛上的致辞》，《人民日报》2014年9月11日。

四　新型城镇化与经济增速“大幅度”下台阶问题

这里涉及一个非常重要的问题，就是我国城镇化发展的空间与我国经济增速是否要“大幅度”下台阶问题。

我国新型城镇化的发展还有较大空间，新型城镇化的任务还很艰巨。2012年，我国常住人口城镇化率为52.6%，户籍人口城镇化率仅为35.3%，二者差距为17.3个百分点。根据世界银行WDI数据库中各国城市化率的资料，2013年，高收入国家为80.5%；中等收入国家为50.1%，其中，上中等收入国家为61.6%，下中等收入国家为39.3%。2013年，以我国常住人口城镇化率53.7%进行国际比较，不仅远低于高收入国家的平均水平（80.5%），而且也低于上中等收入国家的平均水平（61.6%）。

近年来，有一种观点非常流行，即认为成功追赶型国家在高速增长一个时期后，经济增速就一定要“大幅度”下台阶，这是一种客观规律，中国也不能例外。这种观点特别以“二战”后日本和韩国的情况为例。笔者认为，如果说追赶型国家在高速增长一个时期后，经济增速会有所下降，不可能一直维持原来那样高的速度，这种情况可以说是一种客观规律；但如果说追赶型国家在高速增长一个时期后，经济增速就一定要“大幅度”下台阶，那么这种情况恐怕不一定是客观规律。

经查世界银行WDI数据库，日本在1973年经济高速增长向下转折时，城市化率已高达74.2%（见图2）。韩国在1995年经济高速增长向下转折时，城市化率也已达到78.2%。中国目前以常住人口城镇化率53.7%来看，仅相当于日本1955年时的水平（56.3%），仅相当于韩国1978年时的水平（53.2%）。从中国目前城镇化水平这一角度来考察，还不能说中国要像日本1973年和韩国1995年时那样，该进入“大幅度”下台阶的时候了。

仔细考察国际经验可以看到，不同国家，或一个国家的不同时期，由于受到国土面积、人口规模、资源禀赋、经济发展阶段、科技创新情况、国内

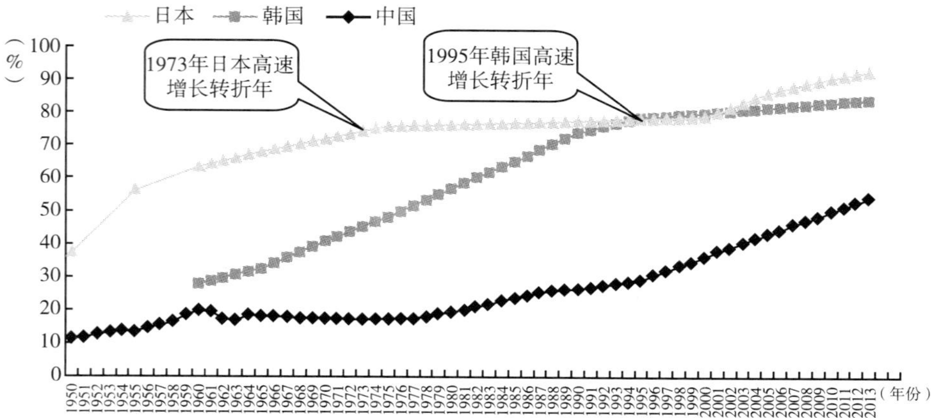

图 2　中国、日本、韩国城市化率

资料来源：中国数据来自《中国统计年鉴》，中国统计出版社，历年。日本数据，1950、1955 年来自日本统计研究所《日本经济统计集》，转引自《苏联和主要资本主义国家经济历史统计集（1800～1982 年）》，人民出版社，1989；1960～2013 年数据来自世界银行 WDI 数据库。韩国 1960～2013 年数据来自世界银行 WDI 数据库。

外环境条件，以及发展战略和政策选择等多种因素的影响，潜在经济增长率的下降具有不同的情况。有的降幅较大（如日本），有的则较为平缓（如韩国），有的在下降后又可有所上升（如美国）。[①] 从我国的情况看，地域广阔、人口众多。我国的国土面积分别是日本的 25.4 倍和韩国的 96 倍。我国的人口数量分别是日本的 10.5 倍和韩国的 27.1 倍。我国经济发展的回旋余地较大，新型城镇化的发展空间还很大。近年来，我国经济发展所面临的国内外环境发生了重大变化，经济发展由改革开放 30 多年平均近 10% 的高速增长期，进入增长速度换挡期。经济增速有所下降，是正常的。经济增速下降应是一个波浪式的渐进过程，而不应是“大幅度”下台阶。我国新型城镇化的发展还有较大空间，这也意味着新型城镇化的任务还很艰巨。有“空间”，只是提供了一种可能性，不等于就能利用好这个空间。能否利用好这个空间，还要看发展战略和相关政策措施是否得当。

① 笔者对此曾有所分析，见《不可忽视 GDP》，《经济学动态》2012 年第 7 期；《当前和未来五年中国宏观经济走势分析》，《中国流通经济》2013 年第 1 期。

参考文献

李扬主编《2014 年中国经济形势分析与预测》，社会科学文献出版社，2013。

李扬主编《2014 年中国经济前景分析》，社会科学文献出版社，2014。

刘树成：《不可忽视 GDP》，《经济学动态》2012 年第 7 期。

刘树成：《当前和未来五年中国宏观经济走势分析》，《中国流通经济》2013 年第 1 期。

刘树成：《与其守住下限，不如把握中线》，《中国经济时报》2013 年 8 月 28 日。

刘树成：《中国经济增长由高速转入中高速》，《经济学动态》2013 年第 10 期。

刘树成：《对经济运行下限的第三个冲击波》，《经济学动态》2014 年第 4 期。

刘树成：《再论与其守住“下限”不如把握“中线”》，《中国经济时报》2014 年 6 月 16 日。

刘树成：《改革宏观调控方式与把握合理区间中线》，《财贸经济》2014 年第 7 期。

B.4
2014 年国民经济发展预测和 2015 年展望

赵 琨　王宝林*

摘　要：2014 年，我国坚持稳中求进的工作总基调，创新完善宏观调控思路和方式，在区间调控的基础上实施定向调控，全面深化改革，大力调整结构，着力改善民生，有效避免了经济运行出现大的波动，经济社会发展总体稳定。2015 年，国际经济形势将更加严峻复杂，我国经济仍面临下行压力，但随着稳增长、促改革、调结构、惠民生政策不断落实和完善，预计 2015 年仍将保持平稳增长。

关键词：国民经济　发展预测　宏观调控

一　2014 年国民经济发展预测

2014 年以来，世界经济复苏势头弱于预期，国内经济持续面临周期性调整和结构性变化带来的下行压力。我国既保持定力，又主动作为，不断创新和完善宏观调控思路与方式，在区间管理的基础上，创新开展定向调控，适时适度预调微调，有针对性地解决运行中的突出矛盾和问题，同时着力以全面深化改革促进经济发展、结构调整和民生改善，有效避免了经济运行出现大的波动，保持了经济社会发展总体稳定。

* 赵琨、王宝林，国家发改委综合司预测处。

（一）经济增长总体平稳

前三季度，国内生产总值同比增长 7.4%，其中第一、二、三季度分别增长 7.5%、7.4% 和 7.3%；内需特别是消费继续成为经济增长的主要支撑；第三产业发展快于第二产业，第一、二、三产业分别增长 4.2%、7.4% 和 7.9%。

从三大需求看，消费需求总体稳定增长，前三季度社会消费品零售总额同比增长 12%，文化、旅游、信息等消费热点持续较旺，网络零售等新型消费业态不断释放活力。固定资产投资增速放缓至 16.1%，其中基础设施、制造业、房地产开发投资增速分别为 22.2%、13.8% 和 12.5%；民间投资增长 18.3%，比投资整体增速高 2.2 个百分点。进出口增速逐季回升，前三季度同比增长 3.3%，出口、进口分别增长 5.1% 和 1.3%。

从供给看，农业生产稳定发展，全年粮食产量有望再创新高。工业生产总体平稳，前三季度规模以上工业增加值同比增长 8.5%；产业结构调整积极推进，化解过剩产能的效果不断显现，高技术产业、装备制造业同比分别增长 12.3% 和 11.1%，均高于工业整体增速；规模以上工业企业利润增长 7.9%。服务业保持良好发展势头，增速继续快于第二产业，服务业增加值占国内生产总值比重提高到 46.7%。

（二）居民消费价格基本稳定

前三季度居民消费价格同比上涨 2.1%，比第一季度和上半年均回落 0.2 个百分点。农业继续丰收，食品价格上涨压力整体低于往年；在房地产市场持续调整下，房租价格有所回落；随着服务类需求的不断释放，服务价格整体上涨；在国际大宗商品价格总体走低、国内不少行业产能过剩的背景下，工业生产者出厂价格同比持续下降，对工业消费品价格构成下行压力。

（三）居民就业和收入形势总体较好

经济增长对就业的吸纳能力增强，加上一系列扶持创业就业政策得到较好落实，前三季度城镇新增就业 1082 万人，已提前完成年初预期目标；第三季度末城镇登记失业率为 4.07%，保持在较低水平。前三季度，全国居民人均可支配收入增长 8.2%，继续快于经济增速，农村居民收入增速继续快于城镇居民人均可支配收入。

（四）国际收支基本平衡

2014 年以来服务贸易逆差继续扩大，部分抵消了货物贸易的顺差规模，经常项目顺差占国内生产总值比重总体较低，处于国际公认的合理区间。资本项目方面，我国利用外商直接投资和境外直接投资规模差距继续缩小，前三季度分别为 874 亿美元和 750 亿美元；在流动性总体充裕、国际主要经济体货币政策取向分化的背景下，短期跨境资本流动更趋活跃，总体呈净流入态势。

与此同时，财政金融运行总体平稳。前三季度，全国公共财政收支分别增长 8.1% 和 13.2%；市场流动性总体适度充裕，9 月末广义货币供应量（M2）余额同比增长 12.9%。

从目前情况分析，第四季度经济有望保持平稳运行，消费将保持平稳增长，投资增速回落幅度可能有所收窄，出口有望延续增长态势。初步预测全年国内生产总值有望实现 7.5% 左右的预期目标。

二 2015 年国民经济展望及政策建议

展望 2015 年，国内外发展环境仍将复杂多变，世界经济可能继续呈现低速增长态势，但主要经济体经济走势和政策可能进一步分化，不确定不稳定因素依然较多；国内经济增速换挡、结构深刻变动、改革深入推进，会使一些行业、企业和地区继续经历“阵痛”，保持经济平稳发展仍面临较大挑战。

但也要看到，支撑我国经济发展基本面长期向好的主要因素没有变，特别是全面深化改革不断取得新进展，依法治国战略深入实施，经济的巨大韧性、潜力和回旋余地等有利条件将进一步发挥，经济运行仍有望保持在合理区间。

（一）从需求看，消费将保持平稳增长，投资增长可能缓中趋稳，外贸进出口将继续低速增长

消费方面。近年来我国经济增长对就业的吸纳能力不断提高，居民收入持续增长，基本公共服务保障水平不断提升，信息、养老、旅游等新热点不断涌现，消费环境不断改善，特别是国家专题部署推进消费扩大和升级，将有利于进一步释放居民消费潜力。但 2015 年房地产市场走势仍存在较大不确定性，对家具、家电、装潢等消费的影响还将继续显现，汽车消费增长势头可能也将有所弱化，消费增速也难有明显提升，总体将保持平稳增长。

投资方面。房地产市场调整仍在持续，去库存压力较大，对开发投资的影响将继续显现。企业杠杆率较高，部分行业严重供大于求，将制约企业投资意愿和能力，制造业投资增长空间受限。基础设施投资受地方债务负担较重、土地出让收入增长放缓等影响，保持较快增长难度较大。但随着简政放权的深入推进、投资体制改革的进一步深化，以及前期出台的放宽民间投资准入、固定资产加速折旧等政策持续发挥作用，投资增长仍具有支撑。总体来看，2015 年投资可能缓中趋稳。

外贸方面。2015 年国际市场需求有望继续回暖，主要国际机构均预测全球经济增速和外贸增速可能略高于 2014 年，同时我国促进外贸稳定发展的政策效果进一步发挥，外贸增速可能略高于 2014 年。但受主要发达经济体再工业化、贸易保护主义强化等影响，全球经贸增长对我外贸进出口拉动较为有限，加上我国出口传统竞争优势弱化，2015 年进出口可能将维持个位数增长。

（二）从供给看，农业生产总体稳定，工业增长仍将面临下行压力，服务业将保持较好发展势头

农业方面。国家对“三农”的支持力度不断加大，农业现代化深入推

进，农业科技水平不断提高，新型农村经营主体快速发展，都有利于稳定农业生产。但水土资源约束加剧、农业基础设施仍然薄弱、农业比较效益仍然偏低，将在一定程度上影响农民生产的积极性，制约农业进一步增长。

工业方面。在出口增速略升、消费基本平稳、投资缓中趋稳的情况下，工业整体将保持稳定增长。但化解产能过剩任务仍然繁重艰巨，培育发展新兴产业也需要一个过程，对工业运行的影响将持续一段时间，工业增速仍面临下行压力。

服务业方面。随着“营改增”范围进一步扩大，以及支持旅游、文化等服务业发展的政策落实到位，2015 年服务业发展的政策环境将进一步改善。餐饮、零售等日常消费持续增长，旅游、信息、休闲、保健等与居民生活密切相关的服务类消费将进一步扩大，从而支撑生活性服务业继续保持较快增长。随着加快发展生产性服务业各项政策效果不断显现，2015 年生产性服务业也有望持续平稳较快增长。

基于以上分析，2015 年要继续保持宏观经济政策的连续性和稳定性，更加注重定向调控、精准发力，有效实施兼顾当前和长远的政策措施，提高宏观调控的针对性和前瞻性。要统筹好稳增长、促改革、调结构、惠民生，扎实推动经济体制改革，积极发挥内需对稳定增长的支撑性作用，深入推进结构调整转型升级，着力保障和改善民生，促进经济平稳健康发展。一是加快推进改革，进一步激发市场活力。重点围绕降低市场准入门槛，创造公平公正市场竞争环境，继续简政放权，深化财税、金融、投资、价格、国有企业等重点领域改革，推进全国统一市场建设，推进服务业有序开放，放宽制造业准入限制，同时大力规范市场秩序，努力创造良好的营商环境。二是支持实体经济做强，积极培育新增长点。提高财政资金使用效益，着力改善企业融资环境，加大对实体经济支持力度。坚持不懈推动结构调整，坚持实施创新驱动战略，更多支持新兴产业、创新型企业和充满活力的中小企业，加快改造提升传统产业，积极推进以人为核心的新型城镇化，促进区域协同发展，推动经济转型升级、提质增效。三是着力释放内需潜力。鼓励信息、文化、教育、养老、健康等服务消费，稳定住房消费，加快培育新的消费热点。积极推进有利于优化经济结构和提升城市治理水平的重大项目，积极引入社会资本参与重点领域建设。四是努力增加公共产品有效供给，持续加强民生保障。进一步改善就业创业环境，加快推进保障性住房、中西部铁路、生态环保等重大工程建设，扩大教育、医疗、文化、养老等社会亟须的服务供给，健全社会保障制度和公共服务体系，努力使广大人民群众共享改革发展成果。

B.5
2014 年宏观经济形势分析及 2015 年展望

付凌晖*

摘　要： 2014 年，我国经济总体运行平稳。前三季度，国内生产总值同比增长 7.4%，经济平稳增长，需求的放缓与加快交错出现。就业与物价形势稳定，居民收入水平稳中有增。经济向服务业主导加快转变，新兴产业发展较快，市场活力不断迸发。展望 2015 年，由于世界经济复苏缓慢和国际市场竞争压力增大，外部需求对我国出口的拉动作用难以大幅上升。同时由于需求增长面临的诸多制约，传统产业的产能过剩以及企业生产经营的困难，国内经济增长的内生动力仍将不足。但是，由于仍存在服务业发展的拉动力，深化改革释放的新动力，转型升级带来的巨大潜力等有利因素，2015 年的经济有望保持平稳较快增长。

关键词： 宏观经济　就业　国内经济　转型升级

近年来，随着我国经济进入转型发展新阶段，发展方式向集约型转变要求日益迫切，与此同时，国际金融危机后，世界经济复苏艰难曲折、国内“三期”叠加影响不断深化，我国经济增长呈现放缓趋势，长期积累的结构性矛盾凸显。面对错综复杂的国内外形势，2014 年以来党中央、国务院坚

---

* 付凌晖，国家统计局综合司宏观处处长。

持稳中求进的工作总基调，牢牢把握大势，坚持改革创新，以简政放权为突破口进一步发挥市场作用，经济运行保持总体平稳、稳中有进、稳中提质的良好发展态势。

一　国民经济运行总体平稳

尽管存在世界经济复苏不及预期，国内产能过剩问题突出、结构调整压力增大等不利条件，但在政府出台一系列改革创新举措的推动下，2014 年中国经济显示出强大的韧性和潜力，表现为经济增长总体平稳，就业形势好于预期，物价水平基本稳定，居民收入稳中有增，新产业新业态酝酿突破，新需求新动力加快成长等。

（一）经济平稳增长，需求放缓与加快互现

2014 年前三季度，国内生产总值 419908 亿元，同比增长 7.4%，其中第一、二、三季度分别增长 7.4%、7.5%、7.3%，连续 11 个季度运行在 7%～8% 的区间。

从生产看，一是农业生产形势较好。夏粮产量 2732 亿斤，比上年增加 95 亿斤；早稻产量 680 亿斤，比上年减少 2.4 亿斤。尽管部分地区受旱情影响会出现一定减产，但综合夏粮、早稻和秋粮情况，全年粮食有望获得丰收。二是工业生产有所放缓。前三季度，规模以上工业增加值同比增长 8.5%，增速比上半年回落 0.3 个百分点，其中第一季度增长 8.7%，第二季度增长 8.9%，第三季度增长 8.0%。分三大门类看，采矿业增加值增长 4.8%，比上半年加快 0.2 个百分点；制造业增长 9.6%，回落 0.3 个百分点；电力、燃气和水的生产和供应业增长 3.1%，回落 1.3 个百分点。三是服务业保持较快增长。前三季度，第三产业增加值同比增长 7.9%，增速比第二产业快 0.5 个百分点。其中，批发和零售业增长 9.7%，金融业增长 9.1%，交通运输仓储和邮政业增长 7.0%，住宿和餐饮业增长 6.2%，房地产业增长 2.3%。

从需求看，一是市场销售稳定增长。城乡居民收入稳定增长，消费信心总体稳定。前三季度，社会消费品零售总额同比增长12.0%，其中第三季度增长11.9%。消费升级相关商品增长较快。前三季度，限额以上企业（单位）商品零售额中，通讯器材类商品销售同比增长24.3%，比社会消费品零售总额增速快12.3个百分点。二是投资增速有所放缓。受房地产市场调整、部分行业产能过剩突出等因素影响，前三季度，固定资产投资（不含农户）同比增长16.1%，增速比上半年回落1.2个百分点。分三大行业看，制造业投资增长13.8%，回落1.0个百分点；基础设施投资增长22.2%，回落2.9个百分点；房地产开发投资增长12.5%，回落1.6个百分点。三是出口形势改善。世界经济复苏形势有所好转，国内稳定外贸等一系列政策措施效应逐步显现。前三季度，以美元计价的出口总额同比增长5.1%，其中，第一季度下降3.5%，第二季度增长5.0%，第三季度增长13.0%。分出口国别和地区看，对欧盟出口增长11.3%，对美国出口增长7.5%，对日本出口增长2.1%，对俄罗斯出口增长10.5%，对东盟出口增长9.3%。

（二）就业物价形势稳定，居民收入稳中有增

在经济平稳增长的同时，就业、物价、居民收入呈现良好发展态势。一是就业情况好于预期。随着经济向服务业主导转变，以及政府出台了一系列扩大就业政策措施，特别是商事制度改革促进了大众创业，带动就业增长。前三季度，我国城镇新增就业1082万人，比上年同期增加16万人，提前完成全年目标任务。9月末，农村外出务工劳动力17561万人，同比增长1.0%。二是居民消费价格基本稳定。在货币政策保持基本稳定、消费品市场供给充裕的条件下，居民消费价格涨势温和。前三季度，居民消费价格同比上涨2.1%，涨幅比上半年回落0.2个百分点。分类别看，八大类商品和服务价格中，食品价格上涨3.3%，衣着价格上涨2.4%，居住价格上涨2.3%，娱乐教育文化用品和服务价格上涨2.2%，家庭设备用品及维修服务、医疗保健和个人用品价格均上涨1.2%，交通

和通信价格上涨 0.1%，烟酒及用品价格下降 0.6%。三是居民收入稳定增长。城镇就业人数稳中有升，继续提高企业退休人员基本养老金，以及企业为稳定用工主动上调工资，促进了居民收入增长。前三季度，全国居民人均可支配收入为 14986 元，同比名义增长 10.5%，扣除价格因素，实际增长 8.2%。其中，工资性收入同比增长 9.8%，经营净收入增长 10.3%，财产净收入增长 14.2%，转移净收入增长 11.5%。农村居民人均现金收入为 8527 元，实际增长 9.7%；城镇居民人均可支配收入为 22044 元，实际增长 6.9%。

（三）经济运行稳中有进，积极变化渐趋显露

随着经济结构调整和转型升级步伐不断加快，改革创新力度不断加大，国民经济正在发生深刻的积极变化。一是经济向服务业主导加快转变。继 2013 年服务业占比首次超过第二产业后，2014 年以来服务业保持良好发展势头，增长速度和占比继续高于第二产业。前三季度，第三产业增加值 196125 亿元，同比增长 7.9%，比第二产业快 0.5 个百分点，占国内生产总值的比重为 46.7%，比第二产业高 2.5 个百分点。二是新产业新业态加快孕育。在政府主动引导和市场倒逼双重作用下，经济发展新生动力不断涌现。高技术产业和装备制造业增长较快。前三季度，高技术产业增加值同比增长 12.3%，装备制造业增长 11.1%，分别比规模以上工业增加值增速快 3.8 个和 2.6 个百分点，继续保持两位数增长。随着互联网技术的广泛应用，新的商业模式不断涌现，并与传统商业模式、生产模式、消费模式等融合渗透，催生出一系列新业态，正深刻改变生产方式和人们的生活模式。前三季度，全部网上零售额 18238 亿元，同比增长 49.9%，相当于社会消费品零售总额的 9.6%，比上半年提高 0.48 个百分点。三是市场主体活力不断迸发。行政审批制度改革力度加大，有力激发了市场主体的创业热情。前三季度，全国新登记注册市场主体 920 万户，同比增长 13.1%。其中，新登记注册企业 265 万户，增长 52.4%。在市场准入放宽的同时，政府积极扩大企业投资自主权，极大地激发了市场活力，有力地

促进了民间投资增长。前三季度，民间投资同比增长 18.3%，比全部投资增速快 2.2 个百分点。其中，私营企业投资增长 25.1%，比全部投资增长快 9.0 个百分点。四是分配结构继续改善。城镇化快速发展，外出农民工数量不断增加，以及政府不断完善社会保障制度，加大低收入群体补贴力度等，促进中低收入群体收入较快增长。城乡居民之间、城乡居民内部收入差距持续缩小。前三季度，农村居民人均现金收入同比实际增长 9.7%，比城镇居民人均可支配收入实际增速高 2.8 个百分点；全国居民人均可支配收入中位数同比名义增长 12.1%，比平均数增速高 1.6 个百分点。五是资源能源利用效率提升。企业转型发展主动性明显增强，加大技术投入，积极降成本增效益，能耗水平继续下降，能源消费结构也有所优化。前三季度，单位国内生产总值能耗同比下降 4.6%，降幅比上年同期扩大 1.0 个百分点；水电、风电、核电、天然气等清洁能源消费量占能源消费总量的比重为 14.9%，提高 3.3 个百分点。

综合来看，前三季度，国民经济运行呈现总体平稳、稳中有进、稳中提质的良好发展态势。从全年形势看，尽管传统行业产能过剩、房地产市场调整、汽车电子等高增长行业增速放缓、企业生产经营困难等不利因素，会对增长、就业、居民收入带来一定影响，但随着我国经济转型升级稳步推进，一系列稳增长、促改革、调结构、惠民生政策措施的逐步落实，经济有望实现年初确定的预期增长目标，继续保持稳中有进的发展态势。

二　对2015年经济形势的初步展望

2015 年是全面实现“十二五”规划目标的最后一年，也是推动经济社会积极迈入发展的新常态、进一步深化改革的关键一年。在国际格局深刻调整、国内“三期”叠加的大背景下，长期矛盾与短期问题相互交织，各种不稳定、不确定因素依然较多，经济发展面临的困难和挑战不少。

从国际看，外部需求对我国出口的拉动难以明显上升。一是世界经济在缓慢复苏中分化态势明显，不确定因素较多。美国经济有望继续好转，但货币政策调整对增长的影响仍然有待观察；欧元区复苏艰难，失业率居高不下，经济低迷状态短期难以明显改变，不排除再次陷入衰退的可能；日本经济受消费税上调的滞后影响仍在延续，后期走势难以预料。主要新兴经济体增长继续放缓的可能性较大，部分国家滞涨风险增加，且受主要发达经济体未来货币政策调整影响，发展中经济体面临的资本外流、汇率大幅波动等风险将进一步趋于上升。此外，地缘政治风险和全球安全形势更趋复杂严峻，继续对世界贸易和经济增长产生不利影响。二是国际市场竞争压力持续加大。近年来，美国等发达经济体在国际金融危机后积极实施“再工业化”战略，在中高端产品市场对我国出口产品形成挤压，与此同时，随着我国劳动力、土地资源要素成本上升，传统劳动密集型产品出口也在面临低劳动力成本国家的冲击。受此影响，我国出口增速明显回落，2013 年我国以美元计价的货物贸易出口同比仅增长 7.8%，2014 年前三季度进一步回落至 5.1%。由于我国出口转型仍然需要一个过程，世界经济复苏对我国未来出口拉动有限。需要看到的是，当前我国出口已经位居世界第一，2013 年占世界出口总额的比重达到 11.7%，已经超过 20 世纪 80 年代日本的最高水平，进一步扩大份额的难度也在增大。

从国内看，经济增长内生动力不强，下行压力仍然存在。一是需求增长面临较多制约。从投资来看，制造业投资受部分行业产能过剩问题突出、企业经济效益下滑等因素影响，未来投资意愿和能力受到一定影响，而新兴产业投资增长尽管较快，但规模不大，尚难以抵消传统行业投资放缓的影响。尽管房地产限贷政策的取消有望改善房地产企业和购房者的预期，但在部分二、三线城市商品房库存较高的情况下，2015 年房地产市场调整仍可能持续一段时间，房地产投资增长仍需观察。在经济增长放缓，政府收入增长乏力，土地出让收入减少，同时地方政府支出刚性增加、债务偿还压力较大的条件下，基础设施投资继续高增长难度较大。2014 年前三季度，制造业、房地产、基础设施投资同比分别增长 13.8%、12.5%、22.2%，增速比上年同期分别回落 4.7 个、7.2 个和 2.9 个百分点。从消费

来看，尽管收入分配调节力度不断加大，居民收入有望继续增长，但受经济下行影响，居民收入增长放缓可能性较大，将不可避免影响消费。随着汽车拥有量快速提高以及房地产市场深度调整，过去拉动消费增长的汽车和房地产相关消费趋于减速，对消费增长的带动作用也将减弱；社会需求较大的信息、养老、医疗、教育等服务型消费受供给能力限制，对消费增长的贡献有限。2014 年前三季度，社会消费品零售总额同比增长 12.0%，增速比上年同期回落 0.9 个百分点。这些情况表明，2015 年市场需求不旺的态势仍将持续。二是传统行业产能过剩问题仍将比较突出。2014 年第三季度，规模以上工业企业产能利用率为 78.7%，同比下降 0.9 个百分点，仍处于近四年的较低水平。截至 9 月，工业生产者出厂价格已经连续 31 个月同比下降，其中重化工业市场供大于求矛盾突出，煤炭开采和洗选业、石油加工炼焦和核燃料加工业、黑色金属冶炼和压延加工业出厂价格环比分别下降 1.2%、1.9% 和 1.9%，对企业生产经营造成较大压力。尽管近年来化解产能过剩问题取得积极成效，但由于产能过剩问题长期积累，前期投入形成的新产能仍在陆续释放，产能过剩问题仍将是影响 2015 年经济运行的重要因素。目前，煤炭、钢铁等传统行业产能相对国内市场需求超出较多，行业亏损面较大，化解产能过剩任重而道远，必然会继续影响 2015 年的经济增长。三是企业生产经营面临困难较多。2014 年前三季度，规模以上工业企业实现利润总额同比增长 7.9%，增速比上半年回落 3.5 个百分点。企业库存大幅增加，企业间拖欠的现象增多，加剧了企业资金紧张状况。9 月末，规模以上工业企业应收账款同比增长 11.0%，快于主营业务收入增速 3.1 个百分点。未来在市场需求不旺、产能过剩问题突出的同时，劳动力、土地资源要素价格仍将趋势性上涨，企业效益难以明显改观。特别是，在目前我国以大型银行为主的融资环境下，大型金融机构为小微企业服务的动力不足，而小微企业受自身贷款条件限制，借款利率远高于贷款基准利率，有的年化利率甚至超过 25%，融资难、融资贵的问题短期内难以明显缓解，企业生产经营困难状况仍将持续。

尽管前进道路中有不少荆棘，但也存在推动经济稳定增长的积极因素。

我国经济发展仍处于重要的战略机遇期，新型工业化、信息化、城镇化、农业现代化发展潜力巨大，结构调整和转型升级稳步推进，市场机制作用进一步发挥，新生增长动力不断增强，保持经济平稳较快增长仍然具备较多有利条件。一是服务业发展的贡献将继续提高。随着我国经济向服务业主导转变，服务业发展对经济增长的影响趋于上升。工业化发展进入中后期阶段，产品的个性化发展趋势明显，对工业产品相关的设计、研发、销售等服务的需求增加；而随着居民收入增加，消费结构升级加快，对文化、旅游、教育等服务的需求也在增加，这些将带动服务业发展。2014 年前三季度，服务业增加值同比增长 7.9%，快于 GDP 增速，占 GDP 的比重达到 46.7%，比上年同期提高 1.1 个百分点。当前，我国已进入中等收入国家行列，服务业正处于快速发展的时期，特别是商务、养老、健康等新兴服务业发展方兴未艾，有利于推动经济增长。二是深化改革将为经济发展注入新的动力。近年来，随着我国进入转型发展新阶段，传统动力趋于减弱，新兴动力成长还面临较多限制。适应转型发展要求，党中央、国务院顺应规律，大力改革创新，破除制约转型发展的体制机制障碍，进一步放宽市场准入，进一步扩大企业自主权，极大地激发了市场活力。特别是随着自然垄断和公共事业领域放开准入，民间投资在这些领域快速增长。2014 年前三季度，铁路运输业、石油和天然气开采业、卫生和社会工作及教育民间投资分别增长 62.4%、41.1%、42.4% 和 28.9%。随着这些改革举措的进一步完善和落实，对经济增长的支撑作用将继续显现。而且，从未来看，利率市场化、服务业和资源性产品价格改革逐步推进，市场机制作用进一步完善；财税体制改革进一步深化，对实体经济支持力度加大；多层次资本市场建设加快，企业融资渠道进一步拓宽等，有利于经济发展新动力的培育和形成，从而为经济持续健康发展奠定坚实基础。三是经济转型升级潜藏着巨大增长潜力。面对市场压力不断增大的挑战，在市场优胜劣汰机制作用下，企业创新主动性进一步增强，积极调整产品结构，提高产品技术含量和科技水平，大力降低能源资源消耗，经济发展向中高端迈进态势初步显现。从生产看，机械化、智能化水平持续提高，工业机器人的普及程度大幅提升，信息化发展对生产模式的改

造和提升稳步推进，将带动相关领域投资增长。从产品看，新产品开发力度不断加大，适应市场需求变化的能力增强，销售率提高。与此同时，经济发展对节约能源、改善环境的要求提高，也为新能源、新材料等新产业发展创造良好机遇。此外，从政策角度来看，一方面，2014 年以来出台的一系列稳增长、促改革、调结构、惠民生的政策措施将继续发挥作用；另一方面，目前我国政府债务水平和赤字率都保持较低水平，物价涨幅温和可控，国际收支保持盈余，金融机构运营总体稳健，商业银行不良贷款率仍然较低，使用财政和货币政策稳定经济运行仍有一定空间。而且，政府在宏观调控方面积累了丰富经验，特别是近年来在调控方式创新方面大胆突破，在区间调控基础上更加重视定向调控，取得了积极成效，这些都有利于促进我国经济平稳运行。

总之，近年来我国经济发展的环境和条件已经发生变化，国际格局深刻调整，劳动力、资源环境约束增强，经济发展进入新阶段，呈现增速换挡、动力转换、结构优化的新特点。新的发展阶段，资源要素配置需要进一步优化，结构调整和转型升级的任务更趋紧迫，体制机制改革任务艰巨，经济艰难转型中也孕育着新的发展曙光。因此，尽管 2015 年经济运行面临的问题和困难不少，不稳定、不确定因素较多，但只要我们坚持深化改革，积极推进结构调整和转型升级，不断激发市场活力和动力，经济就有望继续保持平稳较快增长。

B.6

2014年的“三农”形势分析

李周　党国英*

摘　要：2014年，全国夏粮总产量13659.6万吨，比2013年增产474.8万吨，增长3.6%。按已公布的信息推算，全年粮食产量将维持在6亿吨的高水平上。农产品质量监测基本达标，耕地流转继续推进，农民工就业继续增加，农民收入增长继续快于城镇居民收入增长，农民福利继续改善。要维持“三农”持续稳定发展，尚需处理好一系列关系，包括强化保护与另辟蹊径的关系，理论完美与操作简便的关系，气候风险与政治风险的关系。

关键词：“三农”　粮食生产　农业风险

一　农业生产情况

（一）主要农产品生产

1. 夏粮获得丰收

2014年全国夏粮播种面积2760.36万公顷，比2013年增加1.55万公顷，增长0.1%。其中谷物播种面积2392.96万公顷，比2013年减少5.86万公顷，下降0.2%。全国夏粮单位面积产量4948.5公斤/公顷，比2013年

* 李周、党国英，中国社会科学院农村发展研究所。

增加 169.3 公斤/公顷，提高 3.5%。其中谷物单产 5257.5 公斤/公顷，比 2013 年增加 195.8 公斤/公顷，提高 3.9%。全国夏粮总产量 13659.6 万吨，比 2013 年增产 474.8 万吨，增长 3.6%。其中谷物总产量 12580.9 万吨，比 2013 年增产 438.8 万吨，增长 3.6%。油菜子产量 1376 万吨，比上年增加 34 万吨，增幅为 2.5%。

2. 全年粮食产量保持在高水平上

2014 年，全国小麦产量 2398 亿斤，提高 3.5%；稻谷预期产量 4095.5 亿斤，同比增长 0.84%。玉米预期产量 4276 亿斤，同比下降 2.2%，这是 2010 年以来首次下滑，但仍是仅低于 2013 年的历史次高纪录。三项主要谷物产量 10769 亿斤，按谷物占粮食总产量比例的变化趋势推算，2014 年全国粮食总产量仍将保持 12000 亿斤的水平。

3. 畜禽产品稳定增长

2014 年前三季度，猪牛羊禽肉产量 5975 万吨，同比增长 2.0%，其中猪肉产量 3972 万吨，增长 3.3%。如果不出意外，全年畜禽产品产量将继续保持稳定增长。

（二）农产品质量

1. 农产品质量趋于稳定

2014 年上半年农产品抽检总体合格率为 96.4%（见表 1）。蔬菜、畜禽产品和水产品监测合格率分别为 95.9%、99.4% 和 93.1%。水果、茶叶监测合格率分别为 90.5% 和 93.3%。与前两年相比较，各项指标几乎都没有改进，但仍然稳定在较高的水平上。

表 1　农产品质量检测情况

单位：%

	总体合格率	蔬菜	畜禽产品	水产品	水果	茶叶
2014 年前三季度	96.4	95.9	99.4	93.1	90.5	93.3
2013 年	97.5	96.6	99.7	94.4	96.8	98.1
2012 年	96.7	97.9	99.7	96.9	97.1	93.0

2. 肉蛋奶监测基本合格

2014年上半年共抽取并检测畜禽和牛奶、蛋类样品6077批。检测结果显示，合格6074批，合格率99.95%。按检测的产品分类统计，在1578批鸡肉样品检测中，有3批氯霉素样品超标；295批鸡蛋、374批鸡肝、1182批牛奶、335批牛肉、113批羊肉、303批猪肝、114批猪尿、1783批猪肉残留样品的检测，均未检出超标样品。检测的药物及其化合物残留包括氯霉素、β－内酰胺类、β－受体激动剂类（含克仑特罗单品种）、阿维菌素类、氨基糖苷类、地克珠利、地美硝唑/甲硝唑及其代谢物、地塞米松、氟喹诺酮类、磺胺类、己烯雌酚、甲砜霉素、卡巴氧和喹乙醇残留标示物，以及林可胺和大环内酯类、氯羟吡啶、尼卡巴嗪残留标示物、四环素类、泰乐菌素、替米考星、同化性激素、头孢噻呋、硝基呋喃类代谢物。

（三）2015年谷物产量预计

2015年度，小麦产量预计为1.23亿吨，比上年的1.217亿吨增加130万吨。稻谷总面积预计为3066.6万公顷，同上年基本持平；总产量伴随单产的提高会略有增长，达到2.08亿吨。玉米2.18亿吨，三大谷物产量预计5.49亿吨。

二　要素市场发育情况

（一）耕地流转情况

截至2014年6月底，全国家庭承包耕地流转面积达到3.80亿亩，在半年时间里将流转面积占家庭承包经营耕地面积的份额提高了2.8个百分点。

根据农业部农村经营管理情况统计年报数据汇总，2013年全国30个省、区、市（不含西藏）农村家庭承包耕地流转情况如下。

1. 流转面积继续增加

截至2013年年底，全国家庭承包耕地流转面积达到3.41亿亩（见表2），比2012年年底增长22.5%；流转面积占家庭承包经营耕地面积的26%，比2012年提高4.5个百分点。流转出承包耕地的农户达5261多万户，占家庭承包农户数的22.9%，比2012年上升3.6个百分点。上海（65.81%）、江苏（56.96%）、北京（48.79%）、浙江（45.32%）、黑龙江（44.39%）、重庆（38.43%）、安徽（33.43%）、河南（33.18%）8个省市的流转比重超过30%。

表2　全国承包地流转面积的变化

年份	2007	2008	2009	2010	2011	2012	2013	2014年6月
流转面积(亿亩)	0.6	1.09	1.51	1.87	2.28	2.78	3.41	3.80
流转比例(%)	5.2	8.9	12.0	14.6	17.8	21.5	26.0	28.8

2. 以出租方式流转比重上升

流转方式仍以转包和出租为主，转包、出租、互换、股份合作、转让流转的比重分别为46.9%、31.7%、6.2%、6.9%和3.3%；另有5.0%的耕地通过临时代耕等其他方式流转。以出租和股份合作方式流转的面积持续较快增长，分别比2012年增长34.5%和44.3%，占流转总面积的比重分别提高2.9个和1个百分点。

3. 流转耕地仍以流入农户为主，但比重继续下降

截至2013年年底，在全部流转耕地中，流转入农户的占60.3%，比2012年降低4.4个百分点（见表3）；流转入农民专业合作社的占20.4%，比2012年上升4.6个百分点（其中，以入股形式流转入合作社的比重占19.0%）；流转入企业的占9.4%，比2012年上升0.2个百分点；流转入其他主体的占9.9%，比2012年降低0.4个百分点。分省份看，流转入合作社面积占流转总面积比重较大的省份依次是：青海39.9%、江苏29.8%、上海29.3%、黑龙江29.2%、贵州27.1%、安徽25.7%、湖南22.7%。

表 3　我国农地流入结构的变化

单位：%

年份	2011	2012	2013
流入农户	67.6	64.7	60.3
流入农民专业合作社	13.4	15.8	20.4
流入企业	8.4	9.2	9.4
其他	10.6	10.3	9.9

4. 土地流转合同签订率进一步提高

耕地流转双方签订流转合同 3756.3 万份，涉及流转耕地面积为 2.25 亿亩，分别比 2012 年增长 20.9% 和 24.0%；流转合同涉及耕地占流转总面积的 65.9%，比 2012 年增加 0.9 个百分点。流转合同签订率前 8 位的省份依次是：上海 100.0%、宁夏 80.5%、青海 80.2%、黑龙江 79.6%、浙江 76.9%、江苏 76.2%、北京 74.9%、云南 72.7%。

5. 流转耕地用于种植粮食作物的比重不足六成

农户流转出的承包耕地中，用于种植粮食作物的面积为 1.93 亿亩，占流转总面积的 56.5%，比 2012 年增加 0.5 个百分点。分省份看，流转出耕地用于种植粮食作物的比重较高的省份是：吉林 91.2%、黑龙江 87.0%、内蒙古 74.0%、安徽 69.2%、江西 65.3%、河南 65.1%。

6. 规模经营农户数量缓慢增加

经营耕地规模在 30 亩以下的农户达 2.54 亿户，占汇总农户数比重的 96.2%，小规模分散经营仍是农业经营方式的主体，但经营规模 30 亩以上的农户数量呈小幅增长态势。经营规模 50 亩以上的农户数达到 317.5 万户，比 2012 年增加 30 万户，增长 10.4%，占总农户数的 1.3%，比 2012 年提高 0.2 个百分点，其中经营规模 50～100 亩、100～200 亩、200 亩以上的农户数分别占 50 亩以上农户数的 70.0%、20.5%、9.5%。

（二）农村劳动力流动

1. 农民工数量

根据国家统计局抽样调查结果，2013 年全国农民工总量 26894 万人

（见表 4），比上年增加 633 万人，增长 2.4%。其中，外出农民工 16610 万人，增加 274 万人，增长 1.7%；本地农民工 10284 万人，增加 359 万人，增长 3.6%。在外出农民工中，住户中外出农民工 13085 万人，增加 124 万人，增长 1.0%，举家外出农民工 3525 万人，增加 150 万人，增长 4.4%。

表 4　农民工数量

单位：万人

年份	2008	2009	2010	2011	2012	2013
农民工总量	22542	22978	24223	25278	26261	26894
1. 外出农民工	14041	14533	15335	15863	16336	16610
（1）住户中外出农民工	11182	11567	12264	12584	12961	13085
（2）举家外出农民工	2859	2966	3071	3279	3375	3525
2. 本地农民工	8501	8445	8888	9415	9925	10284

2. 农民工培训与就业

2013 年，接受过技能培训的农民工占农民工总数的 32.7%（见表 5），比 2012 年提高 1.9 个百分点。各年龄段的农民工接受培训的比重均有提高，且具有农民工的年纪越轻，接受技能培训的比例提高幅度越大的特征。

表 5　农民工培训情况

单位：%

年龄段	2012	2013	变化
20 岁及以下	24.0	31.0	7.0
21～30 岁	34.0	35.9	1.9
31～40 岁	32.0	34.1	2.1
41～50 岁	30.5	32.1	1.6
50 岁以上	25.5	25.9	0.4
合　计	30.8	32.7	1.9

东部地区的农民工就业以制造业为主，中部地区的农民工就业以建筑业与制造业并重，西部地区的农民工就业以从事建筑业为主（见表 6）。

表 6　2013 年分地区分行业的农民工人数构成

单位：%

	东部地区	中部地区	西部地区
制造业	43.1	20.1	13.2
建筑业	17.5	28.5	30.0
批发和零售业	10.2	12.9	13.2
交通运输、仓储和邮政业	5.3	7.3	8.2
住宿和餐饮业	5.0	6.2	8.1
居民服务、修理和其他服务业	9.9	11.1	12.2
其他行业	9.0	13.9	15.1

3. 外出农民工流向分布

在外出农民工中，7739 万人跨省流动，8871 万人省内流动，分别占外出农民工的 46.6% 和 53.4%。东部地区外出农民工以省内流动为主，中西部地区外出农民工以跨省流动为主（见表 7）。东部地区跨省流出农民工 882 万人，72.6% 在东部地区省与省间流动；中部地区跨省流出农民工 4017 万人，89.9% 流向东部地区；西部地区跨省流出农民工 2840 万人，82.7% 流向东部地区。跨省流动的农民工中，流向东部地区 6602 万人，占 85.3%；流向中西部地区 1068 万人，占 13.8%。跨省流动农民工主要流入大中城市。省内流动农民工主要流入小城镇（见表 8）。

表 7　2013 年按输出地分的外出农民工人数及构成

单位：万人，%

	外出农民工人数			外出农民工构成	
	总数	跨省流动	省内流动	跨省流动	省内流动
东部地区	4936	882	4054	17.9	82.1
中部地区	6424	4017	2407	62.5	37.5
西部地区	5250	2840	2410	54.1	45.9
合　　计	16610	7739	8871	46.6	53.4

表 8　2013 年按城市类型分的外出农民工人数及构成

单位：万人，%

	合计	直辖市	省会	地级市（包括副省级）	小城镇	其他
外出农民工人数	16610	1410	3657	5553	5921	69
其中:跨省流动	7739	1115	1749	3064	1742	69
省内流动	8871	295	1908	2489	4179	0
外出农民工构成	100.0	8.5	22.0	33.4	35.7	0.4
其中:跨省流动	100.0	14.4	22.6	39.6	22.5	0.9
省内流动	100.0	3.3	21.5	28.1	47.1	0

4. 外出农民工收入、消费、居住

外出农民工人均月收入（不包括包吃包住）2609 元，比上年增加 319 元，增长 13.9%。人均月生活消费支出 892 元，比上年增加 159 元，增长 21.7%（见表 9），比收入增长幅度高 7.8 个百分点。其中，人均月居住支出 453 元，比上年增长 27%。

表 9　2013 年外出农民工人均月生活消费支出

单位：元，%

	人均月生活消费支出		其中:人均月居住支出	
	金额	增长率	金额	增长率
直辖市和省会城市	972	23.4	500	25.9
地级市(包括副省级)	911	20.2	432	34.2
小城镇	807	21.5	430	21.5
合　计	892	21.7	453	27.0

5. 外出农民工权益保障

外出农民工年从业时间平均为 9.9 个月，月从业时间平均为 25.2 天，日从业时间平均为 8.8 个小时（见表 10）。与上年相比，超时工作农民工所占比重有所上升。

表 10　外出农民工从业时间和强度

年份	2012	2013
全年外出从业时间(月)	9.9	9.9
平均每月工作时间(天)	25.3	25.2
平均每天工作时间(小时)	8.7	8.8
日工作超过 8 小时的农民工比重(%)	39.6	41.0
周工作超过 44 小时的农民工比重(%)	84.4	84.7

外出农民工参加社会保障比例继续上升。其中，参加养老保险的比重比上年提高 1.4 个百分点，参加工伤保险的比重提高 4.5 个百分点，参加医疗保险和失业保险的比重均提高 0.7 个百分点，参加生育保险的比重提高 0.5 个百分点（见表 11）。

表 11　外出农民工参加社会保障的比例

单位：%

年份	2008	2009	2010	2011	2012	2013
养老保险	9.8	7.6	9.5	13.9	14.3	15.7
工伤保险	24.1	21.8	24.1	23.6	24.0	28.5
医疗保险	13.1	12.2	14.3	16.7	16.9	17.6
失业保险	3.7	3.9	4.9	8.0	8.4	9.1
生育保险	2.0	2.4	2.9	5.6	6.1	6.6

6. 新生代农民工

1980 年及以后出生的新生代农民工 12528 万人（见表 12），占农民工总量的 46.6%，占 1980 年及以后出生的农村从业劳动力的比重为 65.5%。

表 12　2013 年新生代农民工规模

单位：万人

	合计	外出农民工	本地农民工
新生代农民工	12528	10061	2467
老一代农民工	14366	6549	7817

新生代农民工的主要特点如下。

一是平均受教育程度高。新生代农民工中，高中及以上文化程度的新生代农民工占33.3%，比老一代农民工高19.2个百分点。主要集中在大中城市务工。新生代农民工中，54.9%在地级以上大中城市务工，比老一代农民工高28.9个百分点。

二是八成以上选择外出从业。新生代农民工中，80.3%选择外出从业；2467万人本地从业，占19.7%。新生代农民工初次外出的平均年龄仅为21.7岁，老一代农民工初次外出的平均年龄为35.9岁，与老一代农民工相比，新生代农民工初次外出平均年龄低14.2岁。2013年，87.3%的新生代农民工没有从事过任何农业生产劳动。

三是以从事制造业为主。新生代农民工中，39%从事制造业，14.5%从事建筑业，10.1%从事批发和零售业，10%从事居民服务和其他服务业。老一代农民工中，29.5%从事建筑业，26.5%从事制造业，10.9%从事批发和零售业，10.6%从事居民服务和其他服务业。从事建筑业的新生代农民工所占比重大幅下降，不及老一代农民工的一半。

四是就地消费倾向更强。新生代农民工在外务工的月生活消费支出人均939元，比老一代农民工高19.3%；2013年人均寄回和带回老家的现金为12802元，比老一代农民工少29.6%。人均月租房支出为567元，占月均生活消费支出的60.4%。

（三）农村资本市场

1. 涉农信贷总量继续增长

涉农金融机构积极调整信贷结构，加大对“三农”尤其是现代农业的信贷支持力度，增强农村金融服务的针对性和有效性，切实履行金融支农的责任。涉农信贷总量继续增长。

2. 改进支农服务体系

农商行在董事会下设立了由农业大户、龙头企业任委员的“三农”委员会，以提高服务县域、服务“三农”的针对性。大中型银行把农村业务的重点放在延伸服务、增加信贷投放上。主管部门进一步健全了绩效考核和激励约束机制，并提高了县域存贷比。

3. 降低农村的金融进入门槛

村镇银行是民营资本进入金融领域的重要渠道。为吸引民营资本参与村镇银行，将主发起行的持股比例从 20% 下调到 15%，以促进经营上专业化，服务上特色化的农村社区银行的发展。对运营稳健、风控能力强的金融机构，开展主发起行退出试点，让机构完全民营化。除村镇银行外，引导社会资本设立服务“三农”的金融租赁公司，与农机设备制造商合作，开展涉农金融租赁业务。

4. 加大对新型农业经营主体的支持力度

为推进农业生产规模化、集约化程度进一步提高，2014 年进一步加大了对家庭农场、专业大户、新型农民合作组织等新型农业经营主体的支持力度。为及时、充分满足它们的资金需求，已将它们纳入信用评定范围，并建立了信用信息档案。

5. 改善“三农”的融资环境

具体措施是支持符合条件的机构发行专项用于“三农”的金融债。

三　农民收入和福利情况

（一）农民收入

2014 年前三季度，全国农村居民人均现金收入 8527 元，同比名义增长 11.8%，扣除价格因素实际增长 9.7%。全国城镇居民人均可支配收入 22044 元，同比名义增长 9.3%，扣除价格因素实际增长 6.9%。农民收入增幅比城镇居民收入增幅高出 2.8 个百分点。按照这种态势，2014 年农民收入增幅有望继续超过城镇居民。

农民收入增长的主要来源有三：一是农业收入继续增长。2014 年种植业产值为 54421 亿元，与 2013 年相比增长 5.68%。截至 9 月 30 日，主

产区的新麦收购量为7363万吨，比2013年同期增长1913万吨。从商品粮销售情况来看，预计2014年农民商品粮销售总量为9311万吨，商品粮销售收入为2229亿元，与2013年相比分别增长3.54%和6.35%。二是农民外出务工人数增多、工资增加。据国家统计局调查，9月末，农村外出务工劳动力17561万人，同比增加169万人，增长1.0%。外出务工劳动力月均收入2797元，增长10.0%。三是农产品加工业成为农民增收的平台。2014年上半年规模以上农产品加工业主营业务收入8.4万亿元，同比增长9.5%，比全国规模以上工业增速高1.4个百分点。此外，休闲农业也成为农民增收的新渠道。据不完全统计，上半年全国休闲农业接待游客近5亿人次，营业收入近1500亿元，增速超过10%，带动3000万农民受益。

（二）农民福利

1. 医疗保障

2014年，新农合制度的人均筹资水平提高到410元左右。其中各级财政补助标准提高到320元，个人缴费标准达到90元左右。政策范围内住院费用报销比例保持在75%以上，门诊医药费用报销比例提高到50%左右。全面推开利用新农合基金购买大病保险工作。构建包括基本保障、大病保险、医疗救助和疾病应急救助的新农合制度体系。调整完善支付政策。将反映医务人员技术劳务价值的治疗费、手术费、护理费等项目纳入新农合支付范围，将符合条件的村卫生室和非公立医疗机构纳入定点范围，开展了将符合条件的养老机构内设的医疗机构纳入新农合定点范围试点。积极推动建立分级诊疗制度。建立有效分工协作机制。大力推进由后付制向预付制转变，逐步将大病保障工作以按病种付费的形式推广到新农合普惠制的报销补偿政策中。

2. 养老保障

2014年，我国城乡养老保险实施正式并轨政策。为赋予城乡居民更平等的选择权，两项制度合并后，保留原来100元至1000元的缴费标准，增加 1500 元和 2000 元两档标准，农村居民可以同城镇居民一样按更高的标准缴费，以后获得更多的养老金。城乡居民基本养老保险制度并轨的最大受益群体是在城乡之间流动的农民工及其家属。政策并轨后，以前在农村个人缴费、政府缴费补助和集体经济补助都可以进入个人账户。在城镇交费满 15 年，可以享受职工养老保险待遇，全部打入个人账户一并计算。

3. 生活保障

2014 年，为了进一步完善救助体系，政府将增加临时救助制度、完善配套政策列入工作的重要议事日程。临时救助是对其他社会救助制度暂时无法覆盖或救助之后基本生活暂时仍有严重困难的家庭或个人给予的应急性、过渡性的救助。截至 2014 年 9 月底，全国共有农村低保户 29092550 户，低保人数 52164157 人，其中老年人 20398384 人，残疾人 4527889 人。农村最低生活保障累计支出 5745719.7 万元，人均支出水平 120.46 元。当月新增农村最低生活保障人数 372186 人，退出人数 583218 人。

四 需要进一步处理好的关系

（一）强化保护和另辟蹊径的关系

我国农业面临的突出问题是，主要农产品的价格普遍高于进口农产品的价格。2014 年，小麦、玉米和大米这三个品种的国内价格都已高于进口粮食的国内到岸完税价，小麦高 5%，玉米高 6%，大米高 25%。大豆国内现货价格为每吨 4500 元，进口到岸价格为每吨 4200 元；进口油菜子到岸价为每吨 4300 元，国内现货价格为每吨 5100 元；国家棉花临时收储价格为每吨 20400 元，进口到岸价格为每吨 17000 元。我国原糖主产区柳州、南宁中间商报价为每吨 5400 元，外盘原糖进口到岸价格每吨低于 4000 元。畜产品也是如此。芝加哥商业交易所瘦肉猪每吨 12000 元；国内价格每吨为 15000 元至 18000 元之间。

在价格信号的引导下，2014 年农产品净进口量进一步增加。1～8 月，谷物净进口1207.7万吨，同比增84.5%。其中小麦261.1万吨，玉米158.5万吨，大米142.4万吨，大麦351.8万吨，高粱285.5万吨。另外玉米酒糟进口453.8万吨。棉花进口205.2万吨，棉纱进口129.3万吨，食糖进口203.9万吨。食用油子净进口5124.7万吨。其中，大豆4771.3万吨，油菜子341.2万吨。食用植物油进口556.3万吨，其中棕榈油364.5万吨，豆油81.3万吨，菜油61.6万吨。猪牛羊肉进口80.6万吨，其中猪肉38.3万吨，牛肉21.3万吨，羊肉21万吨。奶粉进口87.4万吨。

应对这个局面，可以有两种选择。其一是强化保护，这也是东亚其他经济体的基本做法。但这种做法的结果是一方面农业保护力度越来越大，另一方面农业竞争力越来越弱。其二是另辟蹊径。中国是沿用东亚其他经济体的做法还是另辟蹊径，显然是一个值得探讨的问题。保护是手段、发展是目标，按照保护与发展的逻辑关系，探讨的命题必须由农业要不要保护改为农业究竟要形成什么样的格局。农业所要形成的发展格局，一是要让农民安居乐业，二是要让农场具有自生能力，三是要让农产品具有市场竞争力。要达到这一目标，必须改变农业经营规模过小的现状，而不宜通过农业保护维系这种状态。倘若保护的是经营规模过小、农场不具有自生能力、农民不能安居乐业、农产品不具有市场竞争力的农业，就不可能形成预期的农业发展格局。所以，必须抓住越来越多的农民不愿继续从事超小规模农业的有利时机，推进农业适度规模经营，培育具有自生能力的核心农户，提升我国农产品的国际竞争力，形成有别于东亚其他经济体的农业发展模式。

（二）理论完美和操作简便的关系

对于解决特定的问题，客观上存在着追求理论完美和关注操作简便的政策选择。改革初期往往倾向于操作简便，当前则越来越倾向于理论完美。其实从政策选择来说，任何时候都应该强调操作简便，而不是理论完美。下面循着这个思路，就两项具体的农业政策做一些分析与评价。

1. 目标价格政策

从理论上讲，粮食最低收购价政策有扭曲市场价格、推高粮价的弊端，而目标价格政策既可以充分发挥市场配置资源的决定性作用，又可以将国家干预市场的程度降至最低。这是决策界和学术界都赞同用目标价格政策替代最低收购价政策的主要依据。然而，要不要采用目标价格政策并非取决于这一判断，而要分析我国是否已经具备了实施目标价格政策所需的条件。据分析，现在实施目标价格政策会遇到以下五个问题。

第一，如何获得农产品市场价格形成的充分信息。所谓目标价格政策，就是政府预先确定粮食目标价格，实际的粮食价格由市场决定，粮食的市场价格低于目标价格时，按目标价格与市场价格的差价给予农民补贴；粮食的市场价格高于目标价格时，则不启动该政策。在该政策下，倘若市场价格高于目标价格，农民会为了得到更多收入而讨价还价；倘若市场价格低于目标价格，农户绝不会为了减少政府补贴而讨价还价。在农民被动接受农产品价格的情形下，价格形成就不会有充分的信息。

第二，如何识别目标价格和市场价格的差价。粮食从产地到销地通常会发生数次交易。粮食保护价是在粮食卖给政策执行机构时执行的，具有唯一性。在实施目标价格的情形下，如果每次交易都补差价，补贴总量就会很大。如果只补一次，如何找到需要补贴目标价格与市场价格差价的那次交易呢?

第三，如何消除低估农产品市场价格的偏差。市场价格与目标价格的价差是决定补贴数量的一个因素。由于价差越大得到的补贴越多，一部分个人或组织就会为了获取更多补贴而低报市场价格，导致市场价格系统偏低的问题。

第四，如何消除高报农产品种植面积的偏差。种植面积是决定补贴数量的另一个因素。鉴于具体的补贴做法是：根据目标价格与市场价格的差价和总产量测算出来补贴总量；再根据目标价格与市场价格的差价和平均单产测算出单位面积的平均补贴标准；最后根据实际种植面积和粮食补贴一折（卡）通，将补贴资金足额兑付给实际种植者。一部分个人或组织就会为了获取更多补贴而多报种植面积，导致种植面积系统偏高的问题。

第五，如何获得每一个农户的准确信息。我国刚刚进入大数据时代，目前还不具备获得实施这项政策所需的每一个农户的准确信息的条件。在这种情形下，工作重点应该是培育实施这项政策所需的条件，而不是急于推出这项政策。

简言之，政策优劣的判别标准并不是它的市场化程度的高低，而是其达到预期目标的可操作性的高低。前苏联和东欧国家急于向其驾驭不了的市场经济体制转型，是其改革未能达到预期目标的重要原因。我们不宜忽略它们的教训而步其后尘。

2. 农业补贴政策

从理论上讲，粮食直补应该补农民而不应补土地承包权所有者，最好按粮食种植面积、粮食产量、粮食销售量补。一些学者据此批评现实中粮食直补按耕地面积发放的做法。诚然，这些学者的提议在理论上具有完美性，但按照这种提议的操作又是非常困难的。

其实，农业补贴按耕地面积发放有几个好处。第一，政策具有可持续性。按照 WTO 规则，只有与粮食生产或粮食产量脱钩的补贴，才是不被控制的补贴。第二，政策执行成本低。政府把每一个农户的粮食播种面积都统计清楚是非常不容易的。每年投入大量的时间和费用把每一个农户的粮食播种面积统计清楚显然是得不偿失的。第三，农民的满意度高。农民最担心的就是干部作假导致粮食直补发放的不公平。按耕地面积发放是最透明的，也是最公平的。这是农民认同按农地面积发放粮食直补的主要原因。

进一步说，在土地流转的情形下，补土地承包权所有者和补农民的实际差异并不会很大。第一，我国的耕地以农民自营为主，截止到 2014 年上半年，流转土地仍只占所有耕地的 28%。对 72% 的耕地的经营者来说，无论采用何种补贴方式，结果是一样的。第二，土地流转会不会发生并不取决于补贴给谁，而取决于双方对流转价格的认同。最近几年土地流转不断加速，足以说明这种补贴方式对土地流转的影响是无足轻重的。第三，在土地承包权所有者和农民分离的情形下，补贴给土地承包权所有者，其转包费会相对低一些，补贴给农民，其转包费会相对高一些，双方的收益绝不会因为补贴对象的变化而发生显著的差异。这也是转包土地的农民对这种做法并没有太多意见的主要原因。

一言以蔽之，农民的接受程度是评价一个政策是否适宜的基本标准。如果总是以理论上能否说得通为依据，而忽视操作上是否具有可能性，就有可能失之偏颇。

（三）气候风险与政治风险的关系

我国现在确立的是“以我为主、立足国内、确保产能、适度进口、科技支撑”的国家粮食安全战略。20 字方针中，最为显著的变化是确保产能和适度进口这 8 个字。以产能目标替代产量目标，其核心是把耕地保护好，并通过土地整理和农业基础设施建设不断地提高耕地的生产能力，而不再把耕地的生产能力充分发挥出来。这是非常重要的变化。我国的耕地已经连续耕作了很长时间，在条件允许的情况下适当地降低耕作强度，不仅是保护我国耕地的地力、提高耕地利用的可持续性的重要举措，也是解决化肥农药污染，以及地下水位下降和水资源供不应求矛盾的重要举措。产能保护除了强化土地整理和完善农业基础设施外，还需要适度进口来支撑。所以适度进口的提出也是非常重要的变化。对于农产品供需平衡来说，气候风险是常发性风险、客观性风险，政治风险是偶发性风险、主观性风险。对于特定数量的有效需求，供给源越多，实现供需平衡的条件就越好，所以适度进口是化解常发性、客观性的气候风险的重要举措之一。至于偶发性、主观性的政治风险，要靠仓储和产能保护来化解，而不宜靠确定粮食自给率来消除。

参考文献

陈锡文：《农业还有很多重大政策即将出台》，http：//www. finance. sina. com. cn/china/hgjj/20140926/010920416495. shtml。

农业部经管司：《2013 年农村土地承包经营及管理情况》，《农村经营管理情况》2014 年第 5 期。

国家统计局：《2013 年全国农民工监测调查报告》，http：//www. stats. gov. cn/tjsj/zxfb/201405/t20140512_ 551585. html。

B.7

当前工业经济形势分析及政策建议

原磊 金碚*

摘 要: 2014年前三季度工业经济出现了回落，但产业结构调整取得了积极进展，工业经济增长质量明显改善。当前，工业经济增长动力机制正面临转换。从需求来看，投资仍是工业增长的重要驱动力，但投资效率加快下滑；从供给来看，全要素生产率的提高将逐步代替资本形成成为工业增长的核心驱动力；从产业来看，劳动密集型产业和资本密集型、知识密集型产业均对中国工业经济增长起到了不可替代的作用，但作用机制和相对地位将发生一定的变化。国家在政策制定时，应注重多目标的平衡，既要保持工业经济较快增长，避免过快下滑带来的各种冲击，也要着力提高工业经济增长质量，加快转型升级，因此应从需求、供给和产业等不同层面出台政策，打出"组合拳"，既重视结果也重视过程，推动工业经济的健康可持续发展。

关键词: 工业经济 工业增加值 产业政策

当前工业经济正处于"稳增长、调结构、转方式"的关键时期，增长动力机制面临着根本性的转换。为适应这种转换，国家政策应在多目标中寻求平衡，将长期政策和短期政策、宏观政策和中观政策、供给政策和需求政策结合使用，既要使工业经济维持较快增速，避免过快下滑带来的各种冲

---

* 原磊、金碚，中国社会科学院工业经济研究所。

击，也要着力提高工业经济增长质量，推动结构调整，加快转型升级，促进工业企业国际竞争力的提升。

一 2014年前三季度工业经济运行形势

2014年前三季度，工业经济增速出现了一定程度的回落，但产业结构调整取得了积极进展。装备制造、医药、电子信息等高技术产业增速相对较快，而高耗能产业和资源型产业增速较慢，且高耗能产业投资增速明显低于整体工业。在工业增速放缓的情况下，工业企业主营活动利润总额平稳增长，且汽车、机械、电子信息等产业盈利状况较好，反映工业增长质量正在改善。

1. 工业生产增速回落

2014年以来，工业经济增速出现了明显的下滑，前三季度规模以上工业企业增加值累计增长8.5%，比上年同期下降了1.1个百分点。从月度来看，8月出现了超预期下滑，9月又有所恢复（见图1），反映了工业经济在震荡中寻求新的平衡，未来存在进一步调整的压力。造成工业经济增速下行的原因主要有三个。一是工业化阶段的变化。目前，中国工业正逐步从平推

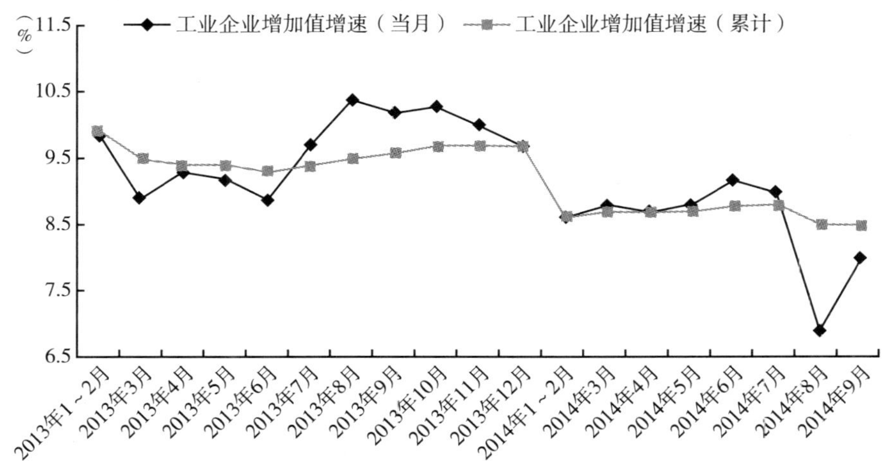

图1 规模以上工业企业增加值同比增速

资料来源：中经数据。

工业化阶段进入立体工业化阶段，增速的“下台阶”是工业自我调整的需要，也是经济发展的必然规律。二是国家主动“转方式”的结果。对现阶段的中国工业来讲，利用刺激政策将工业增速提高 1～2 个百分点是可以做到的，但这将对工业经济的长期发展造成不利影响，也不利于结构调整和转型升级。为促进发展方式的转变，国家主动调低了工业经济增速预期，地方政府也加大了落后产能淘汰的力度。三是外部性和周期性因素的冲击。房地产开发投资增速以及房屋新开工面积增速放缓对相关行业的增长造成压力。国际市场需求虽然相比于上年有所回升，但仍不景气，且复苏基础十分脆弱。

2. 产业结构调整稳步推进

从工业三大门类看，制造业仍然是工业增长的主要力量，前三季度规模以上制造业企业增加值累计同比增长 9.6%，远高于采矿业的 4.8% 以及电力、热力、燃气及水的生产和供应业的 3.1%（见图 2）。制造业增速远远快于采矿业以及电力、热力、燃气及水的生产和供应业，这在一定程度上说明了制造业仍是中国工业经济增长的核心驱动力。工业整体上增加值增速已经慢于服务业，但制造业，尤其是规模以上制造业企业增速要快于服务业，且对服务业的增长产生了巨大的拉动作用。

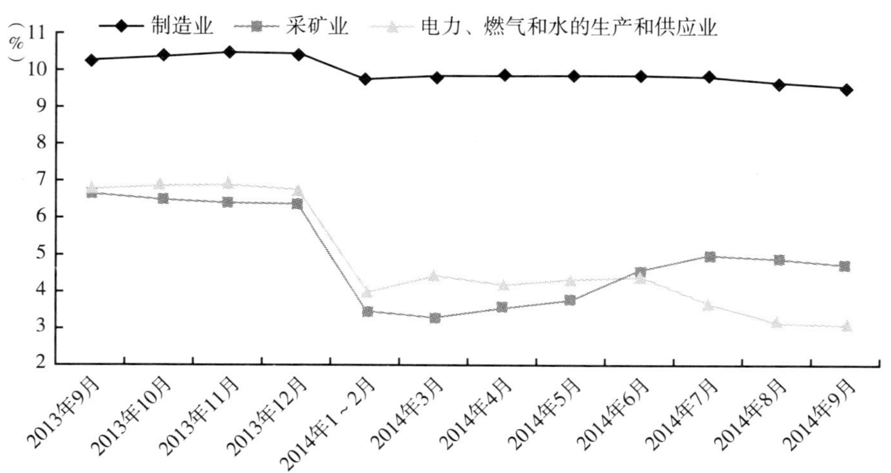

图 2　工业分三大门类增加值累计同比增速

资料来源：国家统计局。

2014 年前三季度，增加值累计同比增速最高的十大行业中，高技术产业、装备制造及运输设备制造等产业占大多数，说明产业加工度有所提高，转型升级初见成效（见表 1）。其中，增速最高的是废弃资源综合利用业，达到了 17.6%，医药制造业，汽车制造业，铁路、船舶、航空航天和其他运输设备制造业，计算机、通信和其他电子设备制造业等高技术产业均保持了 11% 以上的增速。

表 1　2014 年前三季度工业增加值累计增速最高的十大行业

单位：%

行　　业	2013 年 1 ~9 月	2014 年 1 ~9 月	增幅(个百分点)
废弃资源综合利用业	16.6	17.6	1
燃气生产和供应业	15.7	16.9	1.2
金属制品、机械和设备修理业	—	13.8	—
有色金属冶炼和压延加工业	13.6	13	-0.6
医药制造业	13.5	12.6	-0.9
汽车制造业	—	12.5	—
铁路、船舶、航空航天和其他运输设备制造业	—	12.2	—
金属制品业	—	12.1	—
计算机、通信和其他电子设备制造业	11.1	11.9	0.8
文教、工美、体育和娱乐用品制造业	—	11	—

资料来源：国家统计局，中经数据。

2014 年前三季度，增加值累计同比增速最低的十大行业多是高耗能产业和资源型产业（见表 2），说明节能降耗取得积极进展，经济增长对能源、资源的依赖程度不断降低。其中，增速最低的是其他采矿业，也是唯一同比负增长的行业。此外，六大高耗能产业中有三个行业增速排在后十位，分别为电力、热力生产和供应业，黑色金属冶炼和压延加工业以及石油加工、炼焦和核燃料加工业，且增速与上年同期相比均明显回落。据测算，“十二五”前三年，中国单位工业增加值能耗累计下降 15%，万元工业增加值水耗累计下降 24%。

表2　2014年前三季度工业增加值累计增速最低的十大行业

单位：%

行　业	2013年1~9月	2014年1~9月	增幅(个百分点)
其他采矿业	17.9	-3.2	-21.1
电力、热力生产和供应业	6.3	2.2	-4.1
石油和天然气开采业	—	3.2	—
煤炭开采和洗选业	6.3	3.5	-2.8
其他制造业	—	4.1	—
石油加工、炼焦和核燃料加工业	6.3	5.1	-1.2
黑色金属冶炼和压延加工业	10.5	6.2	-4.3
纺织业	9.2	6.5	-2.7
皮革、毛皮、羽毛及其制品和制鞋业	—	6.7	—
造纸和纸制品业	8.2	6.9	-1.3

资料来源：国家统计局、中经数据。

3. 西部地区增长较快，东部和中部增速趋近

2014年前三季度，东、中、西部地区工业增加值增速均出现了一定程度的回落，其中中部地区回落幅度最大，相比之下西部地区虽然也出现回落，但回落幅度相对较小，前三季度的大部分月份增速均保持在10%以上（见图3）。造成不同地区工业增速回落幅度差异的原因主要在于发展模式不同和产业结构差异。东部地区经济的外向型程度较高，受国际经济形势影响较大，国际市场的不景气造成了工业增速的下滑。中部地区将承接东部地区产业转移作为工业增长的重要动力，随着东部地区产业转移的放缓，增速也出现了较大回落。西部地区增长更多依赖于国家基础设施投资，因此保持了较快增速，但用电量增长也超过其他地区。

4. 制造业投资增速下滑，高耗能产业增速低于整体制造业

2014年以来，在国内外需求总体偏弱的背景下，制造业投资进一步放缓至历史较低水平。前三季度制造业投资同比增长13.8%，较上年同期回落4.7个百分点（见图4）。事实上，自2012年初起，制造业投资就出现明显减速，并于2013年以后开始滞后于固定资产投资增速。如果分行业来看，高耗能产业的投资增速低于制造业投资增速，尤其是黑色金属冶炼及压延加

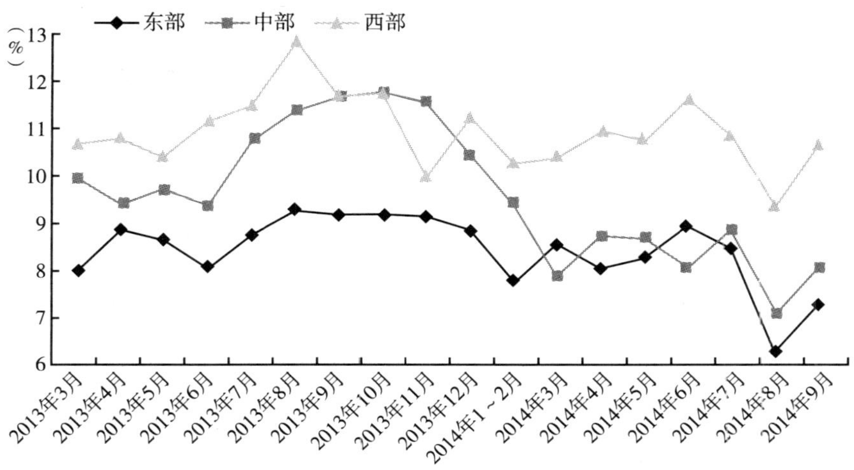

图3　东、中、西部地区工业增加值月度同比增速

资料来源：中经数据。

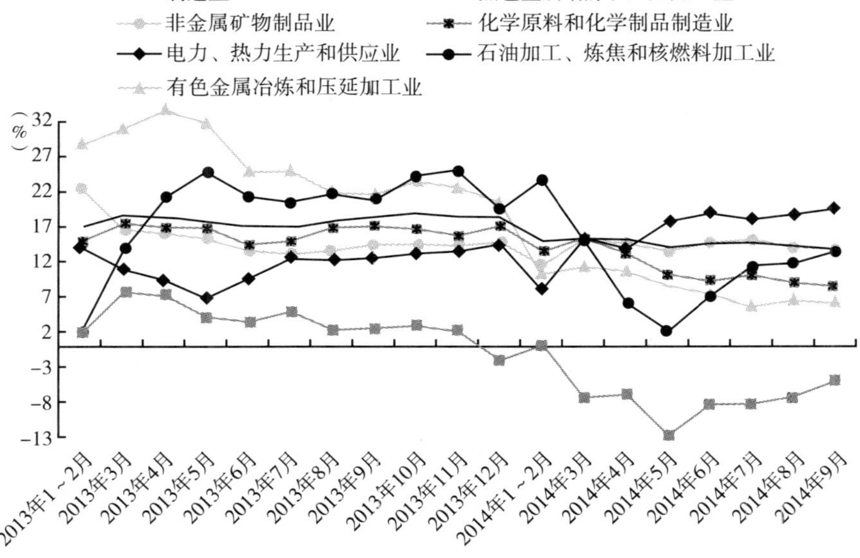

图4　前三季度高耗能产业的投资累计增速

资料来源：中经数据。

工业在2014年投资一直处于负增长，甚至达到了-12.8%。这一方面说明投资者的信心不足，市场需求尚未完全恢复；另一方面也说明国家落后产能淘汰工作取得了积极进展，产业结构趋于优化。

5. 工业品出口回暖，下行压力缓解

2014年第一季度，由于美国等主要贸易伙伴国因极端天气以及QE退出阴影的影响，经济明显下滑，需求收缩，致使中国出口出现负增长，工业品出口交货值增速也明显放缓。第二季度以来出现明显好转，工业品出口交货值前三季度累计同比增长6.4%，比上年同期扩大1.9个百分点，成为稳定工业经济运行的重要因素（见图5）。分析中国工业出口回暖的原因，主要包括以下几个方面：从国内来看，一是2014年出台的一系列促进外贸便利化、高效化以及系列促出口优惠政策效果开始显现，二是人民币汇率走势对中国出口贸易构成了利好。近期，人民币汇率基本处在均衡稳定状态，人民币单边升值的压力得以有效缓解，有利于出口恢复增长。从国际环境来看，世界经济整体复苏对中国出口带来实质性促进。特别是欧美经济向好，对中国出口形成拉动效应。

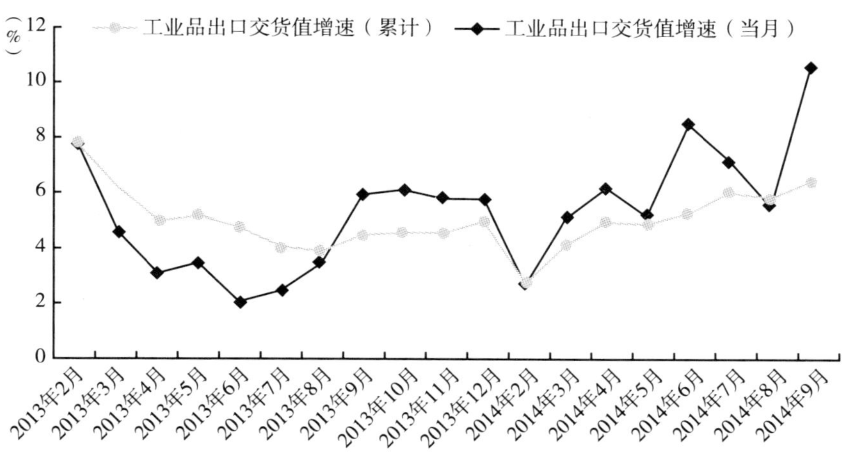

图5 工业品出口交货值增速

资料来源：中经数据。

6. 工业企业利润水平第三季度加速下滑

2014 年 1 ~3 月，工业企业利润增速为 10.1%，1 ~6 月为 11.4%，但 1 ~ 9 月下滑到了 7.9%。如果从单月来看，年中企业利润增速达到了较高水平，6 月和 7 月分别为 17.9% 和 13.5%，但是 8 月和 9 月分别下滑到了 -0.6% 和 0.4%（见图 6）。造成 8 月和 9 月工业企业利润水平下滑的原因主要有三个：一是固定资产投资增速下滑造成了市场需求萎缩，从而导致企业利润增速下滑；二是下半年以来，国际原油等大宗商品价格的加速下滑造成了采掘业、石油加工业等企业盈利水平的下滑，从而拖累了整个工业企业；三是企业去库存压力加大、应收账款增加等因素对企业经营造成了压力。

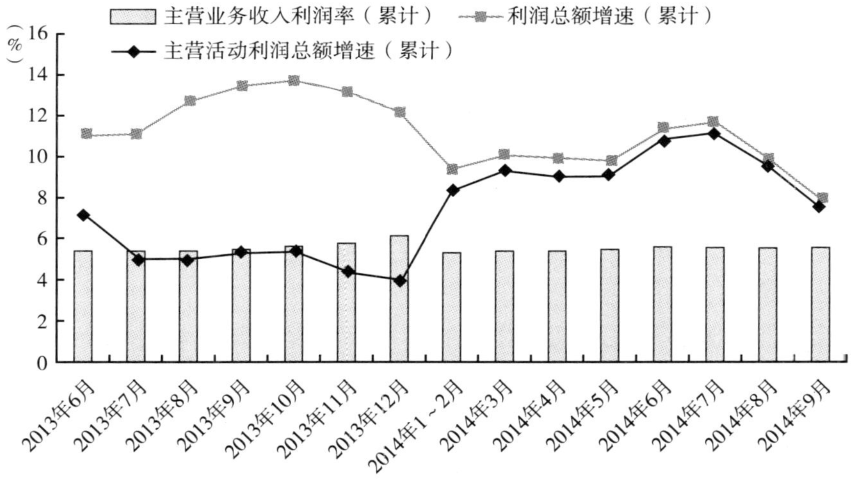

图 6 规模以上工业企业利润情况

资料来源：国家统计局。

7. “两化融合” 发展态势良好，信息消费成经济增长新动力

2014 年以来，国家政策强力推进“两化融合”，工业信息化基础设施建设加快，智能工业应用进一步展开，区域“两化融合”积极推进，大型企业信息化集成应用和协同应用能力提升，新兴技术与工业发展不断融合。在这一背景下，信息消费领域发展良好，已成为经济增长的新动力。

第一，信息消费持续扩大。1～5月全国信息消费规模达1.38万亿元，同比增长19.8%。其中：通信业务收入同比增长8.7%；软件技术服务消费同比增长25.9%；信息终端产品消费同比增长25.7%；电子商务同比增长46%。第二，终端产品的智能化日益突出，1～5月智能手机销量同比增长110.8%，内销占比达76%；其中新机型的智能机占比达87.4%，比上月提高1.2个百分点，高出上年底3.2个百分点。第三，互联网应用加快，推动流量消费大幅增长。截至5月底，全国微信等即时通信用户达4.86亿户，拉动移动互联网流量增长60.9%，流量收入增长56.8%。第四，信息服务方式不断创新，居民消费习惯变化明显。据CNNIC调查显示，目前28.4%的用户惯用网络获取社会消费品信息，手机购物应用进一步挖掘了消费者闲暇时购物的欲望和潜力，使用手机登陆网站浏览的用户占比达53.6%，其中13.9%和10.6%的用户在乘坐公共交通工具和排队等候时期间用手机购物。

二　当前工业经济面临的增长动力机制转换

有序推动工业经济增长动力机制转换，实现“新型驱动增长”，已经成为中国经济稳中求进、持续健康发展的根本途径。工业经济增长动力机制是指推动工业经济增长的各种驱动因素及其关系。从需求层面来看，主要体现在三大需求对工业增长的拉动分析；从供给层面来看，主要体现在资本、劳动、全要素生产率等不同生产要素对工业增长的贡献分析；从行业层面看，主要体现在对不同阶段、不同行业对工业经济增长的贡献分析。

1. 三大需求对工业经济增长的拉动分析

最终消费、投资（资本形成）、净出口从需求方面共同拉动国民经济发展，被称为三大需求。三大需求对于我国工业经济增长的拉动作用并不平衡，而是在不同的历史阶段、不同的年份，有着不同的地位（见表3）。

表 3　2001 ~ 2013 年三大需求对 GDP 增长的贡献率和拉动率

单位：%

年份	最终消费		资本形成		货物和服务净出口	
	贡献率	拉动率	贡献率	拉动率	贡献率	拉动率
2001	50.24	4.17	49.86	4.14	-0.10	-0.01
2002	43.91	4.00	48.51	4.41	7.57	0.69
2003	35.85	3.58	63.30	6.33	0.95	0.09
2004	39.05	3.94	53.98	5.45	6.98	0.70
2005	39.00	4.41	38.78	4.38	22.22	2.51
2006	40.33	5.12	43.61	5.54	16.06	2.14
2007	39.55	5.62	42.41	6.02	18.03	2.55
2008	44.21	4.24	46.98	4.51	8.82	0.95
2009	49.80	4.58	87.58	8.06	-37.38	-3.54
2010	43.14	4.49	52.91	5.50	4.05	0.42
2011	56.52	5.26	47.70	4.44	-4.22	-0.39
2012	55.00	4.24	47.12	3.63	-2.12	-0.06
2013	50.00	3.90	54.40	4.20	-4.40	-0.30
平均	45.12	4.43	52.09	5.12	2.80	0.44

资料来源：笔者根据国家统计局数据整理计算。

（1）投资是中国工业经济增长的主导拉动力量，尤其是2000 年以来形成了以投资驱动为主要特征的工业经济增长方式。改革开放以来，资本形成对 GDP 增长的贡献率逐步上升，2000 年以后超过了最终消费，成为了经济增长的第一拉动力量。据测算，1978 ~ 1990 年我国的经济增长中，资本形成贡献率均值为 30.38%，比最终消费贡献率均值低 32.53 个百分点，1991 ~ 2000 年资本形成贡献率均值上升到 36.24%，比最终消费贡献率均值低 20.57 个百分点，2001 ~ 2013 年资本形成贡献率均值进一步上升到 52.09%，比最终消费贡献率均值高 6.97 个百分点。从国际比较来看，中国的投资率高于各种分类的“国际平均水平”，无论采取怎样的“一致性”（收入、文化传统、地理、发展阶段）分类标准，我国的投资率均远高于各种分类经济体的平均投资率水平，也超过各类经济体的历史最高水平。高投资率造成了固定资产投资效益指数的下滑，1981 ~ 1990 年均值为 0.49，

1991～2000 年均值为 0.46，2001～2012 年均值为 0.25（见图 7）。其中，2009 年和 2012 年固定资产投资效益指数更是下降到历史最低点，低至 0.12，意味着单位固定资产投资仅仅能够带来 0.12 单位的 GDP 增长。这说明中国固定资产投资在大幅增长的同时，所能带来的 GDP 增长却迅速减少。

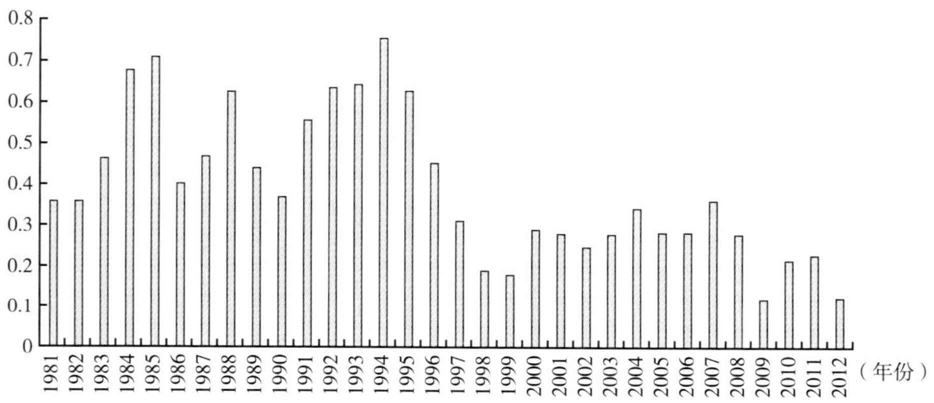

图 7　中国固定资产投资效益指数

资料来源：笔者根据国家统计局数据整理计算。

（2）消费是工业经济平稳较快增长的根本立足点。消费需求是最终需求，也是一切生产活动的最终目的。工业增长的根本目的，还是为提高我国居民的福祉水平。2001 年以前，消费一直是 GDP 增长的首要拉动力量，但从 2002 年开始被投资超越。2001 年以来，我国内需增长慢于经济总产出增长，国内需求增长贡献率相对下降，2001～2013 年阶段性贡献率均值仅为 45.12%，平均每年拉动 GDP 增长 4.43 个百分点。虽然消费对经济增长的贡献率低于投资，但却是维持经济平稳增长的关键力量。2001～2013 年，最终消费对 GDP 增长贡献率的方差为 43.3，远低于资本形成对 GDP 增长贡献率的方差 152.1 及货物和服务的净出口对 GDP 增长贡献率的方差 217.9，这说明最终消费对 GDP 增长的拉动作用总体上比较平稳，起到了经济增长稳定器的作用。

（3）出口不仅拉动了工业经济的增长，而且大幅促进了工业经济效率的提高。改革开放以来，中国工业品出口总体上采取了“奖出限进”的贸易政策，通过巨额的贸易顺差，从而利用外需消化本国的过剩产能，在这种思路下，对外贸易对工业增长的作用主要体现在净出口对GDP增长的贡献上。当贸易顺差比较大时，对GDP增长的需求拉动就比较大；相反需求拉动就比较小，甚至负拉动。在2003～2008年国际金融危机前的一段时间里，中国贸易顺差快速增长，货物和服务净出口对GDP增长的贡献率最高达到了22.22%，拉动GDP年度增长2.52个百分点。然而，国际金融危机发生以后，中国货物和服务净出口增速大幅下滑，甚至货物和服务净出口对GDP增长的贡献率转为负值，2009年达到了－37.38%，造成GDP年度增速下滑3.54个百分点。在这种情况下，很多人就开始忽略甚至怀疑出口对经济增长的作用，认为“大进大出”但贸易平衡的进出口模式与“不进不出”的进出口模式基本没有区别。事实上，这种思路并不正确。进出口贸易对一个国家工业增长的拉动绝不仅仅体现在贸易顺差上，而更重要的是体现在一国企业利用全球资源、参与全球分工，从而实现自身效率的提高。甚至说，进口对一个国家工业增长的促进作用要大于出口。改革开放以来，进出口贸易保障了工业经济增长所需要的资源，促进了中国工业更好地参与全球分工体系，从而对于中国工业经济发展成就的取得起到了不可或缺的作用。

2. 不同生产要素对工业增长的贡献分析

建立集约式科布—道格拉斯函数 $y_t = A_t k_t^{\alpha}$，设资本弹性＝0.6①，可计算获得全要素生产率。从计算结果来看，改革开放以来资本存量、劳动、全要

① 对资本弹性的设定采取了经验分析的方法，综合了不同学者对中国资本弹性的测算结果。不同学者对中国资本弹性的测算结果基本一致，例如，张军、施少华（2003）的测算结果为0.6029；郭庆旺、贾俊雪（2004）的测算结果为0.69；郑京海、胡鞍钢（2005）的测算结果为0.6；曹吉云（2007）的测算结果为0.557；李宾、曾志雄（2009）测算结果为0.6；李宏瑾（2008）的测算结果为0.8136；黄梅波、吕朝凤（2010）的测算结果为0.6749；中国经济增长前沿课题组（2012）的测算结果为0.5。

素生产率的提高均对工业经济产出的增长做出了积极贡献。然而，在不同阶段，贡献率和拉动率有着明显差异（见表4）。总体来看，资本存量对工业产出的增长贡献率最大，达到46.61%，其次是全要素生产率，达到42.60%，最低为劳动，仅为9.25%。分阶段来看，1981～1992年资本存量的提高对工业产出增长的贡献最大；1993～2007年全要素生产率的提高对工业产出增长的贡献最大；2008～2012年资本存量的提高对工业产出增长的贡献最大。

表4 1981～2012年不同生产要素对工业产出增长的贡献率和拉动率

单位：%

时 期	工业产出	资本存量	劳动	全要素生产率
1981～1985年	9.52	5.84	1.96	1.69
		61.36	20.59	17.76
1986～1992年	5.89	5.50	1.53	-0.99
		93.44	25.94	-16.78
1993～2000年	11.82	4.99	-0.61	7.25
		42.24	-5.15	61.39
2001～2007年	20.96	4.83	1.83	13.42
		23.06	8.72	64.05
2008～2012年	13.63	8.82	1.69	3.20
		64.72	12.36	23.50
1981～2012年	12.44	5.80	1.15	5.50
		46.61	9.25	42.60

注：每个时期资本存量、劳动和全要素生产率的第一行和第二行分别代表各自对工业产出增长的贡献率和拉动率；工业产出、资本存量、劳动的计算参考了陈诗一（2011）的计算方法；总量数据是国家统计局两位数行业分行业数据加总获得的，木材采运、橡胶制品、塑料制品、其他工业等少数行业数据没有计算在内。

资料来源：笔者根据国家统计局数据整理计算。

（1）资本存量的提高是工业经济产出增长的首要驱动力，但资本过度深化导致了资本边际回报率加速递减。改革开放以来，中国工业的资本存量大幅提升，1980～2012年工业资本存量增长了18倍。如果分阶段来看，2003年以后中国工业资本存量出现了加速增长，主要原因是2000年以后，中国进入了加速重化工业化阶段，工业投资规模增长非常迅速，无论是新增固定资产，还是技术改造投资，均取得了很大的成绩。中国在资本存量快速增长的过程中，出现了明显的资本深化现象。从资本劳动比和资本产出比来看，从20世纪90年代中期开始，中国工业资本密度加速上升，而也正是从这个时期开始，中国工业进入了加速重化工业化的阶段。资本深化一方面带来了工业经济的加速增长，带来了人均产出的迅速提高；另一方面也导致了工业经济增长过度依赖于投资，减低了工业经济增长吸纳劳动力的能力，大量资本沉积于生产能力过剩的环节，而用于消费环节的资源过少，以至于导致投资效率大幅下降。2007年开始，资本产出比下降速度开始明显放缓，甚至从2009年开始资本产出比出现上升趋势（见图8），这说明从这一阶段开始中国工业资本边际回报率加速递减，投资效率大幅下降。

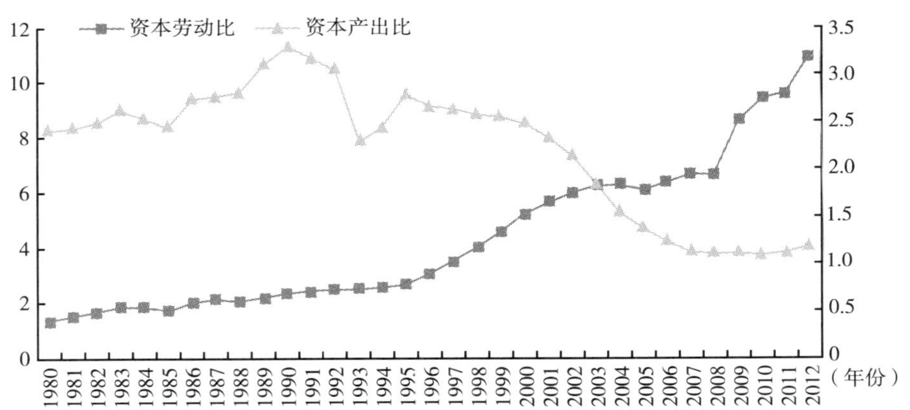

图8 中国工业资本劳动比和资本产出比

注：资本劳动比对应左侧坐标轴；资本产出比对应右侧坐标轴。

资料来源：笔者根据国家统计局数据整理计算。

（2）劳动力数量增长对工业产出增长的直接贡献较小，但对中国工业经济增长产生了重要的间接贡献。从直接贡献来看，1980～2012年劳动力增长平均每年拉动工业经济增长1.15个百分点，对工业经济增长的贡献率为9.25%，远远低于资本存量和全要素生产率。但从间接贡献来看，劳动力从农村向城市的转移为工业经济的增长起到了不可替代的作用。改革开放以来，很长一段时间里中国工业的竞争力主要体现在充裕劳动力数量带来的低成本优势上，如果没有充足的劳动力数量，中国工业可能很难吸引到外商直接投资，并参与到全球分工体系当中。同时，充足的劳动力数量也是工业经济创新发展的必要条件，只有足够多的人参与到工业活动当中，才可能形成足够多的“草根创新”，从而形成经济增长的内生动力。

（3）全要素生产率的提高对工业经济增长起到了重要作用，甚至在一些阶段超过了资本存量增长，但近年来对工业经济增长产生了负拉动。1993～2000年和2001～2007年，全要素生产率的提高对工业经济增长的贡献超过了资本存量增长的贡献，分别达到了61.39%和64.05%，说明在这两个阶段中国工业存在着明显效率改善。具体来看，这种效率改善可能主要来源于两个方面。一是资源配置效率的提升带来的效率改善，既包括资源在工业不同行业间配置效率的提升，也包括资源在行业内配置效率的提升。行业间资源配置效率的提升主要体现为将资源从低效率产业转移到高效率产业，20世纪90年代以来中国工业总体上行业间资本回报率差异和资产偏离度呈降低趋势，中国垄断行业改革取得了积极成效，资本在不同行业间的流动更加通畅。行业内资源配置效率的提升主要体现在将资源从低效率企业转移到高效率企业，中国工业企业包括国有企业和私营企业，而大部分研究认为国有经济存在一定的效率损失，资源从国有企业转移到私营企业有利于促进资源效率的提高。二是工业素质提升带来的效率改善，包括工业技术水平提升、产业基础更加扎实，以及基础设施完善等。从工业技术进步来看，近年来工业企业的研发投入一直保持着较快增长速度，带来了工业企业技术水平的快速提高。从产业基础夯实来看，中国工业在发展中十分重视对基础产业的技术改造，包括改进原有产品、改造落后设备、改造传统工艺、改造管理手段等，从而强化了工业发展中的薄弱环节，提高了产业综合配套能力。从基础设施完善来看，经过改革开放30多年发展，中国已经建立起了门类齐全的工业体系，产业基础更加夯实，基础设施更加完善。2008年中国基础设施存量达到了192378亿元（2008年价格），是价格调整后1979年基础设施存量的34倍、1953年基础设施存量的200多倍，反映了中国基础设施建设所取得的巨大成就。[①] 在肯定全要素生产率在中国工业经济增长中作用的同时，应当指出的一个问题是，中国工业全要素生产率在2007年以来出现增速下滑，甚至在2010年以来出现负增长（见图9），从而造成对工业经济增长出现负拉动。这说明近年来中国工业经济效率非但没有改善，而且出现下滑的趋势。造成这一情况的原因有很多方面，包括大量的产能过剩导致企业新增投资难以形成规模经济、经济体制改革步伐放缓导致制度红利大大降低、与国外企业技术差距缩小导致企业模仿创新空间缩小、企业长期不重视研发投入导致技术创新能力减弱等。

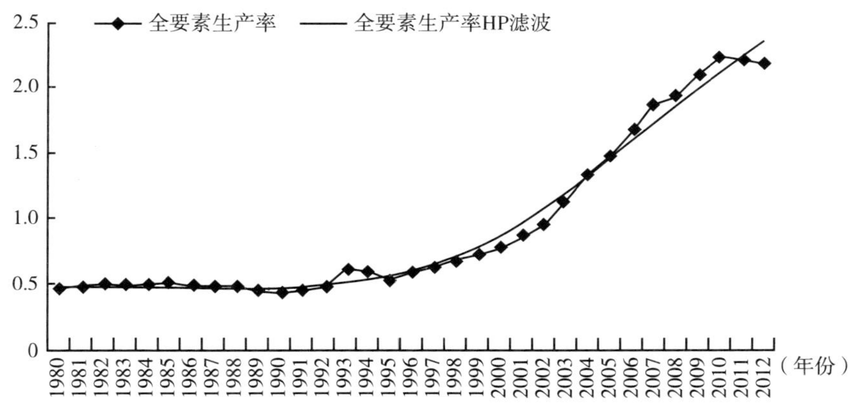

图9　中国工业全要素生产率和全要素生产率HP滤波

资料来源：笔者根据国家统计局数据整理计算。

3. 不同行业对工业经济增长的贡献分析

1981～2012年，中国工业产出持续快速增长，年均增速达到了12.44%。然而，不同行业之间增长并不平衡，年均增速最快的行业与年均增速最慢的行业相差接近22个百分点。从具体产业来看，年均增速最快的行业分别为计算机通信设备、燃气生产供应和交通设备制造；相比之下，年均增速最慢的行业分别为石油开采、石油加工和水的生产与供应。一个行业

① 金戈：《中国基础设施资本存量估算》，《经济研究》2012年第4期。

到底能够为工业经济增长做出多大贡献，既取决于自身的增长速度，也取决于其规模大小。经过计算可获得 1981 ~2012 年不同行业对工业经济增长的贡献排序，其中对工业经济增长贡献最大的五个行业为计算机通信设备、交通设备制造、电气机械制造、化学原料及制品和通用设备制造（见表 5）。如果进一步对不同的行业进行归类，可以获得劳动密集型产业、资本密集型产业、高新技术产业等不同类型产业对工业经济增长的贡献情况。

表 5　1981 ~2012 年不同行业产出增速及对工业增长的贡献率

单位：%

增长最快的 5 个行业		贡献率最高的 5 个行业	
行　业	年均增速	行　业	贡献率
计算机通信设备	24. 01	计算机通信设备	20. 33
燃气生产供应	19. 71	交通设备制造	8. 56
交通设备制造	16. 99	电气机械制造	8. 04
医药制造	16. 81	化学原料及制品	5. 86
木材加工	16. 03	通用设备制造	5. 42

注：增速为价格调整后的实际增速。

资料来源：笔者根据国家统计局数据整理计算。

（1）劳动密集型产业对工业经济的增长起到了重要的作用，且目前地位非但没有降低，反而有所提高。将制造业中 1980 ~2011 年平均资本劳动比最低的 6 个产业归为劳动密集型产业，具体为服装、文体用品、皮羽制品、家具制造、金属制品、电气机械制造。这 6 个产业的发展，无论是对于工业增加值的增长，还是对于就业问题的解决，均做出了巨大的贡献。从就业来看，1980 年这 6 个劳动密集型产业解决就业人数占整个工业的比重为 15% 左右，而到了 2009 年以后，上升到了 23% 以上；从增加值来看，1980 年这 6 个劳动密集型产业增加值占整个工业增加值的比重不足 8%，而到了 2013 年这一比重上升到 11% 以上（见图 10）。事实上，劳动密集型产业对于解决就业有着十分重要的意义，而且在未来很长的一段时间里，劳动密集型产业将始终是中国在全球市场中十分具有竞争力的产业。一些低技术，但并非高污染、高耗能的劳动密集型产业的长期存在具有客观必然性，国家应为其发展创造良好的外部环境。

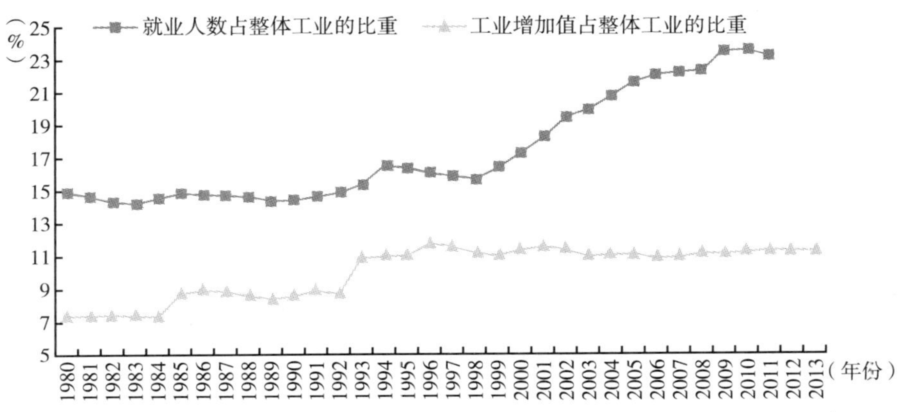

图 10　劳动密集型产业指标占整个工业的比重

资料来源：笔者根据国家统计局数据整理计算。

（2）资本密集型产业对工业经济增长的贡献正逐步减弱，且资本效率下滑的速度快于整个工业。将制造业中 1980～2011 年平均资本劳动比最高的 6 个产业归为资本密集型产业，具体为烟草加工、石油加工、化纤制造、黑色金属加工、化学原料及制品、有色金属加工。这 6 个产业工业增加值占整个工业的比重、资本存量占整个工业的比重均出现下降趋势，且工业增加值占整个工业的比重下降速度快于资本存量占整个工业的比重。具体来看，资本存量占整个工业的比重在 1995 年以前基本处于上升趋势，1996 年和 1997 年为最高点，超过了 25%，但目前已经降低到 18% 左右；工业增加值占整个工业的比重在改革开放初期最高曾经超过了 20%，而目前已经降低到不足 13%（见图 11）。这一方面说明随着这些资本密集型产业达到一定规模以后，其进一步扩张的空间已经有限，因此在中国工业经济增长中的地位逐步下降；另一方面也说明由于这些资本密集型产业中存在严重的产能过剩问题，因此资本效率下滑非常迅速，远远快于整个工业资本效率的下滑速度。总体上看，资本密集型产业曾经是中国工业化推进，实现工业经济快速增长的重要动力，然而目前受产能过剩、资本效率下滑等因素的制约，中国工业要想继续依靠传统的资本密集型产业的大规模扩张实现工业经济增长已经变得越来越困难，新的主导产业的形成是中国工业增长动力机制转换的重要条件。

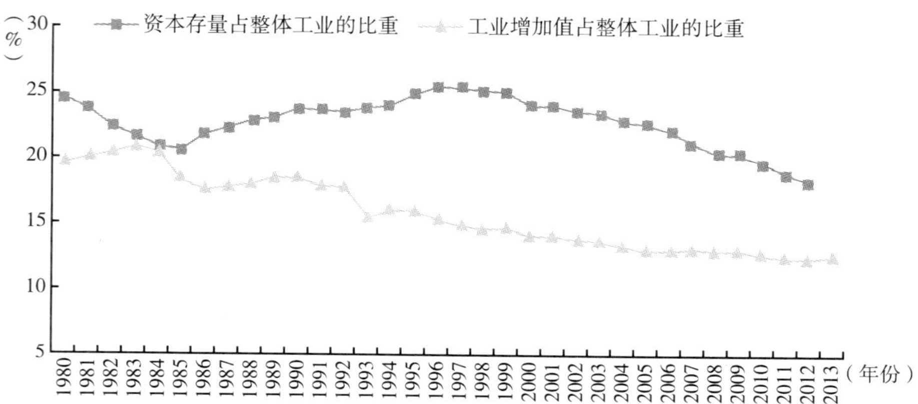

图 11　资本密集型产业指标占整个工业的比重

资料来源：笔者根据国家统计局数据整理计算。

（3）高新技术产业的发展不仅带来了工业经济产出规模的增长，而且带来了生产效率的提高。计算机通信设备行业是信息革命以来世界各国重点发展的新兴产业，也是中国出台优惠政策重点扶植的高新技术产业。在政策的扶植下，计算机通信设备行业成为了对中国工业经济增长贡献最大的行业，不仅体现在对工业经济增长的直接拉动上，而且体现在对工业经济增长的间接拉动上。从直接拉动来看，1981～2012 年计算机通信设备行业对工业经济增长的总体贡献超过了 20%。分阶段来看，计算机通信设备行业对工业经济增长的贡献度在 1980～1985 年为 3.6%，1986～1992 年提高到 5.9%，1993～2000 年和 2001～2007 年进一步分别大幅提高到 27.9% 和 23.4%，2008～2012 年有所下降，为 19.5%。从间接拉动来看，计算机通信设备行业在快速增长的同时，也伴随了生产率的提高。计算机通信设备行业的资本生产率要明显高于其他行业（见图 12），也正因如此，吸引了更多资源进入，资本存量增长幅度也要明显高于整体工业。例如，1980～2012年计算机通信设备资本存量增长37倍多，远远高于整个工业资本存量的增长幅度（17倍多）。同时，计算机通信设备行业的劳动生产率也要明显高于其他行业。总之，计算机通信设备行业是信息技术应用的产业基础，而信息技术应用是链接各产业部门与活动，提高经济运行效率的重要手段，中国工业生产效率的提高，在很大程度上是以计算机通信设备行业为基础的信息服务业发展的结果。

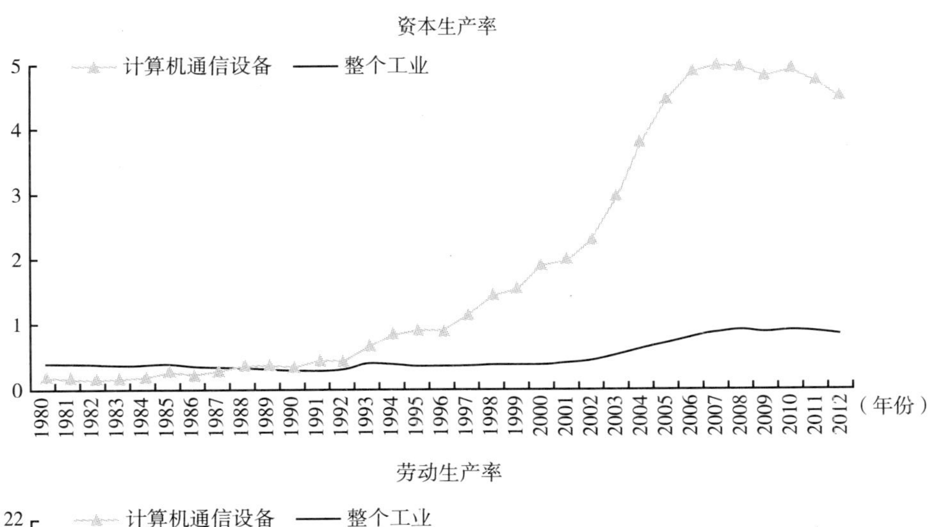

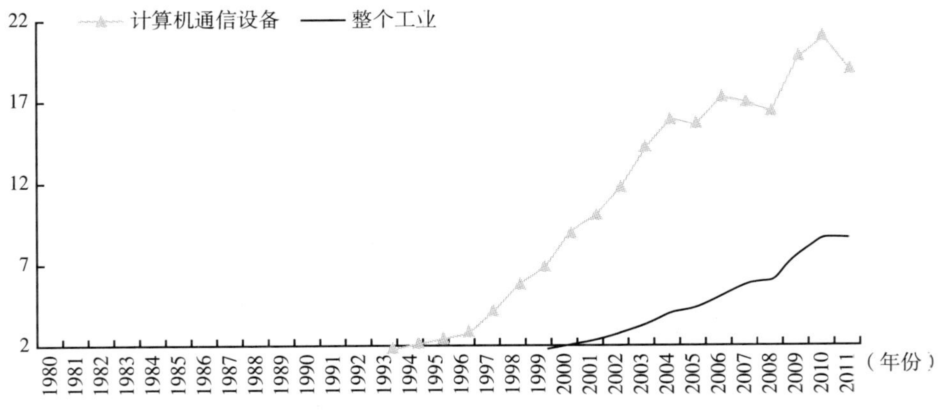

图12 计算机通信设备行业与整个工业的生产率比较

资料来源：笔者根据国家统计局数据整理计算。

三　推动工业经济平稳较快增长的政策思路

2014 年前三季度工业经济增速出现了明显的下滑，造成下滑的原因不仅包括经济的周期性波动，更重要的是工业经济增长动力机制的转换。预计 2014 年第四季度，工业经济将中速企稳，全年工业经济增速维持在 8% ~ 8.5%之间。2014 年 5 月上旬，习近平总书记在河南考察时指出，“我国发展仍处于重要战略机遇期，要增强信心，从当前经济发展的阶段性特征出发，适应新常态，保持战略上的平常心”，这是新一代中央领导人首次以“新常态”描述中国经济。从“旧常态”向“新常态”的过渡，并不是在原有增长方式基础上的经济恢复过程，而是在全面结构性改革基础上，经济增长方式彻底转变的过程，该阶段的主题是全面改革与结构优化。这就要求必须超越传统的宏观调控理论与政策框架，超越发达国家流行的后危机治理理论和政策框架。对工业来讲，必须要在增长动力机制转换中寻求新的增长点，将增长速度控制到一个合理的区间。一方面，工业经济需要保持较快增长速度，应避免工业经济的过快下滑带来的各种冲击；另一方面，必须提高工业经济增长质量，推动结构调整，加快转型升级，促进工业企业国际竞争力的提高。要想实现这种多目标的平衡，国家在制定政策时，应注重多重政策的组合使用，将长期政策和短期政策结合起来，将宏观政策与中观政策结合起来，将供给政策与需求政策结合起来，打出“组合拳”，既重视结果也重视过程，推动工业经济的平稳较快增长。具体来看，国家可以从需求、供给和产业三个层面出台政策，分别针对不同的问题，并结合使用。

1. 需求政策

一般来讲，需求变化是造成经济波动的根本因素，能够直接影响短期的经济增速变化。当需求规模超过经济的潜在产出能力时，往往会带来经济的过快增长，出现经济过热；相反，当需求规模低于经济的潜在产出能力时，又会使经济增速过慢，造成大量的失业，出现经济过冷。如何调控经济增长速度，使其基本符合潜在产出能力，既不过热，也不过冷，这是国家需求管理政策需要考虑的核心问题。从现实情况来看，2014 年以来工业经济增速出现了过快下滑的趋势，要想在短期之内解决这一问题，还只能靠需求的拉动。国家通过小幅度、定向的需求刺激，可以避免工业经济增速的过快下滑，维持宏观经济的稳定，从而为体制改革和结构调整赢得时间和良好氛围。

（1）在提高投资效益的基础上，保持投资的平稳较快增长。投资效益包括经济效益和综合效益两种不同层次的概念。二者均是成本和收益的比较，均计算投资回报率。不同的是，经济效益仅仅考虑经济成本和经济收益，更多是一种市场行为，是企业的一种个体理性；而综合效益不仅考虑经济成本和经济收益，而且需要考虑经济社会长远发展的综合影响，包括民生改善、社会稳定、经济长远发展、产业竞争力提升等多维目标，不仅考虑今天的成本和收益比较，而且需要考虑明天的成本和收益比较，是国家的一种集体理性。因此，政府做出经济效益差，但社会效益好的投资项目决定，是非常合理的，恰恰符合了政府的角色定位。目前，中国经济社会发展中，存在着严重的产业不平衡和区域不平衡的问题，很多地区的基础设施条件还比较落后，众多民生问题也依赖于投资才能解决，因此未来中国的固定资产投资增长还有较大空间。下一阶段，国家应从综合效益的角度决定固定资产投资项目，加大民生项目的投资，把握好项目的建设节奏，保持固定资产投资的平稳较快增长。同时，尽量发挥市场机制的作用，将能产生经济效益的项目交给市场，提高投资效率。

（2）减少对房地产市场的行政干预，发挥市场机制在资源配置中的决定性作用。取消限购，不再从需求层面对购买者进行限制。同时，增加土地供给，改变土地出让方式，同时做好地方政府债务风险的管控，使房地产行业走上健康的市场化发展道路。

（3）制定进出口贸易促进政策，鼓励高加工度产品出口。进出口贸易对一个国家工业增长的拉动绝不仅仅体现在贸易顺差上，而更重要的是体现在一国企业利用全球资源、参与全球分工，从而实现自身效率的提高上。改革开放以来，进出口贸易保障了工业经济增长所需要的资源，促进了中国工业更好的参与全球分工体系，从而对于中国工业经济发展成就的取得起到了不可或缺的作用。现阶段来看，随着美国、欧洲经济的逐步回升，国际市场需求将大幅增长，在这种情况下出台并实施进出口贸易促进政策，鼓励工业企业更广泛地参与全球分工，能够产生“搭便车”效应，从而有利于促进中国工业经济的恢复性增长。为避免重复过去“粗放式”增长的老路，可考虑更多是促进汽车、机械、电子信息、医药等高加工度产品的出口。具体来看，国家可重点采取两方面措施。一是降低进口关税，鼓励中间产品的进口。降低进口关税有利于实现贸易平衡，避免贸易争端，同时也有利于为中国工业发展提供资源保障，促进企业竞争力的提升。二是在 WTO 允许的框架下，采用出口信贷、出口退税、出口奖励等手段鼓励高加工度产品的出口。

2. 供给政策

供给因素是决定经济潜在产出的根本原因，要想实现工业的长期可持续发展，必须保障生产要素的供给和升级。波特将生产要素划分为初级生产要素和高级生产要素，初级生产要素是指天然资源、气候、地理位置、非技术工人、资金等，高级生产要素则是指现代通信、信息、交通等基础设施，受过高等教育的人力、研究机构等。在生产函数中，低级生产要素主要体现为劳动、资本存量等因素；高级生产要素主要体现为全要素生产率。对一个国家来讲，低级生产要素比较容易取得，往往在发展初期能够起到关键性作用，随着经济发展水平的提高，将逐渐被其他后发国家所模仿和取代；相比之下，高级生产要素必须要依靠长期投资和积累才能取得，具有难以模仿和难以取代的特点，不仅在经济发展初期，而且在经济发展到较高水平以后仍能发挥重要作用，往往是一个国家产业竞争力的根本源泉。目前，中国的生产要素供给结构正发生根本性转变，过去建立在低级生产要素基础上的竞争优势正逐步丧失，劳动力成本、土地、资源、环境等约束日益加强。在这种情况下，工业经济增长的动力必须从生产要素扩张驱动转向全要素生产率提升驱动，使建立在高级生产要素基础上的竞争优势逐步形成，并发挥主导作用。

（1）提高经济活力，鼓励企业创新。经济活力和企业创新之间是一种互为因果、相辅相成的关系。如果一个国家经济具有较强的活力，那么企业的创新动力就会比较强，创新绩效通常也会比较好；相反，如果一个国家经济缺乏活力，那么企业也会失去创新动力，创新绩效也必然较差。对一个国家来讲，要想实现以创新为本质的经济内生增长，必须致力于提高经济活力，通过不断涌现的“草根创新”，提高整个工业的技术水平和商业模式水平。一是重点支持中小企业的发展。中小企业是经济活力的源泉，往往也是一个国家解决就业、促进技术创新的根本途径。为促进中国经济活力的提高，国家应加大对中小企业发展的支持。进一步优化中小企业经营环境，降低中小企业税负，避免对中小企业经营进行行政干预。二是利用市场机制对企业技术创新行为加以支持。对于企业的创新成果要重点加以保护，确保其创新利益能够在市场上得以实现。三是对企业商业模式创新给予更大的空间，尤其是在物联网、大数据等一些新兴领域里，尽量避免对企业的经营范围和方式进行限制。

（2）全面深化改革，释放改革红利。一是加快混合所有制改革。建立混合所有制将是当前及今后国资国企改革的“重头戏”，基本思路是加快推进国有企业特别是母公司层面的公司制、股份制改革，优化国企股权结构。混合所有制改革不仅意味着国资和民资之间进行优势互补，实现共赢发展，而且意味着国有企业治理机制的大幅优化，经营管理水平的大幅提高，因此促进更多具有国际竞争力的大型企业集团的形成，推进工业发展水平的提升。二是推动垄断行业改革。工业发展中面临着产能过剩和供给不足并存的局面：一些竞争性行业产能过剩十分严重，造成资源配置的无效率，而在一些垄断行业，则供给不足，难以满足市场需求。将资源从产能过剩行业的竞争性行业转移到供给不足的垄断行业，意味着资产配置效率的大幅提升，从而实现工业经济的内涵式增长。三是优化市场竞争秩序。工业发展中面临着的一个重要问题就是市场微观主体的政策依赖性过强，以致在争取优惠政策方面花费太多精力，不少企业在行为上表现出“短期化、投机化、功利化”的特点，缺乏从事自主创新的内在动力，进而限制了其可持续发展的潜力。

优化市场竞争秩序能够使企业活动回归创新这一核心要义，更好地发挥市场机制的优胜劣汰作用，形成工业经济增长的内生动力。

3. 产业政策

产业政策是后发国家实现经济赶超的重要手段，也是经济发展到一定阶段以后，进一步实施产业结构调整，培育新经济增长点的重要手段。需求政策和供给政策均属于总量政策，暗含的假设是不同产业在经济系统中的地位是无差异的，而产业政策属于中观政策，承认产业地位的差异性，通过资源的不均衡配置，实现部分产业的跨越式增长。现阶段来看，产业政策对于避免工业经济短期之内的过快下滑，以及提高工业经济的长期增长能力均能起到重要作用。

（1）推动产业结构调整，促进产业转型升级。劳动密集型产业、资本密集型、知识密集型产业均对中国工业经济的增长起到了不可替代的作用。中国工业的结构调整和转型升级，并不意味着放弃某一类型产业的发展，而是在现有产业基础上提高产品附加值，向上寻求新的发展空间，从而实现工业经济的升级式增长。一是嫁接改造劳动密集型产业。长期以来，劳动密集型产业往往被等同于低附加值产业，事实上如果采用人文因素和工业文明对其进行嫁接，劳动密集型产业同样也可以成为高附加值产业，例如，欧洲高档皮具等一些附加价值很高的奢侈品产业均属于劳动密集型产业。中国有着悠久的历史文化，如果能够与现代工业文明结合起来，利用人文因素改造传统产业，就能够大大提升劳动密集型产业的附加价值。二是优化升级资本密集型产业。目前中国资本密集型产业的发展已经取得了巨大成就，冶金、石油加工、机械制造等很多产业规模已经达到了全球领先。然而，很多资本密集型产业在发展中还存在产能过剩、技术落后、处于全球分工体系低端等一系列结构性问题，影响了产业的效率提高和可持续发展。为此，对资本密集型产业的发展应以优化升级为主。优化升级资本的产业方向，避免资本密集型产业的盲目扩张加剧产能过剩，以及由此带来的资源环境压力，引导资本流入能够促进经济效益和社会效益共同提高的产业。优化升级资本的利用方式，推动信息技术和绿色技术与企业生产方式的全面融合，改变现有工业生产的组织方式，强化工业发展中的薄弱环节，提高企业经营水平，促进其向先进制造业转变。三是加强培育知识密集型产业。知识密集型产业能够对其他产业的发展产生乘数效应，其发展水平往往最终决定一个国家在全球分工体系中的地位，从而决定企业所能获得的附加值高低。中国要想成功实现产业升级，加强培育知识密集型产业是必然选择。对现阶段的中国来讲，加强培育知识密集型产业并不意味着一定要追求技术最高端的产业，而是应从要素禀赋结构升级的现实出发，积极承接跨国公司知识密集型产业的转移，发展自身最具竞争力的中端，甚至低端的知识密集型产业。目前，相比于东南亚等地区的很多国家，中国劳动密集型产业已经不具成本优势，但相对于西方国家，在中低端的知识密集型产业上成本优势却十分明显，因此应是工业发展重点支持的领域。

（2）积极培育新的经济增长点。一是积极培育节能环保、新兴信息产业、生物产业、新能源、新能源汽车、高端装备制造业和新材料等战略性新兴产业。战略性新兴产业在短期之内可能难以取代传统产业，成为经济增长的主导力量。但从长期来看，战略性新兴产业对拉动工业经济增长的贡献率将会越来越高，且对工业经济整体技术效率的改进起到重要的作用。二是继续把信息消费作为培育成新经济增长点的重要抓手。促进信息消费，要把握好市场导向、改革推进、需求引领、有序安全发展的原则，大力推进工业化和信息化深度融合。

参考文献

林毅夫：《新结构经济学》，北京大学出版社，2012。

陈诗一：《中国工业分行业统计数据估算：1980～2008》，《经济学（季刊）》2011年第4期。

黄群慧、陈凤仙、原磊：《2014年上半年工业经济形势分析及下半年展望》，《中国发展观察》2014年第8期。

金碚：《全球竞争新格局与中国产业发展趋势》，《中国工业经济》2012年第5期。

金戈：《中国基础设施资本存量估算》，《经济研究》2012 年第 4 期。

王一鸣：《我国保持中高速经济增长具有良好基础》，《求是》2014 年第 6 期。

岳希明、任若恩：《测量中国经济的劳动投入：1982～2000 年》，《经济研究》2008 年第 3 期。

张军、陈诗一、Gary H. Jefferson：《结构改革与中国工业增长》，《经济研究》2009 年第 4 期。

B.8

2014年工业增长速度预测及工业景气指数与预警指数分析报告

解三明*

摘　要：2014年，我国工业生产增速明显回落，工业投资增速继续放缓，工业产品出口保持适度增长，工业企业盈利能力持续改善，工业品供需矛盾有所加剧，工业用电量明显下滑。工业增长存在以下有利因素：宏观调控更加及时，稳定的就业和物价形势使得消费平稳增长，多项改革措施有力促进新型企业和新业态的成长，生产经营活动仍处于扩张区间。然而也存在以下不利因素：投资持续下行，去库存化过程中企业生产空间受到限制，国外需求增长不足，企业经营出现一定困难。根据工业经济景气合成指数分析，预测全年规模以上工业增加值增速为8.6%左右。

关键词：工业增长　工业景气指数　预警指数

2014年8月，工业经济主要指标出现较大波动，部分工业指标变化幅度较大，工业一致合成指数稳中有降，先行合成指数继续回落，预警指数在“正常”区间中下部有所下调，总体上工业经济运行出现下降走势，预计第三季度工业增速整体趋缓，第四季度将有一定幅度的反弹回升，并继续运行在相对平稳的增长区间。

---

* 解三明，工业和信息化部运行监测协调局监测预测处。

结合研究机构的模型预测结果和当前工业运行形势及经验分析，预计第三季度工业增加值增速同比为8.2%左右，第四季度为8.8%左右，全年增长速度为8.6%左右。

一 工业经济运行形势分析

1. 工业生产增速明显回落

1~8月，规模以上工业增加值同比增长8.5%，比1~7月回落0.3个百分点。其中，8月增长6.9%，比7月回落2.1个百分点，创2009年3月份以来新低。从环比看，8月比7月环比增长0.2%，也是国家统计局自发布环比增速以来的新低。分三大门类看，8月，采矿业增加值同比增长4.2%，制造业增长8.0%，电力热力燃气及水的生产和供应业下降0.6%，分别比7月回落2个、2个和2.5个百分点。分行业看，41个行业中有38个行业增速下滑，其中汽车和食品制造业分别大幅回落4.3个和3.9个百分点，化学原料及化学制品、电力生产、通用设备、专用设备等行业增速降幅均在2个百分点以上；从主要产品产量看，十种有色金属、乙烯和原油加工量增速有所加快，主要是上年同期基数较低的因素所致，而钢材、水泥、汽车、轿车、发电量增速均出现不同程度的放缓，其中汽车和轿车产量分别仅增长3.1%和0.7%，环比分别回落7.4个和6.1个百分点，工业用电量增速首次出现负增长，同比下降1.6%。分地区看，8月，东部、中部和西部地区增加值同比分别增长6.3%、7.1%和9.4%，比7月分别回落2.2个、1.8个和1.5个百分点，东、中部增速回落幅度较大，主要是东部地区产业在转型升级过程中的主动调整和暂时付出的代价，以及中部地区产业结构进入深度调整之中所遇到的必然困难。

2. 工业投资增速继续放缓，工业产品出口保持适度增长

1~8月，工业完成投资12.62万亿元，同比增长13.5%，增速比1~7月继续回落0.4个百分点。其中，采矿业、电力热力燃气及水的生产和供应业投资分别增长3.9%和15.7%，比1~7月分别加快0.1个和0.5个百分

点；制造业投资增长 14.1%，回落 0.5 个百分点，是工业投资增速回落的主要原因。从主要行业看，汽车制造、通用设备制造、专用设备制造、电器机械及器材等前期增长较快的装备制造行业增速下滑较多；化学原料及化学制品和非金属矿物制品制造等产能过剩行业投资增速继续放缓。受 8 月铁路投资增速加快的带动，运输设备制造业增速继续保持较高增长。在民间投资中，民间工业投资同比增长 17.0%，比 1～7 月回落 0.4 个百分点；其中民间制造业投资增长 17.4%，同比回落 0.6 个百分点。民间投资增速降幅有所扩大的事实表明，在当前实体经济投资回报率不高的情况下，民间资本的投资意愿仍在走低。

1～8 月，规模以上工业企业实现出口交货值同比增长 5.8%，比 1～7 月回落 0.2 个百分点，比上年同期加快 1.9 个百分点。其中，8 月当月增长 5.5%，虽比 7 月回落 1.7 个百分点，但仍保持适度增长，表明外需回暖态势总体仍在延续。

3. 工业企业盈利能力持续改善

1～7 月，全国规模以上工业企业实现利润总额同比增长 11.7%，比上半年加快 0.3 个百分点，其中 7 月实现利润总额同比增长 13.5%，虽比 6 月回落 4.4 个百分点，但仍保持较高增长；主营活动利润总额同比增长 11.2%，比上半年加快 0.4 个百分点，为 2014 年以来最快增长，反映出工业企业的主业盈利能力也趋于增强。分三大门类看，采矿业利润同比下降 13.2%；制造业利润增长 15.6%，已连续两个月加快，处于较高水平；电力热力燃气及水的生产和供应业实现利润增长 21.5%。从企业亏损情况看，1～7 月，亏损企业亏损额累计同比增长 6.5%，已连续四个月下滑，为 2014 年以来最低增速；7 月末，亏损企业占比为 15.3%，比上半年下降 0.4 个百分点，呈现 2014 年以来持续下降的局面。以上分析表明，亏损额增速持续放缓和亏损面持续收窄也反映出当前工业企业的生产经营活动正逐渐好转。

4. 工业品供需矛盾有所加剧

受有效需求不足影响，工业生产者出厂价格（PPI）和工业生产者购进价格指数（PPRIM）双双回落。其中，8 月 PPI 同比增长 -1.2%，扭转了

2014 年 3 月以来降幅收窄的势头，同比和环比降幅分别较上月扩大了 0.3 个和 0.1 个百分点。其中生产资料价格回落 0.4 个百分点，采掘工业、原材料工业、加工工业 PPI 均较上月降幅有所扩大，翘尾因素和新涨价因素同时减少，市场供需矛盾再度凸显。

5. 工业用电量下滑明显

8 月，全社会用电量 5025 亿千瓦时，同比下降 1.5%，为 17 个月以来首次用电量出现负增长。其中，第一产业用电量同比增长 11.6%，第二产业用电量同比下降 1.5%，第三产业用电量同比增长 1.1%。特别是 8 月工业用电量同比下降 1.6%，增速比 7 月下降 4.5 个百分点。其中，重工业用电量增速由 7 月的增长 3.2% 放缓至 8 月的下降 2.2%。作为经济运行的晴雨表，工业用电量下降与 8 月经济数据走弱相互印证。

二　影响工业运行的因素分析

1. 有利于工业增长的主要因素

一是宏观调控更加及时且施策空间较大。在公布 8 月经济数据后，积极的政策支持对资金投放的力度将有所加大。一方面，央行通过向五大行定向投放 5000 亿 SLF，相当于对五大行定向降准 1 次，体现了央行稳定市场预期意图。运用定向降准保持流动性适度宽松，降低融资成本，也体现了央行调控的前瞻性与及时性。另一方面，8 月，我国 CPI 同比增长 2.0%，延续了 2014 年以来 2.2% 左右的平均水平，在工业增速出现放缓的情况下，居民消费价格的适度增长形成了更为宽松的政策调控空间。

二是稳定的就业物价形势继续支撑消费保持平稳增长。虽然 2014 年我国经济增速有所放缓，但随着第三产业的发展，我国经济整体的就业吸纳能力显著增强，经济增速下滑并未影响就业市场的稳定。1 ~8 月我国城镇新增就业 970 多万人，比上年同期还多增加了 10 多万人。同时，当前物价水平保持在较低水平，8 月 CPI 同比上涨 2.0%，累计上涨 2.2%，远低于全年 3.5% 的预期目标。良好的就业物价形势支撑了消费继续平稳增长。8 月，社会消费品零售总额同比名义增长11.9%，虽比7月回落0.3个百分点，但扣除价格因素实际增长10.6%，仍比7月加快了0.1个百分点。分产品看，受近期黄金价格屡创新低的刺激，金银珠宝消费增速结束此前连续五个月的负增长由负转正；家具、家电、装潢等与房地产相关的消费继续放缓，汽车消费也出现季节性回落，但网络购物、电子商务等新业态则继续保持高速增长，8月限上单位网上零售额同比增长53%，比7月加快了3.4个百分点。

三是多项改革措施有力推进了新型企业和新业态的成长。2014年以来，党中央、国务院抓住经济社会发展的关键领域和薄弱环节，强力推动改革，出台了简政放权、注册资本登记制度、结构性减税等一系列改革举措，改革红利不断释放，极大地激发了市场主体活力、发展内生动力和社会创造力。新一届政府成立以来先后取消和下放了632项行政审批等事项，有效降低了创业成本和市场准入门槛，调动了全社会创业兴业的热情。根据国家工商总局发布的数据，1～8月，全国新登记注册市场主体813万户，同比增长14.0%；其中新登记注册企业233万户，增长55.4%，并且又以高新技术及科学技术服务业等新登记注册企业保持高速增长，这些都将成为未来促进工业发展的新增长点。

四是生产经营活动仍处于扩张区间。8月，中国制造业采购经理人指数（PMI）为51.1%，较上月回落0.6个百分点，连续5个月回升后出现回调，但仍为2014年以来的次高点，表明我国制造业总体上继续保持增长态势。从分项指数看，生产与需求指数虽然回落，但并不是PMI回落的主要推动力。生产指数为53.2%，较上月回落1.0个百分点，仍高于均值0.2个百分点；新订单指数为52.5%，较上月回落1.1个百分点，仍高于均值0.7个百分点。值得关注的是，生产指数的回调与生产企业利润空间收窄有直接关系。

2. 不利于工业增长的主要因素

一是投资持续下行。从房地产投资来看，1～8月，全国房地产开发投资5.9万亿元，同比名义增长13.2%，增速比1～7月回落0.5个百分点。其中，住宅投资4.02万亿元，增长12.4%，增速回落0.9个百分点，占房

地产开发投资的比重为68.1%。1~8月，商品房销售面积6.5亿平方米，同比下降8.3%，降幅比1~7月扩大0.7个百分点。商品房库存高企，销售面积出现下降，促使房地产投资增速不断下行，而且房地产销售增速仍有下行空间。同时，外商直接投资也连续两月大幅下滑。1~8月，外商投资实际使用外资金额783.4亿美元，同比下降1.8%。特别是7月、8月实际使用外资金额同比分别下降14%和17%。投资增速逐月回落，对工业生产的滞后影响将在未来一定时期内反映出来。

二是库存过快增长，导致去库存化过程中企业生产空间受到限制。2014年以来，由于市场需求不旺，企业产成品库存持续增加。1~7月，规模以上工业企业产成品库存同比增长14.6%，高出主营业务收入增速5.8个百分点，比上年同期大幅提高8.5个百分点，产成品库存增量是上年同期的2.5倍，产成品存货周转天数也已达到13.8天，无论是库存增量还是库存与销售增速之差均为近几年来最高值。一般地说，企业库存有一个合适的比例，当库存超过这个比例后企业为控制库存的继续增加只能选择减少生产，因此库存的过快增长必将限制未来企业生产的空间。

三是世界经济复苏不及预期以及区域局势动荡，导致我国外需增长明显放缓。美国经济尽管整体向好，但复苏力度有所减弱，量化宽松货币政策退出的不确定性增加。欧元区复苏步履蹒跚，一些主要经济体又现负增长。第二季度，欧元区经济环比零增长，德国、意大利GDP环比均下降0.2%。8月，欧元区制造业PMI为50.7，创13个月以来新低；通胀率降至0.3%，远低于欧洲央行2%的目标；7月，失业率维持在11.5%的高位。日本经济受提高消费税影响明显。第二季度日本GDP环比下降1.8%，环比折年率下降7.1%。新兴经济体面临的困难增加。巴西经济出现“滞胀”态势，第二季度GDP同比下降0.9%，而物价水平居高不下。俄罗斯8月份制造业PMI为51.0，低于长期平均值51.9，乌克兰危机引发的国际制裁对俄罗斯经济的不利影响持续发酵。地缘政治及突发事件风险上升。巴以冲突、伊拉克地区恐怖组织威胁、非洲埃博拉疫情等不稳定因素影响世界经济和贸易。受此影响，8月，我国对欧盟、美国出口同比增速分别比上月回落4.9个和0.9

个百分点；对日本出口下降 3.1%（7 月为增长 2.9%）。对主要发达国家出口增速回落将影响工业生产的放缓。

三 工业经济景气合成指数分析

（一）工业一致合成指数

工业一致合成指数微幅下调，工业运行处于平稳运行走势。经最新数据修订，8 月，工业一致合成指数为 77.25（2004 年 = 100），比 7 月下降 0.09 点，连续 2 个月微幅下调，近期工业经济运行继续保持平稳态势（见表 1 和图 1）。

表 1　2013 年 9 月至 2014 年 8 月中国工业经济景气合成指数和预警指数

日　期	先行合成指数（2004 年 = 100）	一致合成指数（2004 年 = 100）	滞后合成指数（2004 年 = 100）	预警指数
2013 年 9 月	85.59	79.97	88.50	44.44
2013 年 10 月	85.12	79.76	88.48	41.67
2013 年 11 月	84.59	79.29	88.40	38.89
2013 年 12 月	84.25	78.63	88.26	36.11
2014 年 1 月	84.26	78.00	88.10	36.11
2014 年 2 月	84.63	77.55	88.02	36.11
2014 年 3 月	85.19	77.35	88.16	38.89
2014 年 4 月	85.68	77.35	88.58	38.89
2014 年 5 月	85.93	77.41	89.17	47.22
2014 年 6 月	85.90	77.41	89.71	38.89
2014 年 7 月	85.72	77.34	90.14	38.89
2014 年 8 月	85.40	77.25	90.47	36.11
本月增量	-0.32	-0.09	0.33	-2.78

统计数据显示，与 7 月相比，8 月构成工业一致合成指数的 5 个指标全部下降，其中，规模以上工业增加值同比增长 6.9%，增速回落 2.1 个百分点；工业用电量同比下降 1.6%，增速大幅下滑 4.5 个百分点；规模以上工

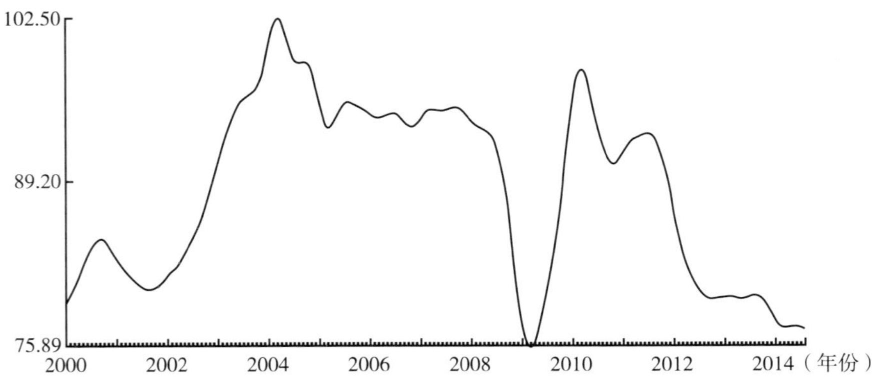

图1　工业一致合成指数曲线

业企业主营业务收入累计同比增长8.3%，增速回落0.5个百分点；规模以上工业企业税金总额累计同比增长7.7%，增速回落4.0个百分点；工业固定资产投资完成额累计同比增长13.5%，增速回落0.4个百分点。

经X11季节调整后，与7月相比，8月构成工业一致合成指数的5个指标中，仅工业企业税金总额累计增速小幅上升，其余4个指标基本持平或小幅下降，综合判断8月工业一致合成指数呈微幅回落态势（见表2）。

表2　2014年8月中国工业景气动向指标变化情况

单位：%

类型	指标名称	X11处理后			本月增量
		6月	7月	8月	
先行指标	原油加工量增速(当月)	4.6	4.7	4.6	-0.1
	粗钢产量增速(当月)	3.0	2.9	2.6	-0.3
	纱产量增速(当月)	10.5	10.5	10.4	-0.1
	化学纤维产量增速(当月)	5.6	5.3	5.0	-0.3
	水泥产量增速(当月)	2.7	2.4	2.3	-0.1
	服装产量增速(当月)	5.1	4.9	4.5	-0.4
	汽车产量增速(当月)	8.7	8.4	7.9	-0.5
	固定资产投资本年新开工项目计划总投资额(累计)	13.0	12.0	11.2	-0.8

续表

类型	指标名称	X11 处理后			本月增量
		6 月	7 月	8 月	
一致指标	工业企业增加值增速(当月)	9.1	9.2	9.2	0.0
	工业用电量增速(当月)	4.2	3.3	2.5	-0.9
	工业企业主营业务收入增速(累计)	8.9	8.9	8.8	-0.1
	工业企业税金总额增速(累计)	8.9	9.6	10.3	0.7
	工业固定资产投资增速(累计)	13.9	13.5	13.2	-0.3
滞后指标	工业生产者出场价格指数 PPI(当月)	98.9	99.2	99.3	0.1
	工业生产者购进价格指数 PPIRM(当月)	98.7	98.9	99.1	0.2
	农副产品类工业生产者购进价格指数(当月)	100.0	100.1	100.2	0.0
	金融机构工业贷款增速(月末数)	8.0	7.7	7.4	-0.3
	工业企业产成品增速(期末值)	13.2	14.5	15.7	1.2

(二)工业先行合成指数

工业先行合成指数有所回落,工业运行回升动力不足。经最新数据修订,8 月,工业先行合成指数为 85.40(2004 年 = 100),比 7 月回落 0.32 点,已连续 3 个月小幅下滑(见表 1 和图 2)。

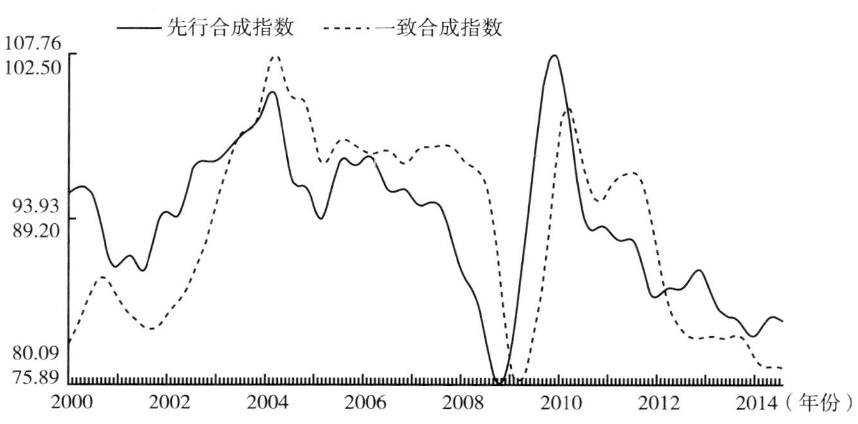

图 2 工业一致合成指数与先行合成指数曲线

统计数据显示，与7月相比，8月构成工业先行合成指数的8个指标中，仅2个指标增速提高，即：原油加工量同比增长4.4%，增速加快2.5个百分点；固定资产投资本年新开工项目计划总投资额累计同比增长14.9%，增速加快0.3个百分点。6个指标增速有所回落，即：粗钢产量同比增长1.0%，增速回落0.5个百分点；纱产量同比增长6.0%，增速回落3.3个百分点；化学纤维产量同比增长3.6%，增速回落2.3个百分点；水泥产量同比增长3.0%，增速回落0.5个百分点；服装产量同比增长3.4%，增速回落0.5个百分点；汽车产量同比增长2.2%，增速大幅回落6.4个百分点。

经X11季节调整后，与7月相比，8月构成工业先行合成指数的8个指标全部下降，由上述指标构成的工业先行合成指数在近3个月持续小幅回落，显示未来一段时间工业生产回升动力不足。

综合以上分析，根据工业一致合成指数与工业先行合成指数之间的变化关系初步判断，未来工业运行存在一定下行压力，回升动力不足，但工业整体仍可保持中速增长区间。

（三）工业滞后合成指数

工业滞后合成指数继续回升。经最新数据修订，8月，工业滞后合成指数为90.47（2004年=100），比7月提高0.33点，目前已连续6个月保持回升态势，但增幅有所收窄（见表1和图3）。

统计数据显示，与7月相比，8月构成工业滞后合成指数的5个指标中，有3个增速下降，即：工业生产者出厂价格指数（PPI）为98.8，比上月回落0.3点；工业生产者购进价格指数（PPIRM）为98.6，回落0.3点；金融机构工业贷款同比增长7.0%，增速回落0.5个百分点。有2个指标增速提高，即：农副产品类工业生产者购进价格指数为100.2，比上月加快0.1点；8月末规模以上工业企业产成品资金同比增长15.6%，增幅扩大1.0个百分点。

经X11季节调整后，与7月相比，8月构成滞后合成指数的5个指标中，仅金融机构工业贷款增速小幅回落，其余4个指标回升或保持不变，从而使8月工业滞后合成指数继续呈上行态势，从而判断工业在前期回升的确定性，虽受第三季度的回落影响，预计第四季度仍可运行在合理区间。

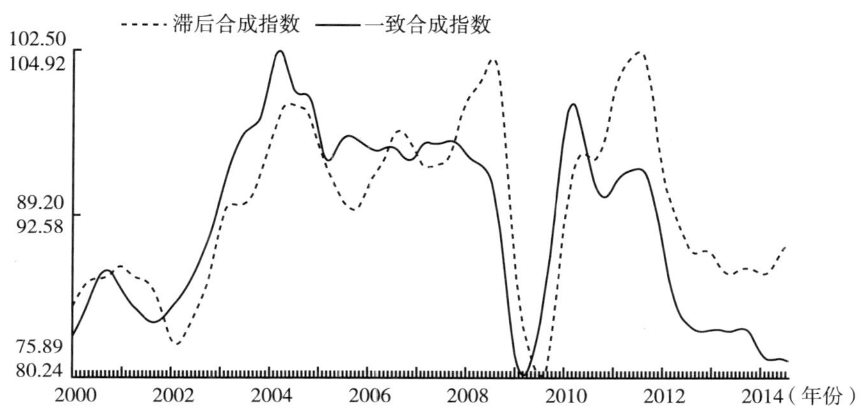

图3　工业一致合成指数与滞后合成指数曲线

（四）工业预警指数变动态势分析

预警指数与预警灯号。预警指数处于“正常”区间下部，工业经济运行保持中低速增长。8月的工业经济预警指数为36.11，较上月下降2.78点。预警指数在前几个月企稳回升后小幅回调，目前处于“正常”区间下部。从当前部分指标的表现看，未来一段时间工业预警指数下行压力依然较大，但仍可运行在合理区间内（见表1和图4）。

8月，在构成工业经济预警指数的9个指标中，从灯号情况来看，有5个指标处于“正常”区间，3个指标处于“趋冷”区间，1个指标处于“过冷”区间；从变化情况来看，与上月相比仅有工业用电量1个指标灯号发生变化。各指标灯号具体情况如图5所示。

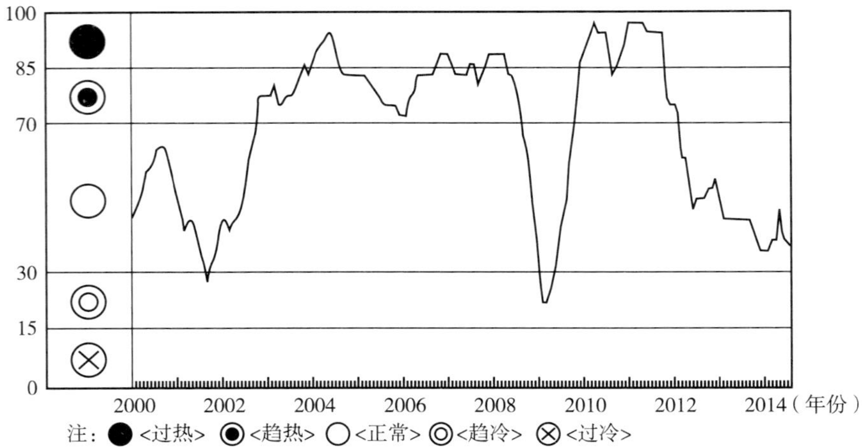

图 4　工业经济预警指数曲线

指标名称	2013				2014							
	9	10	11	12	1	2	3	4	5	6	7	8
1. 原油加工量增速（当月）	◎	⊗	⊗	⊗	⊗	⊗	◎	○	○	○	○	○
2. 工业用电量增速（当月）	○	○	○	○	○	○	○	○	○	◎	◎	⊗
3. 工业企业增加值增速（当月）	○	○	○	○	○	○	○	○	○	○	○	○
4. 工业企业主营业务收入增速（累计）	○	○	○	○	○	○	○	○	○	○	○	○
5. 工业企业税金总额增速（累计）	○	○	○	○	○	○	○	○	○	○	○	○
6. 工业固定资产投资完成额增速（累计）	○	○	○	○	○	○	○	○	○	◎	◎	◎
7. 货运量增速（当月）	○	○	○	○	○	○	○	◎	○	○	○	○
8. 金融机构工业贷款增速（月末数）	○	○	◎	◎	◎	◎	◎	◎	○	◎	◎	◎
9. PPI（当月）	◎	◎	◎	⊗	⊗	⊗	⊗	⊗	◎	◎	◎	◎
综合判断	○	○	○	○	○	○	○	○	○	○	○	○
	44	42	39	36	36	36	39	39	47	39	39	36

注：● <过热>　◉ <趋热>　○ <正常>　◎ <趋冷>　⊗ <过冷>

图 5　工业经济预警灯号示意

四　模型预测结果与共识预测

根据上述对国内外环境的分析，以及对近期工业生产的有利因素与不利因素的分析，利用工业增加值增长速度的历史月度统计时间序列，建立多种预测模型，综合考虑各种外生因素和工业实际运行情况以及我们的经验判断，做出以下预测。

一是国家发改委经济研究所预测结果显示，2014 年 9 月至 12 月工业增加值增速分别为 8.1%、8.3%、8.5%、8.8%，第三季度为 8.0%，第四季度为 8.5%，全年为 8.5%。

二是中国电子信息产业发展研究院（赛迪）的预测结果显示，2014 年 9 月工业增加值增速为 8.8%，2014 年第三季度、第四季度工业增加值增速分别为 8.2% 和 8.8% 左右。

三是工信部信息中心模型预测显示，2014 年 9 月、第三季度和第四季度工业增加值增速分别为 8.2%、8.0% 和 8.7%。

四是工信部电信研究院的预测结果显示，2014 年 9 月、第三季度和第四季度工业经济增长速度分别为 8.7%、8.2% 和 8.5% 左右。全年增长速度为 8.5%。

五是工信部电子一所的预测结果显示，2014 年 9 月、第三季度工业增加值同比增速分别为 8.5% 和 8.2%。

六是工信部电子五所的预测结果显示，2014 年 9 月工业增加值同比增速为 7.4%。

七是工信部电子工业标准化研究院的预测结果显示，2014 年 9 月工业增加值同比增速为 7.5%，前三季度为 8.4%，第四季度增长 8.7%，全年为 8.6%。

综合各单位预测结果，得到如下共识预测结果。预计 2014 年 9 月、第三季度和第四季度工业增加值增速分别为 8.1%、8.2% 和 8.6%，全年增长 8.5% 左右。如表 3 所示。

表 3 共识预测结果

单位：%

研究机构	9 月	第三季度	第四季度
发改委经济研究所	8.1	8.0	8.5
赛迪研究院	8.8	8.2	8.8
工信部信息中心	8.2	8.0	8.7
工信电信研究院	8.7	8.2	8.5
工信部电子一所	8.5	8.5	—
工信部电子五所	7.4	—	—
工信部电子工业标准化研究院	7.5	8.4	8.7
共识预测	8.1	8.2	8.6

综上分析，当前我国工业增长既有诸多有利的支撑条件，也存在不少制约因素，综合判断工业总体仍将延续平稳增长势头。从共识预测中可以看出，八家研究机构的模型预测 9 月工业平均增长速度是 8.1%，增长速度相对较低，这主要是受工信部五所、工信部四院和中国社科院数量所模型对 9 月的预测相对偏低的影响。而由前五家研究机构的模型预测平均值为 9 月增长 8.5% 左右，这与 1 ~8 月的累计增长速度一致，考虑到 8 月的增长速度是各种因素影响而造成的个别现象，不能作为未来预测的依据，实际上工业增长的总体趋势没有出现明显的改变，由此我们分析 9 月的工业增长速度应在 1 ~8 月累计增长速度的基础上有所回升，从而我们进行调整并预计 2014 年 9 月工业增速为 8.6% 左右，第三季度工业增速为 8.2% 左右；进一步，虽然上年第四季度工业增长速度处于相对高位，但我们考虑到历年的第四季度的各月工业增长速度都会有一定水平的回升或向上调整的规律，因此我们预测 2014 年第四季度工业增速在共识预测增长速度 8.6% 的基础上调整为增长 8.8% 左右；从而预测全年规模以上工业增加值增长速度在 8.6% 左右。

五 工业增长的趋势判断和政策建议

从 2014 年前 8 个月的工业经济运行情况来看，工业生产平稳运行的动

力仍不稳固，目前面临较大的下行压力。展望第四季度及全年工业走势，提出以下值得关注的问题。

1. 钢铁行业面临较大困境，原材料行业短期内难以提振

受国际铁矿石价格回落、市场需求不足、企业库存居高不下等多种因素影响，近期钢材价格持续下跌。根据中钢协统计数据，8月末，国内市场钢材价格综合指数为90.63，连续第11个月低于100点。进入9月以来，钢材价格继续连跌三周，截至9月19日，CSPI已经跌至87.6点，是2003年2月以来的最低水平。从钢铁行业整体看，根据中国物流与采购联合会数据，8月钢铁PMI为48.4%，环比回落0.2个百分点，连续四个月处于50%的荣枯线以下。未来，虽然铁路等基础设施建设将会带动一部分需求，但房地产开发企业土地购置面积的持续负增长以及汽车产量增速的放缓必然带来市场需求的疲软，同时受制于淘汰落后产能和节能减排等相关工作的持续推进，以钢铁为代表的原材料行业短期内难以提振。

2. 投资到位资金增速持续回落，企业生产继续面临挑战

2014年1~8月，全国固定资产投资和固定资产到位资金分别为30.6万亿元和34.0万亿元，同比分别增长16.5%和12.8%，比上年同期分别回落3.8个和7.7个百分点。固定资产投资增速整体回落，而到位资金增速回落幅度远大于投资回落幅度，表明项目投资资金到位情况并不乐观。与此同时，8月末，产成品资金占用额同比增长15.6%，高于上年末8.8个百分点，并有持续上涨的趋势。2014年以来产成品资金占用额增速远远快于主营业务收入增速，8月末比同期主营收入增速高7.3个百分点，显示企业产销衔接压力持续增大。此外，工业企业财务费用和销售费用累计增速保持两位数的高位，亏损企业亏损额也在增加，虽然总体工业企业利润增速仍保持两位数增长，但微观企业的生产经营仍面临不少困难。由此可以判断，在未来一段时期内工业企业利润增长速度将会有所回调。

在未来促进工业发展方面，建议采取以下措施和政策。

一是加大"微刺激"政策落实力度。通过改革政策的全面落实，加强政府宏观调控服务市场的能力和水平，力促市场潜力全面释放，市场竞争更

加公平有序，行业资源得到高效运用，使得具有一定行业实力的大中型工业企业在引领行业发展、提高全球竞争力等方面发挥大作用；小微工业企业在技术创新、完善市场秩序等方面发挥优势。

二是加大对出口导向型企业的扶持力度。加大出口产品结构调整和品牌市场开拓的扶持力度，鼓励出口导向型企业使用先进科技提升制造技术，支持企业进行海外市场的开发和宣传，谋求更大的利润空间。设立专项资金扶持出口导向型企业开拓国内市场，鼓励政策性银行和国有商业银行适当加大对出口转内销企业的信贷支持。

三是加大对高技术产业的支持力度。加大对高新技术产业的投资力度，加快关键领域改革，营造好的发展环境。清理不利于民营企业和民间资本进入新兴产业的准入条件，完善金融支持高新技术产业发展的政策措施。通过培育高技术产业新增长点缓解传统产业下行压力，倒逼传统产业转型。

当前，我国工业经济运行持续面临诸多挑战，既有来自外部的市场需求不足、生产成本上涨等，也有来自内部的潜在增速下降、产业结构主动调整的影响等，工业增速回落到个位数增长已成为工业经济领域的“新常态”。未来，建议应正确看待经济增速的放缓运行态势，在充分发挥市场机制自我调节作用的同时，更加注重保持政策的连续性和稳定性，通过构建良好的政策和制度环境来保障实体经济平稳健康发展。

宏观经济政策与宏观调控篇

Macro-economic Policy and Macro-economic Regulation and Control

B.9

经济回落有望触底，转型升级仍处关键时期

——2014～2015年经济形势分析与展望

张立群*

摘　要：2014年，中国经济下行压力加大，消费增长基本平稳，出口增长低位回升，投资增长持续回落，房地产进入转型调整期。房地产投资增速回落，是经济下行压力的主要来源。2015年经济增速回调基本触底，市场需求趋稳，转型升级任务繁重。政府应当把稳增长与推进经济转型升级相结合，不断改善发展环境、提高微观基础和经济结构对环境变化的

* 张立群，国务院发展研究中心宏观经济研究部。

适应能力，加快培育和巩固经济增长的新常态。

关键词： 经济回落 转型升级 经济形势 房地产

一 2014年：经济下行压力有所加大

进入2014年以后，经济增速进一步下降。第一季度GDP增长率7.4%，较上年第四季度回落0.3个百分点。在定向调控措施的作用下，第二季度经济增长回稳，GDP增长率略升到7.5%。但7、8月工业增长率持续下降，其中8月当月仅为6.9%，较7月大幅下降2.1个百分点。按照这两个月的工业增长率推算，第三季度GDP增长率应该在7.3%左右，又呈下行态势。分析经济下行的原因，主要是房地产行业的调整以及由此导致的房地产投资增速持续下降。

短期经济增长，决定因素是市场需求，亦即投资、消费、出口等"三驾马车"。观察2014年三大需求变化，消费增速基本平稳，出口增长低位回升，唯有投资增长持续回落。而导致投资增长回落的主要因素，是房地产投资增速的持续回落。

（一）消费增长基本平稳

从1~8月的数据看，2014年消费增长基本平稳（见图1）。

图1数据表明，2014年1~8月，消费月度同比实际增长率，一直保持在10.5%~11%之间，增长基本平稳。其原因主要是：其一，消费是人们维持日常生活的活动，本身就具有较高的稳定性。其二，近年来保就业的效果明显，就业形势比较稳定，新增就业人员增加较多。这使居民收入特别是中低收入群体的收入平稳增长，进而支持了消费大体平稳增长。图1数据还表明，2014年消费增长水平低于2013年。其原因主要是：房地产市场转冷，影响了家具、家电、装修材料等消费品的销售；汽车市场较上年明显降温，也影响到消费的增长。

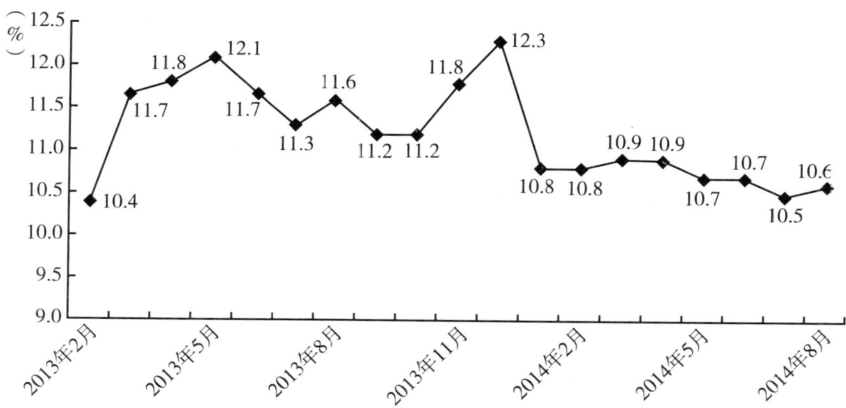

图1　2013 年 2 月至 2014 年 8 月消费月度同比实际增长率

（二）出口增长低位回升

从 2014 年 1 ~8 月出口数据看，出口增长低位回升（见图 2）。

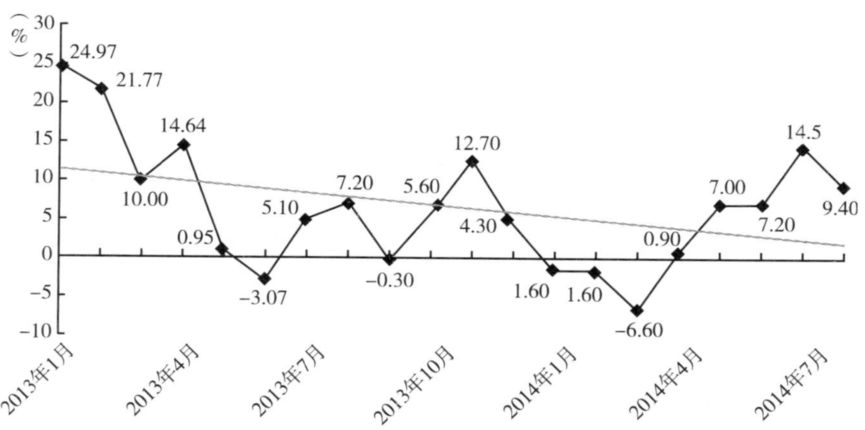

图2　2013 年 1 月至 2014 年 8 月出口月度同比增长（按美元计算）

图 2 数据表明，2014 年第二季度开始，出口增速明显回升。其原因主要是：上年虚假出口对基数的影响消失；人民币汇率贬值趋势压低出口价格的作用（人民币汇率贬值态势，会引起热钱外流，进而会导致高报进口、

低报出口的情况，企业会压低出口价格），随人民币重新呈现升值态势而改变；国际市场形势大体平稳；我国出口企业竞争力下降的态势逐步趋稳；等等。

（三）投资增长持续回落

从2014年1~8月数据看，投资增长持续回落（见图3）。

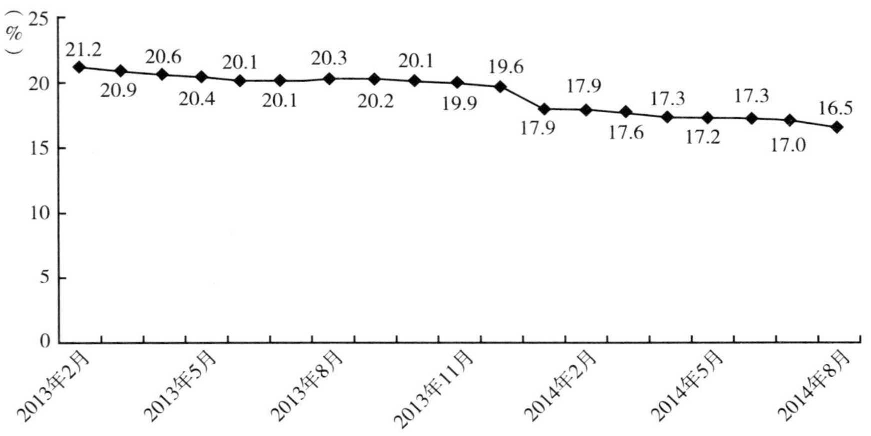

图3　2013年2月至2014年8月投资月度累计同比增长

图3数据表明，2014年投资增长持续回落，是经济下行压力加大的主要原因。分析投资增长下降的原因，需要分别考察投资的不同组成部分。固定资产投资由四部分组成，分别是：基础设施投资、房地产投资、制造业投资和其他投资（服务业、建筑业等）。分析各部分投资之间的关系，可以发现，制造业投资具有从属和被决定的特点。主要因为制造业提供的主要是中间产品，与基础设施、房地产投资形成的订单水平密切相关，此外与出口和消费形成的订单水平也有密切关系。当订单水平提高时，就会使制造业开工率提高，产能利用率提高，进而就会带动制造业投资增长加快；反之则会使制造业投资增长减慢。与制造业投资比较，其他投资在投资中占比不高（制造业投资在投资中约占1/3的比重，其他投资大约为1/5的比重）。基于这些情况，分析投资增速下降，重点要分析基础设施和房地产投资的变

化。2014 年 1 ~8 月，基础设施投资和房地产投资增速都有下降，但最明显的是房地产投资增速下降。根据前面分析，制造业投资增速回落，与房地产投资增速回落有重要联系。由此可以得到结论，房地产投资增速回落，是投资增速回落的主要原因。

（四）房地产进入转型调整期，房地产投资增速回落，是经济下行压力的主要来源

从以上分析看，2014 年三大市场需求：消费和出口均呈现平稳增长态势，进一步回落的可能性较小；关键是投资增长回落。由于主导投资回落的是房地产投资，因此，需要重点分析房地产投资增速回落的原因。

分析房地产投资增速的回落，必须认识到我国房地产业已经进入转型调整过程。当前房地产业发展面对的主要矛盾，是城镇人口布局失衡。据第六次人口普查资料，城镇常住人口近 1/3 居住在 36 个大城市（主要为直辖市、省会城市、计划单列市），北京 2013 年常住人口达到 2100 多万人。人口聚集必然带来住房需求、买房需求聚集，必然吸引房地产企业集中到这些大城市发展，也必然带来这些大城市土地资源日益趋紧，地价不断攀升，开发成本较快提高，必然使房地产企业之间的竞争日趋激烈。

房地产企业重新集中到一、二线大城市发展，开发成本明显提高；而市场需求又趋减弱，这些共同决定了其投资开发活动日趋谨慎，导致房地产投资增速持续下降。

近期各地政府针对各自房地产市场的具体情况，纷纷调整了相关的房地产市场政策；央行最近对房贷政策也进行了调整，放宽了与房贷有关的限制性规定。在这些措施的作用下，“十一”期间大城市房地产市场开始初现恢复迹象。考虑政府 6 月以后在基础设施领域又积极增加了西部铁路、中部高铁、城市地下基础设施等项目，对基础设施投资的推动作用预计将逐步显现，进而促使基础设施投资增长稳定在 20% 以上。房地产相关政策措施的作用，预计也将逐步恢复大城市蓄积的买房需求，改善房地产企业的住房销售形势，进而稳定房地产投资增长。综合研判，2014 年投资增长大体可以稳定在 16%

左右。再考虑消费和出口大体平稳的增长态势，预计2014年GDP增长率可以保持在7.4%左右。物价方面，2014年CPI涨幅平稳，全年预计在2%左右。

二 2015年：经济增速回调基本触底，转型升级任务繁重

（一）市场需求趋稳，经济增速回调基本触底

市场需求对经济增长具有决定作用。2015年，消费、出口、投资需求的增长态势预计趋稳，据此可以判断经济增速回调基本触底，全年经济增长率预计略高于7%。

1. 世界经济呈继续恢复态势，尽管存在风险，但出口增速进一步下降的可能性较小

尽管世界银行和IMF都调低了对中国经济和全球经济增长的预测值，但一致认为2015年美国经济恢复是一个亮点，欧洲经济尽管困难有所加大，但仍然会保持增长；新兴经济体正在进行结构调整，增长水平降低但增长的稳定性提高。综合来看，2015年世界经济仍呈继续恢复态势。尽管存在持续宽松货币政策对世界经济特别新兴经济体经济负面作用加大、地缘政治紧张局势升级、金融市场可能迎来调整等风险因素，但预计2015年国际市场保持平稳的可能性最大，我国出口的外部环境大体稳定。2013年以来，世界经济总体进入恢复过程，这是一个十分重要的变化。因为2008年国际金融危机发生后，世界经济总体处于危机应对期和结构深度调整期，受此影响，国际市场需求水平持续收缩，对我国出口的制约不断增强。而世界经济保持恢复态势，国际市场需求水平大体趋稳，则意味着外部环境剧烈改变进而收缩我国外需的过程大体结束了。

从我国出口企业状况看，也在进入竞争力相对稳定的时期。在金融危机持续降低国际市场需求水平时期，也是我国出口企业成本持续提高、依靠低成本支持的竞争力持续减弱的时期，是导致出口增速下降的另一个重要原因。在外部市场渐趋平稳时期，我国出口企业经过几年来的努力，逐渐在研发能

力、品牌竞争力、成本管理能力和职工队伍素质等方面形成新的竞争力，并逐渐取代低成本支持的竞争力，出口企业竞争力开始进入由降到稳的时期。

综合以上分析，可以判断我国出口增速的下降过程大体结束，2015 年出口增速预计为 7% 左右。

2. 消费继续保持平稳增长，2015 年消费实际增长率预计为 10.5%左右

近年来保就业的政策效果比较明显，就业形势比较好。在服务业发展势头比较好、小微企业发展比较多等因素支持下，特别是以保就业为底线的稳增长政策支持下，预计 2015 年就业形势仍会较好。就业增加和政府保障基本民生政策的落实，预计会继续支持城乡居民收入平稳增长，进而支持消费平稳增长。此外房地产和汽车市场调整，有望在 2015 年趋于平缓，其对消费的负面影响预计会减弱。综合这些情况，预计 2015 年消费实际增长率为 10.5% 左右。

3. 投资增长将大体趋稳，2015 年投资增长率预计为 16%左右

首先，房地产投资增速回落态势有望结束。目前房地产开发企业主要集中在大城市，而其首要困难是卖房难。应该认识到，大城市买房需求不振是短期现象。因为一线和比较发达的二线城市人口规模大，而且还在增加，居住性买房需求数量很大而且在继续增长。大城市出现卖房难，主要是买落预期引起的持币待购心态。由于居住性需求与投机投资性需求不同，只可等待而不会消失；此外随着收入增长和房价趋降，房价收入比会降低，居民买房能力会提高。这些都意味着大城市房地产市场走冷的同时，买房需求正在不断蓄积之中。

其次，目前政府主导的基础设施投资已经大体形成一个可持续的模式。具体包括：通过优化财政支出结构增加基础设施投资资金；发挥财政资金四两拨千斤的作用，积极引导民间投资参与基础设施建设；选择好基础设施投资项目，与区域经济协调发展和新型城镇化目标结合，在跨区域重大基础设施、城市地下基础设施以及环保和信息基础设施建设方面加大力度；保持合理的增长水平；等等。尽管当前一些地方政府出现债务到期、土地财政弱化等困难，但考虑到我国财政赤字率较低、政府债务规模仍在风险线以内、政府债务都对应一定的资产等因素，财政资金和银行资金都还有回旋运作空间。因此，基础设施投资增速预计可以保持在 20% 以上。

在房地产和基础设施投资带动下，制造业投资预计也会由落到稳。综合分析，预计2015年投资增长率为16%左右。

从市场需求分析看，2015年经济增长率可以达到略高于7%的水平。上述分析表明，出口、消费和投资等市场需求已经大体趋稳，因此经济增长回落过程，预计将大体在2015年结束。

（二）转型升级任务更加繁重

经济增速换挡，主要是经济发展的环境和条件发生了深刻改变，这些改变集中反映在市场需求约束增强和成本水平提高。巩固经济增长的基础，最重要的是重新选择适应现在市场环境和成本压力的企业，再造经济增长的微观基础。这一活动必须通过市场竞争、优胜劣汰来完成。但目前干预市场准入的因素仍然较多，例如以产能过剩为由，不区分企业特点、项目特点、地区特点，一律限制进入某些产业；再比如银行仅仅以行业为标的确定信贷政策，一些风险大的行业，一律不提供信贷金融支持，进而把这些行业内有水平、有创新能力、有市场发展前景的企业压制住，限制了风险增大行业内部优胜劣汰，在竞争中浴火重生的进程。从市场退出角度看，一些地方政府对企业仍然存在过度保护现象。在钢铁、水泥、玻璃等产能严重过剩的行业，仍然存在一些“僵尸”企业，地方政府的在建项目中，也存在一些需要清理退出的项目。这些方面的问题，使市场引导的行业重组活动遇到越来越严重的阻碍，使行业内基于竞争、创新的增长能力受到严重阻碍。此外新型城镇化尚处于起步阶段，由规划、公共服务、基础设施、市场监管等政府一体化职能支持的城市群尚未发展起来，大城市人口压力过大进而制约经济发展空间的问题尚未得到有效解决。以上种种问题，都表明经济转型升级的任务空前繁重。

三　坚持把稳增长与推进经济转型升级紧密结合起来

针对2015年的经济形势，必须把稳增长与推进经济转型升级紧密结合起来，通过不断改善发展环境、提高微观基础和经济结构对环境变化的适应能力，加快培育和巩固经济增长的新常态。

1. 实施积极的财政政策，提高中央财政的机动能力

针对经济增速下降的压力，宏观调控政策“托底”的任务很重。从历史经验和国际比较看，防止经济走冷，主要应发挥财政政策作用。目前房地产转型调整态势、房地产投资增长态势都还不确定，外部环境也存在一定不确定因素，因此应该坚持实施积极的财政政策，不宜把赤字水平和债务规模定得太低。此外应优化财政支出结构，把能够节约的资金努力节约下来，把沉淀的财政资金尽可能盘活起来，多措并举扩大中央财政的机动财力，注意留出必要的回旋空间。

2. 实施稳健的货币政策，保持合理的流动性

货币政策不宜承担过多职能，防控金融风险应该主要依靠破产退出、清理不良债务、强化风险责任约束。在既有货币资金需求格局下，货币政策重点是调节好稳增长与防风险的关系。统筹货币金融环境稳定、资金链条可维持、支持实体经济发展等目标，协调好货币供给量增长水平。

3. 全面深化改革，合理界定政府与市场的关系，充分发挥市场竞争优胜劣汰的作用

进一步放宽市场准入，特别是垄断性行业的市场准入；加快把前置性审批转为事中事后监管；围绕破产退出活动尽快完善风险责任约束机制、资本优化组合机制。破产退出改革重在制度和机制建设，不宜追求数量和规模。针对困难企业和过剩产能的调整，要注意把市场选择和政府支持的作用合理结合起来，既注意优化产业素质，也注意减少不必要的损失。

4. 积极稳妥地推动新型城镇化进程，不断拓展经济发展空间

抓紧制定好国家新型城镇化规划，注重城市群内各城市之间的基础设施系统的建设，注重城市内部基础设施的配套建设，特别是地下设施与地面设施建设之间的配套。进一步加强各级政府的公共服务职责，在城市范围内加快基本公共服务的全覆盖，加快城市群内各城市间基本公共服务均等化。通过各个城市群整体功能和承载力提高，促进市场、产业发展空间不断扩大，

人口承载能力不断增强。

5. 积极提高大城市土地利用效率

针对当前人口和相关的买房、用车需求过度集中在一线大城市的现状，各个大城市应该立足当前、着眼长远，在兼顾长远规划目标的前提下，充分挖掘资源潜力，科学调整城市规划布局，努力增加供地能力和提高城市土地利用效率，支持汽车和房地产市场发展。防止汽车、房地产市场发生较大波动。

B.10

2015年中国经济发展的政策选择

李泊溪*

摘　要： 由于经济持续高速发展，要素压力增大，结构调整诉求强烈，我国经济发展进入新常态阶段。2015年需要对新标准、新速度、新质量给出较为全面的分析，促进对新常态的统一认识。在结构调整方面，要明确经济结构调整的目标和方向。在加强创新驱动战略方面，要提出创新驱动发展的顶层设计和对策。在推动经济体制改革方面，要继续转变政府职能，处理好政府与市场的关系，发挥市场在资源配置中的决定性作用。在推进国家治理现代化方面，要关注国家对治理现代化的顶层设计及要求。在对GDP增速的认识方面，各级政府应结合自身情况综合分析，对经济发展速度变化找出措施予以应对。

关键词： 新常态　政策选择　治理体系　创新驱动

一　经济发展新常态是统一认识的基础

中国经济正步入新常态，这是不争的事实，可如何认识，需要作为国家的重要政策明确界定以促进取得共识。从国务院发展研究中心和权威专家的研究看，改革开放以来，我国经济随着持续两位数字的高GDP增长速度，

* 李泊溪，国务院发展研究中心。

国际经济地位不断提升，从一个低收入国家，成功走过了下中等收入国家的发展阶段，并在2010年跨入上中等收入国家行列。

国家经济经历一个时期的高速增长后，会出现增速的回落，并伴随着结构的调整，这是世界性的规律，尽管各国情况不尽相同。从国务院发展研究中心有关研究看，根据麦迪森数据库对各国长期经济增长数据的分析，通常在人均GDP达到11000国际元左右时，经济增长会从高速增长阶段过渡到中速增长阶段，增长率下降幅度约在30%～50%，各国不同。有关研究估计我国经济新常态下的GDP增速会下降到7%左右，原因在于我国区域经济发展阶段的差异，经济转折点到达时间不同，形成西、中、东的速度梯度，形成我国经济发展速度的适宜区间。

长时期经济的高速增长，对要素供给形成压力，表现在劳动力、土地、资源、资金的方方面面，而需求空间明显减少，特别是与此同时，生态和环境压力增大，使经济的发展不可持续，经济发展新常态意味着经济发展模式和结构的转型，这是我们面临的重要而艰巨的任务，我们要为以后的经济发展确定新模式、新动力、新引擎。

经济的新常态需要我们全面看待我国所处战略阶段的特点，新常态阶段的经济增长目标、经济发展方式及政策等都需进行系统性调整，意味着经济发展的新标准、新质量要求，这就需要我们用新观念、新思维、新战略去发现新动力。2015年从宏观上看，需要有关方面对新常态对应的新标准、新速度、新质量给出较为全面的概况描述，以促进人们对新常态达成共识，使步入新常态的中国经济更好地持续发展。

从世界情况来看，许多追赶型经济体在增长阶段转换期都发生过系统性危机，我们必须严格防范，既要通过市场自我调整，更要在风险意识下主动调整，我国新一轮改革方案的启动是主动调整的体现，是规避风险的基础性工作。

二　经济结构调整要重视目标选择

2014年我国经济结构调整出现了可喜迹象，服务业增加值比重上升，而结构调整才刚开始。经济发展方式转变与经济结构调整紧密联系在一起，经济结构调整成为人们探讨经济发展不可回避的课题。现在要回答的是经济结构向哪调整，即经济结构调整的目标是什么，这有宏观上的目标，又有区域和城市的目标。从研究情况看，不少地区和城市在谋求城市空间转型与产业转型方向问题，往往要求研究单位告知该地区今后发展什么产业，怎么过渡到这些产业。对这些问题我们见到两种答案：一种是在研究报告中给出了要求发展什么的答案；另一种是分析当前和未来的市场需求变化趋势，创造必要的环境让市场主体——企业去选择。其实第一种做法往往因市场的变化而改变。

有关研究把世界主要城市转型的经验概括为四个阶段：从农业向制造业转型（工业化）、从制造业主导向服务业主导转型（服务业）、从传统服务业主导向现代服务业主导转型（服务业高端化）、从资本驱动向创新驱动转型（创新发展）。这是很好的总结，对我国经济结构调整有重要参考作用。

我国经济结构转型中，制造业向服务业转型是较为普遍的说法，其实对不同的地区不同的城市是有很大区别的，有的地区或城市面临更多的是传统制造业向现代制造业的转型问题，与此同时，要发展相关的生产性服务业。

如长期以来依赖资源的地区，2014 年的 GDP 增速比全国平均增速低，形势严峻。在过去，煤炭、钢铁、有色金属等企业发展速度高的时候，有需要银行就贷款，使得企业负债率高，现在这些企业亏损面高，困难大，资金难获得。政府有关部门指出，即使有当前资源衰退型城市的教训，有的地区和城市还在勉强支撑延缓衰退时间，对转型的长远规划目标没有很好考虑。2015 年政府作为战略引导者，要求各地区研究经济结构调整的目标，并统筹协调。

我们需要明确的是，今后一段时期我国仍会是制造业大国，问题在于如何从制造业大国走向制造业强国。在这过程中，需要创新驱动和提高资源配置的效率。

我国要发展服务业，提高服务业在国民经济中的比重，这是正确的。问题在于我们这个比重在今后一段时期中要提高到什么程度，时间进程如何安排，在我国这样的人口大国有何特点，全国和不同地区（或城市）要有不同目标安排，2015 年在宏观上对此要有目标提法。

服务消费可分为生产性服务消费和生活性服务消费，这两类服务业的市场是不同的。生产性服务业是世界经济增长中最快的行业，也可能会是我国经济增长中最快的行业。在考虑这个问题时，我们要关注制造业与服务业的紧密联系，包括制造业支撑服务业，服务业为制造业提供市场空间，制造业的生产与服务功能日益融合，制造业高度发展会显现“服务化”趋势，等等。这些都是需要在我国服务业发展规划中考虑的。

我国经济结构调整如何规划和安排，在 2015 年需要有个目标提法，哪怕是阶段性的，以使全国结构调整有所遵循。

三　创新驱动要有突破性进展

党的十八大提出创新驱动发展战略。这是基于创新始终是推动一个国家、一个民族向前发展的重要力量，特别是对于正在大力推进经济发展方式转变和经济结构调整的我国来说更是如此。2014 年以来，党中央、国务院对加快实施创新驱动发展战略做出了部署，2015 年创新驱动战略要有突破性进展。

我国依靠要素成本优势驱动、大量投入资源和污染环境的经济发展方式难以为继，这是不争的事实。同时，世界第三次产业革命兴起，全球科技革命风起云涌。我们必须增强紧迫感，抓住机遇，迎接挑战，执行创新驱动战略，增强自主创新能力，掌握全球科技竞争的战略主动，促进我国走在世界科技发展的前列。

习近平总书记对实施创新驱动战略的基本要求，提出四点意见。一是紧扣发展，牢牢把握正确方向。二是强化激励，大力集聚创新人才。三是深化改革，建立健全体制机制。四是扩大开放，全方位加强国际合作。

2015 年创新战略的贯彻执行，就是要根据这些基本要求，在创新上有所突破。重要的突破是，要加快研究，提出创新驱动发展顶层设计，明确用创新驱动转型的基本要求。根本的是改革体制和机制，提高全社会的创新积极性，营造一个有利于创新的环境。在 2015 年要确立体制构架并对机制要求的制度建设有所进展；制定完善创新推动的政策体系，包括财务、科技、资金、管理和人才激励政策，修改完善相关法律法规，基本形成有利于创新驱动的法律法规体系；要建立知识产权保护体系，以利于在创新上竞争。以这四大突破为基础，推进具体的创新项目和创新平台建设。

中央已明确了实施创新发展战略的步骤和要求，关键在于执行，随着上述措施突破，促进科技进步对经济增长的贡献逐步提高，形成我国经济发展新的动力源泉，从根本上解决中国经济的转型问题。在 2015 年既要贯彻创新战略，又要选择相应政策。

四　推动经济体制改革

经济体制改革是全面深化改革的重点，核心问题是处理好政府与市场的关系，使市场在资源配置中起决定性作用和更好发挥政府作用。面对我国政府管得多、各级政府参与了诸多对资源的直接配置的现状，这个改革要求是很高的，也是很有难度的。

政府经济职能的转变集中表现在简政放权上，对此本届政府作为大事在推动。含金量越来越高的行政审批事项的取消，成为改革的一个亮点。2015 年的简政放权既要宣布取消多少行政审批，更需要全面清理行政审批事项，哪些要取消，哪些要保留，让人们做到心中有数。

处理好政府和市场关系的问题，让市场真正地在资源配置中发挥决定性作用，着力在围绕经济发展的任务中来推进简政放权，这可能涉及一些政府的核心权力，需在 2015 年的经济体制改革中明确相应的措施和制度建设，如国家层面的负面清单制度要逐步出台。从当前试点的负面清单看，清单过长，限制仍然多，2015 年的负面清单，要体现改革的实质要求。

更好地发挥政府作用，在 2015 年的经济体制改革中是重要工作之一。政府的职责作用在党的十八大决议中有明确的提法，即主要是保持宏观经济稳定，加强和优化公共服务，保障公平竞争，加强市场监管，维护市场秩序，推动可持续发展，促进共同富裕，弥补市场失灵。在经济体制改革中，这些工作多涉及在2015年的改革工作中，应根据党的十八届三中全会的改革部署，系统地规划政府改革行动，特别是监管到位问题，以更好地发挥政府作用。

使市场在资源配置中起决定性作用，全国对此充满期待，要运用市场决定资源配置的市场经济一般规律来发展中国市场经济，首先要完善市场体系，特别是金融市场，这是艰巨的任务。2015年需要根据十八届三中全会的改革部署，对我国市场体系改革的目标模式具体化，以便推动。要使市场在资源配置中起决定性作用，涉及诸多法规的修改、完善，甚至要补充新法，对此要设立时间表，这是完善市场体系的关键。市场经济需要有市场主体，市场主体是企业（和自然人），对企业包括不同所有制企业的市场主体地位需要进一步确认和给予法律保证，这也是法律建设任务。

五　推进国家治理现代化

党的十八届三中全会确立了全面深化改革的总目标，以完善和发展中国特色社会主义制度，推进国家治理体系和治理能力现代化。这是自十一届三中全会以来第一次设立的宏大目标。国家治理体系和治理能力是紧密联系的两个方面，治理体系是从全面角度确立国家治理的范畴、层次和关系，并对未来发展做出选择，是研究国家治理的根本。治理体系和治理能力相对应，治理能力决定治理体系的选择，而治理能力是可以培育和逐步提升的，提高治理能力是充分发挥国家治理体系效能的基础和保证。

推进国家治理体系和治理能力现代化是改革的总目标，因此每项改革都要和总目标的要求相结合。2015年必须关注国家对治理现代化的顶层设计及要求，每个地区每个产业都需抓紧对影响发展的治理问题进行分析，找出改革要解决的相关问题，以便和国家的相关改革相适应。现在地区和产业发展都暴露出治理方面要改革的问题，国家已着手有关治理方面的改革，如最近的预算管理和制度改革会影响到全国。最近国家出台的区域性战略，如京津冀协同发展等，意味着对行政区划限制的突破。行政区划问题在很多情况下，对发展造成很大的不利影响，即使在同省内，各地区的行政区划限制也很多，这是治理体系中的重要问题之一。

在京津冀协同发展中，国家要求按照全面深化改革的要求，加快体制机制创新，破除行政管理、资源配置、功能布局等方面存在的体制机制障碍，解决环境污染和特大城市病等突出问题，建立优势互补、互利共赢的区域协同发展制度体系。这些要求对全国治理体系改革有试点意义。

我国行政管理权限下放普遍开展，取得一定成绩，为进一步改革打下基础。从有关研究工作调研看，还有许多工作要做，主要是行政管理权限要从下放多到取消多；下放或取消的权限要从虚得多到实得多；下放或取消的权限从小得多到大得多；下放或取消的权限利益从少得多到含金量多的方面转变；等等。行政管理权限下放之后，有关监管工作要跟上，行政管理权限下放，各有关行政部门之间要协调，此项工作要作为治理体系建设的一部分，在现有改革的基础上 2015 年再向前推进一步。

六　对我国 GDP 增速的认识

在中国经济发展新常态中对 GDP 增速问题已经涉及，之所以作为专题再讨论，因为速度问题不完全是新常态问题，与宏观经济发展不协调和对经济增速的认识有关。长期以来，重视 GDP 增速成为人们特别是相当多政府官员追求的惯性，重速度、轻质量是普遍存在的问题。多年来形成促速度的经验，而对抓质量显得陌生，缺少办法，加上市场在资源配置中起决定性作用的改革还在进行中，在某些情况下，有因保速度而影响结构调整的情况，不利于经济发展新动力的形成。

各部门特别是各地区要从国内外因素的变化、经济发展的运行规律、中国经济总量的增大及在全球的地位，综合认识中国经济的新常态及其速度。连续多年的经济快速增长使我国经济总量增长很快，成为世界第二大经济

体，当前7%左右的GDP增量比前些年两位数字增长的绝对量大得多。新常态下的我国经济仍是世界经济增长的最重要引擎和火车头。其实当前和今后一个时期，我国仍是世界经济增长速度最快的经济体之一。

我国经济在产业结构、区域结构等方面演变加快，如第三产业增速超过第二产业，中西部经济增速超过东部等，也出现了从侧重粗放向重视集约转变的可喜情况。值得重视的是中国经济对投资的依赖依然存在，而且会继续相当长时间。要改变有些投资不符合结构调整要求的情况。有些发展可能是出于对经济增长速度的需要，使得当前的经济增长速度不完全反映我国经济的动力与潜力，因此，经济新常态的速度可能会有波动。需要培育经济发展的新动力，这是关系我国长期发展的重要问题。

2015 年要解决的是对我国经济增长新常态所对应发展速度的适应问题。当前的情况是相当多的人相当大的程度不适应。首先干部要从适应速度型转向适应质量型，企业要从适应外延型转向适应内涵效益型，民众也要适应新常态下的经济增速，并主动认识在这个转变过程中，经济对人力资本和劳动力的要求。

在中高速增长的情况下，需要提高政府、企业、市场和社会对新增长阶段的适应性，对此，各级政府和有关方面对经济发展速度的变化，要结合自身情况综合分析，找出措施予以应对，这是2015 年最重要的任务之一。

结　语

我国经济发展阶段已开始发生转变，简言之，从主要依靠自然资源、劳动力和引进技术向主要依靠智力和创新转变，伴随而来的是经济结构的调整，结构的调整会影响贸易结构、出口结构，必然会影响物流和供应链。

我国是发展不平衡的大国，概括地讲，东、中、西部工业化所处阶段不同，因此，存在着产业转移问题，当然转移过程中也伴随着技术的升级。

在我国经济发展阶段转型的过程中，从国际经验来看，伴随着经济发展速度从高速转向中速，各国都是如此。而我国由于地区不平衡带来的差异，全国总体发展速度下降可能不像别国那样多，而是从高速（两位数）到中高速，7%左右保持一段时间。

2015 年我国经济面临着机遇和挑战，宏观调控的财政政策、金融政策要与经济发展保持适应性和稳定性。2015 年工作中还有诸多政策选择问题，在文中列举了一部分。从改革的要求看，2015 年机制形成和制度建设工作是关键问题，是改革进程的要求，是我国经济稳定协调持续发展的保证。

B.11

中国宏观经济形势与政策：2014～2015年*

郑超愚**

摘　要： 2014年，中国经济基本阻止2011年以来增长速度持续下滑趋势，但实际复苏进程停滞。2015年，中国经济应该继续实行积极的财政政策和稳健的货币政策，通过适应性需求管理的反周期操作，有效促进总体经济景气的正常化，从而实现从萧条到繁荣的经济周期形态转换。

关键词： 中国经济　通货膨胀　需求管理

一　中国宏观经济指标预测

中国经济经历1991～2001年与2002～2009年的完整波谷—波谷经济周期，从2010年起进入本轮经济周期的扩张阶段。然而，2011年以来中国经济复苏基础脆弱，总体经济景气的扩张势能随着需求刺激政策退出而逐渐弱化，实际GDP增长速度在2009年末和2011年初恢复性和补偿性高速增长后连续回落。

2014年，中国经济继续实行积极的财政政策和稳健的货币政策，保持

* 中国人民大学中国宏观经济分析与预测中心研究项目。讨论：胡乃武、黄泰岩、包明华、方芳、邹正方、黄隽、王劲峰；执笔：郑超愚。

** 郑超愚，中国人民大学经济学研究所。

货币信贷和固定资产投资的适度增长，基本阻止 2011 年以来实际 GDP 增长速度逐季减速趋势。不过，中国经济承续 2013 年平缓增长惯性而扩张乏力，2014 年实际 GDP 增长速度将略低于 2013 年，从而导致 2014 年实际 GDP 与其潜在水平缺口继续扩大。2014 年中国经济复苏的暂时停滞，未中断 2010 年以来总体经济景气的扩张过程而形成新经济波谷。

2015 年，中国需求管理应该适应中国经济自主增长的复苏程度，继续实行积极的财政政策和稳健的货币政策，启动和促进持续强劲的经济扩张过程，最终实现总体经济景气从萧条到繁荣的周期形态转换。这样，通过适应性需求管理的反周期操作，充分发挥国内需求与国外需求、投资需求与消费需求以及民间投资需求与政府投资需求对经济增长的平衡拉动作用，使实际 GDP 增长速度能够超过其潜在增长速度而弥合实际 GDP 与其潜在水平的缺口。

依据中国人民大学中国宏观经济分析与预测模型——CMAFM 模型，分年度预测 2014 年与 2015 年中国宏观经济形势，如表 1 所示。其中，2015 年主要宏观经济政策假设包括：（1）2015 年中央财政预算赤字为 10350 亿元；（2）2015 年人民币与美元平均兑换率为 6.020∶1。

表 1　中国宏观经济指标

预测指标	2014 年	2015 年
1. 国内生产总值（GDP）增长率（%）	7.47	8.22
其中：第一产业增加值	4.0	4.2
第二产业增加值	7.6	8.5
第三产业增加值	8.1	8.8
2. 全社会固定资产投资总额（亿元）	523520	622470
社会消费品零售总额（亿元）	267060	302310
3. 出口（亿美元）	23180	25540
进口（亿美元）	19830	21700
4. 狭义货币供应（M1）增长率（%）	9.1	10.2
广义货币供应（M2）增长率（%）	13.4	13.9
5. 居民消费价格指数（CPI）上涨率（%）	2.3	2.5
GDP 平减指数（%）	1.6	2.7

预测日期：2014 年 10 月。

二　中国宏观经济形势分析

（一）潜在国民收入与国民收入缺口

在二元结构条件下，中国总量生产函数 $Y=\varphi(t)\cdot K$，其准 AK 型结构蕴含投资驱动的内生经济增长性质。因此，中国潜在国民收入 $Y_t^* = \prod_{i=1}^{k}\{[Y_{t-i}\cdot(1+\delta)^i]^{w(i)}\}$，通过资本形成途径容纳实际国民收入的滞后效应。选取时滞阶数 k=5，分别在几何级数 $w(i)=q^i$ 与余弦函数 $w(i)=\cos[(i-1)\cdot(\pi/2k)]$ 的分布概率代表性情形下，使用 OLS 方法在 1978～2013 年间拟合中国实际 GDP 指数的对数线性方程 $\log Y_t = \sum_{i=1}^{k}\{w(i)\cdot[\log Y_{t-i}+i\cdot\log(1+\delta)]\}$，如表 2 所示。依据表 2 的中国潜在国民收入回归方程，同时静态预测和动态预测 1983～2013 年中国实际 GDP 指数而分情形建立 1983～2013 年中国潜在 GDP 时间序列，以计算中国国民收入相对缺口指标 $(Y-Y^*)/Y^*$，其时间路径如图 1 所示。

表 2　中国潜在国民收入回归方程

$\log Y_t = \sum_{i=1}^{5}\{w(i)\cdot[\log Y_{t-i}+i\cdot\log(1+\delta)]\}$		
w(i)	q^i	$\cos[(i-1)\cdot(\pi/2k)]$
δ	0.100732(28.61409)	0.100658(31.79583)
R^2	0.998532	0.997813
SE	0.033101	0.040395

1978～2013 年，中国潜在国民收入的自然增长率在几何级数权数情形下 δ=10.0732%，在余弦函数权数情形下 δ=10.0658%。中国经济潜在增长速度未呈现统计显著的历时减缓趋势，其几何级数情形超过余弦函数情形的潜在国民收入自然增长率却指示加速经济增长的历史趋势，与动态预测情形的经济周期相位滞后于静态预测情形的经济周期相位是内在一致的。

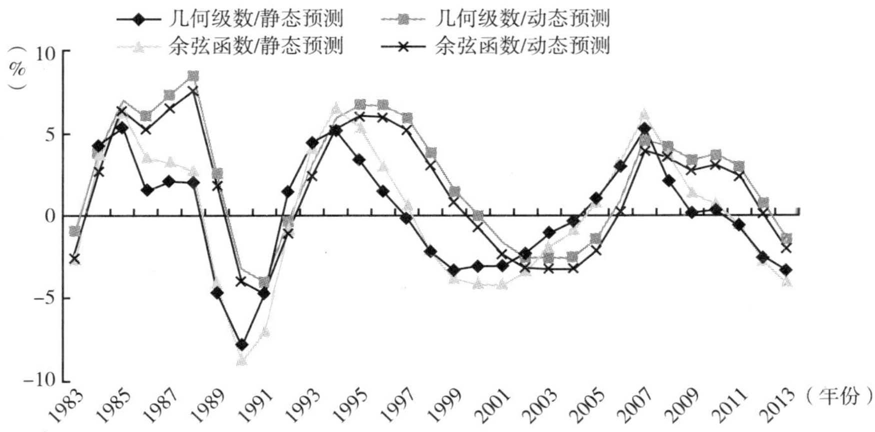

图1　中国国民收入相对缺口

（二）经济周期相位与经济复苏前景

中国经济波动属于增长型经济周期类别，应该依据实际国民收入与其潜在水平缺口（Y－Y＊）／Y准确定位经济周期相位。次贷危机以来中国经济景气的正常化过程应该依次通过转折点tp1、tp2与tp3，分别以d（ΔlnY）／dt＝0、d［ln（Y/Y＊）］／dt＝0与ln（Y/Y＊）＝0标志，如图2所示。2010年第一季度与第二季度间总体经济景气从tp2向tp3前进，从2010年第

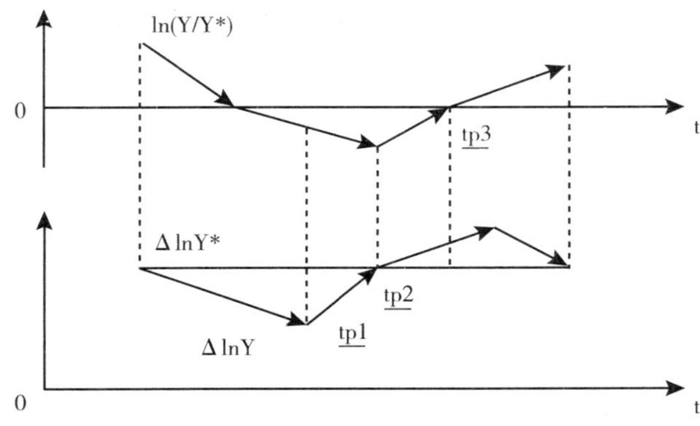

图2　增长型经济周期衰退和复苏阶段

三季度起总体经济景气从tp2 向tp1 退步。

图3 定性描述中国经济景气正常化的悲观前景Ⅰ和Ⅱ，分别因刺激性需求管理政策的提前退出而从 tp1 和 tp2 起维持固定国民收入增长速度。由于潜在国民收入受实际国民收入负面吸引而反向软着陆，国民收入缺口起初在前景Ⅰ下连续扩大而在前景Ⅱ下保持不变，随后逐渐收敛直至完全弥合。比较潜在国民收入的原始趋势 $\ln Y^*$，前景Ⅱ轨迹 $\ln Y_{II}^*$ 发生水平截距漂移，前景Ⅰ轨迹 $\ln Y_{I}^*$ 进一步发生增长速度漂移而形成扇形国民收入损失。

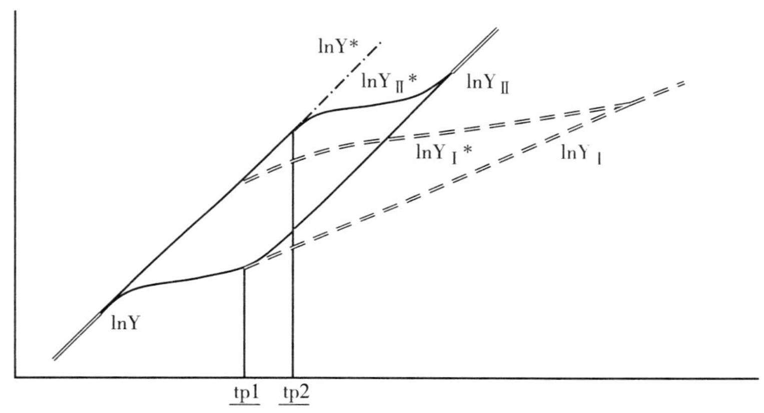

图3　反向软着陆与国民收入趋势漂移

（三）经济波动的内在均衡机制和国际耦合性质

中国宏观经济运行具有强健的内在稳定倾向。20 世纪 80 年代以来中国经济景气依次经历 1990、1999 年和 2009 年的实际 GDP 增长速度波谷，而各经济波谷分别是在 1989 年国内政治风波、1997 年亚洲金融危机和 2008 年美国次贷危机的严重外部需求冲击下旋即发生的。在所谓固定资产投资规模过大、银行体系流动性过多和国际贸易顺差过多的不平衡、不协调和不可持续现象下，固定资产投资规模、银行体系流动性与国际贸易顺差的链式作用所蕴含的缩小储蓄剩余和升值实际汇率的内在均衡化调整机制如图 4 所示。

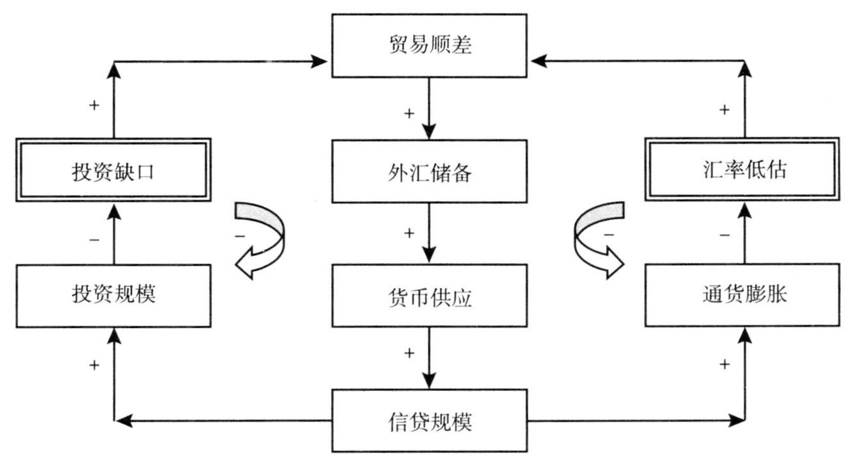

图 4　中国经济循环的负反馈过程

在内部需求驱动的美国经济波动模式与外部需求驱动的中国经济波动模式的国际结构基础上，中国经济周期耦合美国经济周期。次贷危机初期，中国宏观经济分析的中国经济周期脱耦判断，忽视美国次贷危机的严重冲击而迟缓中国需求管理政策取向的宽松调整。图 5 为 2007 ~2013 年中国 GDP 增长加速度、美国 GDP 增长速度和美国 GDP 缺口的季度时间路径。次贷危机发生后，中国经济周期紧密耦合美国经济周期，同步经历 2008 年剧烈收缩和 2009 年触底反弹。2009 年初和 2010 年末中国经济快速增长是恢复性和补偿性的，基于中国经济周期再脱耦假设的中国宏观经济分析的率先复苏判断，提前退出需求刺激政策而导致二次触底。2011 以来中国经济复苏停滞而从 2013 年起美国经济扩张强劲，已经反转中国经济复苏与美国经济复苏的快车道与慢车道角色。

次贷危机时期，美国劳动力市场调整不支持劳动窖藏（labor hoarding）假说，美国存货投资调整未出现存货—销售比率和存货—产出比率显著上升的存货化现象。当悲观经济预期逆转而市场需求恢复时，由于无去存货化过程，有效需求增长迅速映射至生产增长；由于无劳动窖藏阻隔，生产增长迅速映射至就业增长，最终导致美国经济景气的正常化进程比较其历史纪录更

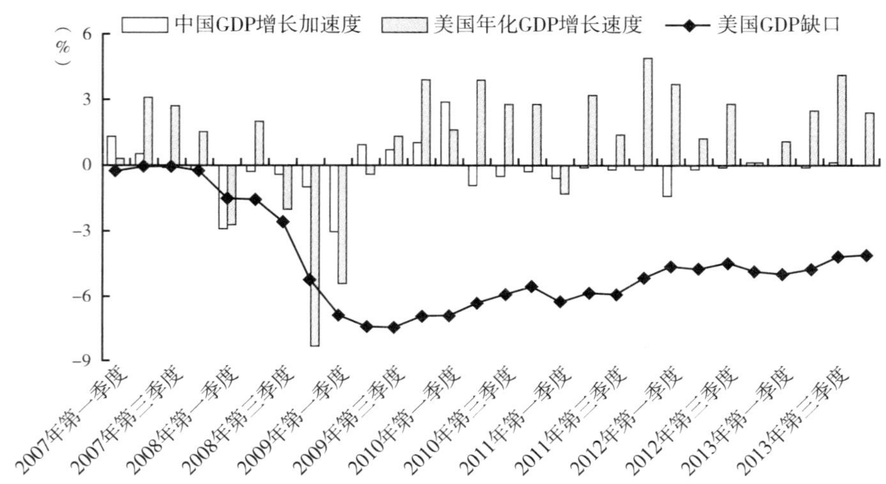

图5　中国经济增长速度与美国国民收入缺口

为迅猛。美国经济景气对中国经济景气的溢出效应从以前推动国际商品价格上涨而直接输入通货膨胀和驱使国际资本流入而间接输入流动性的负面作用，向增加出口需求、减弱汇率币升值压力和减少投机资本流入的正面作用逐步过渡。

三　中国宏观经济政策建议

（一）高储蓄—高投资—高增长的经济发展模式

中国总量生产函数 $Y = A \cdot K^{\alpha} \cdot L^{1-\alpha}$，劳动边际产品 $MPL = \overline{w}$，生存工资 $\overline{w}$ 与技术水平 A 决定资本—劳动比率 $(K/L)^{*} = \{\overline{w}/[A \cdot (1-\alpha)]\}^{1/\alpha} \equiv \omega(\overline{w}, A)$。这样，$Y = A \cdot K \cdot [\omega(\overline{w}, A)]^{\alpha-1}$。定义函数 $\varphi(t) \equiv A(t) \cdot \{\omega[\overline{w}(t), A(t)]\}^{\alpha-1}$，从而总量生产函数 $Y = \varphi(t) \cdot K$，资本边际产品 $MPK = \varphi(t)$。因此，中国经济增长具有类似 AK 模型的投资驱动内生增长性质，其短期投资边际收益是非递减的，国民收入增长速度 $\delta = (S/Y) \cdot \varphi(t)$。

假设年轻人口 $N_t^Y = N_{t-1}^Y \cdot (1+\eta)$，老年人口 $N_t^O = N_{t-1}^Y$，总人口 $N_t = N_t^Y + N_t^O$；年轻人口国民收入 $y_t = y_{t-1} \cdot (1+\sigma)$，总国民收入 $Y_t = N_t^Y \cdot y_t$。在效用函数 $U(c) = \ln c$ 的经典简化条件下，凯恩斯—拉姆齐规则的年轻人口国民收入储蓄取向 $s = 1/(2+\theta)$，从而国民收入总储蓄 $S_t = N_t^Y \cdot (s \cdot y_t) - N_{t-1}^O \cdot (s \cdot y_{t-1}) \cdot (1+r)$。近似地，$S/Y \approx s \cdot (\eta + \sigma - r)$。除去节俭观念、预防型储蓄动机和年轻人口原因，高速经济增长与低利率水平相配合扩大经济增长速度与利率差距 $(\sigma - r)$，提高总体储蓄倾向 S/Y。

在可预见的未来时期，中国国民收入的总体储蓄倾向仅有限下降。一方面，中国人口继续保持年轻型结构，人口老龄化过程尚未将劳动人口负担系数提高至临界值 1 以上。即使在 $\eta = 0$ 的极端人口老龄化情形下，只要 $\sigma > r$，$S/Y > 0$。另一方面，大规模的农村剩余劳动力转移、人力资本积累与物力资本积累以及快速的体现型技术进步与模仿型技术进步，继续维持中国经济高速增长。特别是由于全球储蓄过剩，国内利率被低水平国际利率锁定而偏离以自然增长率代表的净资本边际生产率，从而 $(\sigma - r) > 0$。

中国经济已经形成并且将继续保持高储蓄—高投资—高增长的发展模式。面临高储蓄倾向的国民收入分配结构，中国经济应该建立以投资需求管理为轴心的需求管理政策体系，实现储蓄向投资的有效转化，以充分积累的资本存量与相对短缺的劳动力互补而支持未来老龄社会。由国民收入高投资比率驱动的大规模资本积累以及相应嵌入型技术进步，构成后发国家赶超战略的核心部分。罗斯托的经济发展阶段理论与库茨涅茨的现代经济增长理论均认为，国民收入投资比率提升不仅是从传统经济向现代经济结构转变的前提条件，而且是现代经济区别于传统经济的典型特征。

（二）需求管理的积极操作和政策组合

中国菲利浦斯曲线 $\pi = \alpha \cdot (y - y^*) + L[\pi]$ 容纳滞后效应 $y^* = L[y]$ 而采取卢卡斯总供给函数形式 $y - L[y] = \lambda \cdot (\pi - L[\pi])$，其长期总供给曲线 LRAS：$y = L[y]$。由于不动点方程 $y^* = L[y^*]$ 存在多重均衡解，以二次型损失函数 $V = \theta \cdot (y - y^T)^2 + (\pi - \pi^T)^2$ 体现的保守型需

求管理是自我实现性质的，导致依存于初始经济增长目标 y^T 的多重国民收入均衡状态，而积极需求管理依据抛物线形损失函数 $V=-\theta\cdot y+(\pi-\pi^T)^2$，能够实现与潜在国民收入技术上限一致的最大可持续增长率目标（HSGR）。

面临转折时期持续扩展而实时未知的潜在总供给能力，积极需求管理的微撞（fine-tapping）操作，通过间歇性增加总需求而探索潜在总供给前沿，能够避免保守型需求管理的低水平国民收入均衡陷阱。中国经济的长期均衡状态是预期依存和政策依存的，一方面，准 AK 模型的内生经济增长模型，使得凯恩斯定理长期成立，在警示停滞膨胀危险的同时蕴含经济增长目标与价格稳定目标的互补性；另一方面，国民收入储蓄倾向模型 $S/Y=s\cdot(\eta+\sigma-r)$，蕴含高储蓄率与高增长速度间的正向反馈机制而支持高储蓄—高投资—高增长的经济发展模式。在经济景气尚未正常化的条件下，经济增长速度区间管理的微调模式，需要同时前向预测潜在国民收入增长速度和后向估算国民收入缺口。若国民收入缺口估算错误，即使潜在国民收入增长速度预测正确，也存在如图 3 轨迹 $\ln Y_{II}{}^*$ 所示的国民收入持久水平损失；若潜在国民收入增长速度预测错误，存在如图 3 轨迹 $\ln Y_{I}{}^*$ 所示的国民收入持久速度损失。

周期平衡的财政预算制度和增长支持（pro-growth）的税收政策取向，应该成为中国财政体制调整和改革的指导原则。经济萧条时期，中国财政政策采取增加财政支出和税收收入的审慎政策手段组合，同时利用税收融资的财政支出乘数效应和债务融资的财政支出乘数效应，兼顾财政政策的短期目标和长期目标而扩大国内有效需求。高速经济增长的自然冲销能力，能够将财政赤字比率和政府债务余额控制在财政健全的合理范围内。在结构性减税的同时，积极财政政策需要建立地方财政预算的周期平衡机制，消除年度平衡财政预算约束的内在反稳定器（built-in destabilizer）。

只有在极端自由主义假设下，实际经济均衡运行而独立于货币冲击；只有在极端货币主义假设下，货币流通速度历时稳定而独立于货币政策。固定货币增长速度性质的货币政策机械规则只能作为长期参照系，并且应该是前瞻性的而不记忆货币供应历史。基于特殊反应函数的货币政策泰勒规则，近似有约束相机抉择（constrained discretion）的凯恩斯主义货币政策。中国广义货币政策应该同时包含经济稳定与金融稳定职能、经济增长目标与价格稳定目标以及利率工具与数量工具。由于汇率和利率尚未自由化，中国货币政策在丁伯根法则约束下仍然具有广阔调节空间，通过宏观审慎监管的结构性信贷政策，在支持实体经济发展的同时防止向虚拟经济的流动性漏出。从黄金价格动态扩展至房地产价格动态的修正吉布森悖论，能够预测房地产价格的逆周期（而不是顺周期）波动性质。2012～2013年中国房地产价格迅猛上涨正是发生在经济衰退严重时期。随着中国经济景气和国际经济景气的正常化，从虚拟经济向实体经济或者从国内经济向国际经济的资本回流，可能破裂中国房地产价格泡沫。

动态购买力平价（PPP）理论解释和预测发展中国家的实际汇率偏离PPP水平而长期低估，并且在国民收入增长推动下历时升值。使用世界发展指标（WDI）数据库的人均国民收入Y与人均PPP国民收入Y^{PPP}指标，拟合动态PPP理论可计算方程$Y/Y^{PPP} = c + \alpha \cdot \ln Y + \beta/\ln Y$，情景预测2010～2015年人民币实际汇率年均升值约2%。中国需求管理的中性取向应该符合工资、价格、汇率动态调整的一致政策目标算术。（1）通货膨胀目标：参考欧洲中央银行与美国联邦储备体系的价格稳定目标，设定2%CPI通货膨胀率的中国货币政策价格稳定目标即$\pi_D = 2\%$，从而$\pi_D - \pi_W = 0$；（2）名义汇率目标：设定2%年均升值率的人民币汇率稳定目标即$\Delta E/E = -2\%$，满足购买力平价条件$\Delta E/E = \Delta e/e + (\pi_D - \pi_W)$；（3）名义利率目标：参考美国联邦储备体系的长期名义利率目标，设定2%名义利率水平的中国货币政策自然利率目标即$R_D = 2\%$，满足利率平价条件$R_D = R_W + \Delta E/E$。

（三）凯恩斯主义与新自由主义的政策纲领

以长期低利率水平解释次贷危机的房地产价格泡沫，以及强调市场纪律而反对量化宽松货币政策、财政刺激政策和金融援助计划，具有奥地利学派的金融周期理论和清算主义政策色彩。奥地利学派将正确价格（correct price）信仰从资源配置的微观经济领域扩展至资源利用的宏观经济领域，从实际利率与自然利率关系视角构造金融周期理论，其对大萧条的解释理论失败于凯恩斯主义的有效需求不足理论，其清算主义政策失败于凯恩斯主义的需求管理政策。

大萧条时期，强劲复苏的德国经济牺牲政治自由，高速增长的苏联经济实行公有制而取消市场经济，与英国经济和美国经济形成鲜明对比。似乎除非变革政治结构而放弃政治自由，或者变革经济结构而放弃经济自由，就无法走出严重经济危机。基于对市场经济原理的坚定信仰和对市场经济前景的高度乐观，“凯恩斯革命”维护政治自由和经济自由，经由需求管理途径开辟走出大萧条的第三条道路。宏观经济学本质上是修正主义性质的，集合保守哲学观念和激进政策设计。弃置需求管理的总量性政策而诉诸所谓结构性政策，在某种程度上逆向重复德国道路和苏联道路，从而迟缓中国经济复苏进程和损害中国经济增长潜力。

需求管理政策设计在不完全宏观经济学知识外必然包含意识形态内容。表3（a）的凯恩斯主义与新自由主义在有效需求等价条件下的财政策工具选择，反映其对大政府与小政府的对立偏好。表3（b）总结亚洲金融危机时期国际货币基金组织（IMF）的亚洲经济稳定计划和次贷危机时期美国联邦储备（FRB）的美国经济稳定计划。针对本国的FRB方案符合需求管理规范，针对他国的IMF方案却实行顺周期的财政货币政策，所谓发展中国家经济基础脆弱而无法实行反周期需求管理的毕业（Graduation）假说是难以遮蔽其国家立场的。

表3（a） 需求管理的意识形态：财政政策与政府偏好

	经济过热		经济萧条		财政预算趋势
	可行集	实际选择	可行集	实际选择	
凯恩斯主义	(G↓,T↑)	T↑	(G↑,T↓)	G↑	(G+T)↑
新自由主义		G↓		T↓	(G+T)↓

表 3（b）　需求管理的意识形态：反危机方案与国家立场

	财政政策		货币政策		汇率政策
	政府支出	税收	货币供应	利率	
IMF 方案	G↓	T↑	M↓	r↑	E↑
FRB 方案	G↑	T↓	M↑	R↓	E→

对于中国经济高速增长的历史原因和未来趋势，马尔萨斯主义的人口红利解释和悲观预测失之简单和偏颇。在人口诅咒或者人口红利这样的资源因素以外，市场经济制度、全球经济一体化环境以及经济政策的发展主义目标导向和实用主义工具理性，能够充分解释中国经济高速增长奇迹，并且乐观预测中国经济高速增长趋势。中国宏观经济政策需要警惕后现代主义的无为思想和伴随着人口老龄化的政策老龄化偏斜。从长远历史考察，中国经济在20 世纪 50 年代实现罗斯托定义的经济起飞，进入库兹涅茨定义的现代增长阶段，并且在 21 世纪第一个十年进入卢卡斯定义的快速收敛阶段，正在顺序完成对发达国家的国民收入总量、人均国民收入和人均资本存量的赶超过程。中国经济能够兼容华盛顿共识的目标定位和北京共识的路径规划而平稳转型，在乐观经济增长预期和积极需求管理政策的支持下持续快速增长。

B.12

2014～2015年经济景气形势分析与预测*

陈磊　隋占林　张同斌**

摘　要：我国经济增长从2013年第4季度开始进入新一轮短周期的缓慢下降期，2014年经济景气再次降温，进入“偏冷”区间，但年内可能止跌企稳，并有望继续保持大体平稳的运行态势。预测2014年和2015年GDP增长率将分别达到7.4%和7.2%左右，CPI上涨率分别为2%和1.8%左右，经济增长和物价波动幅度明显减缓。2012年以来经济周期呈现“微波化”的新特征，我国经济增长已经逐步进入“新常态”阶段。

关键词：经济周期　景气分析　监测预警　新常态

2012年第2季度以来，我国经济增长进入“新常态”，已经连续10个季度保持在7.3%～7.8%，呈现以往罕见的平稳走势。同时，以CPI为代表的物价波动也明显趋缓，物价上涨率处于2.5%附近的温和范围；PPI虽仍然处于负增长区间，但2012年第4季度以来也出现稳中趋升态势。2014

* 本项研究得到国家自然科学基金项目（71173029）、教育部社科规划基金项目（10YJA790021）和辽宁特聘教授（2012）项目的资助。感谢高铁梅教授对本项工作的建议和帮助。

** 陈磊，教授，东北财经大学数学与数量经济学院副院长；隋占林，东北财经大学数学与数量经济学院博士研究生；张同斌，经济学博士，东北财经大学数学与数量经济学院讲师。

年我国经济发展所面临的内外部环境依然复杂，世界经济虽已呈现回暖迹象，但步履艰难。国内经济稳中向好的基础还不牢固，增长的内生动力尚待增强，部分行业产能过剩依然严重。国民经济处于潜在增长率下移、结构调整和深层次改革的叠加阶段，结构性矛盾突出，经济运行存在着特有的复杂性和不确定性，经济下行压力较大。

2014 ~2015 年处于“转型换挡”期的中国经济能否继续保持平稳运行态势？未来一段时间的经济景气和物价走势如何？政府的宏观政策取向应如何调整？为了对这些目前的热点问题做出比较科学和准确的回答，本文基于改进后的“经济景气分析系统”和“宏观经济监测预警信号系统”，对当前的经济周期态势和经济景气状况以及物价波动形态及影响因素进行分析和判断，采用先行指标和多种经济计量模型对经济增长、物价等主要经济指标的走势进行分析和预测，在此基础上，对政府下一步的宏观调控提出政策建议。

一　利用景气分析法对经济周期态势的分析和预测

为了尽可能保持总体经济景气分析结果的连续性和可比性，我们选用的一致景气指标和滞后指标组与以往相同，5 个一致景气指标分别是：工业增加值、累计固定资产投资（不含农户）、社会消费品零售额、狭义货币 M1 和财政收入；4 个滞后指标仍然由 CPI、PPI、工业产成品库存和货运量合计组成，但考虑到货运量的滞后期较短且稳定性较差，适当降低了在合成指数中的权重，同时，适当增加了其他三个指标的权重。我们对先行指标做了适当调整：由于近 10 年我国水泥和钢铁行业的产能严重过剩，处于产业结构调整期，作为基建和工业重要原材料的水泥和钢产量增速的变化逐渐失去其先行性；同时，我国居民的汽车拥有量不断提高，近年汽车行业的发展从快速扩张向平稳发展期过渡，对整个工业生产和消费的先行拉动作用明显下降。因此，我们将这三个指标从原有的先行（领先）景气指标中剔除。保留原有的生铁产量、股票成交量、人民币贷款总额、固定资产投资施工项目个数（累计）、广义货币 M2、固定资产投资本年施工项目计划总投资额（累计）和逆转 CPI 等 7 个指标。对近些年人们比较关注的制造业采购经理人指数（PMI），考虑到该指标从 2005 年才开始统计，而且调查针对环比口径的变化，它相对于普遍采用的月度景气基准指标——工业增加值同比增速的超前期只有 2 个月左右，因此没有将其纳入先行指标组，但可以作为短先行指标单独进行考查。各景气指标均为同期比增长率序列[①]，经季节调整并消除不规则因素。利用美国全国经济研究所（NBER）方法，分别建立了一致、先行和滞后合成指数（各指数均以 2000 年平均值为 100）与扩散指数。

1. 基于景气合成指数对经济周期态势的分析

根据一致合成指数所反映的宏观经济总体走势（见图 1，其中阴影部分为景气收缩阶段，以下同）和经济短周期转折点[②]的测定结果，经济景气经过 30 个月的超预期下滑，在 2012 年 7 月结束了前一轮短周期，并形成了低于 2000 年平均值和上次波谷的较深谷底。2012 年 8 月至 2013 年 8 月，月度

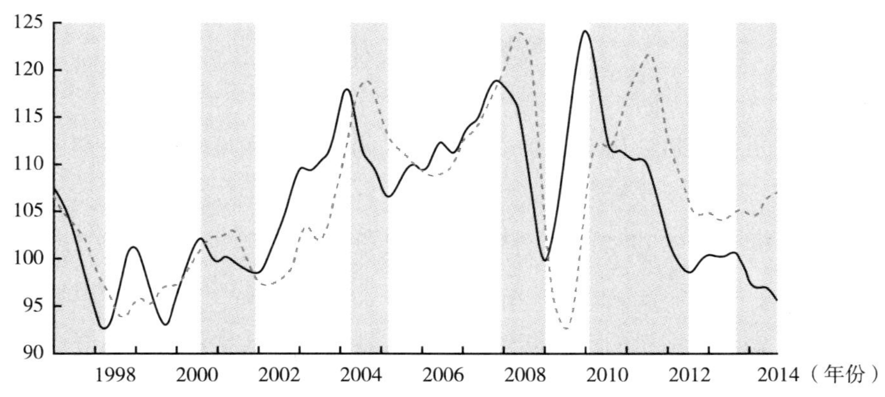

图 1　一致合成指数（实线）和滞后合成指数（虚线）

---

① 数据来源于中国经济信息网宏观月度库，数据截止到 2014 年 9 月。

② 我们曾从实证测量角度对经济波动、经济短周期、中周期做了明确划分，并针对扩张或收缩及整个周期的最短持续时间和波动幅度提出了相应的判别准则，参见陈磊、孔宪丽《转折点判别与经济周期波动态势分析》，《数量经济技术经济研究》2007 年第 6 期。

经济景气在低位出现缓慢复苏的弱回升走势，且持续时间较短，只有13个月。2013年9月以来，主要受固定资产投资、财政收入和工业增加值增速回落的影响，经济景气再次出现收缩局面，但下降幅度较小。截止到2014年9月，此轮景气收缩已持续13个月。2014年9月的景气指数创造了21世纪（始于2001年）以来的最低水平。目前来看，此轮经济短周期呈现与以往不同的低位、小幅波动的新态势，显示我国经济运行从2012年开始进入中高速增长和周期波动“微波化”的“新常态”阶段。

转折点测定结果显示，主要反映物价和库存变动的滞后合成指数（见图1虚线）于2013年5月结束了下降走势，同时结束前一轮短周期。始于2009年8月的该轮滞后景气变动周期共持续了46个月，其中上升期25个月，下降期21个月。此次谷底较一致合成指数的波谷时差为10个月，谷底水平与上次（2009年）相比较为适中。2013年6月以来，该指数大体呈现缓步回升趋势。

滞后景气指标中，工业企业库存增速经过长达23个月的大幅回落，于2013年8月结束了上一轮库存周期。受产能过剩和调整经济结构的影响，工业企业的库存调整时间和幅度超过预期。值得注意的是，与CPI和PPI近来的走势有所不同，2013年9月以后，工业企业库存增速一直处于回升态势，2014年8月的增速由上年同期的5.7%上升到15.6%，企业进入“补库存”阶段的新一轮上升周期。这显示，一方面，随着工业品出厂价格趋于稳定，企业会增加库存投资；另一方面，受工业生产和投资增速下滑的影响，企业库存被迫逐渐增加。需要注意的是，如果库存回升主要由库存被动上升所致，企业主动补库存演变为被动补库存，则不利于经济的良性运行。未来一段时间的“去库存”“去产能”结构调整任务仍很艰巨。

2. 利用先行合成指数和扩散指数对经济运行走势的预测

由调整后的7个先行指标构成的先行合成指数变动见图2中的虚线。图中显示，该指数经过大幅回落在2011年11月触底形成周期谷底转折点，比一致指数提前8个月。2011年12月至2013年4月先行指数进入新一轮周期的缓慢、温和回升阶段，共持续了17个月，这种温和回升情况此前少见，回升波峰较一致景气合成指数提前 4 个月。从 2013 年 5 月开始，该先行指数出现 12 个月的小幅回落，在 2014 年 4 月出现局部低点，5 月后稳中略有回升，能否继续形成缓慢回升趋势目前还难以判断。根据该先行指数的走势和平均先行期推测，经济景气经过小幅回落后可能会在 2014 年 9 ~ 10 月停止下行趋势，之后出现小幅波动的平稳运行态势的概率较大。考虑到经济周期已出现“微波化”的新特征，目前尚难以确定 2014 年第 3、第 4 季度是否会形成此轮短周期的谷底。

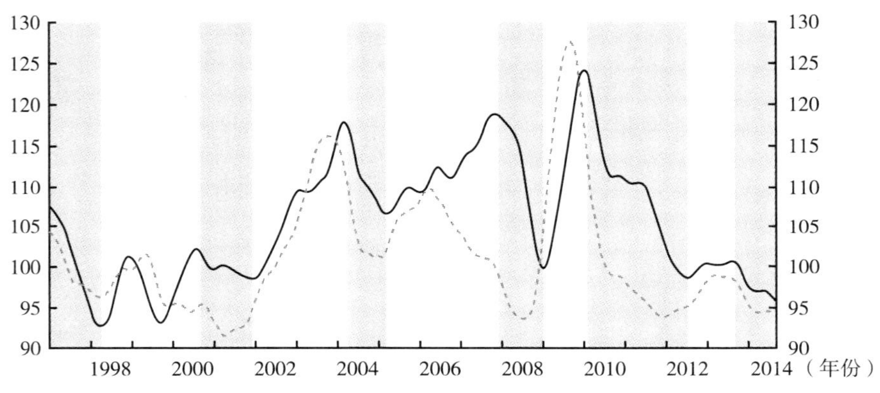

图 2　一致合成指数（实线）和先行合成指数（虚线）

从各先行指标的变化趋势（剔除季节和不规则变动）来看，2013 年以来，生铁产量增速、人民币贷款余额增速、固定资产投资本年施工项目计划总投资额增速均呈不同程度的下降走势；超前期在 1 年左右的长先行指标——逆转 CPI 从 2013 年 11 月开始进入温和上升阶段；进入 2014 年 3 月后，股票成交量增速、固定资产投资施工项目个数增速和单独监测的制造业 PMI 先后出现温和回升态势；2014 年的广义货币 M2 增速比较平稳。可见，各先行指标的走势不太一致，近期先行景气总体上保持平稳或略有回升。

扩散指数（简称 DI）把景气指标组中保持上升指标占比的变动看做是景气扩散的过程，其值为 50% 时表示经济活动的上升趋势与下降趋势平衡，意味着该时刻可作为景气转折的参考时点。当 DI 由上方向下方穿过 50% 线时，取前一个月作为经济景气波峰的日期，而当DI由下方向上方穿过50%线时，取前一个月作为经济景气波谷的日期。移动平均后扩散指数本身的极大值（峰）点和极小值（谷）点会领先于50%对应的景气转折点，利用这一性质，有时可以帮助提前预测景气转折点的出现时间。

由5个一致指标构成的移动平均后的一致DI见图3，该指数2013年7月以来一直在50%线下方运行，在2014年1月触底后出现回升态势，但7月后又有所回落，其走势同样反映经济景气在此期间总体处于下降阶段，进入2014年后下行力量虽有所减弱，但回升力量不够稳定，持续性不强。

由7个先行指标构成的先行DI（移动平均后见图3虚线）在2013年4月回到50%以下的收缩区间，此后呈现V形走势。该指数显示，先行景气动向在2013年3月见顶后呈下降态势，其指示的先行景气转折点时间与先行合成指数接近，早于一致合成指数5个月。该指数在2014年呈现回升态势，第3季度回升到50%的平衡点以上，但7~9月的指数仅略大于50%，走势止升回稳，显示先行景气波动在6月触底后开始出现止跌回稳迹象。根据该指数推断，经济景气在第4季度有止跌趋稳的可能，短期内出现较强回升或大幅下降的可能性不大。

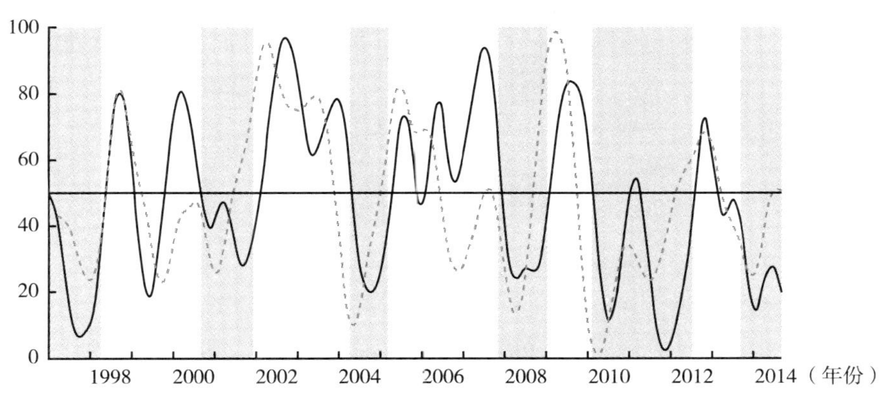

图3　移动平均后的一致扩散指数（实线）和先行扩散指数（虚线）

综合以上合成指数和扩散指数的分析预测结果我们判断，我国月度经济景气波动从2013年9月开始进入新一轮短周期的下降期，但下降幅度较小，

2014 年第 4 季度经济景气有望止跌企稳，继续保持大体平稳的运行态势。景气收缩的谷底形态和出现时间不像以往那样明显。

二　基于监测预警信号系统对经济景气状况的分析

下面根据由 10 个预警指标[①]（见图 4）构成的“宏观经济监测预警信号系统”对各预警指标的警情和目前的总体经济景气状况和变动趋势做进一步的考查和判断。考虑到我国经济已经进入潜在经济增长率下移和结构转型的新阶段和新一届政府的政策导向，结合对预警指标变化情况的统计分析

指标名称	2013			2014								
	10	11	12	1	2	3	4	5	6	7	8	9
1. 工业增加值增速（春节调整）	○	○	○	◎	◎	◎	◎	○	◎	◎	◎	◎
2. 发电量增速（春节调整）	○	○	○	○	○	○	○	○	◎	◎	◎	◎
3. 工业企业销售收入累计增速	○	○	○	◎	◎	◎	◎	◎	◎	◎	◎	◎
4. 固定资产投资完成额累计增速	○	○	○	○	○	○	○	○	○	○	○	○
5. 消费品零售总额增速（春节调整）	○	○	○	○	○	○	○	○	○	○	○	○
6. 进出口总额增速（春节调整）	◎	◎	◎	◎	⊗	⊗	⊗	◎	◎	◎	○	○
7. 全国财政收入增速	○	○	○	○	◎	◎	◎	◎	◎	◎	◎	◎
8. 货币供应（M1）同比增速	◎	◎	◎	◎	⊗	⊗	⊗	⊗	⊗	⊗	⊗	⊗
9. 金融机构各项贷款余额增速	○	○	○	○	○	○	○	○	○	◎	◎	◎
10. 居民消费价格指数	○	○	○	○	○	○	○	○	○	○	○	○
综合判断	○	○	○	○	◎	◎	◎	○	◎	◎	◎	◎
	45	45	45	40	33	33	33	38	33	30	33	33

注：● <过热>　◉ <趋热>　○ <正常>　◎ <趋冷>　⊗ <过冷>

图 4　月度监测预警信号示意

① 预警指标中的工业企业销售收入、金融机构人民币各项贷款余额和固定资产投资为累计增速，不规则扰动很小，且近些年几乎不存在季节性波动，故直接采用公布数据，其余指标均经过季节调整，剔除了季节和不规则因素。

和发展趋势判断，我们在2013年对全部预警指标在不同景气区间的预警界限进行调整的基础上，再次对大部分指标的预警界限进行适当下调，并且将预警综合指数的预警界限也做了合理调整，以便更准确地反映“新常态”下经济景气的变动情况。

对预警指标近一年的监测结果显示，2013年8月以来，多数指标的景气度呈小幅回落态势，少数指标开始企稳或稳中回升。截止到2014年9月，固定资产投资、消费品、进出口总额和物价4个指标处于“正常”区间，工业增加值等其余5个指标发出“偏冷”信号，货币流动性指标M1发出“过冷”信号。

1. 2014年工业生产增速和企业效益进入“偏冷”区间，但走势大体平稳

受国内外需求减弱和产能过剩等因素的影响，剔除季节和不规则因素后，规模以上工业增加值增速在2014年回落到9%以下的“偏冷”区间，此后基本在8%～9%的“偏冷”区间小幅波动。与此同时，规模以上工业企业主营业务收入（累计）增速也下了一个台阶，回落到10%以下的“偏冷”区间，在8%～8.7%范围内保持平稳增长。需要说明的是，2014年8～9月工业增加值增速较此前出现较大回落，尽管有上年基数偏高等特殊因素的影响，但仍需引起政府部门的关注，避免工业生产出现进一步的下滑趋势。

受工业生产下行、天气和上年基数等因素影响，发电量增速在2014年7、8月两个月出现明显下滑，8月甚至出现负增长，使该指标（剔除季节和不规则因素后）从6月开始再次回落到5.5%以下的“偏冷”区间，显示电力行业景气趋冷。

2. 固定资产投资增速在“正常”区间内明显下滑

受房地产投资减速和结构调整的影响，2013年8月以来，城镇固定资产投资（累计）增速脱离20%～21%的增长平台出现下滑趋势，进入2014年下滑更为明显。1～9月的累计增速为16.1%，为2002年以来的最低水平，已接近16%的绿灯区下界。在经济“转型换挡”的新形势下，我们认为，目前16%以上的投资增速仍处于“正常”范围。但应采取适度措施，扭转其快速下滑的趋势。

3. 2014 年消费增长继续减速后在“正常”区间大体保持平稳

2010 年以来，社会消费品零售额名义增速呈现近似阶梯形的下降走势，几乎每年下一个台阶。2014 年 1 ~9 月，消费增速基本保持在 12% 左右，速度适中，走势比较平稳。剔除物价因素后，消费品零售额实际增速经过小幅回落后，2014 年基本稳定在 10.5% ~11% 区间，低于前两年的增长水平。

4. 出口增长回暖，对外贸易景气在短暂“过冷”后重新回到“正常”区间

受国内和国外需求共同减弱等因素的影响，我国外贸进出口总额增长（剔除季节和不规则因素）从 2013 年 7 月开始再次进入“偏冷”区间（3% ~7.5%），2014 年 2 ~4 月曾短暂出现“过冷”信号。随着 4 月以来外贸出口形势的明显好转，进入 8 月后该指标重新回升到“正常”区间。2012 年以来，我国外贸增长在偏低水平大体保持平稳运行走势，形成了 7% 左右的“中低速”增长平台，有可能成为外贸增长的“新常态”。

2014 年以来，进口增长速度经过此前一年多的缓慢回升后再次出现下滑走势，7、8 月的增速均为负值。与此相反，2014 年出口增速出现反弹回升态势，第 3 季度的增速接近 13%，较前 2 个季度有较大幅度提高，带动外贸总额增长触底回升。

5. 2014 年财政收入景气在“偏冷”区间保持平稳

2012 年以来，全国财政收入增长的波动幅度较以前明显减小，平均增长速度在 10.5% 左右，可能形成财政收入增长的“新常态”。受经济减速和税制改革等因素的影响，财政收入增长（剔除季节和不规则因素）代表的财政景气经过 2013 年的起伏后再次降温，从 2014 年 2 月开始进入“偏冷”（7% ~10%）区间，反映财政收入状况趋紧，但走势大体平稳。

6. 货币供应增长止降趋稳，流动性呈现“过冷”状态

狭义货币 M1 和 M2 增速（剔除季节和不规则因素）在 2014 年 3 月停止了 11 个月的连续下滑，此后出现止降趋稳走势。但始于 2012 年 5 月的货币短周期是否已经结束，或者说货币供应是否开始新一轮上升周期目前还难以确定。M1 增速从 2014 年 2 月开始进入“过冷”区间（6.5% 以下），但接

近6.5%的上界，显示市场流动性仍然较紧。9月季节调整后的M1和M2增速分别为5.9%和13.3%。

值得注意的是，金融机构人民币贷款增速与货币供应增速的走势有所不同，仍然延续2012年10月以来的缓慢下降走势，并且在2014年7月脱离“正常”的绿灯区（13.5%～17%），进入“偏冷”区间（12%～13.5%），但靠近“偏冷”区的上界。

由10个预警指标构成的景气动向综合指数（见图5）与景气一致合成指数的走势很接近。图5显示，景气动向综合指数从2012年9月开始出现回升，并在2013年6月出现局部峰值（50），较景气一致合成指数的波峰转折点时间提前2个月。此后，随着工业生产、外贸、财政收入和货币供应增速等预警指标的下降，景气再次快速降温，2014年2月开始，除5月的短暂反弹外，该指数连续发出“偏冷”信号，反映经济景气总体趋冷。尽管指数在偏冷区出现止跌企稳迹象，但仍需引起政府的密切关注。

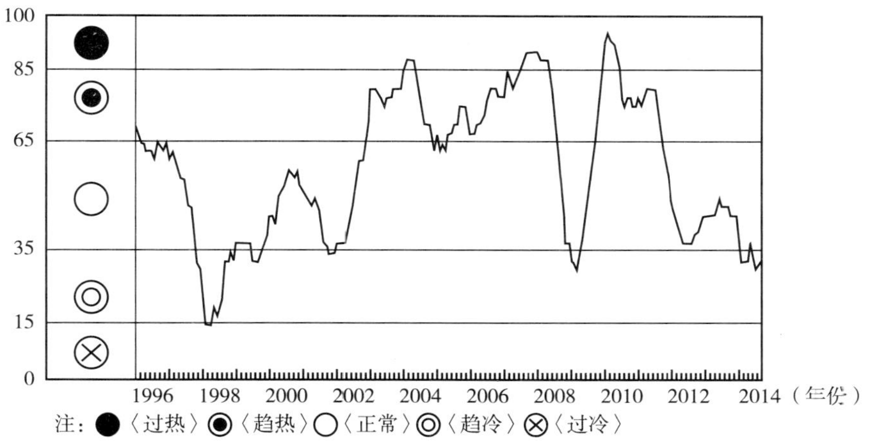

图5　月度景气动向综合指数

通过对10个预警指标走势的分析并结合目前的政策取向，预计从2014年第4季度开始，景气动向综合指数在“趋冷”区上界附近小幅波动的概率较大，走势趋于平稳。

三　物价变动特征与走势分析

价格作为市场经济中供给和需求双方相互作用的结果，它的变化可以全面反映市场上供求态势的变化。因此，本文在前面对经济景气总体变动情况进行分析的基础上，考查物价波动的近期走势、CPI 主要组成部分的变动趋势和近期 CPI 与 PPI 走势背离的原因，分析市场上供需双方的变化，进而对物价的未来变动趋势做出预判。

1. 物价走势分析

物价指数中最重要的两个指数分别为 CPI 和 PPI，CPI 反映消费领域的价格变化，PPI 反映生产领域的价格变化。对两个指数的走势进行分析可以较全面地把握物价的变动趋势。

从图 6 容易看出，剔除季节性和不规则变动因素后，CPI 与 PPI 的变动趋势具有很高的一致性，2012 年以前的转折点时间几乎完全一样[①]。但 PPI 的波动幅度明显大于 CPI。两者都在 2012 年 9 月形成周期波谷，从而结束

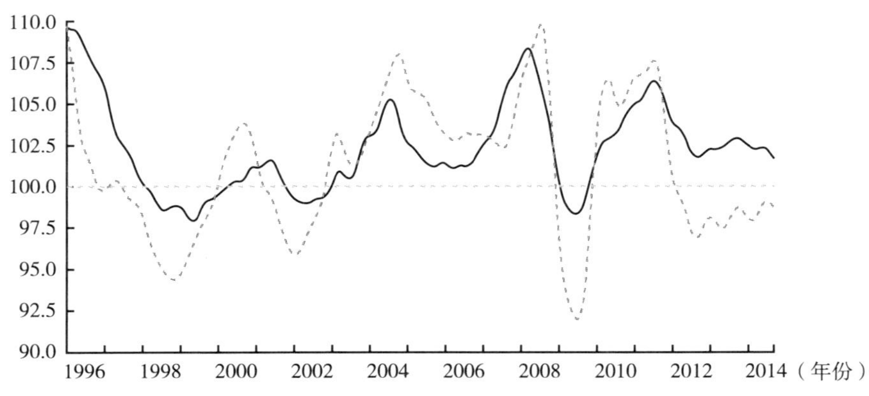

图 6　CPI（实线）与 PPI（虚线）

① 详细分析见陈磊、隋占林《2013～2014 年经济景气和物价走势分析与预测》，载于《2014 年中国经济形势分析与预测》，社会科学文献出版社，2013。

了前一轮短周期。2012年10月以来，物价进入新一轮短周期波动。但与以往不同的是，一方面，此次物价（特别是CPI）回升启动的谷底水平相对较高，且回升比较温和；而PPI从2012年开始一直处于同比负增长状态，已经持续33个月，时间超过以往。另一方面，进入2014年，CPI与PPI的走势有所不同，后者在2013年第4季度短暂回落后继续缓慢回升，而CPI在2013年10月形成局部高点后，出现缓慢下降趋势。但从另一个角度来看，从2012年第4季度开始，两个物价指数的波动幅度较2012年以前大幅度下降，都进入了一个相对平稳的小幅波动时期，周期波动形态不像以往那样分明，或开始形成"微波化"的新常态。

物价走势的新特征与近来我国的经济增长走势相一致。近两年，消费需求平稳发展，投资需求相对低迷，造成社会总需求处于较低水平。农产品与最终消费的工业制成品供给较充分，金融危机期间大规模刺激导致的过多产能又导致上游产品供应充分，在当前投资需求相对不足的情况下导致工业制成品价格的低迷。但是，政府采取的微刺激政策对固定资产的投资需求起到一定的托底作用，导致上游产品价格不会大幅下降。综合这几方面的原因，形成了物价自2012年第3季度开始在一个相对窄幅的位置上下小幅震荡，没有出现以前较大幅度的上下波动。

为了分析CPI和PPI变化的相对趋势和相互关系，我们将季节调整后的CPI与PPI做差（CPI－PPI）得到图7所示的价格指数差值时序图。从图7可以明显看出，在1996～1999年亚洲金融危机和这次全球金融危机期间，CPI与PPI的指数差都有一个持续较长时间的正的差值。这说明在这两个时期，与消费市场相比，生产市场的供给要明显大于需求，这与这两次金融危机期间表现出的生产相对过剩相一致。而此次由于应对全球金融危机而采取的极度刺激政策，使随之带来的货币超发和产能过剩问题变得更为突出，需要消化调整的时间也会更长。

图7显示，从2014年开始，由于CPI的逐渐下降，而PPI继续保持缓慢回升态势，两者的指数差出现减少趋势，这与我们2013年的预测相一致。CPI回落的部分原因是消费品中的工业制成品价格的下降，另一部分原因可

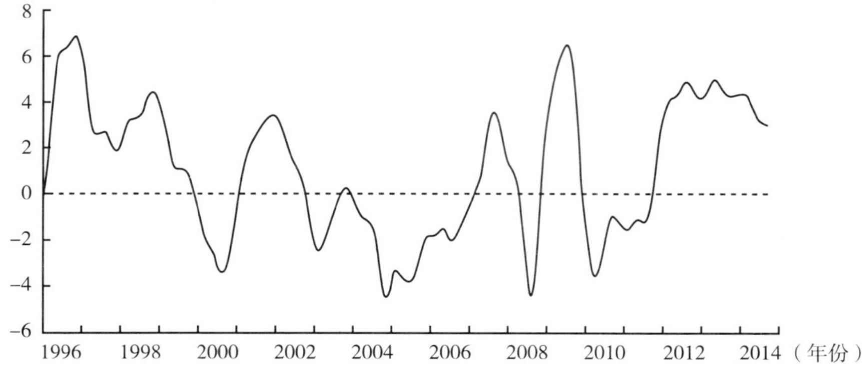

图 7　CPI 与 PPI 的价格差

能是工业企业总体供过于求，景气度下滑，赢利能力受限，企业员工收入降低，导致总的消费需求相对降低。但由于 21 世纪以来我国经济的高速发展，民众已有较多的积蓄，国内需求较亚洲金融危机时期已经有了长足的发展，因此，社会总需求并不会因为企业赢利的受限而出现太多的降低，而总需求的稳固又会促进企业更快地走出供大于求的局面。因此我们认为，虽然 CPI 或将继续走低，但内需的增强使 CPI 不会出现亚洲金融危机期间的负增长。而 PPI 的负增长以及持续时间取决于国家的政策以及上游企业的整体效率的改进。按照目前的政策取向，上游过剩产业将面临更大的压力，更快地迫使非效率项目和企业离场，效率较高的企业实现赢利，供求状况较好的产业的产品价格会逐渐上行，从而可能收窄 PPI 同比下跌的幅度，CPI 与 PPI 的价格差有望继续缩小。

2. 对 CPI 构成分项的分析

CPI 的构成成分可以按食品和非食品分成两大类。由图 8 可以看出，相对于非食品价格的波动，食品价格的波动幅度要大得多，说明 CPI 的波动主要是由食品价格波动引起的。这主要有以下几点原因：第一，农产品的供应受动植物的自然生长规律限制，不能根据需求的变化迅速调整；第二，食品需求的需求弹性较小，因此当供给保持不变时，食品需求和非食品需求增长相同的量，食品需求会引起价格较大幅度的增长；第三，随着我国经济的发展，居民生活经历温饱—小康—富裕的逐级提高过程，对食品需求的增长速度很快，需求的食品种类也逐渐升级，逐渐由低档食品向高档食品转变。21世纪以来物价过快上涨的食品主要集中在较高档的肉食、蔬菜和干鲜水果类等。

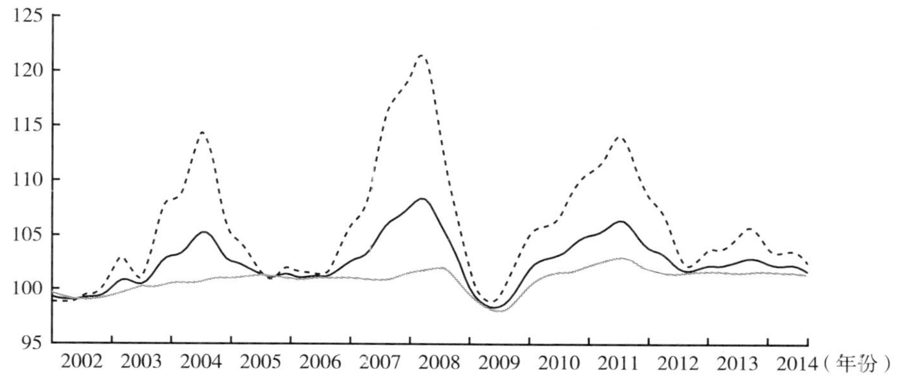

图8　CPI（实线）、食品价格（虚线）与非食品价格（间隔线）

从图8还可以发现，食品价格的波动幅度有逐渐减小的趋势，从而导致CPI的波动幅度也有所下降。一方面，随着我国经济的进一步发展，当人们对高档食品的需求被满足后，食品需求的增长速度会逐渐降低并趋于稳定。而食品需求的刚性和有限性特点又使得其不易受经济波动的影响。另一方面，随着农业科技的发展，在未来不太可能出现农作物严重减产的情况，因此食品供给不会出现太大的波动。当然，由于我国经济发展的不平衡，部分居民仍然对食品有改善性需求，特别是，随着新型城镇化建设的推进，进城农民的需求还会有较大的增长空间。所以在未来一段时间内食品价格仍会出现一定幅度的波动，但较以往会更为温和。

接下来分析CPI构成中的消费价格和服务价格。从图9可以发现，2012年年中以来，服务价格的涨幅稳定在CPI以及消费品价格涨幅之上。服务分项中有部分项目属于人们的刚性需求，如医疗服务、教育等；有些服务则具有很大的需求弹性，如旅游、家政服务等。详细分析服务价格的各个子项目可以发现，2014年增长最快的两个子项分别是家庭服务及加工维修服务和旅游，2014 年前 9 个月，两项同比分别平均上涨 7.3% 和 7.8%，这两项正是服务项目中需求弹性最大的两个项目。这说明消费者在已经满足较低层次的需求之后，开始增加对较高层次服务的需求。

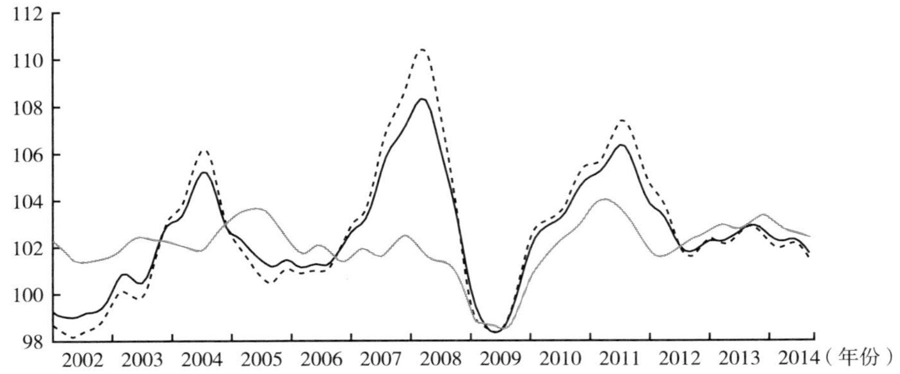

图 9　CPI（实线）、消费品价格（虚线）与服务价格（间隔线）

通过考查 2014 年消费品分项中上涨幅度最低的分项可以发现，工业制成品，尤其是较上游的产业的产品分项的涨幅最低。这类产品价格的低迷与需求的下降无关，而只能说明是这类产品的供给较充足。值得注意的是，在工业制成品中价格涨幅最高的是保健器具及用品分项，2014 年前 9 个月的月同比平均涨幅为 3.9%，涨幅在工业制成品分项中一枝独秀。这同样说明，我国居民的消费需求增长点逐渐向更高层次转移、消费升级需求很旺盛。

通过对 CPI 各个分项的相对涨幅的分析可以得出这样的结论：当前我国的消费升级需求仍很旺盛，生产领域的景气度下降并没有对最终的消费需求产生过多的负面影响。

四　2014 ~2015 年主要宏观经济指标预测

下面利用多种经济计量模型对主要宏观经济指标的变动趋势进行预测，以便进一步把握经济增长的未来走势，为政府的宏观调控提供参考信息。各指标的具体预测结果列于表 1。

表 1　主要宏观经济指标预测结果

单位：%

指标名称	2014 年第 4 季度	2014 年全年	2015 年第 1 季度	2015 年第 2 季度	2015 年全年
GDP 增长率(可比价)	7.4	7.4	7.3	7.2	7.2
规模以上工业增加值增长率(可比价)	8.1	8.4	8.1	7.8	8.0
固定资产投资(不含农户)累计增长率	16.0	16.0	15.5	15.3	15.2
社会消费品零售额增长率	12.2	12.1	11.9	11.8	11.9
出口总额增长率	9.2	6.2	11.9	8.6	6.5
进口总额增长率	2.3	1.7	3.5	4.0	4.4
狭义货币供应量(M1)增长率	6.5	6.5	5.5	5.7	6.5
广义货币供应量(M2)增长率	13.0	13.0	12.7	12.9	13.0
金融机构人民币贷款总额增长率	13.4	13.4	13.3	13.2	13.0
居民消费价格指数 CPI 上涨率	1.6	2.0	1.6	1.7	1.8
工业品出厂价格指数 PPI 上涨率	-1.9	-1.7	-1.4	-1.2	-1.0

注：数据均为同比增长率，预测的样本数据截止到 2014 年 9 月。

1. 2014 年和 2015 年的经济增长速度将分别达到 7.4%和 7.2%

在潜在经济增长率“换挡”下移和全球经济复苏乏力的背景下，加上“稳增长、调结构、促改革”的政策导向，新一轮经济周期开始进入“微波化”的新常态。如果宏观调控政策不出现大的松动，预计 2014 年第 4 季度至 2015 年经济增长有望在 7.2% ~7.8% 范围内保持平稳运行。预测 2014 年 GDP 增长率为 7.4% 左右，比上年回落 0.3 个百分点，基本达到政府工作报告提出的预期目标。2015 年的 GDP 增长率或小幅下降至 7.2% 左右。

2. 物价走势大体平稳，预计 CPI 2014 年和 2015 年两年分别上涨 2%和 1.8%

根据前文的分析，在经济增速保持平稳、通胀预期减弱和食品价格基本稳定的背景下，结合物价周期的波动特征和模型外推结果，预计 2014 年第 4 季度物价上涨 1.6% 左右，全年 CPI 上涨 2%，涨幅比上年下降 0.6 个百分点。2015 年 CPI 可能先缓降，年中开始逐渐缓升，CPI 全年涨幅在 1.8% 左右。总体来看，2014 ~2015 年物价会继续在“正常”区间小幅波动，走势大体平稳，通胀压力进一步减弱。

工业品出厂价格指数PPI或继续呈波浪形的缓慢回升趋势，预测2014年上涨-1.7%左右，比上年提高0.2个百分点。2015年PPI上涨-1%左右，下降幅度进一步缩小，但仍然没有摆脱负增长局面。

3. 工业生产增速或在8%~9%的“偏冷”区间内小幅波动，走势趋于平稳

在“去产能”“调结构”和“稳增长”政策的综合影响下，工业生产增速在2014年第3季度出现较大回落后或止跌趋稳，有望在“偏冷”区间内的上部8%~9%范围内小幅波动。预测2014年和2015年规模以上工业增加值分别增长8.4%和8%左右，比2013年分别下降1.3个和1.7个百分点。

4. 固定资产投资或继续呈下降趋势，2015年可能进入“偏冷”区

受“去产能”和房地产市场不景气的影响，固定资产投资增速可能继续呈下滑走势，预计2014年固定资产投资（不含农户）增长16%左右，比上年下降3.6个百分点，到达“正常”区间的下界。扣除投资品价格微幅上涨因素后，全年实际投资增长15.3%左右，比上年下降3.9个百分点。2015年固定资产投资名义增速（不含农户）或滑入16%以下的“偏冷”区间，预测全年增长15.2%左右，但下滑速度趋缓。

5. 消费品零售额增长在“正常”区间稳中略降

在经济增长速度缓慢下滑并有望止降趋稳的背景下，2014年第4季度到2015年消费品市场可能仍然延续年初以来的大体平稳运行态势。预计2014年名义消费品零售额增长12.1%左右，比上年下降1个百分点，处于绿灯区的中部，增速适度。剔除物价因素后的实际消费增长10.9%左右，比上年低0.6个百分点。2015年消费品零售额名义增长11.9%左右，实际增长10.8%左右，均小幅回落。

6. 进口增长低迷，对外贸易增长持续“偏冷”，外贸顺差大幅增加

受益于政府推出稳定外贸增长的新举措、欧美经济复苏和人民币贬值，2014年第2季度以来的外贸出口增长回升势头有望延续到2015年上半年。

预测2014年第4季度出口增长8.8%左右，全年出口总值约23470亿美元左右，增长6.2%，增速较上年下降1.7个百分点。预计2015年季度出口增长或呈前高后低态势，全年增长6.5%左右，略高于2014年，出口总值可达约25000亿美元。

受经济下行、人民币贬值和进口大宗商品价格回落影响，进口增长的低迷态势难以出现较大改观，但从2014年第4季度开始，进口增速的下降趋势可能会有所扭转，2015年基本保持平稳走势。预计2014年进口总值19830亿美元左右，增长约1.7%，增速较上年大幅回落5.6个百分点。2015年进口增长约4.4%，增速有所提高，进口总值达到20700亿美元左右。

按此预测，2014年和2015年进出口总额增长将继续处于“偏冷”区间（3%～7.5%）。2014年全年进出口总额为43300亿美元左右，增长约4.1%。全年贸易顺差3640亿美元，比2013年增加1068亿美元，大幅增长约40%。2015年进出口总额约45700亿美元，增长5.5%左右，增速有所回升，但仍处于“偏冷”区。全年外贸顺差约4300亿美元左右，比2014年增加约18%。

7. 货币供应增长基本保持平稳走势

货币供应增长在2012年第1季度至2014年第1季度出现了一轮时间较短且波幅较小的起伏波动。在“稳增长”的政策指导下，货币供应M1增长从2014年第2季度开始可能呈现走平趋势，货币流动性大体稳定。预测2014年末M1增长6.5%左右，增速比2013年减少2.8个百分点，处于“偏冷”区间（6.5%～9%）的下界附近。2015年末M1增长可能仍然保持在6.5%左右。预测2014年M2增长13%左右，较上年下降0.6个百分点。预计2015年全年货币供应增长仍然保持在13%左右。

预计贷款总额增速或止降趋稳，2014年末人民币贷款余额或接近81.53万亿元，增长13.4%左右，增速较上年下降0.7个百分点，增速位于“偏冷”区（12%～13.5%）的上界附近。全年新增贷款约9.63万亿元，较2013年多增7290亿元，增长8.2%。预计2015年人民币贷款增长13%左右，全年新增贷款约10.6万亿元。

五　经济增长新常态和相关政策建议

综合以上分析和预测结果，我国经济增长从2013年第4季度开始进入新一轮短周期的缓慢下降期，2014年经济景气再次降温，进入“偏冷”区间，但有望在年内止跌企稳，之后继续保持大体平稳的运行态势。预测2014年和2015年GDP增长率将分别达到7.4%和7.2%左右，CPI上涨率分别为2%和1.8%左右，经济增长和物价波动幅度明显减缓，经济运行继续呈现较快增长和低通胀的良好局面。

自2012年以来，我国经济周期波动的幅度明显减小，连续11个季度保持在7.3%～8.1%的中高速增长区间，经济周期波动呈现“微波化”的新特征，周期形态趋于复杂，对周期波动转折点的判断更为困难。这也在一定程度上表明，随着我国潜在经济增长率下移和经济结构的调整，加上新一届政府的政策导向，我国已经逐步进入经济增长的新常态阶段。

从10%左右的高速增长换挡为7%～8%的中高速增长是经济增长新常态阶段的重要表现，同时是我国潜在增长率下降的反映。一般而言，经济潜在增长率是由资本、劳动、全要素生产率等因素决定的。随着我国劳动力成本的上升与“人口红利”的减弱、储蓄率的降低与投资增速的放缓，潜在增长率出现一定程度的下降是必然趋势。此外，随着我国经济总量的增长，基数变大也会使得经济增速减缓。

我国经济增速的减速换挡也是全球经济的周期性波动和中国经济的结构性问题叠加的体现。全球金融危机之后，世界主要经济体都进入了经济周期的下降阶段，大多数国家经济增速出现了阶段性回落，这使得我国外贸出口状况出现了持续减速；此外，我国经济发展中体制性矛盾逐渐突出，产能过剩等一系列问题表明结构性矛盾越来越显著，上述因素的综合作用阻碍了我国经济的快速增长。

本文前面对主要景气指标的分析已经表明，在进入新常态阶段后，我国经济的各个方面，如物价、外贸、财政、金融等领域都会出现一定程度的变化，并呈现与传统的周期性波动不一样的新现象和新规律。例如，2013 年以来，随着我国 GDP 增速的逐步回落，我国物价水平、就业水平却保持了相对稳定，这也验证了我国经济增速的回落并不是传统的经济周期波动中总需求不足问题导致的，而是总供给方面潜在经济增长率回落的体现。

与经济增长的新特点相适应，我国在宏观调控方式方法上也应该进行相应的调整，总体上主要包括以下几个方面。

第一，在总量稳定的前提下，结构调整和结构优化应成为我国未来经济增长的重要目标。结构优化包括需求结构、产业结构、收入分配结构等多个方面，如刺激消费需求、增大消费在 GDP 中所占比重以增强经济的内生增长动力；在第三产业比重超过第二产业的基础上，逐步促进第三产业比重稳步上升并成为产业主体；打破城乡二元结构，缩小区域经济发展差距；等等。

第二，“底线管理和区间调控”是新常态阶段宏观经济调控的重要措施。底线管理，即守住“稳增长”和“保就业”的下限，同时控制“防通胀”的上线，控制好底线就会使经济运行保持在合理区间。并且，应根据我国经济的潜在增长水平，允许经济在合理区间内小幅波动。

第三，新常态阶段应稳步推进简政放权，以发挥市场在资源配置中的决定性作用。在财政政策方面，逐渐由“建设型财政”转向“服务型财政”，即财政投入将由基础设施建设转向公共建设和公共服务，避免过度干预经济的运行。金融政策方面，央行应在宏观审慎管理的框架下，实施更多的方向性调节措施，优化流动性投向和资本配置结构，引导信贷资源配置到重点环节和关键领域，最终促进经济的健康发展。

2014 年和 2015 年两年，经济正处在由“去库存”向“去产能”和“去杠杆”转变的叠加阶段，处在向新常态转变的关键时期。鉴于目前的经济景气“趋冷”，经济下行压力较大，面对国内外具有较大不确定性的复杂形势，在继续坚持“稳中求进”的主基调下，宏观调控可进行微调以适度放松，努力保住 7% 的增长底线。与此同时，全面推进各项改革，提高经济增长的质量和效益。

在推进改革方面，特提出如下建议。第一，加快国有企业改革。根据官方统计，目前国有企业是全社会企业利润率增长最低的企业，而较低的财务成本是其主要因素，使国有企业能够投资一些效率低下的项目，这些项目又导致了产能严重过剩和社会资源的严重错配。因此，政府不应该继续对国有企业进行隐性担保，不应再继续用全社会的有效资源来维持其非效率运营，应该使国有企业成为真正自负盈亏的市场主体。第二，在经济减速的背景下，政府应该为企业的退出提供便利，降低企业退出的社会成本，降低企业并购重组的成本，促进项目由低效率的企业转移到高效率企业。第三，合理保护劳动者权利。除了适当提高企业最低工资标准，还应提供充足的社会再培训，为劳动力供需信息的传递提供便利，降低劳动力在不同地区间的流动成本，增强劳动力的竞争能力，降低摩擦性失业，提高全社会的劳动生产率。

参考文献

陈磊、隋占林：《2013～2014 年经济景气和物价走势分析与预测》，载于《2014 年中国经济形势分析与预测》，社会科学文献出版社，2013。

陈雨露：《金融业如何适应新常态》，《经济日报》2014 年 8 月 29 日。

董文泉、高铁梅、陈磊、姜诗章：《经济周期波动分析与预测方法》，吉林大学出版社，1998。

樊纲：《十三五 GDP 年增速可望不低于 7%》，《中国证券报》2014 年 9 月 16 日。

《服务业占比上升对经济运行的影响》，《中国经济时报》2014 年 8 月 18 日。

高铁梅、张同斌：《2013 年中国经济增长周期态势和物价走势的分析与预测》，载于《中国经济前景分析——2013 年春季报告》，社会科学文献出版社，2013。

《供给 VS 需求：市场反弹背后的经济逻辑》，《中国证券报》2014 年 8 月 7 日。

《价格指标的指示作用在弱化——对当前宏微观经济数据背离的解释之二》，金融界，2014 年 8 月 25 日，网址：http：//istock. jrj. com. cn/article，yanbao，26151310. html。

《经济运行呈现新特征——新常态下的中国经济》，人民日版专题评论，2014 年 8 月 6 日，网址：http：//finance. people. com. cn/n/2014/0806/c1004 - 25410887. html。

孔宪丽、张同斌、高铁梅：《我国固定资产投资 2013 年态势分析与走势展望》，载

于《2014：中国经济预测与展望》，科学出版社，2014。

马俊：《新常态与宏观调控模式》，《中国金融》2014 年第 15 期。

徐振斌：《面向 2030 年的大国经济和社会政策》，《中国经贸导刊》2014 年第 19 期。

张立群：《2013 ~2014 年经济形势分析与展望——我国经济已进入 7% ~8% 的增长区间》，《经济学动态》2014 年第 1 期。

张慧芳：《消费主导的战略转型与中国经济行稳致远、均衡增长》，《经济问题》2014 年第 8 期。

《指标波动多因共振　稳中有进格局未变——郭同欣解读 8 月份经济数据》，国家统计局，2014 年 9 月 13 日，网址：http：//www. stats. gov. cn/tjsj/zxfb/201409/t20140913_ 609076. html。

《中国经济金融展望季报》，中国银行国际金融研究所，2014 年 9 月 25 日，网址：http：//www. boc. cn/fimarkets/summarize/201409/t20140925_ 3933302. html。

消费、投资与进出口形势分析篇

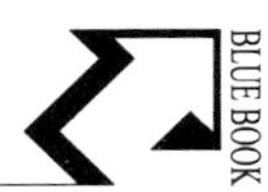

Analysis of Consumption, Investment and Trade Situation

B.13

新常态下我国经济发展趋势与特征

蔡进 武威*

摘 要：新常态是我国当前经济发展的阶段性特征。2014年，我国经济延续之前的平稳走势，经济增长速率仍保持在新常态下的合理区间。预计2015年，我国经济增长速度会稳定在7%左右。基础设施建设的释放、消费升级的推进以及“一带一路”开放策略的实施将成为2015年稳定经济增长的基础动力。在新常态经济发展模式下，针对经济增速趋缓，要把握平稳、协调、预留调整空间三个发展要求，把握调结构、转方式、创新驱动三个发展内涵。此外，新常态下把握宏观调

* 蔡进，中国物流与采购联合会副会长、中国物流信息中心主任；武威，中国物流信息中心副处长。

控的基本思路：一是发展思路由速度型转向质量效益型；二是增长目标由 GDP 优先转变为就业优先；三是调控重心由需求转向供给；四是经济调节由政策主导转向市场主导。

关键词： 新常态 调结构 转方式 发展趋势

2014 年 5 月，习近平总书记在河南考察时强调，我国发展仍处于重要战略机遇期，我们要增强信心，从当前我国经济发展的阶段性特征出发，适应新常态，保持战略上的平常心态。时隔 6 个月，习总书记在 APEC 会议上，再次对新常态下的中国经济发展作了系统阐述。在新常态发展模式下，对宏观经济形势的分析要运用新思维，发现新特点、新变化，牢牢把握新常态下，我国社会经济发展的历史机遇。

一 新常态下经济运行基本走势

经济新常态的一个基本表现形式就是增速的换挡。自 2012 年开始，我国 GDP 增速持续稳定地运行在 7% ~8%，说明经济增速已经告别过去 30 多年平均 10% 左右的高速增长，转入中高速增长的新常态运行区间。2014 年前三季度，国内生产总值同比增长 7.4%，增幅比 2013 年同期回落 0.3 个百分点。特别是第三季度同比增长 7.3%，创下自 2009 年第一季度以来的新低（见图 1）。

从数据来看，7.4% 的增速虽然有所回落，但增速延续上半年的平稳走势，我国经济仍保持在新常态下的合理增长区间内。第三季度增速可能会成为全年低点。第四季度经济增长具备实现企稳回升的基础。先行指标显示，制造业 PMI 自 6 月份开始稳定在 51% 左右，非制造业商务活动指数连续稳定在 54% 左右的较高水平，经济运行有望继续平稳；临近年底，节日需求和政策推动将带动消费稳中回升；出口呈现逐季回升态势，第四季度有望继

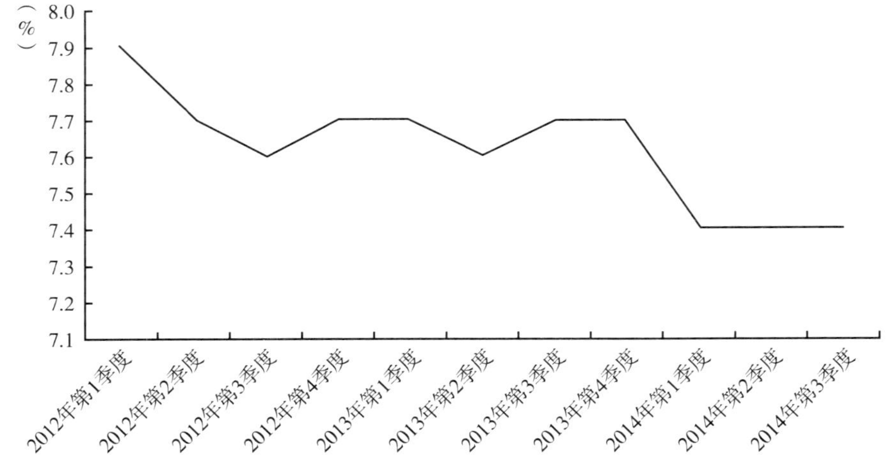

图1　GDP 累计增速走势

续改善；基础建设投资对稳增长的贡献将持续显现。预期全年经济增长不会过多偏离政策目标，增速继续保持在 7.4% 左右。

对于 2015 年的经济形势判断，社会上有不同的讨论。达成共识的是中国经济进入了中高速发展阶段。争论的焦点主要集中在我国经济能否继续保持 7% 的增长速度。有的观点认为经济下行压力较大，不排除回落到 7% 以下的可能；有的观点认为经济仍具备继续回升的基础，宏观经济仍会保持较快增长。我们认为，在经济新常态下，新旧增长动力的转换过程仍在进行之中，经济增速会出现一定程度的波动，但不会出现快速回落，经济增长速度仍会稳定在 7% 左右。

从宏观政策基础看，新常态下，随着市场经济在资源配置中起决定性作用的逐步确立，宏观经济政策目标不再是一味追求速度的增长，而是力图保证经济运行在可控的区间范围内，实现能够保就业和稳物价的经济增长。政策设计更为科学，从原来单纯追求需求管理向加强供给侧管理转变，弥补政策短板，既有利于现实发展，又着眼长远。货币政策和财政政策的实施力度都不会出现大幅度调整，在区间调控的基础上，仍会以微刺激和定向发力为主，激发市场活力，增强经济增长的内生性动力。货币政策将以定向宽松为主基调，通过定向的结构调整，使货币更多地流向实体经济，为企业转型和技术创新提供动力。财政政策则以优化结构支出为主，为企业创新、设备投资等减税，减轻企业负担，让企业立足于市场，寻找和发现未来为发展方向。

新常态下，继续推进基础建设投资是2015年的主要聚焦点。我国的经济转型过程与世界上其他国家最大的不同在于，世界各国在转型过程中基础设施建设已近饱和，投资空间很小。而我国基础建设投资却蕴涵着较大的发展空间，是经济发展的重要支撑点。继续推进基础设施建设，既能实现稳增长，又有助于消化国内过剩的产能。一方面，城镇化建设不断推进带来了城市基础设施需求，包括公共服务设施、环境保护和治理等。另一方面，铁路及地下管网建设等基础设施与发达国家差距较大。以铁路为例，中国和美国的国土面积相近，但美国的铁路里程达到了27万公里，而我国仅为10万公里，意味着我国铁路基础建设仍具有较强的增长潜力。城市棚户区改造也是政府重点扶植的领域，有望在2015年继续发力。

增强服务领域的供给，促进消费升级是2015年经济增长的另一个重要支点。随着新兴消费热点的不断涌现，居民消费将由传统的餐饮和购物扩展至包括信息消费、绿色消费、旅游休闲消费、教育文体消费、养老健康、家政消费等新兴服务领域，这也是国务院提出促进消费的重点领域。服务供给的扩大有利于释放潜在需求，实现消费升级，提升消费对经济的引领作用。特别是以“一带一路”为代表的开放战略，有望拉动未来基础设施投资和制造业的出口。

综上所述，基础设施建设的释放、消费升级的推进，以及“一带一路”开放策略的实施将成为2015年稳定经济增长的基础动力。但考虑到在新常态运行趋势下，政府调控的主要目标不再单纯追求速度的增长，政策力度仍会以微刺激和定向调控为主。宏观经济增速可能还会有所放缓，但将保持在7%左右的中高速增长。在能够实现就业增长和物价稳定的前提下，对经济运行的整体影响不会太大。

从未来几年发展趋势看，我国经济仍会处于增速趋缓的发展阶段。这主要是因为淘汰过剩产能尚处在关键时刻，而新的经济增长点也还在培育过程中。投资和出口对经济拉动的作用还将会有所减弱。从投资来看，过去粗放式发展模式积累了大量的过剩产能，相关行业的投资也处于过剩状态，对经济的支撑作用也在弱化。房地产调整对整体经济的影响也将非常明显。

从出口看，虽然2014年出口增速呈现逐季趋好态势，但较2013年同期有较大幅度回调。特别是在国际金融危机之后，世界经济格局发生了较大的结构性变化，一些主要经济体开始再工业化，依靠出口拉动经济增长的国际环境变得更为复杂。我国劳动力成本优势也在逐步减弱。因此，出口对经济增长的带动作用也会受到限制。

综上所述，未来三到五年，我国经济增速将呈现逐步放缓趋势。但考虑到随着第三产业比重的不断提升，服务业对经济的贡献度会有增强，消费对经济的拉动作用有望持续趋稳，经济增速下滑的速度将渐趋平缓。缓中趋稳将是新常态下经济运行的基本趋势。

二　新常态下经济发展的基本要求

在新常态经济发展模式下，对于经济增速趋缓，第一个基础性的要求就是要平稳。经济增速放缓要建立在平稳适度的基础之上。

经济增速换挡是经济发展到一定阶段的必然结果，是一种不可逆转的规律性现象。但要避免断崖式回落，实现经济增长的软着陆。从国际经验看，在经历了一段时间两位数的高速增长之后，各个国家经济增速都出现不同程度的回落，且经济增速很难维持在5%以上的较高水平。

然而，近几年，我国经济增速虽然出现了回落，但由于宏观调控注重政策的连续性和稳定性，经济增速的换挡趋于稳定，并未出现一些国家在经济转型过程中的快速回落。日本在“二战”后经历了连续23年的高增长，年均增速为9.7%，但其后增速出现了快速下滑，约下降一半。我国在经历了30多年10%左右的高速增长之后，增速开始回落，但回落速度保持平稳，特别是自2012年持续稳定在7%~8%。

新常态经济发展模式下的第二个基本要求是，在经济增长保持平稳适度的基础上，要增强经济发展的协调性。处理好经济增长与价格、就业、区域发展和环境资源之间的关系。

从当前经济发展现状看，与经济增速放缓相伴随的是价格和就业的稳定、区域发展的融合，以及对资源消耗的改善，经济发展的协调性也有所提升。

2014年前三季度，CPI上涨2.1%，远低于年初设定的3.5%的涨幅，价格整体呈现温和上涨（见图2）。经济保持适度增长，价格保持合理区间内。

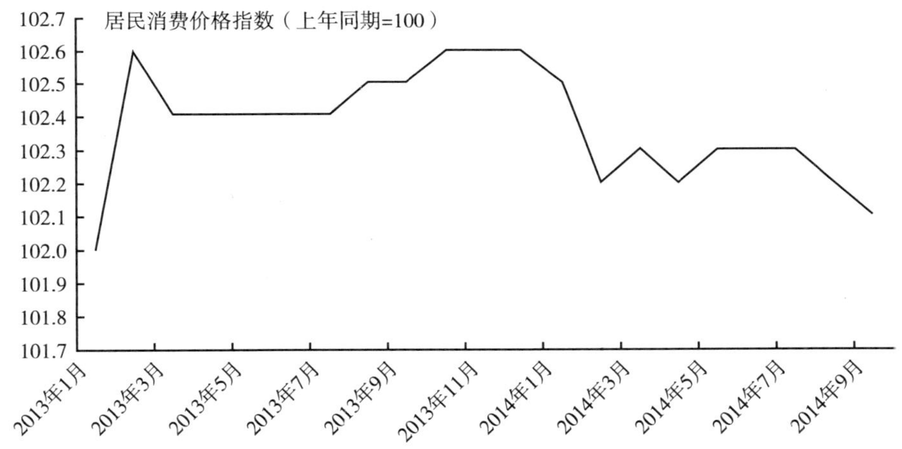

图2　居民消费价格指数趋势

2014年1~9月，全国城镇新增就业人数1082万人（见图3），同比多增16万人，提前完成就业目标任务。就业的稳定是经济结构调整和质量提升的体现。第三产业在稳定就业方面发挥了重要的作用。根据统计局数据测算，2013年第三产业每百亿元产值吸纳就业人数达11.3万人，高于第二产业的9.28万人。这也是在经济增速整体放缓的情况下，就业状况仍趋于稳定的主要原因。

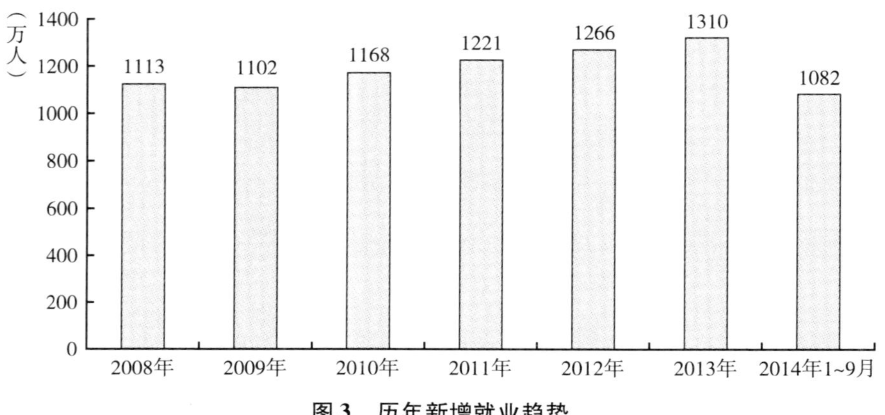

图3　历年新增就业趋势

2014年前三季度，单位GDP能耗同比下降4.6%，显示经济运行对自然资源的消耗在减少。而政府最新推出的六大重大消费领域均集中在第三产业，充分考虑了减少对自然资源的消耗和污染，这有利于经济可持续增长。

区域发展的融合体现为东、中、西部发展的协调性在增强。东部地区经济相对较发达，工业化程度相对较高，率先进行了结构调整，而中西部地区在一系列区域发展战略的推动下，后发优势得到发挥。

新常态经济发展模式下的第三个基本要求是经济增速放缓要为结构调整创造空间。当经济增长保持在预期目标之内时，没有必要出台刺激性政策，而要留出空间去进行经济结构的调整。

近几年，在经济增速回落的背后，我国经济结构调整的步伐有所加快。一方面体现为经济结构进一步优化。前三季度，第三产业增加值占国内生产总值比重继续提高，达到46.7%，比2013年同期提高1.2个百分点，高出第二产业2.5个百分点。伴随比重的提高，第三产业增速延续2012年以来的领先优势，继续超过第二产业。1～9月，第三产业增加值增速达到7.9%，高出第二产业0.5个百分点（见图4）。

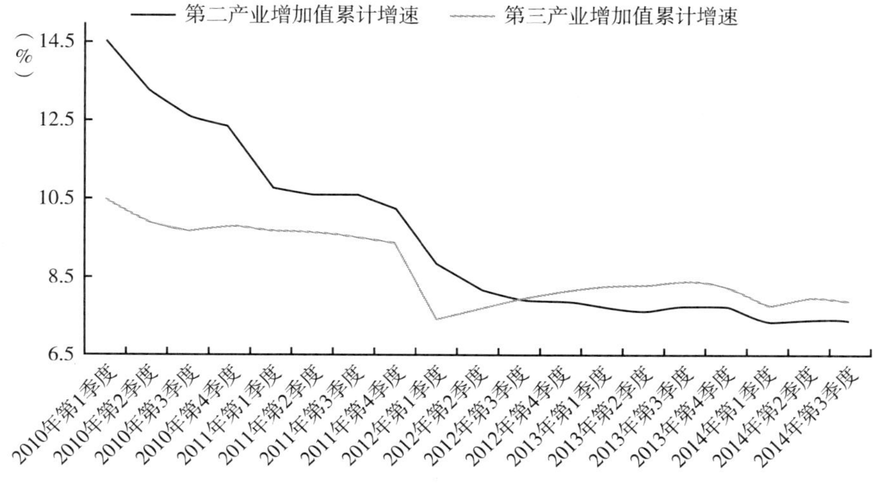

图4　第二、三产业增加值累计增速趋势

另一方面体现为工业领域内部结构的优化。工业领域增速回落较大的行业主要集中在黑色、有色、化工等受产能过剩影响较大的基础原材料行业。而与基础建设投资相关的铁路、船舶、航空航天和其他运输设备制造业增加值增速要高于2013年同期（见图5）。反映结构转型和升级的高端装备和高新技术制造业仍延续较快增长趋势。

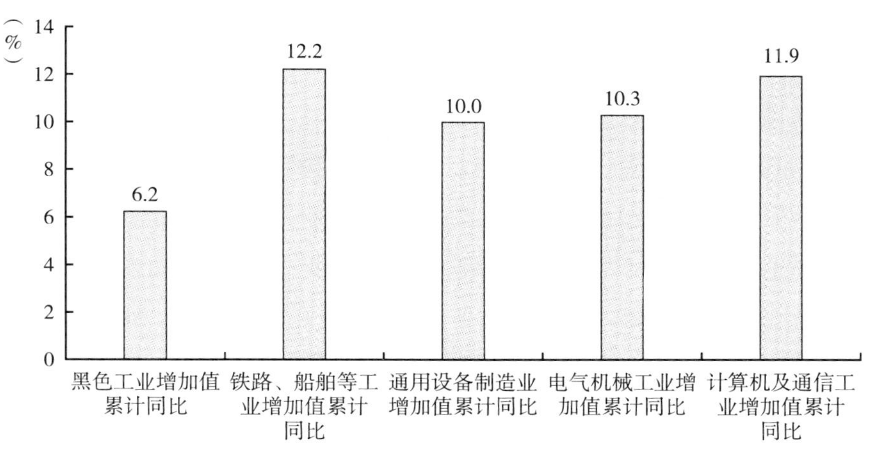

图5　2014年1～9月主要行业工业增加值累计增速

三　新常态下经济发展的内涵与着眼点

总体来看，我国经济在保持适度平稳增长的同时，发展的协调性有所增强，结构调整步伐也在加快。未来经济发展要想在现有基础上实现健康、可持续的发展，宏观调控必须牢牢把握新常态经济发展模式的内涵和着眼点。增速换档仅仅是新常态下经济发展模式的表现之一。在增速换挡的背后，新常态下的经济发展将进入结构调整的关键期、转型升级的攻坚期以及创新驱动的突破期。这种新三期叠加是经济新常态的典型标志和深层内涵。

结构调整的关键期旨在通过结构调整，重构经济发展新的平台与基础，以保证经济增长动力转换。新常态环境下，必须要做的事情，就是调结构。如果还是沿用过去那种增长模式，过度依赖已经过剩的第二产业，经济发展中凸显的矛盾就很难解决。需要充分调整经济结构，化解过剩产能所带来的就业与通胀压力。更为关键的是结构调整不仅仅局限于淘汰落后产能的减法，更要注重通过定向加法补齐诸如产业短板、投资短板、消费短板、区域短板等经济发展中的各种短板，增强经济发展的平衡性，重构经济发展新的平台，打好稳增长的宏观基础，才能保证经济增长稳定在合理适度区间。

从未来几年发展趋势看，结构调整的一个重要方向就是大力发展服务业。随着政府对服务业扶植力度的不断加大，服务业发展速度会逐步加快，成为推动国民经济发展的第一动力。预计服务业占 GDP 的比重在未来几年年均增幅在 1 个百分点以上，2020 年我国服务业占 GDP 的比重会升至 53%左右。服务业不断发展，不断扩大，为吸纳更多的社会就业提供了巨大空间。同时，服务业的不断升级也将释放更多的潜在需求空间，推动经济持续平稳发展。

转型升级的攻坚期旨在通过转变经济发展方式，实现从速度型向质量型升级。转变经济发展方式是新常态经济运行中的核心内涵，是实现经济发展由速度型向质量型转变的过程。在经济增速放缓、产能过剩的情况下，传统的通过规模扩张获取效益的发展模式已经不能适应“新常态”发展要求。随着经济增速放缓，成本高、效率低的问题也就水落石出。这就倒逼经济发展方式要转型升级，通过降低成本，提高效率来实现经济发展的效益。其最根本特征就是高效率、低成本、可持续。

新常态下的经济发展与过去增长模式最大的区别就是要建立在质量升级的基础之上。新的发展模式要实现在生产、生活、流通、管理等诸多领域的全面升级，最终实现发展方式的转变，提高经济发展的质量和效率。在效率提高的基础上，降低成本，获取利润空间，实现财政收入、企业利润和居民收入的共赢式增长。

创新驱动的突破期旨在通过创新驱动，逐步培育出新的发展动力和竞争力。与经济结构调整和发展方式转变相伴而行的是发展动力的转变，即由过去的要素和投资驱动向创新驱动转变。通常情况下，在经济发展初期，随着人力、自然资源和资本投入的增加，产出也会随之而增加。但当经济发展到一定时期，上述三种要素的继续投入，带来的是收益的递减和诸如产能过剩、环境污染等不利于经济和社会发展的负面因素。此时，就必须以创新和技术进步来减缓或阻止收益递减，使相同的投入获得更多的产出和财富。通过结构调整提升服务业对经济转型升级的贡献度，也应把握适度原则，服务业占 GDP 的比重并不是越高越好。过高的比例会造成经济发展对服务业的过度依赖，容易形成实体经济增长的空心化、虚拟化和劳动生产率的降低。我们认为，服务业占 GDP 的比重保持在 60% 的水平较为合理。因此，从当前全球市场格局看，我国经济在转型期间，我们向资本密集型市场转型的空间已经很小。经济增长要想实现跨越式发展，就必须从单纯依靠劳动密集型和资本密集型产业向技术密集型和知识密集产业转型，实现增长方式的突破。特别是我国仍处于工业化中后期发展阶段，制造业对实体经济增长的基础性支撑作用仍不能忽略，创新驱动更要注重对制造业升级的支持。这就必须实施创新驱动战略。因为科技发展的本质就是通过创新驱动提升各种要素的产出率，依靠科技创新创造出更多领域的有效需求，挖掘出更多地潜在财富。在此基础上，推动包括体制、结构、人力资源和分配机制等方面的创新。这是我国由经济大国升级为经济强国的必由之路。

四 新常态下的宏观调控思路

适应新常态的要求，我国宏观调控思路要立足于保持我国经济平稳协调发展，立足于加快经济结构调整，立足于经济的转型升级和创新驱动。

一是发展思路由速度型转向质量效益型。宏观调控的着力点要摒弃单纯追求快速增长的发展思路，当前经济发展不需要没有质量和效益的高增长。宏观调控政策要从扶持服务业和新兴产业入手，以降本增效为政策目标和着力点，实现与经济结构优化和发展方式转变相伴随的可持续增长。

二是增长目标由 GDP 优先转变为就业优先。在新一届政府所制定的宏观经济政策当中，就业越来越放在优先地位，而成为先行的目标，替换了原来的经济增速。从短期来看，就业的增长有助于增强经济发展的稳定性和协调性。从长期来看，就业的持续增加意味着居民收入的持续提高，是激发居民持续消费潜力和推进消费升级的重要基础。包括稳增长在内的其他制度安排，都应围绕就业来制定经济目标。

三是调控重心由需求侧转向供给侧。如前所述，未来几年，三大需求动力中，投资和出口对经济的拉动作用将逐步趋弱，消费虽较稳定，但对经济的拉动不会像投资那样快速显现效果，是一个渐进式的、长期的过程。这就意味着短期内宏观调控政策重心如果过分倾向于需求侧，很可能收效甚微。因此，宏观调控重心应适度向供给侧倾斜。

一方面以化解产能过剩为重点，缓解供给端压力。当前中国经济发展面临一系列的矛盾，所有这些矛盾都来源于产能过剩。调整经济结构的思路要紧紧扣住化解产能过剩。另一方面通过加大供给，由满足需求向创造需求转变。既要增加对医疗卫生、文化教育、节能环保、体育健身等服务领域的投入，通过增强服务供给，有效释放潜在消费需求，巩固稳增长的需求基础；

也要通过技术创新和知识创新创造出新的产品以及新的业态，以此催生新的生产需求和消费需求，进而真正实现财富增量的扩张。

四是经济调节由政策主导转向市场主导。如果说创新驱动是推进经济发展的重要引擎，那么以市场为主导的经济调节就是点火器。在强调市场有效和政府有为的经济调节方式下，企业是基础，市场是主导，政府不能再按原来的办法干预经济，而应主动做好政府该做的事情，在有所不为后才可有所作为，这是解决目前政府和市场边界当中的一个重要依据。

B.14
新常态下的货币金融运行

闫先东　叶欢*

摘　要： 2014年，由于人民币贷款中票据融资明显增多以及对非银行金融机构融出资金大幅减少，我国货币供应量增速回落。社会融资保持适度规模，融资结构进一步优化。贷款投放较多，贷款结构有所改善。市场利率下行，人民币汇率呈现双向波动。但是，由于金融风险呈现扩散趋势，信贷需求转弱，融资难、融资贵问题依旧突出，基础货币投放渠道发生重大变化以及资金走向呈现新的趋势的综合影响，金融形势仍然需要高度关注。展望2015年，我国需要增强货币政策的前瞻性，加强预调微调，仍然需要使用多种货币政策实现宏观经济稳定。

关键词： 新常态　货币　金融　结构调整

2014年针对经济运行面临一定下行压力、物价涨幅走低的形势，中国人民银行继续实施稳健的货币政策，保持定力、主动作为，瞄准经济运行中的突出问题，用调结构的方式适时适度预调微调。人民银行创新货币政策工具，灵活开展公开市场操作，搭配使用短期流动性调节工具（SLO）适时适度进行双向调节；开展分支机构常备借贷便利（SLF）试点，完善中央银行对中小金融机构提供正常流动性供给的渠道；推出抵押补充贷款（PLS），

* 闫先东、叶欢，中国人民银行调查统计司。本文仅反映笔者的观点，不代表所服务机构的意见。

补充基础货币投放渠道并引导中期政策利率水平。两次实施“定向降准”，定向调整再贷款和再贴现额度，优化流动性投向与结构，鼓励和引导金融机构更多地将信贷资源配置到“三农”、小微企业等重点领域和薄弱环节。调整房地产金融政策，继续支持居民家庭合理的住房消费，促进房地产市场持续健康发展。有序推进利率市场化改革，进一步完善人民币汇率形成机制，将银行间即期外汇市场人民币兑美元交易价浮动幅度由1%扩大至2%。

一 金融运行基本情况

（一）货币供应量增速回落

2014年9月末，广义货币M2余额为120.21万亿元，按照可比口径计算同比增长12.9%，增速比上月高0.1个百分点，比上年同期低1.3个百分点。M2的增速在3月末受上年基数高和新金融产品分流货币的影响降至12.1%的历史低点后逐步回升，至6月末达到14.7%的近期高点，随后又出现回落，近两个月稳定在接近13%的水平（见图1）。9月末，狭义货币M1余额为32.72万亿元，同比增长4.8%，增速比上月和上年同期分别低0.9个和4.1个百分点；流通中货币M0余额为5.88万亿元，同比增长4.2%，增速比上月和上年同期分别低1.4个和1.5个百分点。前三季度累计净投放现金274亿元，同比少投放1559亿元。

从金融机构资产负债表看，一是人民币贷款中票据融资明显多增。9月新增人民币贷款8572亿元，比上年同期多增702亿元。由于市场利率下行以及信用风险增大，票据融资既可以获取利率下行的收益，又可以因银行承兑而降低了信用风险，当月增加较多。9月份票据融资新增858亿元，比上年同期多增2382亿元，其中中资大型银行票据融资比上年同期多增1058亿元；短期贷款比上年同期少增1983亿元，中长期贷款与上年同期基本持平。二是对非银行金融机构融出资金大幅减少。当月对非银行金融机构融出资金净减少840亿元，比上年同期多减5216亿元。其中，对特殊目的载体

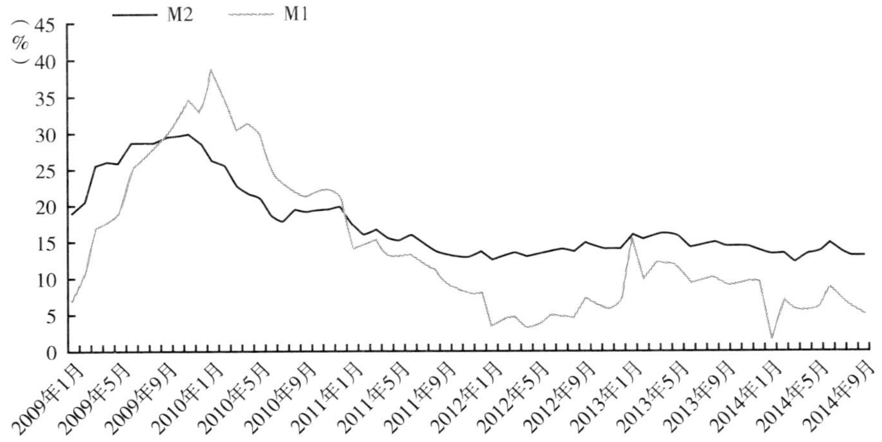

图1　货币供应量同比增速

资料来源：中国人民银行。

(SPV) 融出资金新增 1204 亿元，比上年同期少增 2127 亿元。受存款偏离度监管政策的影响，银行存款冲时点现象明显减轻。

(二) 社会融资规模保持适度，融资结构有所优化

2014 年前三季度社会融资规模为 12.84 万亿元，为历史同期次高水平，比上年同期少 1.12 万亿元，比应对国际金融危机期间的 2009 ~ 2010 年同期平均水平多 1.56 万亿元。分阶段看，第一季度社会融资规模为 5.63 万亿元，比上年同期少 5346 亿元；第二季度为 4.9 万亿元，比上年同期多 9157 亿元；第三季度为 2.31 万亿元，比上年同期少 1.51 万亿元。其中，9 月份当月社会融资规模为 1.05 万亿元，比上月多 945 亿元，比上年同期少 3598 亿元。

前三季度，社会融资规模中，人民币贷款增加 7.68 万亿元，比上年同期多增 4045 亿元；外币贷款折合人民币增加 3756 亿元，比上年同期少增 1409 亿元。人民币贷款占社会融资规模的 59.8%，同比高 7.7 个百分点 (见图 2)，这主要是受商业银行表外业务监管加强的影响，一部分表外融资转到了表内。

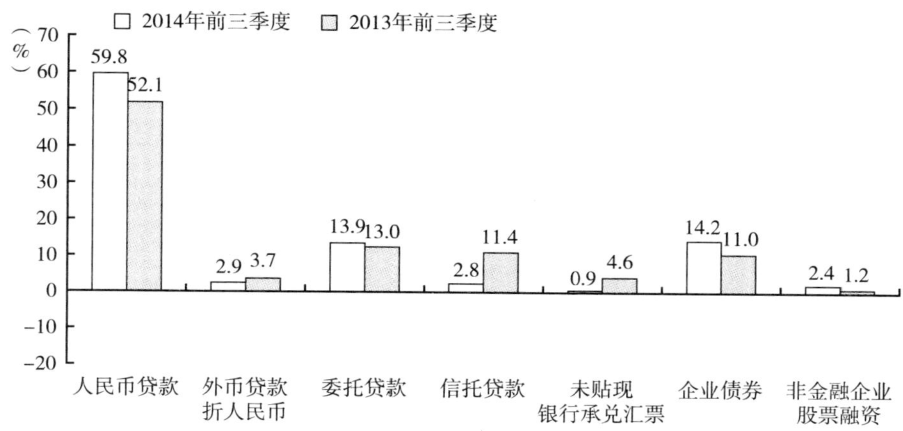

图2　社会融资规模结构

资料来源：中国人民银行。

企业债券和股票融资双双呈现快速增长的态势，拉动直接融资金额和占比均创历史同期最高水平。前三季度企业债券和股票融资合计2.12万亿元，比上年同期多4271亿元；占同期社会融资规模的16.6%，比上年同期高4.4个百分点。直接融资的比例提高，表明我国融资结构有所优化，从而有助于企业降低融资成本。

实体经济通过金融机构表外的融资占比下降。前三季度，委托贷款、信托贷款和未贴现的银行承兑汇票三项合计融资2.27万亿元，比上年同期少1.78万亿元；占同期社会融资规模的17.6%，比上年同期低11.4个百分点。金融机构三项表外业务占社会融资规模的比例最高时超过30%。表外融资的收缩，表明年初以来加强表外业务监管的政策措施成效显现，这有利于缩短融资链条，防范金融风险，提高金融支持实体经济的可持续性。

（三）贷款投放较多，贷款结构有所改善

9月末，人民币贷款余额79.58万亿元，同比增长13.2%（见图3），增速分别比上月末和上年末低0.1个和0.9个百分点。前三季度，人民币

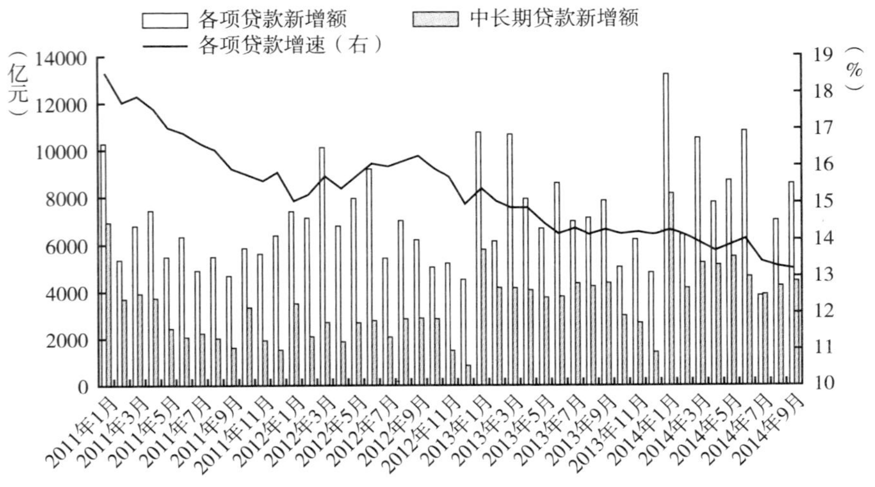

图3　人民币贷款新增额与余额同比增速

资料来源：中国人民银行。

贷款增加7.68万亿元，同比多增4045亿元。其中，9月当月人民币贷款增加8572亿元，分别比上月和上年同期多增1547亿元和702亿元。前三季度，不仅信贷总量保持合理适度增长，信贷结构也出现积极变化，棚户区改造等重点领域以及“三农”、小微企业等薄弱环节的信贷投放得到明显加强。

一是西部地区贷款增长基本稳定，增速持续高于东部和中部地区。9月末西部地区贷款余额同比增长15.9%，比同期东部增速高4.7个百分点，比中部增速高1.1个百分点，信贷资金持续向西部倾斜，区域信贷不平衡状况继续得到改善。

二是企业中长期贷款平稳增长。9月末企业中长期贷款余额同比增长11.2%，增速比上月末低0.1个百分点，比上年同期高2.2个百分点，2014年以来呈平稳较快增长态势；1～9月增加2.88万亿元，同比多增7449亿元，有力地支持了固定资产投资活动。其中，第二产业中长期贷款余额同比增长8%，增速与上月末持平，比上年同期高3.1个百分点；服务业中长期贷款余额同比增长12.6%，增速比上月末低0.1个百分点，比上年同期高1.8个百分点。

三是小微企业贷款增速高于各项贷款平均水平，占企业贷款的比重逐步提高。小微企业贷款余额14.55万亿元，同比增长13.5%，比同期大型企业贷款增速高4.1个百分点，比中型企业贷款增速高1.8个百分点，比各项贷款增速高0.3个百分点。

四是涉农贷款增速继续高于各项贷款平均增速。9月末涉农贷款余额22.92万亿元，同比增长13.7%，增速比同期各项贷款增速高0.7个百分点；1~9月增加2.32万亿元，同比少增3473亿元。其中，农户贷款余额5.24万亿元，同比增长18.4%，增速比同期住户贷款高1.2个百分点；农村（县及县以下）贷款余额18.93万亿元，同比增长13.2%，增速比同期各项贷款高0.2个百分点。

五是保障性安居工程贷款加快增长。9月末，保障性安居工程贷款余额1.16万亿元，同比增长47.9%，增速比上季度末高5.6个百分点，比上年同期高20个百分点。1~9月增加3385亿元，同比多增2214亿元。其中，棚户区改造贷款同比增长79.4%，增速比上季度末高12个百分点，比上年同期高52.9个百分点。

（四）市场利率下行

6月，金融机构人民币贷款加权平均利率为6.96%，比3月下降0.22个百分点。其中，一般贷款加权平均利率为7.26%，比3月下降0.11个百分点；票据融资加权平均利率为5.51%，比3月大幅下降0.77个百分点。

从利率浮动情况看，执行下浮、基准利率的贷款占比有所上升，执行上浮利率的贷款占比下降。6月，一般贷款中执行下浮、基准利率的贷款占比分别为9.32%和21.57%，比3月分别上升0.97个和0.17个百分点；执行上浮利率的贷款占比为69.11%，比3月下降1.14个百分点。

9月质押式债券回购和同业拆借月加权平均利率分别为2.93%和2.97%，均连续两个月下降，分别比上月低18个和20个基点，比上年同期低56个和50个基点。9月末，隔夜、1周Shibor分别为2.53%和2.87%，分别较上年末降低190个和211个基点；3个月Shibor为4.54%，下降106个基点；1年期Shibor为4.99%，与上年末基本持平。贷款基础利率（Loan Prime Rate，LPR）运行一年以来，总体保持平稳。9月末，贷款基础利率为5.76%，比一年期贷款基准利率低24个基点，连续4个月保持在当前水平。

（五）人民币汇率双向波动

2014年以来，人民币汇率呈现先贬后升的态势。2~3月，人民币兑美元汇率中间价总体呈现贬值走势，3月末人民币兑美元中间价为6.1521元/美元，比上年末贬值0.90%。即期汇率比中间价变动更加剧烈，2月25日，人民币即期汇率近一年多来首次跌至中间价之下，当天即期汇率大跌0.46%，创2010年以来最大单日跌幅。3月末，人民币兑美元即期汇率为6.2180元/美元，比上年末贬值2.64%。随后人民币兑美元汇率中间价总体表现平稳，在6.14元/美元至6.17元/美元的区间内波动。但即期汇率自6月以来则呈现明显的升值趋势，截至10月27日，人民币兑美元即期汇率为6.1167元/美元，比6月末升值2.14%，但仍比上年末贬值1.03%。截至10月27日198个交易日中，人民币兑美元交易中间价有85个交易日较上日升值，113个交易日较上日贬值。

海外远期市场看，香港无本金交割远期外汇（NDF）人民币兑美元一年期合约数据显示，市场对人民币总体呈现贬值预期。1~4月，贬值预期带动人民币即期汇率持续贬值。5、6月，人民币远期汇率与即期汇率走势基本一致，贬值预期较为稳定。7月开始，即期汇率持续升值，但远期汇率保持稳定，贬值预期加强（见图4）。

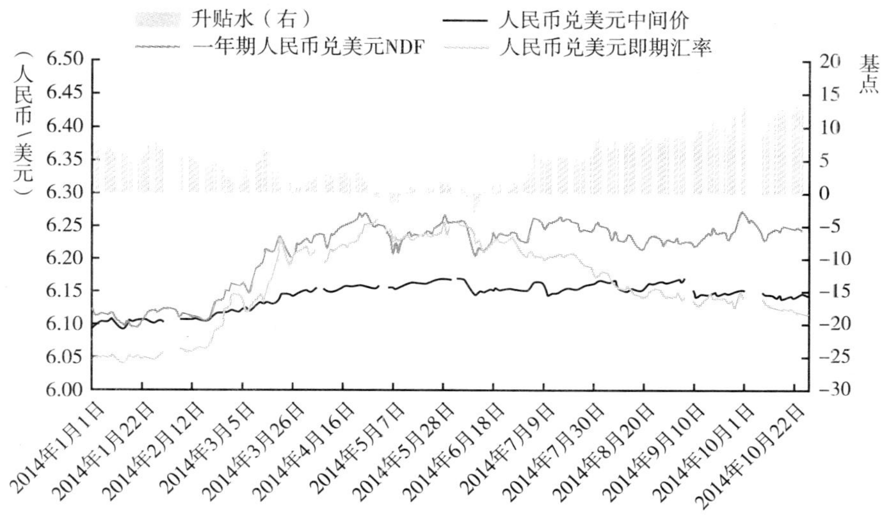

图4　人民币汇率即期及远期变化

资料来源：中国人民银行，CEIC。

二　金融运行中需要关注的几个问题

（一）金融风险呈扩散趋势

一是银行业金融机构不良贷款率虽然较低，但不良贷款余额和不良贷款率双升，同时银行加大了不良贷款处置力度，银行真实资产质量压力较名义不良率要大。第二季度末，全国商业银行不良贷款率为1.08%，比上年末提高0.08个百分点，比上季度末提高0.04个百分点；不良贷款余额达到6944亿元，比上年末增加1023亿元，比季度末增加483亿元。从上市银行的情况看，通过将上市银行真实不良资产生成额数据进行还原（即将核销及转出数额加回至不良净增额），可得上半年上市银行不良资产真实生成额较2013年同期增长112%，相当于2013年全年不良资产真实生成额的87%。

二是不良贷款从产能过剩行业逐步向上下游行业蔓延，与之相关的上下游企业以及普通加工制造业、住宿餐饮、商贸流通等多个行业受到影响。批发零售业不良贷款高企主要由近两年来钢贸行业风险传导所致，制造业不良贷款增加则与经济下行带来的中小企业资金链断裂密切相关。

三是信贷风险向内陆区域转移。钢贸、煤贸等行业和互保联保模式的风险逐步向中西部地区蔓延。6~8月，某银行重庆分行不良贷款新增1.23亿元，其中一家钢贸企业和一家煤贸企业不良贷款分别增加6000多万元。

四是房地产业金融风险增加。房地产市场短期风险在于销售回款放慢，开发商杠杆上升，财务压力加大，部分房地产企业出现违约；长期风险在于房地产抵押品价值存在下降风险。

五是地方债务风险上升。2014年是地方政府性债务到期的高峰年份之一，审计署数据显示，2014年到期的地方政府债务占地方政府债务总额的20%。受加强监管及剥离融资平台政府性融资功能等政策的影响，部分地方政府平台获得新增贷款难度加大，融资能力下降，流动性风险凸显。另外，地方政府性债务结构复杂，除了平台贷，还有城投债、信托、资管计划等多种融资渠道，随着越来越多的融资活动在缺乏适当监管的金融机构表外发生，地方债资产质量可能恶化，潜在信用风险上升。

（二）信贷需求转弱

微观调研发现，多数银行表示贷款需求还是集中在政府融资平台、房地产（包括个人住房贷款和开发贷款）以及国家重点支持的棚户区改造、重点建设工程项目，其他领域有效信贷需求偏弱。工农中建广东分行数据显示，8月末四大银行贷款储备项目合计3591亿元，比5月末少392亿元，其中制造业仅427亿元，比5月末少157亿元；批发和零售业180亿元，比5月末少174亿元；而交通运输、仓储和邮政业逆势上涨，8月末贷款储备项目896亿元，比5月末多26亿元。

信贷需求疲软主要有以下几个原因：一是实体经济不景气，制造业投资需求偏弱。二是随着不良率提高，银行信贷审批标准提高。三是风险溢价上升，审慎经营的企业无力承担高资金成本，被驱逐出信贷市场。四是对利率不敏感的基础设施和房地产项目对制造业信贷形成“挤出”。以某国有银行湖北省分行为例，2014 年向该行申请信贷的企业中，资金需求占比为：制造业 25.7%，房地产业 17.2%，交通运输业 15.8%，租赁商务服务业（平台为主）12.9%，但通过审批的项目中，交通运输行业占 33.1%，租赁商务服务业占 24.5%，房地产业占 20.9%，资金需求最高的制造业仅占 5.1%。五是企业融资结构发生深度调整。随着金融脱媒、利率市场化步伐的加快，企业融资渠道日益多样化，特别是 2014 年以来，资金市场价格总体保持相对低位，企业债券融资活跃度明显上升，对信贷需求形成了替代。

银行、企业、地方政府关于贷款需求的认识存在分歧，企业和地方政府反映的信贷需求强于银行。例如，江西省政府准备在赣州工业园区开展“财园惠农信贷通”试点，省委农工部经调研认为园区企业贷款需求在 52 亿元以上。但银行调研发现，大量企业处于停工或半停工状态，信贷需求不超过 27 亿元，银行认为部分企业在政府调研时夸大了贷款需求。不少企业则认为，银行避险情绪增强，企业的实际信贷需求未纳入银行的“有效信贷需求”。例如，江西省两家铜业公司获得了总计 12.6 万吨的铜产品订单，资金需求旺盛，且能够产生效益。但由于有色金属行业属于“产能过剩”行业，下半年银行不但停办了有色金属行业仓单质押贷款，而且对两家公司分别抽贷 3000 万元和 4500 万元，一家公司开工率从上半年的 95% 降至 8～9 月的 65%，另一家公司面临资金链断裂风险。

（三）多措并举解决融资难、融资贵问题

我国企业，尤其是中小民营企业面临的融资难、融资贵的问题，有投融资体制、经济发展阶段的因素。利率从根本上取决于货币供需状况，货币供需关系背后是投资与储蓄的关系。尽管我国储蓄率处于国际较高水平，但伴随着人口老龄化到来，经济增长潜力会下降，储蓄率也趋于下降。但是投资在我国经济发展中起着关键作用，并未明显改变。一些经济主体如国企、地方政府融资平台等存在财务软约束，投资对利率不敏感，而投资需求又很大。2013 年基建投资增长 22.8%，高于同期固定资产投资 3.2 个百分点，

成为拉动固定资产投资的主力。这两年经济增长有所放缓，但融资需求下降并不明显。许多软约束的投资需求能够承受高利率，并对其他经济主体产生示范效应，推高了利率水平。

此外，在利率市场化进程中，市场化定价的产品越来越多，理财产品、余额宝等货币市场基金产品利率高于存款利率，推高了银行成本，也使得银行贷款利率上升。

要解决融资成本高的问题需要各方面多管齐下，采取综合措施。具体包括以下几个方面。

一是改革投融资体制，改变预算软约束。只有提高国企、地方政府融资平台等实体的利率敏感性，才能使它们按照市场化的逻辑进行投资决策，防止对资金的无限需求。目前，中央已经在加快推进这方面的改革，包括改变地方政府考核模式，理顺中央和地方的财权事权边界，加快推进财政体制改革等。

二是完善商业银行考核评价指标体系，理顺银行治理结构。引导商业银行纠正单纯追逐利润、攀比扩大资产规模的经营理念，完善对商业银行经营管理的评价体系，合理设定利润等目标。督促商业银行取消不合理收费项目，降低过高的收费标准，杜绝变相提高利率、加重企业负担的行为。

三是积极使用财政手段支持中小企业解决融资问题。对银行发放符合条件的小微企业贷款导致的风险提供财政补贴。进一步完善小微企业融资担保政策，加大财政支持力度。大力发展政府支持的担保机构，引导其提高小微企业担保业务规模，合理确定担保费用。

四是大力发展直接融资，逐步降低间接融资的占比。直接融资有助于满足市场主体多元化的金融需求，拓展企业融资渠道，降低融资成本。要大力发展债券市场，提高债券市场的流动性，促进债券发行、交易以及市场价格的形成，为企业融资提供更多的便利。要实现各类融资渠道规范化发展，理顺监管体制，加强法律制度建设，营造公平竞争的市场环境。要降低融资门槛，破解中小企业融资难题，包括继续降低中小企业直接融资的门槛，完善市场基础设施建设以及放宽市场准入、大力发展中小金融机构等。

五是采取窗口指导、定向再贷款再贴现、定向降低存款准备金率等短期政策直接引导银行的信贷行为，鼓励银行增加对中小企业的信贷投入。

（四）基础货币投放渠道发生重大变化

2001 年我国加入 WTO 之后，顺差快速积累，特别是 2005 年汇改后人民币升值预期强化，外汇占款快速增加。截至 2013 年末，央行资产负债表外汇占款 26.43 万亿元，占央行总资产的 83.3%，占比比 2002 年末提高 40.1 个百分点。外汇占款的快速增长，使得外汇占款成为基础货币投放的主渠道。同时，为了防止基础货币增长过快，央行进行了大规模冲销操作，通过发行央票和正回购及提高存准率回收流动性。2003 年至金融危机前，央行先后 20 次上调存准率。截至 2011 年 6 月，大型金融机构存款准备金率最高达 21.5%。央票存量规模最多时达到 4.8 万亿元。

2005 ~ 2008 年，人民银行外汇占款年增量分别为 1.7 万亿元、2.2 万亿元、2.6 万亿元和 3.4 万亿元，逐年多增趋势明显。2009 年之后，人民银行外汇占款年增量呈双向波动态势。2012 年以来，外汇占款增速继续下滑，跌至个位数，2014 年第二季度和第三季度，央行外汇占款连续两个季度回落。原因在于：一是贸易顺差增长放缓，经常账户差额增速回落。2010 年以来，我国出口增速总体呈下降态势。2011 年以来，中国出口商品在欧美日的市场份额已悄然回落，而在新兴市场占比并没有大幅提升。受不断上涨的劳动力成本和人民币汇率升值等因素的影响，中国企业出口成本不断上升，出口产品价格竞争优势大幅削弱。整体看，未来国际市场拓展空间有限，进出口顺差不可能持续增长。同时，服务贸易表现为逆差，且逆差逐年扩大。二是经过多年大幅升值，人民币接近均衡水平，资金双向流动，资本项目顺差减少，甚至出现逆差。三是不断推进汇率形成机制市场化，人民币汇率弹性加大，央行退出常态式干预，主动购汇减少。

外汇占款的增长无法满足基础货币投放需求，公开市场操作、再贷款、再贴现作为基础货币投放渠道的重要性增加。2009 年以来，公开市场操作从货币净回笼转为货币净投放。1 ~ 9 月，金融机构再贷款增加 14518 亿元，比上年同期多增10110亿元；人民银行外汇占款增加7748亿元，比上年同期少增9131亿元；金融机构再贷款比人民银行外汇占款增量多6770亿元。

同时，央行积极完善货币政策工具，增强货币政策的主动性和灵活性。2013年1月18日，中国人民银行宣布启用公开市场短期流动性调节工具（Short-term Liquidity Operations，SLO），作为公开市场常规操作的必要补充，在银行体系流动性出现临时性波动时相机使用。2013年1月，中国人民银行创设“常备借贷便利”（Standing Lending Facility，SLF），对金融机构开展操作，提供流动性支持。2014年，中国人民银行又推出抵押补充贷款（Pledged Supplementary Lending，PSL），作为基础货币投放渠道的补充并引导中期政策利率水平。

再贷款、再贴现工具的定向特征被放大。2014年3月20日，中国人民银行在信贷政策支持再贷款类别下创设支小再贷款，专门用于支持金融机构扩大小微企业信贷投放，同时下达全国支小再贷款额度共500亿元，8月又增加支农再贷款额度200亿元。8月8日，中国人民银行增加再贴现额度120亿元，支持金融机构扩大对小微企业和“三农”的信贷投放。加上4月、6月的两次定向降准，有利于优化信贷结构，引导金融机构将释放的资金更多地配置到“三农”和小微领域。

（五）资本流动的新趋势值得关注

自2007年起，美国相继爆发次贷危机和全球金融危机。在危机冲击下，美国经济严重衰退。为了应对危机、促进经济复苏，从2007年末到2008年末，美联储连续10次降息，将联邦基金目标利率由5.25%降至0～0.25%，此为美联储成立以来的最低水平。同时，为了进一步扩大经济刺激力度，从2009年起，美国开始实施大规模的资产购买计划，即美联储通过购买长期国债和住房抵押贷款支持证券（MBS）的方式向市场投放流动性，实施了三轮量化宽松，资产规模目前已达到史无前例的4.6万亿美元，约相当于危机前的6倍。除美国之外，全球其他主要央行也从2008年开始转入降息周期，近几年来政策利率基本维持在接近于零的水平，与新兴经济体之间保持明显的利差。同时，日本、英国央行等也接连扩大资产购买计划，欧央行最近也开始了量化宽松操作。

在这种宽松的货币环境下，近几年来新兴市场整体保持了资本流入的状态。根据国际金融协会（IIF）的统计，2010 年以来，新兴市场的私人资本净流入连续三年超过 1 万亿美元。相比之下，20 世纪 90 年代初的年均资本净流入不到 1000 亿美元。

量化宽松政策是非常规的货币政策，随着美国经济的好转，终将逐步退出。2013 年下半年以来，美联储逐步明确了退出顺序，制定了具体的退出步骤：首先逐步缩减购债规模；然后结束购债计划；最后结束零利率政策。2013 年 12 月 18 日，美联储宣布自 2014 年 1 月开始，每月缩减资产购买计划 100 亿美元至 750 亿美元。随后，资产购买计划不断缩减，直至 2014 年 10 月 29 日，美联储宣布 11 月起将资产购买规模降至零，第三轮量化宽松宣告终结。

随着美国经济的好转，2014 年以来已经出现国际资本从新兴市场撤离的趋势。从中国的情况看，中国跨境资本从净流入转为净流出。在国内经济金融环境不确定性增加、人民币汇率双向波动的情况下，第二季度以来，我国出现资本项目净流出的情况，第二季度资本与金融项目逆差 162 亿美元，第三季度逆差 816 亿美元。国际收支口径的外汇储备资产增加额从第一季度的 1258 亿美元降到了 228 亿美元，环比降幅达 82%。第三季度以来，中国贸易顺差屡创新高，人民币汇率总体升值，但银行结售汇却连续两个月出现逆差，外汇储备也再现负增长。9 月，银行结汇 10028 亿元人民币，售汇 11034 亿元人民币，结售汇逆差 1006 亿元人民币，连续两个月出现结售汇逆差，且逆差比上月高 955 亿元人民币。第三季度末，我国外汇储备比第二季度末减少了 1055 亿美元，这是 1994 年外汇体制改革以来罕见的。

美国量化宽松的终结，会降低美元供给，提高美元债券收益率，进一步加剧国际资本从新兴经济体撤离的趋势，新兴市场经济体货币贬值压力和宏观调控难度加大。但由于我国外汇储备规模庞大，且资本项目并未完全放开，所以国际资本的流动不会对我国金融市场造成大的冲击。我们要加强跨境资本流动监测，防止热钱大规模流出，有效防范美国 QE 退出给我国带来的冲击。

三　2015 年金融运行展望

（一）增强货币政策前瞻性，加强预调微调

2015 年经济下行压力不容忽视。一是我国房地产市场将面临中期调整压力。房地产市场调整既拉低投资增速，又减少居民财富，降低居民消费。二是生产成本上升是一个渐进的过程，它会导致工业增加值增速趋势性下行。三是大量行业身处结构调整阵痛期，产能过剩、效益不佳。四是政府推动经济发展的能力受到债务土地等资源的约束。

就业压力开始显现。目前就业情况总体稳定，经济下行暂未对就业造成明显冲击，但就业情况稳中有忧。除了大学生、下岗失业人员、“40/50 后”大龄劳动者等重点群体就业依然困难，就业市场还出现了一些值得关注的苗头性趋势。一是高耗能高污染行业压减产能，对就业的影响逐步显现。二是局部地区出现亏损企业减薪裁员潮。三是困难群体托底安置任务加重。如果企业对未来的预期持续悲观，可能进行裁员。部分地区亏损企业增长较快，可能带来区域性就业问题。

2014 ~2015 年美欧日货币政策以宽松为主。10 月，IMF 将 2014 年全球经济增长预测下调了 0. 1 个百分点，降至 3. 3%；对 2015 年全球经济增长预测下调了 0. 2 个百分点，降至 3. 8%。整体而言，2014 年美日欧货币政策较为宽松，市场利率有所下降。预计 2015 年美国经济温和复苏，美国联邦基金利率至少在 2015 年下半年以前保持现有水平。欧元区经济复苏势头走弱，货币政策可能继续放宽。若通缩风险继续发酵，欧洲央行可能进一步降低利率。日本经济复苏内生动力不强，日本央行近期已扩大基础货币投放规模，货币政策将更加宽松。

国内金融风险积聚。近年来，影子银行、房地产市场、政府融资平台快

速发展，隐藏了较多金融风险，影响到我国金融稳定。目前，各监管机构对影子银行加强监管，房地产市场自发调整，财政部治理政府融资平台融资，这些从长期看有利于化解金融风险，减少金融风险积聚，但是短期内会使不少金融风险暴露，加速金融风险的爆发。货币政策需要提高前瞻性和灵活度，既要防止金融风险继续扩大，又要守住不爆发金融风险的底线，维护金融稳定。

（二）使用多种货币政策工具实现宏观经济稳定

考虑到2015年经济增长放缓，物价水平稳定，预计全年M2增速超过12%的可能性不大。由于商品贸易顺差和服务贸易逆差基本稳定，预计外汇占款新增量不大，基础货币仍有较大缺口。从流动性格局看，2015年既要投放长期流动性、弥补基础货币缺口，又要调节短期流动性、减少季节波动。

法定存款准备金是央行引导预期的重要工具，也是央行管理长期流动性的重要工具。2015年经济形势不乐观，物价涨幅不高，考虑到2015年基础货币缺口较多，央行需要主动投放基础货币，保持货币市场利率基本稳定，应综合考虑增加流动性和引导预期需要，灵活运用存款准备金政策。

此外，将回购交易和短期流动性调节工具SLO作为央行主动的短期流动性管理工具。将常备借贷便利SLF用以解决个别金融机构短期大额流动性需求。未来，伴随汇率制度的进一步完善，人民币国际化的推进，需要提前布局和设计提供长期流动性的工具。2014年9月末，我国国债余额9.25万亿元、金融债余额11.7万亿元，可以考虑逐步将央行现券交易的基础资产定位于国债和金融债，作为投放长期流动性的核心操作手段。

B.15

2014年中国对外贸易形势分析及2015年展望

——兼论转型时期对外发展重点

金柏松 刘建颖*

摘 要：2014年世界经济复苏曲折，世界贸易增速连年与经济增长水准相当，处于罕见的低迷状态，显示出世界经济、贸易调整时期形势艰难。中国外贸增速回落表现相对“抗跌”，出口结构转型连年有所进步，进口数量增速高于金额增速，贸易条件有所改善。2014年中国对外贸易大约增长4.8%。2015年世界经济、贸易增长前景堪忧，地缘政治动荡导致欧洲经济受损、俄罗斯陷入衰退，日本风险升高，美国经济存在隐忧，中国经济增长继续放慢，对外贸易增长约6.6%。

关键词：对外贸易 转型时期 衰退概率

一 引言

2014年，我国外贸进出口的发展环境悄然发生着一系列变化。

其一，2014年世界经济复苏形势曲折而复杂。2014年第一季度美国经济下滑2.9%，第二季度日本经济下跌7.7%，第三季度欧元区复苏停滞，

---

* 金柏松，商务部国际经济贸易合作研究院研究员；刘建颖，商务部国际经济贸易合作研究院副研究员、博士。

以及中国经济增速持续放慢等，世界经济大国均有疲弱的一面，削弱经济复苏动力。与此同时，地缘政治形势动荡，乌克兰出现分裂趋势，美欧日与俄罗斯相互实行经济制裁；伊斯兰恐怖势力急剧扩张，在抢占石油资源同时也在向市场大量抛售，扰乱市场秩序；中东以巴冲突，埃及、叙利亚、利比亚局势动荡，更趋复杂；西非埃博拉疫情出现大量人口死亡、疫情扩大等，对地区经济都造成重大伤害，对世界经济正常运行、安全运行造成威胁。

其二，美国经济复苏较好，却独木难支。2009 年以来美国经济持续复苏，国内失业率一路下滑，新增非农就业人口持续改善，国内物价温和、经济持续增长等，但也有反复，如第一季度经济出现大幅度负增长，如今基本面总算趋于稳固。欧元区复苏出现曲折，2013 年欧元区摆脱欧债危机，2014 年进入复苏阶段，如今因制裁俄罗斯等而自损，法国、意大利经济似乎患有“日本病”，始终没有大的起色，主要大国未能承担起“引领复苏”作用，欧元区经济表现低迷。日本虽推出史上最大规模的货币宽松新政策，但国内结构性改革迟缓及贸易逆差演变为结构性问题令复苏前景不明。

其三，金融危机以来，美联储资产负债表扩张幅度远超欧洲央行，并于 2014 年 11 月决定终止量宽政策，取得较好效果。反观欧日还在执行新的货币量宽政策，积极效果尚不得而知，却为全球金融市场带来新的风险。

其四，新兴经济体整体增速放缓，巴西、俄罗斯、东亚及中国均面临下行压力。

2014 年，中国对外贸易面临外部世界经济大浪淘沙和内部经济转型压力加大的两面夹击，正步入“调结构、添动力、迎挑战”的“新常态”。本文将对 2014 年我国外贸出口结构转型升级、地区国别市场动向、世界经济调整影响等内容，展开重点分析，并依照 2014 年余下时间的国内外最新动向预测全年进出口贸易数据，指出 2014 年中国在全球战略布局，以及中国政府在指引当前及未来一段时期对外贸易发展新的方向与重点，分析 2015 年世界经济形势，最后对 2015 年全年进出口形势进行展望。

二 近年来我国外贸转型升级分析

2010～2014 年，我国外贸增速呈逐年走低趋势。按美元计价，2010 年我国进出口同比增长 34.7%，2011 年增长 22.5%，2012 年增长 6.2%，2013 年增长 7.6%。2014 年前三季度，我国进出口同比增长 3.3%。其中，出口增长 5.1%，进口增长 1.3%。具体见图 1、图 2、图 3、图 4。

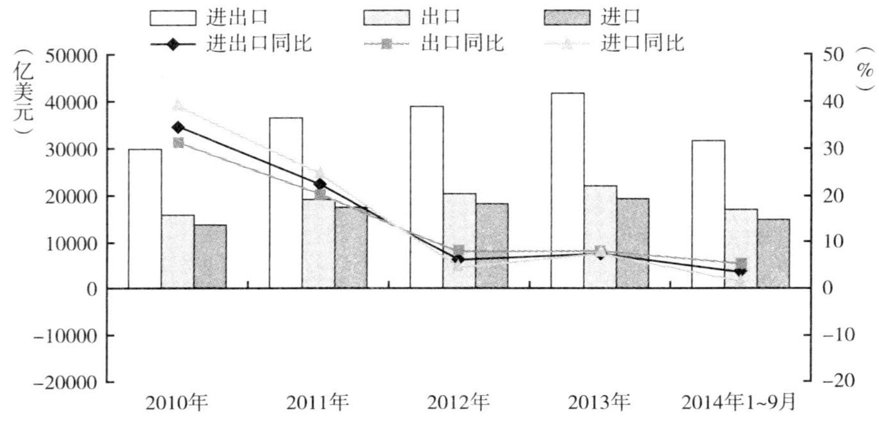

图 1　2010 年以来中国货物贸易进出口规模与增速

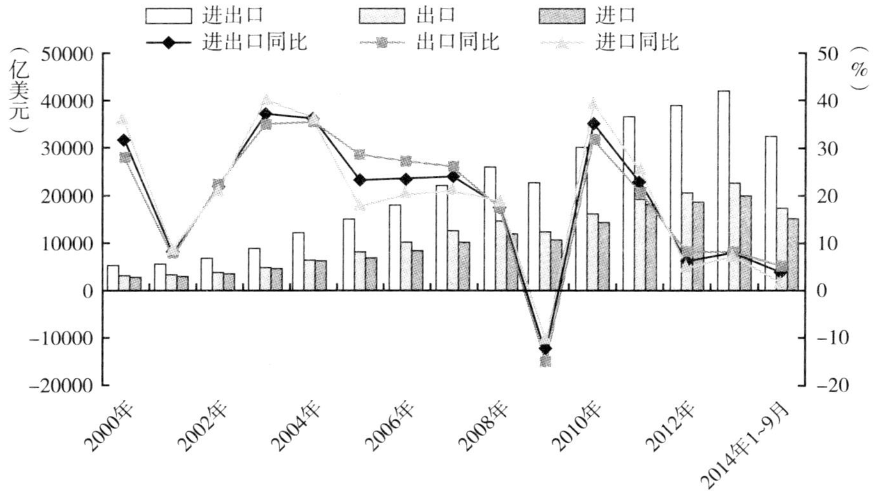

图 2　2000 年以来中国货物贸易进出口规模与增速

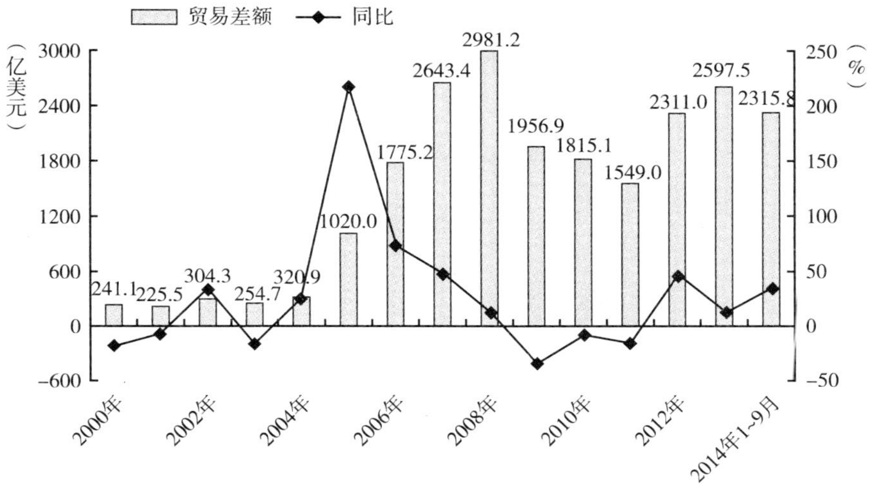

图 3　2000 年以来中国货物贸易顺差规模与增速

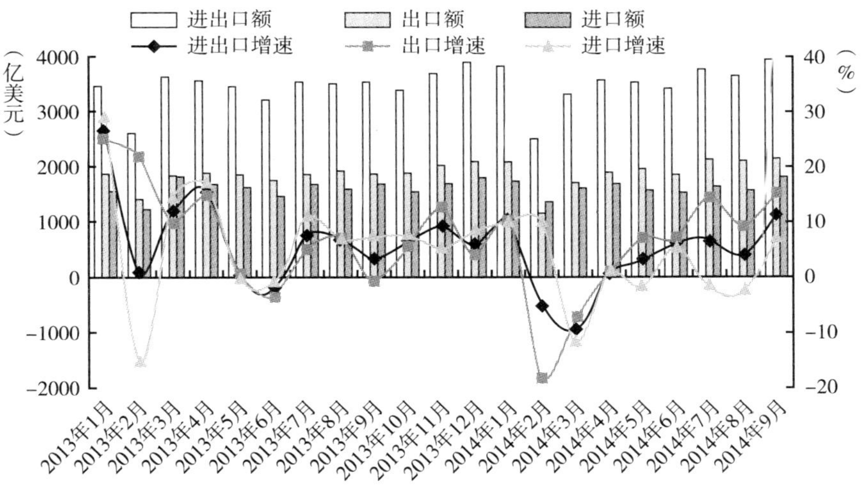

图 4　2013 年以来中国货物贸易进出口规模与增速（月度）

然而，值得关注的是我国出口结构在持续改善。其一，从贸易方式看，近年来我国一般贸易出口增速高于加工贸易，占比由 2010 年的 45.7% 提高到 2014 年前三季度的 51.8%，同期加工贸易出口占比由 46.9% 降至 2014 年前三季度的 37.3%。通常情况下，一般贸易产业链长、附加价值高，加工贸易产业链短、附加价值低，表1、表2、图5、图6、图7、图8反映出中国外贸结构更趋优化，在全球价值链贸易中逐渐居于更有利地位。

表1　2005年以来我国一般贸易进出口情况

单位：亿美元，%

年　份	进出口			出　口			进　口		
	金额	同比增速	占当期进出口总值的比重	金额	同比增速	占当期出口总值的比重	金额	同比增速	占当期进口总值的比重
2005	5948.1	—	41.8	3150.9	29.3	41.4	2797.2	12.7	42.4
2006	7495.0	26.0	42.6	4163.2	32.1	43.0	3331.8	19.1	42.1
2007	9672.3	29.1	44.4	5385.8	29.4	44.1	4286.5	28.7	44.8
2008	12352.6	27.7	48.2	6625.8	22.9	46.3	5726.8	33.6	50.6
2009	10637.0	-13.9	48.2	5298.3	-20.1	44.1	5338.7	-6.7	53.1
2010	14887.1	40.0	50.1	7207.3	36.0	45.7	7679.8	43.7	55.0
2011	19245.8	29.3	52.8	9171.2	27.3	48.3	10074.6	31.0	57.8
2012	20098.4	4.4	52.0	9880.2	7.7	48.2	10218.2	1.4	56.2
2013	21972.5	9.3	52.8	10875.3	10.1	49.2	11097.2	8.5	56.9
2014.1~9	17211.9	6.5	52.4	8793.5	10.7	51.8	8418.5	2.4	57.4

资料来源：根据历年海关统计计算而得。

表2　2005年以来我国加工贸易进出口情况

单位：亿美元，%

年　份	进出口			出　口			进　口		
	金额	同比增速	占当期进出口总值的比重	金额	同比增速	占当期出口总值的比重	金额	同比增速	占当期进口总值的比重
2005	6905.1	—	48.6	4164.8	27.0	54.7	2740.3	23.6	41.5
2006	8318.8	20.5	47.3	5103.8	22.5	52.7	3215.0	17.3	40.6
2007	9860.5	18.5	45.3	6176.6	21.0	50.6	3683.9	14.6	38.5
2008	10535.8	6.8	41.1	6751.8	9.3	47.2	3784.0	2.7	33.4
2009	9093.2	-13.7	41.2	5869.8	-13.1	48.8	3223.4	-14.8	32.0
2010	11577.6	27.3	38.9	7403.3	26.2	46.9	4174.3	29.5	29.9
2011	13052.2	12.7	35.8	8354.2	12.9	44.0	4698.0	12.5	26.9
2012	13439.5	3.0	34.8	8627.8	3.3	42.1	4811.7	2.4	26.5
2013	13578.1	1.0	32.6	8608.2	-0.2	39.0	4969.9	3.3	25.5
2014.1~9	10105.2	2.1	32.0	6335.4	1.4	37.3	3769.8	3.5	25.7

资料来源：根据历年海关统计计算而得。

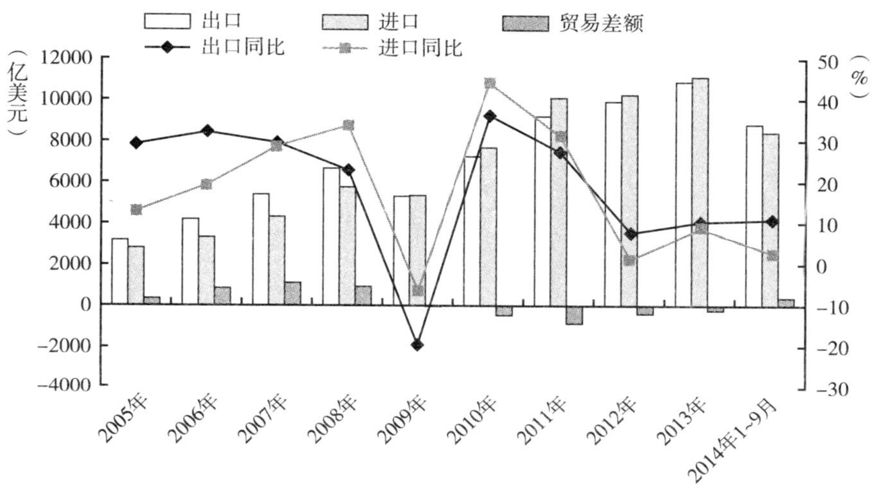

图 5　2005 年以来我国一般贸易规模与增速

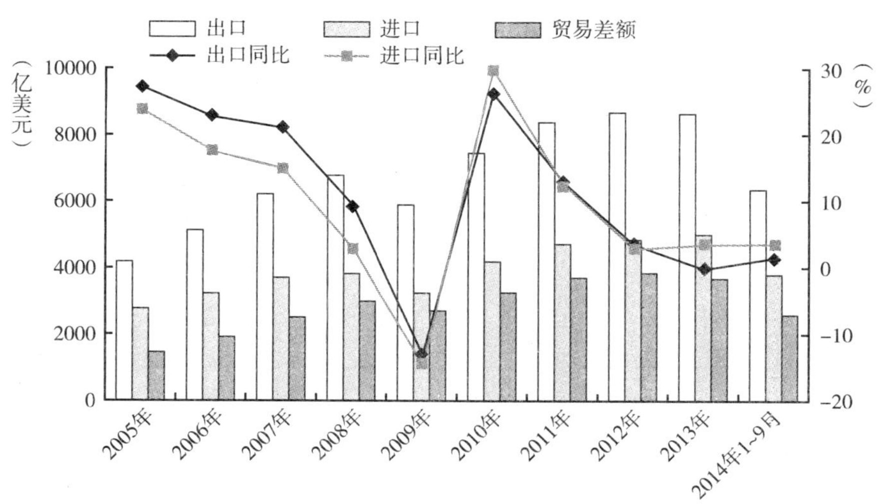

图 6　2005 年以来我国加工贸易规模与增速

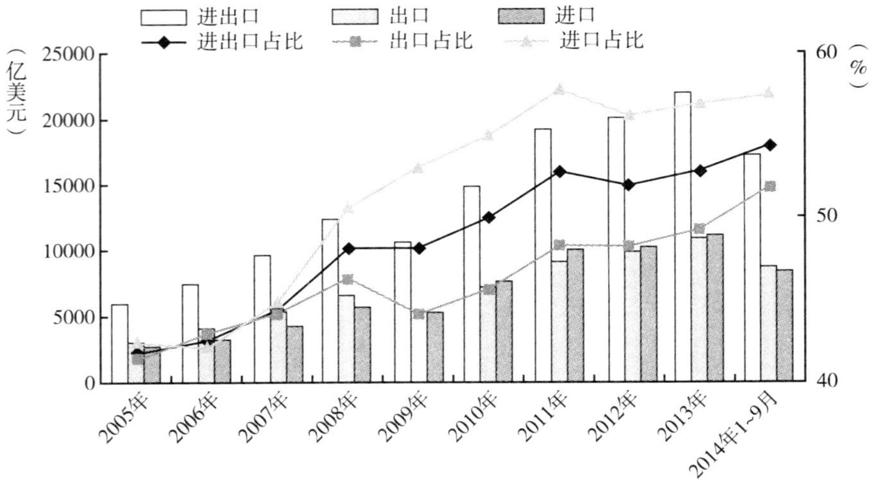

图 7　2005 年以来我国一般贸易规模及占比情况

注："进出口占比"指一般贸易进出口占我国外贸总额的比重，"出（进）口占比"指一般贸易出（进）口占我国出（进）口总额的比重。

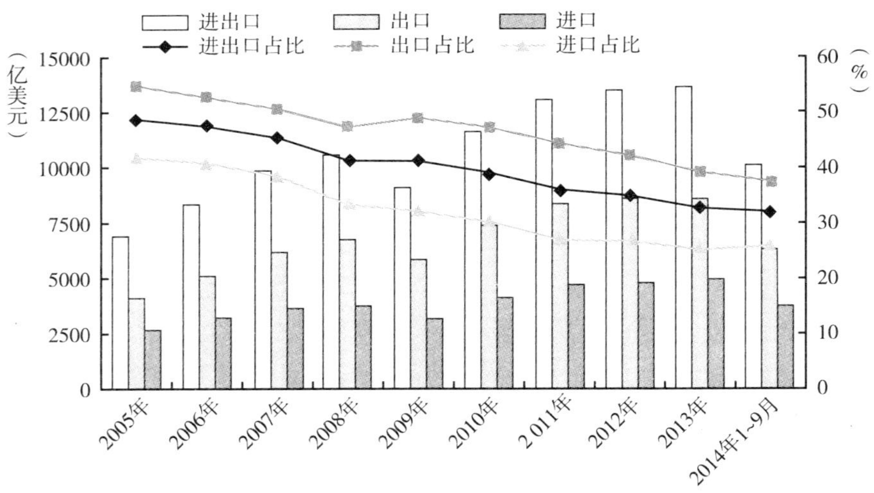

图 8　2005 年以来我国加工贸易规模及占比情况

注："进出口占比"指加工贸易进出口占我国外贸总额的比重，"出（进）口占比"指加工贸易出（进）口占我国出（进）口总额的比重。

其二，从地区分布看，我国中西部地区外贸出口保持较强动力，出口增速快于沿海地区。2014 年前三季度，重庆、四川、江西、广西和湖南等中西部省份的出口增速分别为 45.5%、11%、13.8%、21.4% 和 28.6%（按人民币计价，美元计价数据尚未公开发布），明显高于同期我国出口的总体增速。同时，广东、江苏等七个省市对外贸易所占比重回落。前三季度，广东进出口总值 4.7 万亿元，继续位列全国第一；江苏和上海进出口总值分别为 2.6 万亿和 2.1 万亿元，北京（含中央在京单位）进出口 1.9 万亿元。此外，浙江、山东、福建进出口总值分别为 1.6 万亿、1.3 万亿和 8006 亿元。上述七个省市，进出口值合计占我国进出口总值的 77.6%，较 2013 年同期回落了 2 个百分点。我国出口产业地区分布正在扭转不平衡状态，区域结构有所改善。东中西部地区经济发展的协调性在增强，东部地区在结构调整、转型升级中的引领作用愈加明显，中西部地区在一系列区域发展战略的推动下，后发优势继续得到发挥。具体见表 3、图 9、图 10。

表 3　2005 年以来我国东部地区一般贸易情况

单位：亿美元，%

年份	一般贸易				加工贸易			
	出口		进口		出口		进口	
	金额	增速	金额	增速	金额	增速	金额	增速
2005	2739.7	—	2488.2	—	4071.5	—	2684.0	—
2006	3615.4	32.0	2945.3	18.4	4973.8	22.2	3141.8	17.1
2007	4637.5	28.3	3746.0	27.2	6009.5	20.8	3590.3	14.3
2008	5633.9	21.5	5005.6	33.6	6549.4	9.0	3666.1	2.1
2009	4627.5	-17.9	4648.8	-7.1	5677.6	-13.3	3104.0	-15.3
2010	6249.5	35.1	6673.9	43.6	7109.5	25.2	3977.5	28.1
2011	7853.3	25.7	8714.5	30.6	7821.6	10.0	4383.6	10.2
2012	8264.0	5.2	8913.3	2.3	7763.8	-0.7	4331.4	-1.2
2013	8997.2	8.9	9749.4	9.4	7571.1	-2.5	4354.4	0.5

注：东部地区仅包括北京、天津、河北、辽宁、上海、江苏、浙江、福建、山东、广东等 10 省市，下同。

资料来源：根据海关内部数据计算而得。

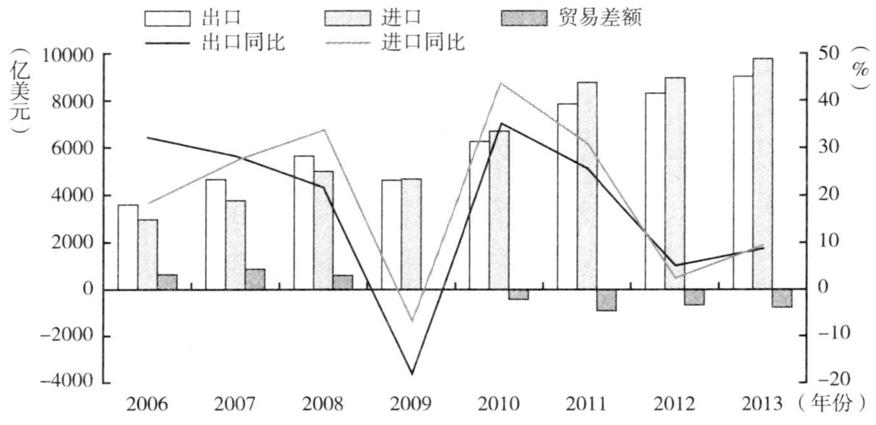

图 9　2006 年以来我国东部地区一般贸易规模与增速

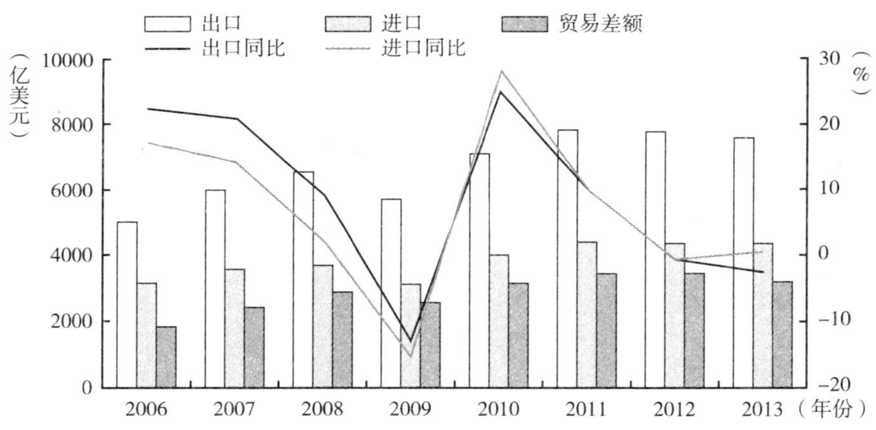

图 10　2006 年以来我国东部地区加工贸易规模与增速

其三，从贸易主体看，2010 年我国民营企业出口占比为 27.3%，外资企业占比为 54.6%，国企占比为 14.9%；至 2014 年，相应占比分别为 39.8%、46.3% 及 11.3%。短短 4 年时间，民企出口占比提高 12.5 个百分点，外企降低 9.3 个百分点，国企降低 3.6 个百分点。表明市场化改革为中国民营企业发展提供了更加广阔空间，民营企业竞争力更趋强劲。值得一提的是，2014 年 9 月当月，在海关公布“按企业性质”分类栏目中“其他类型”，主要是民营企业，集体企业仅占一小部分，两者之和出口占比达到 44.5%，首次超过外资企业出口占比（42.6%）。在国内产业结构调整的大背景下，其他类型企业已经成为未来中国出口的新主力、新动力。具体参见图 11、图 12、图 13。

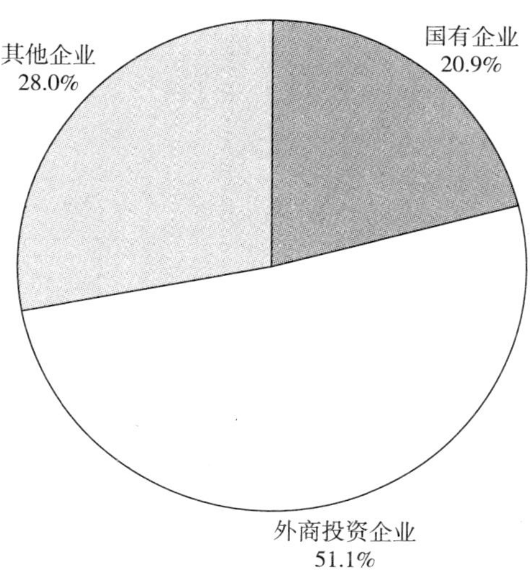

图 11　2011 年我国各类企业进出口规模占比情况

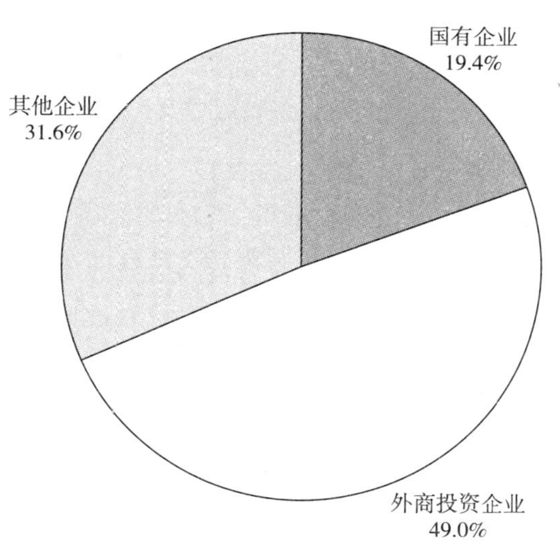

图 12　2012 年我国各类企业进出口规模占比情况

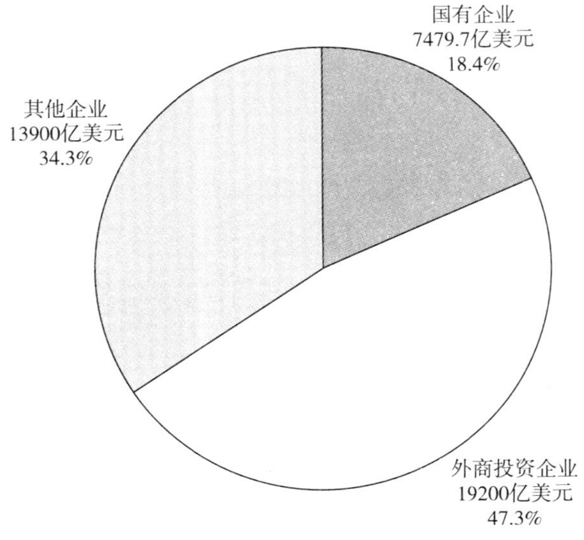

图 13　2013 年我国各类企业进出口规模及占比

其四，从出口品牌看，中国自主品牌产品出口迅速成长。除了家喻户晓的海尔、海信、TCL、格力、美的等家电企业外，近年还有一大批新的企业异军突起，成为世界著名企业，如工程机械行业的三一重工、中联重科，通信设备行业的华为、中兴、小米等，交通设备领域铁路行业的中国南车、中国北车，汽车行业的比亚迪、长城、长安、吉利，船舶制造业的大连船舶重工、上海外高桥造船等。

其五，我国腾讯、阿里巴巴、京东等软件、信息、电商经营的货物贸易、服务贸易出口也在快速增长，在世界排名位居前列。

此外，从外贸对我国经济增长的贡献看，2014 年前三季度，“三驾马车”消费、投资和净出口分别拉动我国经济增长 3.6 个、3.1 个和 0.7 个百分点左右。其中，最终消费对经济增长的贡献率是 48.5%，较 2013 年同期提高 2.7 个百分点；资本形成总额贡献率为 41.5%，较上年同期大幅下降；净出口贡献率为 10%，较上年同期大幅上升。中国消费对经济增长的拉动作用继续增强，投资增速继续高位放缓，出口增速换挡。如果进一步分析，中国进口消费品大量增加也对最终消费品增长做出积极贡献。

三 对世界主要市场进出口动向分析

从地区国别市场结构分析中国外贸，主要从美国、欧盟、日本、韩国、中国台港澳、东盟、新兴经济体等部分展开。

（一）美国经济主要数据表现优秀，对美贸易顺风顺水

2014年美国经济受惠于QE长期低利率的宽松政策，在全球经济体中表现最好。但复苏的持续性有待观察。

美国经济数据喜中有忧。忧的方面：零售、PPI走弱，引发市场恐慌。美国2014年9月零售销售月率下降0.3%，为2014年1月以来首次下降；8月则增长0.6%，是4个月以来最大增幅。9月季调后消费者物价指数（CPI）同比增长1.7%，与8月持平，略好于预期值1.6%，持续低于美联储目标。9月季调后CPI环比增长0.1%，微超预期的持平（0.0%），8月为下降0.2%。9月生产者物价指数（PPI）月率下跌0.1%，与8月持平。零售与PPI指标双双走低引发市场恐慌，美元指数与美股随之快速跳水。第三季度美经济增长3.5%，其中国防开支拉动效果较大，但没有持续性。

喜的方面：经济增长、就业、房地产仍在复苏，市场重拾信心。2014年前三季度美经济增长分别为-2.9%、4.6%及3.5%。美国就业市场保持强劲，制造业活动略为放缓，截至2014年10月18日当周，美国初次申请失业救济金人数增加1.7万人，至28.3万人，略高于预期的28.1万人，但连续第六个星期保持在30万人以下，劳动力市场发展趋势的四周移动均值创下2000年5月以来新低，表明美国劳工市场总体仍处改善态势。9月美国政府公布失业率降至5.9%。

就业市场的稳步复苏增强了消费者信心。美国10月密歇根大学消费者信心指数初值86.4，远超市场预期的84.0，创2007年7月以来的新高。

美国10月Markit制造业PMI初值从9月终值57.5降至56.2，为3个月低点，表明制造业将继续复苏。10月新订单指数从9月终值59.8降至

57.1，创1月以来新低。产出指数从9月的59.6降至58.0，创3月以来新低。9月工业产出环比增1.0%，创2012年11月以来新高。

房地产市场同样显现有力复苏。8月联邦住房金融局（FHFA）公布的房价指数增速超预期：8月FHFA房价指数同比增长4.8%，前值增长4.4%；环比增长0.5%，预期增长0.3%，前值增长0.1%，显示房地产市场出现增长迹象。9月新屋开工年化101.7万户，预期100.8万户。8月由95.6万户上修至95.7万户；9月新屋开工率环比增长6.3%，预计增长5.4%，8月环比降幅由14.4%修正至12.8%。修正前14.4%的降幅曾创2013年4月以来新高；9月营建许可环比增长1.5%，预计增长2.7%，8月降幅由5.6%修正至5.1%。9月美国新屋开工和营建许可户数均较8月明显反弹，且8月数据均有所上修。房地产市场温和复苏，释放出支持经济增长的信号。

在美国经济主要经济指标向好影响下，1～9月中国对美进出口达到4045.3亿美元，增长6.7%，其中出口2857.4亿美元，增7.5%，进口1187.9亿美元，增4.9%（见图14）。对美出口增速高于同期我国出口总体增速2.4个百分点，对美出口占比提升至16.8%；从美进口增速高于同期我国进口总体增速3.6个百分点，进口占比提升至8.1%。对美贸易顺差1669.5亿美元，美国为中国最大的贸易顺差来源国。

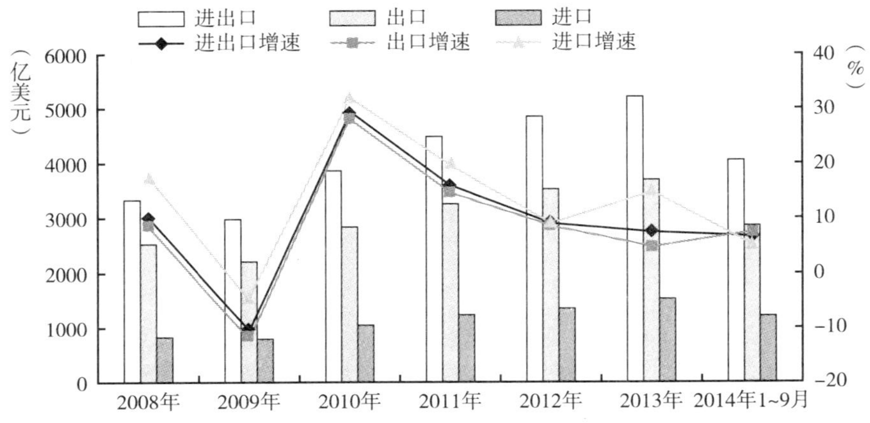

图14　2008年以来中美货物贸易规模与增速

（二）欧元区经济陷入衰退概率升高，对欧贸易在复苏

2014 年欧元区经济第一季度、第二季度实现增长，第三季度处于停滞状态，地区通胀率降至历史低点，欧洲央行有扩大量宽政策空间。欧元区 2014 年 8 月工业产出月率下跌 1.8%，创下 2012 年 9 月以来跌幅新高，预期下跌 1.6%，前值修正为增长 0.9%。欧元区 10 月制造业 PMI 从 9 月的 50.3 升至 50.7，创下 2 个月高点，保持增长动力；服务业 PMI 维持在 52.4。综合 PMI 初值从 9 月的 52.0 升至 52.2，连续第 16 个月处于荣枯分水岭 50 上方。欧元区 9 月 CPI 终值为同比增长 0.3%，为 2009 年 10 月以来的最低升幅，远低于欧洲央行略低于 2% 的通胀目标。10 月综合产出价格指数从 9 月的 48.5 降至 47.1，为 2010 年 2 月以来最低，引发该地区通缩担忧。

德国 2014 年 10 月制造业 PMI 从 9 月的 49.9 升至 51.8，服务业 PMI 从 9 月的 55.7 降至 54.8，综合 PMI 从 9 月的 54.1 升至 54.3。2014 年第二季度，德国 GDP 环比萎缩 0.2%。德国经济部将 2014 年德国 GDP 增速预期从 1.8% 大幅调降至 1.2%，将 2015 年 GDP 预期从 2.0% 调降至 1.3%。德国经济目前受到糟糕的外部环境的拖累，地缘政治危机增加了其经济的不确定性。德国 10 月 ZEW 经济景气指数跌至 -3.6，低于 9 月的 6.9，为 2012 年 11 月以来最低。10 月投资者信心指数暴跌，连续 10 个月走低，创下近两年以来的低位。

继欧洲经济的“火车头”德国陷入经济困境后，英国经济也遭遇阻碍，英央行加息不得不延后。英国零售销售环比、同比均有较大幅度下降，经济显示疲软。英国 9 月季调后零售销售环比下降 0.3%，同比增长 2.7%，预估分别为下降 0.1% 和增长 2.8%。9 月抵押贷款批准件数为 39271 件，为 2013 年 7 月以来最低，预期 41450 件。9 月 CPI 同比增长 1.2%，创 2009 年 9 月以来新低，预期增长 1.4%，前值增长 1.5%。9 月核心 CPI 同比增长 1.5%，是近五年以来的低位。英央行加息时机尚早。

总体来看，近来欧元区面临经济增速放缓和通缩双重威胁。尽管欧元区及德国 PMI 部分缓解了悲观情绪，但不稳固，欧央行需要加码宽松政策，采取更多措施保经济复苏。

幸运的是，中国对欧盟贸易保持复苏势头。经历 2012、2013 年下滑之后，2014 年 1 ~9 月，中国对欧盟进出口 4571.1 亿美元，增 11.8%（见图 15），其中出口达到 2740.2 亿美元，增 11.3%，进口 1830.9 亿美元，增 12.4%。出口增速高于同期我国出口总体增速 6.2 百分点，占比提升至 16.1%；进口增速高于同期我国进口总体增速 11.1 个百分点，占比提升至 12.5%。贸易顺差 909.3 亿美元。

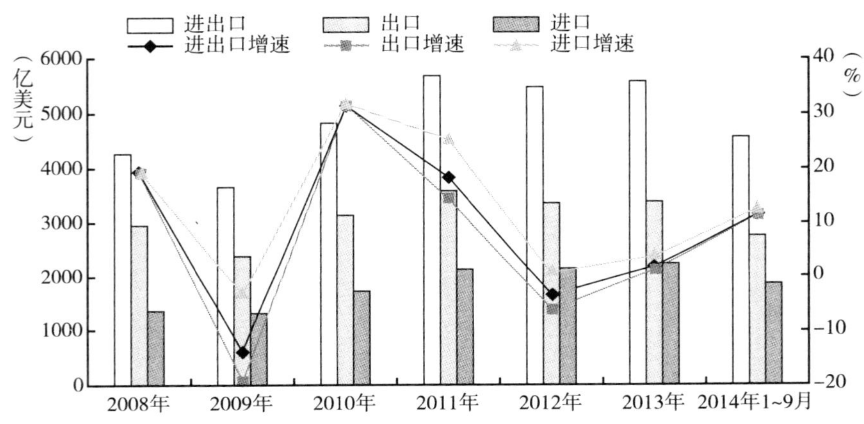

图 15　2008 年以来中国与欧盟货物贸易规模与增速

（三）日本经济出现技术性衰退，双边贸易现微增长

2014 年受提高消费税影响，日本经济第一季度增长 6.7%，第二季度下滑 7.7%，进入衰退。日本首相安倍在国会答辩时不得不承认经济下滑超出预估。2014 年 10 月日本经季节调整后的 Markit/JMMA PMI 初值从 9 月终值 51.7 升至 52.8，连续第 5 个月超过 50 荣枯分水岭，创 3 月以来的高点，尚属乐观。提高消费税后，企业无力推升出厂价格，日本 9 月 PPI 月率下降 0.1%，预期下降 0.1%，前值下降 0.2%；年率增长 3.5%，低于预期（3.6%）和前值（3.9%），为 2014 年 3 月以来最糟表现。8 月工业产出下修至下降 1.9%。PPI 数据疲软表明，随着货币刺激的边际效应递减，日本的通胀水平正在滑落；日本 9 月整体最终商品物价年率上涨 0.6%，前值上

涨 0.4%；国内最终商品物价年率则下跌 0.3%，前值下跌 0.2%。日本 8 月工业产出修正值月率下降 1.9%，较初值的下降 1.5% 小幅下修；年率下降 3.3%，较初值的下降 2.9% 亦小幅下修。数据表明，日本工业未能延续 7 月的积极趋势，暗示日本第三季度 GDP 无法获得预期的大幅回升。日本政府精心策划的刺激经济复苏的安倍三大政策（“三枝箭”），第一枝箭以扩大量宽、诱导日元贬值的政策，意图摆脱通缩，设定预期通胀率 2%，至今还未达到，还有较大差距。第二枝箭扩大财政投入，拉动经济增长，没有持续性。期待的第三枝箭推动经济复苏的结构改革还迟迟不见效果，导致贸易逆差成为结构性问题，将长期延续。加上日本收入增长低于通胀率，抑制了日本个人消费，国债却在大幅增加，日本市场风险在大大升高。

2014 年中国对日本贸易微增，1~9 月进出口达到 2330.9 亿美元，仅增 1.8%（见图 16），其中出口 1114.0 亿美元，增 2.1%，进口 1216.8 亿美元，增 1.6%。对日出口增速低于同期我国出口总体增速，进口增速略高于同期我国进口总体增速。

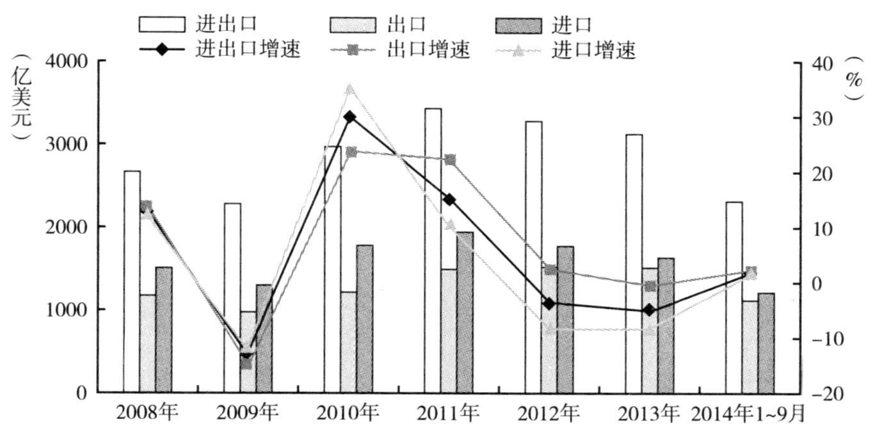

图 16 2008 年以来中日货物贸易规模与增速

（四）韩国经济增长继续放缓，与韩贸易超日本

2014 年下半年以来，受世界经济复苏缓慢以及地缘政治日益突出等因

素影响，韩国经济增速继续放缓，韩央行继续降息，主要经济指标表现不一。9 月汇丰制造业 PMI 从 8 月的 50.3 降至 48.8，8 月之前曾连续四个月在 50 荣枯分水岭下方。其中，新出口订单指数降至 48.8，连续 6 个月低于 50，且为 13 个月以来最低。9 月季调后失业率为 3.5%，与 8 月持平，符合预期。9 月韩国贸易收支实现 33.61 亿美元顺差，这是自 2012 年 2 月以来连续 32 个月实现贸易顺差。其中，出口 476.91 亿美元，同比增长 6.8%；进口 443.3 亿美元，同比增长 8.0%。韩国产业部相关人士预测，得益于半导体、汽车等主要商品出口竞争力强，韩国 2014 年第四季度出口额仍有望保持增长。尽管韩国出口稳定、消费稍有好转，但国内经济存在不足，经济景气仅部分恢复。目前，韩国通胀水平已降至 1.1%，制造业滑入萎缩区间，消费者信心低迷。韩国央行决定将基准利率从 2.25% 下调至 2.0%（为五年来低位），以加大经济增长刺激力度，并且该行对未来进一步下调利率持开放态度。受资本支出和消费者支出放缓影响，韩国央行也下调了韩国经济增长和通胀的预期。预计 2014 年和 2015 年韩国经济将分别增长 3.5% 和 3.9%，低于三个月前预测的 3.8% 和 4.0%；2014 年和 2015 年的通胀预期分别下调至 1.4% 和 2.4%，低于此前预计的 1.9% 和 2.7%。

2014 年 1～9 月中韩贸易增长较快，进出口总额达到 2141.1 亿美元，增长 5.4%（见图 17），其中出口 734.3 亿美元，增长 7.5%，进口 1406.8

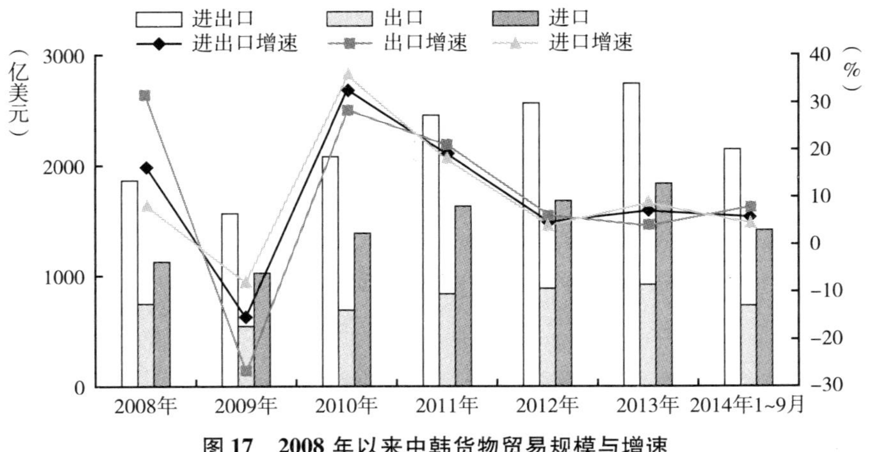

图 17　2008 年以来中韩货物贸易规模与增速

亿美元，增长4.4%。韩国经济规模虽比日本小，从趋势分析，中国对韩贸易即将超过对日贸易，从韩国进口已于2013年超过从日本进口。中国对韩贸易出口占比4.3%，进口占比9.6%，比上年均有提高。

（五）新兴经济体表现分化，进出口贸易有得有失

主要新兴经济体2014年9月汇丰制造业PMI表现总体并不乐观。俄罗斯9月汇丰制造业PMI从8月的51.0降至50.4，连续第3个月高于50荣枯分水岭，但低于长期均值51.9。主要原因是俄罗斯就业岗位减少，需要稳定局面平抑物价、刺激需求和鼓励投资。印度9月汇丰制造业PMI从8月的52.4降至51.0，创9个月新低，已连续两个月下跌。其中，产出和新订单增长放慢；新出口订单扩速加快；成本压力减轻。

——东盟国家经济受中国、日本影响，增速放慢，中国东盟贸易相对抗跌。IMF统计2012、2013年东盟五国经济分别增长6.2%和5.2%，预计2014年增长将放缓至4.7%。2014年前三季度，中国对东盟十国进出口同比增长7.5%，其中出口增长9.3%，进口增长5.3%（见图18）。

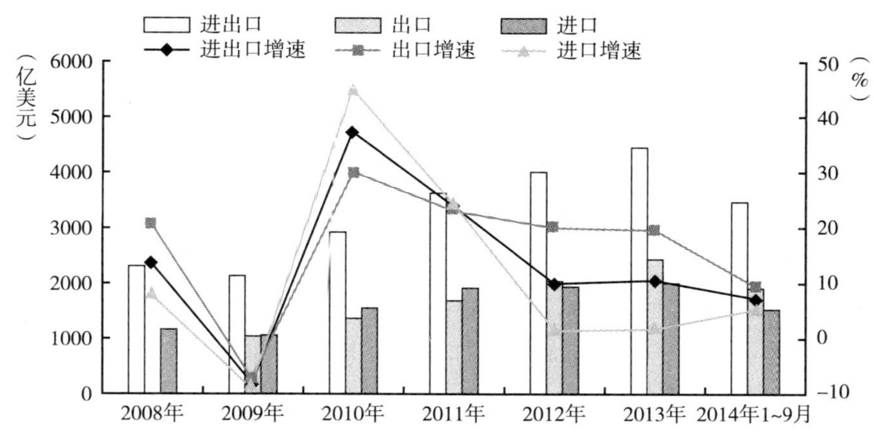

图18　2008年以来中国与东盟货物贸易规模与增速

2014年俄罗斯、印度和巴西等金砖国家经济仍保持低速增长态势。

——俄罗斯工业生产2014年9月同比增长2.8%，前三季度同比增长

1.5%。俄罗斯对外贸易受到乌克兰危机的严重影响。8月出口同比下降3.6%，进口同比下降11.5%。9月俄罗斯通胀率为8%，比上年同期高1.9个百分点。作为反制裁的措施之一，俄罗斯禁止从欧美国家进口农产品，在短期内将引起供给不足，加剧物价上涨的压力。在西方国家经济制裁和大宗商品价格急落影响下，俄罗斯外汇收入陷入困境，央行投入大量外汇干预卢布贬值，但效果不佳。

在此情况下，俄罗斯对外贸易更加依赖中国，而中国在能源领域也更加依赖俄罗斯，两国战略关系更加密切。2014年1~9月，中国对俄进出口707.8亿美元，增7.0%，其中出口394.0亿美元，增10.3%，进口313.8亿美元，增2.9%，均超过相应总体增速。对俄出口占比2.3%，进口占比2.2%。

——巴西经济出现回暖迹象。2014年8月，巴西工业指数同比下降5.4%，但环比增长1.9%，而7月环比增长则高达9.9%，表明巴西工业在逐步回暖。9月巴西出口同比下降6.6%，但进口同比上涨9%。商品出口下降主要受大宗商品价格下跌影响，但进口大增则说明国内需求相对旺盛。遭遇西方国家制裁的俄罗斯从巴西进口农产品大幅增加，强劲需求推动巴西物价上涨。9月巴西通货膨胀率环比增长0.57%，增速再度加快。

2014年1~9月，中国与巴西贸易增长基本停滞，进出口680.9亿美元，微增0.4%，其中出口256.8亿美元，下降2.6%，进口424.1亿美元，增2.3%。

——印度经济趋于乐观，中印贸易增长势头良好。印度现任央行行长上任以来执行更加灵活的货币政策，印度经济增速已止住下滑。2012财年印度经济增速5.3%，2013财年增速收窄至4.9%，国际主要机构预测2014财年增速达到5.4%。

在印度经济回升背景下，2014年1~9月中国对印度贸易达到528.0亿美元，增8.9%，其中出口399.1亿美元，增9.0%，进口129.0亿美元，增8.5%。

四 世界经济调整影响贸易增长

近年我们一直强调世界经济处于超级大调整时期①，不仅经济增速受到抑制，而且贸易增长处在低位，如图 19 所示，贸易增速与经济增速处在罕见的相同水平。而中国对外贸易增速放缓不过是调整时期世界贸易“常态表现”的典型之一。2014 年 10 月 7 日，国际货币基金组织下调世界经济增速至 3.3%，9 月 30 日世界贸易组织下调 2014 年世界贸易预期增速，由原来的 4.7% 降至 3.1%，大大低于往常 20 年平均水平（1993 ~ 2013 年年均增长 5.2%）。

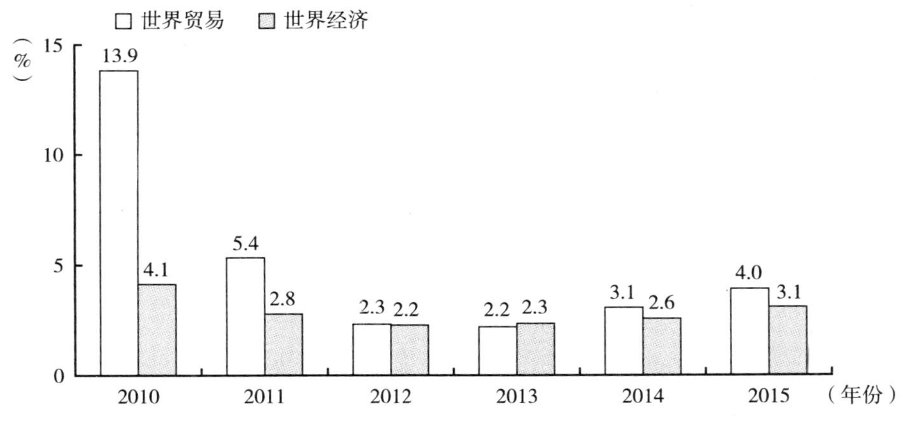

图 19 2010 年以来世界经济、贸易增长

资料来源：世界贸易组织（WTO）网站，http://www.wto.org/english/news_e/pres14_e/pr722_e.htm。其中，2014 年和 2015 年数据为 WTO 2014 年 9 月最新预测值。

（一）世界经济、贸易进行调整

2008 年国际金融危机后，以美国为首的部分发达国家为实现“再平

① 金柏松：《在调整中追求新发展——2013 ~ 2014 年中国外贸分析与展望》，参见《2014 年中国经济形势分析与预测》，社会科学文献出版社，2013。

衡”，政策转变为积极发展本国先进制造业，为增加国内就业，奥巴马政府指导企业减少制造业对外转移。世界经济国与国之间以直接投资带动产业转移的发展趋势出现止步现象，影响到世界贸易增速放缓。我国吸引的外资增速放缓或减少，特别是制造业吸引外资在减少，影响到我国对外贸易出口增速。据中国商务部统计，2010 年，我国实际使用外资金额 1088.2 亿美元，同比增长 18.5%。2014 年前三季度，我国实际使用外资金额 873.6 亿美元，较 2013 年同期下降 1.4%。如图 20 所示，近年来我国年吸引外资达到 1100 亿 ~1200 亿美元水平，在现有条件下，已经达到“天花板”极限。而外资企业经营外贸出口增速如前所述也慢于民企，也在接近“天花板”，显然吸引外资与外资企业扩大出口二者呈现密切正相关关系。如图 21 所示，我国吸引外资增速放缓或减少，同时我国对外贸易增速也在收窄，即外资增长幅度收窄或下降，贸易增速也收窄。

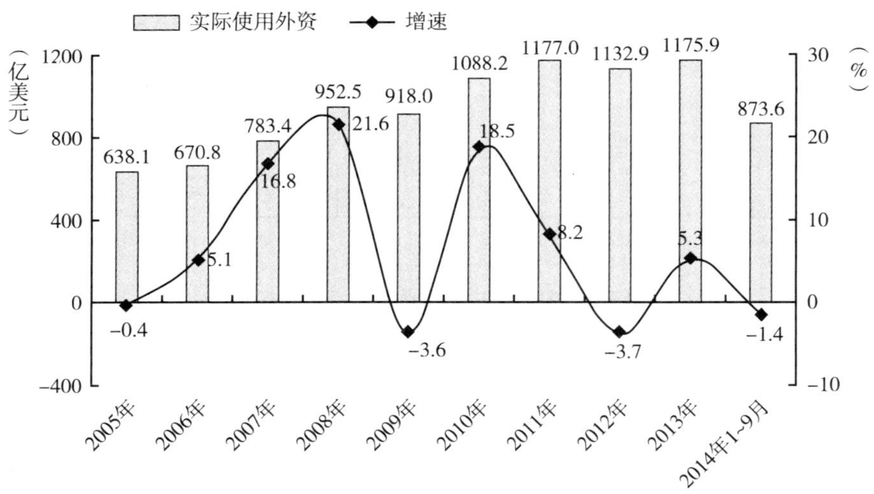

图 20　2005 年以来中国实际使用外资规模与增速

近年来，中国企业对外直接投资保持快速增长态势（见图 22、图 23）。据中国商务部统计，2002 年中国对外直接投资 27 亿美元，2013 年增至

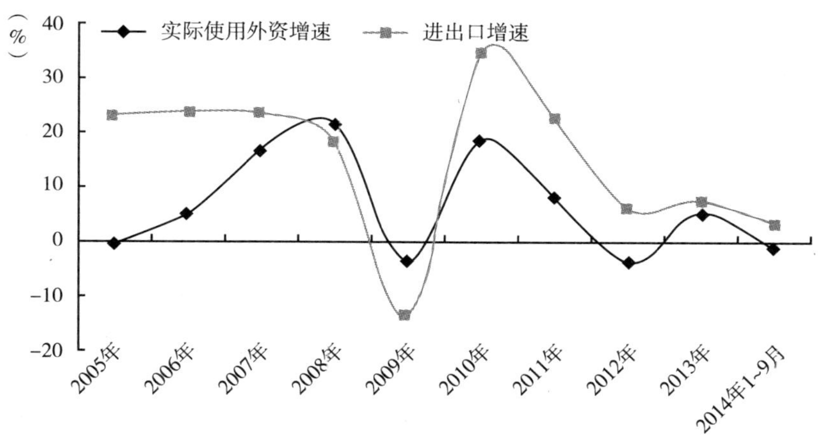

图 21 2005 年以来中国实际使用外资与进出口增速同步放缓

1078 亿美元，短短 12 年时间增长了近 39 倍。同时，中国的对外直接投资流量连续两年居世界第三位；对外直接投资存量超过 6600 亿美元，列世界第十一位；境外中资企业数超过 2.5 万家。2014 年 1 ~9 月，中国企业对外实现的非金融类直接投资 749.6 亿美元，同比增长 21.6%。中国企业对外直接投资规模即将超过吸引外资，也对外贸增长显示出越来越大的带动效果。如前所述，我国外贸方式统计显示，一般贸易进出口增速快于加工贸易。进一步分析，我国国企经营外贸当中一般贸易占比约 73%，民企经营外贸当中一般贸易占比约 64%，而我国只有国企、民企对外投资，才能带动贸易增长。通过对外投资，我国企业经营资本品、中间品和最终产品出口，也经营资源、材料、技术、设备的进口。但一般贸易虽然比加工贸易附加价值高，规模扩张效果却不明显，因此，我国对外投资规模虽然与吸引外资规模接近，带动贸易增长速度的效果不如外资企业经营加工贸易增长效果来得明显。

（二）世界大宗商品价格持续下跌，全球通缩问题浮出

国际大宗商品价格指数如 CRB 大约 2011 年 4 ~6 月达到峰值，此后一路下跌，导致贸易增速放缓。由于世界经济统计中均扣除物价因素，而对外

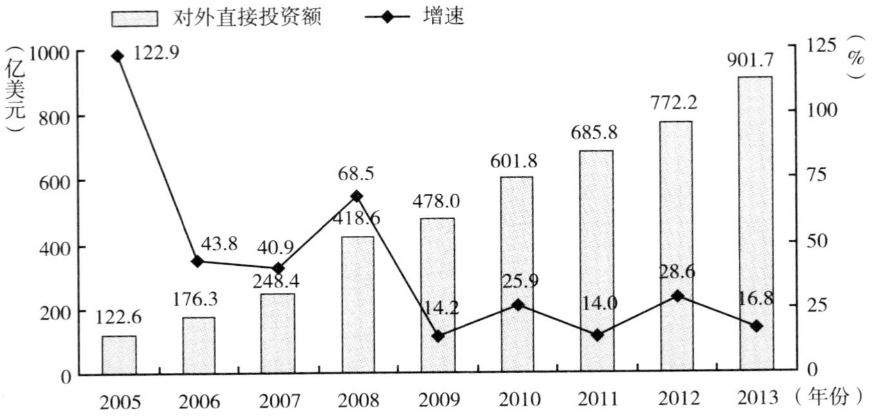

图 22　2005 年以来中国对外直接投资流量（非金融类）及增速

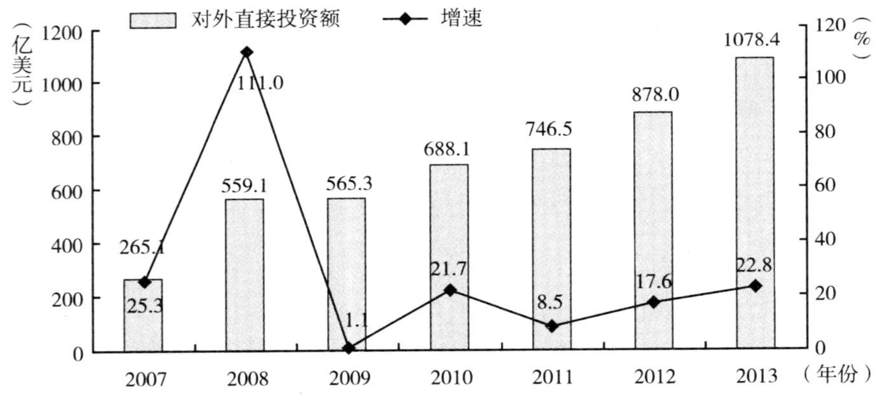

图 23　2007 年以来中国对外直接投资流量及增速

注：包括金融类和非金融类。

贸易包含价格因素，所以，大宗商品价格下跌导致对外贸易增速比经济增速更快下滑。

自 2008 年世界大宗商品价格达到天花板极限后，下跌呈现多浪且一浪低于一浪的形态。受滞后效果影响，2011 年中国进口大宗商品价格也是呈现多浪下跌形态，6 月下旬出现最新一浪的下跌。大宗商品价跌导致我国进口总额增速收窄，进口数量增幅相对较大，贸易条件不断改善。从这一角度讲，大宗商品价格下跌，进口增速减缓，有利于中国企业降低成本，经济持续发展，提高出口竞争力，因此进口增速收窄既反映中国经济增速放缓即不利的一面，也反映出进口价格下跌即有利的一面。应全面认识中国进口增速下滑现象。

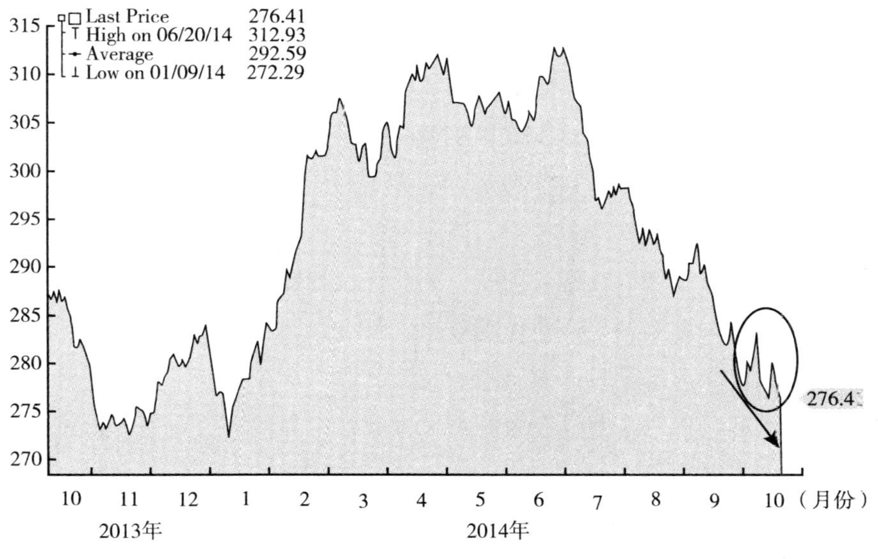

图 24　CRB 走势

（三）世界经济超长周期目前处于尾段

按照熊彼特超长周期理论，20 世纪 50 年代初，为世界经济此一轮超长周期起步，2008 年世界爆发复合型经济危机，开始进入调整时期，意味着上一轮超长周期结束和新一轮超长周期即将来临。

此次世界经济调整内容之一是针对虚拟经济，即金融和房地产经济过度发展，超出实体经济合理比例，通过泡沫破灭、结构调整，使虚拟经济回到与实体经济相对较吻合的程度。

调整内容之二是美英等国产业空洞化、需要解决产业结构失衡问题，而贸易顺差大国如中国、德国则解决过剩产能问题。

调整内容之三是贸易逆差国减少逆差，贸易顺差国降低顺差。

以上三大调整必然导致世界经济增速放缓，而贸易更受影响，增幅更加收窄，由此世界经济才能更加健康发展。

（四）新一轮科技革命还在孕育过程中

当前新一轮世界科技、产业革命处于爆发前期，新兴经济、新兴产业的崛起有待于新技术的重大突破。例如20世纪80年代，以电子信息产业、核能、新材料为代表的科技研发取得重大突破，办公室自动化、个人电脑、家电、核电、化工材料等新兴产业崛起，及90年代网络技术诞生，个人电脑与网络结合产生互联网产业革命，互联网经济茁壮成长等，均带动当时经济持续较快增长。按照以往经验判断，如今仅仅智能终端还不足以称为重大突破，不能产生一系列新兴产业崛起效果。只有大数据、云计算、生物遗传工程与医疗康体产业结合，只有新能源与新能源汽车技术获得重大突破，新兴产业才能崛起。这意味着没有新的重大突破，世界经济、贸易增长就会放慢脚步，在低水平徘徊。

（五）世界经济弱势复苏，正能量不足

从我国的主要贸易伙伴来看，各经济体调整进程快慢、增速高低情况参差不齐。

美国经济短期内复苏较好，发挥出科技研发优势，发展先进制造业取得成绩。2014年美国第一季度经济负增长2.9%，第二季度、第三季度保持较快增长，预计美国经济2014年全年增长2.5%。与此同时我们还应认识到，美国经济复苏是在政策优先发展本国先进制造业，不提倡先进制造业向外转移，鼓励扩大出口等一系列新措施引导下实现的，因而美国经济复苏对世界经济增长的带动效果必然不如以往。

欧元区在经历2012、2013年欧债危机和实体经济衰退后，2014年弱势复苏。在地缘政治因素影响下，德法等国经济增速在放缓。IMF预测2014年欧元区经济增速为0.8%。根据我们预测，即便不出现新的政治关系恶

化，预计欧元区也仅有 0.6% 的增长。

日本经济不止是衰退。受消费税因素影响，2014 年日本经济第一季度增长 6.7%，第二季度下降 7.7%，第三季度估计有一定回升，IMF 预计 2014 年日本经济增长将低至 0.9%，但我们估计将更低，或许仅增 0.7%。基于日本安倍政府刺激经济复苏的三大政策效果达不到预期，2014 年 10 月 31 日，日本央行实行新一轮量宽政策，日本政府也开放养老基金可以购买更多风险更高的金融商品，此举虽然推高了日本、美国股市等资产价格，但也孕育了新的更大风险，即如果日本资本外流超预期，日元展开新一轮贬值过大，则日本通胀失控风险将陡增，日本国债风险也将急剧升高。对此我们不得不防。

韩国经济平稳增长。2012、2013 年韩国经济同比增速分别为 2.0% 和 2.8%，2014 年第一季度增 3.9%，第二季度增 2.4%，全年预计增 3.6%。

俄罗斯经济增速放缓。但受西方国家制裁，对我国进口增速较快。IMF 2014 年 10 月以地缘政治不确定性为由，将 2015 年俄罗斯 GDP 增长预期从 1% 大幅下调至 0.5%，并建议俄罗斯央行继续收紧货币政策，降低通胀预期。

印度经济复苏势头良好。IMF 预计印度 2014 年增 5.6%。

巴西经济陷入衰退。IMF 预计 2014 年巴西经济将微增 0.3%。

此外考虑到埃博拉疫情还在扩大，中国经济增速持续放缓等情况，综合分析世界拉动经济增长的积极因素——正能量显得更加脆弱，而抑制经济增长的负面因素——负能量似乎更加强大。预计世界经济 2014 年余下时间呈现弱势复苏，2014 年 10 月、11 月、12 月出口大致可在 10% 水平，全年达到 23516.4 亿美元，增长 6.4%。

五　影响中国进口因素

（一）国内经济增速放缓影响

2010 年我国 GDP 增长 10.3%，2011 年增长 9.2%，2012 年增长 7.8%，

2013 年增长 7.7%，2014 年前三季度增长 7.4%；而 2010 年我国进口增长 38.8%，2011 年增长 24.9%，2012 年增长 4.3%，2013 年增长 7.3%，2014 年前三季度增长 1.3%。将近年来中国经济增速与进口增速对照比较（见图 25），可以看到，二者具有相关性，随着国内经济增速持续放缓，进口增速总体呈下降态势。

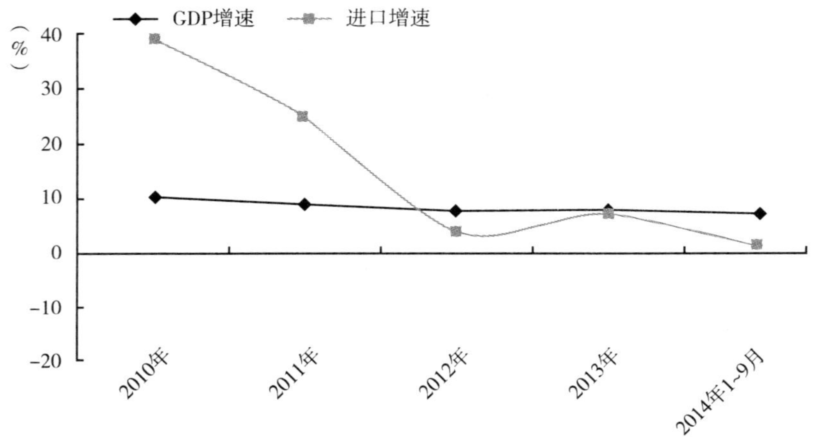

图 25　2010 年以来我国 GDP 与进口增速比较

注：GDP 增速为按人民币计算，进口增速为按美元计价。

（二）进口物价下跌、数量增长

2014 年前三季度，我国进口铁矿石 7 亿吨，增长 16.5%；进口原油 2.3 亿吨，增长 8.3%；进口大豆 5274 万吨，增长 15.3%；进口铜 359 万吨，增长 10.5%。上述商品的进口均价普遍下跌，其中铁矿石进口均价下跌了 17.9%，原油下跌了 1.4%，大豆下跌了 4.6%，铜下跌了 6.3%。受主要原材料价格下跌影响，进口量的增长实际上大于进口额的增长。进口好转可能反映国内需求特别是投资需求的潜在复苏，甚至还存在低估可能；但同时也反映出国内去产能、调结构的压力仍无明显减轻。

（三）我国产业结构轻量化发展

2010年我国第一、二、三产业占比分别为10.2%、46.8%和43.0%，2013年第一、二、三产业占比分别为10.0%、43.9%和46.1%。2014年前三季度，我国第三产业增加值占GDP的比重为46.7%，较2013年同期提高1.2个百分点，高于第二产业2.5个百分点，产业结构更趋优化。

（四）我国制造业产出高附加价值化

2013年，我国高技术制造业增加值同比增长11.8%，比规模以上工业增加值增速高2.1个百分点。信息服务、通信制造、电子设备以及医药制造业固定资产投资同比增速均超过26%，主营业务收入增速均超过15%。

尽管以上因素会造成我国进口增速放慢，但也要看到，这从侧面体现了中国经济转型升级正在取得可喜的进步。

综上所述，2014年10月、11月、12月进口有望增长6%左右，全年达到20095.7亿美元，增长3.0%。

六　2014年中国对外经济战略布局

从2014年中国国家领导人前后出访世界各国，在重要国际场合发表一系列讲话，可以认识到，中国政府正在针对国际形势变化，提出一些中国主张，布局中国对全球的战略。在对外经济领域已经具有一个清晰的轮廓，即确立以国际贸易为基础，以对外投资为动力，以参与WTO谈判、RCEP谈判、举办APEC会议等为平台，推动贸易投资自由化；重新进行战略定位，在发展中国家发挥引领作用，在与发达国家合作中发展升级版的贸易与服务；扮演好世界经济贸易大国角色，探索承担大国责任、参与制定新的国际规则、推动世界格局变化等，最终实现全球治理。2014年中国在全球战略布局如下。

（一）实施全球新兴经济体振兴计划

国际上习惯于称中国主张开展全球基础建设合作，为“中国版马歇尔计划”，考虑到中国需要认真总结当年美国马歇尔计划的经验与教训，如今国际政治经济形势与20世纪50年代存在的巨大差异，以及在符合国际惯例基础上中国还将赋予“中国特色”，因而，准确定位应该称为“全球新兴经济体振兴计划”。其基本框架和主要动向如下。

首先，新年伊始国家主席习近平出席金砖五国论坛，出访非洲、俄罗斯、中亚，就成立开发银行和紧急救助基金达成重要协议。这两大金融机构意在与世界银行和国际货币基金组织形成功能互补作用，为全球新兴经济体和发展中国家发展经济注入新的活力，提供全球基础性、政策性发展援助。

其次，以上海合作组织、亚信论坛峰会等亚洲机制为平台倡导和推动“一路一带”合作，亚洲基础设施建设合作，亚洲安全与信任合作。涵盖地理范围有：俄罗斯、中亚地区，东欧与西欧地区，西亚、中东地区，东北亚、东南亚、南亚地区等，其合作领域不仅有经济，还有政治、安全、生态等。

（二）与美欧等发达国家建立新型合作关系

首先，以G20为平台，倡导全球基础设施投资合作，拉动全球经济增长，倡导全球金融体系改革，提出具体改革方案。

其次，以亚欧合作机制为平台，重点发展与欧盟国家全面深化的经济贸易关系。

最后，以举办APEC年会为契机，推动跨地区贸易投资自由化进程，打击恐怖活动，维护地区安全，等等。

（三）以亚投行、丝绸之路基金为平台推动亚洲发展

2014年9月，中国国家主席访问印度，与印度达成的重要协议之一，就是与印度建立战略伙伴关系，与印度在发展制造业、建设基础设施等诸多

领域达成共识。同时印度也对中国倡导成立亚投行予以支持，中印两国将在亚洲发展中发挥地区影响力。

首先，中国通往印度洋的战略通道项目中，以前在缅甸建设中缅能源管道项目中，中国积极吸引印度合作，并获得成功。下一步以亚投行为平台，开展海上丝绸之路合作，拓展南亚经济走廊，我们看到中印缔结战略合作伙伴关系为此奠定了政治基础。

其次，中国通往东南亚战略通道项目中，中国与东盟之间互联互通已经提出一些初步设想，如建设从新加坡、泰国、老挝至中国昆明的铁路等。此外，中国还与东盟国家开展能源、电力等大型建设项目合作。

最后，中国通往欧洲战略通道，正在与俄罗斯、中亚国家、蒙古等开展丝绸之路“陆—陆合作”。

（四）深化人民币汇率改革，推动国际化进程

2014 年，中国人民币汇率形成机制改革有些新进展，一是扩大汇率波动幅度至 0.3%；二是对外投资使用人民币或美元自由选择性增强，规模进一步扩大；三是人民币有贬有升，实现双向波动；四是上海自贸区资本往来管理，可以实现资本项下一定额度自由兑换。人民币汇率形成机制改革总体来讲进展过于缓慢、过于慎重，积累大量外汇，储备消化已经成为重要问题。

跨境结算取得成绩。2009 年 7 月，中国跨境贸易人民币结算试点正式展开。在跨境人民币业务 5 周年座谈会上，央行副行长胡晓炼介绍，2014 年前三季度，跨境人民币结算金额已超 4.8 万亿元，人民币已成为我国第二大跨境支付货币，人民币跨境收支占全部本外币跨境收支的比重已接近 25%，货物贸易进出口的人民币结算比重则超过 15%。与我国发生跨境人民币收付的国家达到 174 个。

人民币互换协议扩大了国际使用范围。截止到 2014 年 9 月，人民银行先后与 26 个境外央行或货币当局签署双边本币互换协议，总额度将近 2.9 万亿元，并在港澳台地区、新加坡等地建立了人民币清算安排。人民币与美

元、欧元、日元、英镑等主要货币已经实现了直接交易。随着人民币对外适用范围的扩大，国际金融市场和金融中心开始将人民币业务和产品视为发展的新机遇，香港、伦敦、新加坡、法兰克福等金融中心都在大力拓展人民币金融产品。

人民币的储备功能得到越来越多的认可。据媒体报道，欧洲央行也于近日讨论了将人民币纳入储备货币的问题。胡晓炼说，一些央行或货币当局已经或者准备将人民币纳入其外汇储备。

人民币试行回流，开放部分市场。2014 年境外主体投资境内金融市场的需求促进了中国市场开放，从“沪港通”、境外机构投资国内银行间债券市场到 RQFII 等方面试点扩大开放，允许人民币回流，提高人民币金融资产吸引力。此举反过来又促进了人民币跨境使用。

此外，人民币开始在大宗商品贸易中计价结算。境外投资者可使用人民币在境内设立基金，开展并购和参股金融机构。

（五）培育竞争新优势，推动战略新兴产业走向国际

2014 年中国的全球战略布局，一方面是为全球发展承担责任，做出积极贡献，同时也是中国政府指导企业明确方向，加快转型，重新配置资源，经营战略新兴产业和重点产品。

以往我们发展对外贸易，以发挥资源优势和劳动力优势进行战略定位，参与国际分工，发展方向和重点放在劳动密集型产品和劳动密集型加工环节。从“十二五”规划起，我国对外贸易战略定位以资金、技术密集型产品为主，实行转型升级。2014 年经济蓝皮书中我们首次提出 2013 年为中国对外贸易发展转型升级“元年”，指出我国高铁、能源、电力等大型装备制造具备国际竞争优势，对外发展需要依靠国家力量，需要国与国之间建立良好的政治合作关系。2014 年中国政府对外发展，实施布局全球的战略，为我们发展外贸，实现转型铺平道路。2014 年以及未来相当一段时期，中国对外贸易出口重点是大型装备制造业产品，交通设备，及机械、化工、材料、电子、通信等资金、技术密集型产品，扶植更多的战略新兴产业走出

去，寻求全球化发展。

首先，我们看到，我国南车、北车集团在全球寻找良机，2014 年已经中标美国地铁车厢出口项目，初评中标墨西哥城际高铁项目，与泰国签署中高速铁路建设项目，显示出中国铁路产业具有多品种、系列化竞争优势，对外发展正在实行面参与的战略意图。我们建议中国帮助各国发展铁路，不仅有城市地铁、城际铁路，还应有远程铁路，实行网络布局，还应顺应电子商务对物流、配送要求，构筑完整体系，这样才能最大限度地发挥陆路运输优势，达到与海洋运输正面竞争的水平。

其次，在新兴经济体和发展中国家行列，中国核电、水电、风电、太阳能发电等能源产业具备综合优势，比发达国家有成本优势，因而我国企业应该顺应中国政府布局全球，寻找商机，扩大经营。

再次，中国汽车产业中自主品牌汽车寻求国际发展，需要重新地位。2014 年，我国汽车出口出现大幅下降，究其原因主要在于我国汽车企业战略定位不准。在传统的轿车制造领域，美国、德国、日本，以及后起的韩国具有强大竞争优势，我国自主品牌汽车企业处于明显劣势。因而，发展轿车出口难度极大。我们汽车企业近年积极发展新能源汽车和电动摩托车、电动自行车等，使我们看到对外发展新希望。在新能源汽车领域，我们与美日欧等发达国家差距不大，在电动自行车、电动摩托车领域，我国还具备竞争优势。建议我国政府和行业协会应该联合指导我国企业对外发展新能源汽车和电动自行车、电动摩托车。

最后，我们还建议，我国汽车企业依托国内大市场，已经具备制造大型、中型、小型、微型等各种货车的竞争优势，也具备制造大型客车的优势，具备制造摩的、农用车、农机优势。我国这些企业应该一面开拓国际市场，进行投资、出口可行性分析，一面跟踪我国政府与全球新兴经济体互联互通建设进程，在交通基础设施建设地区寻求商机。2014 年，我国北汽福田在云南瑞丽投资建设小型货车出口企业，由于靠近缅甸边境，产品面向东南亚，便于利用东盟国家之间相互出口优惠税收政策，未来发展前景或许比较广阔。

七 2015年世界经济走势

2014年国际货币基金组织曾经三次下调对世界经济增长预测值，10月该机构再次发表对2015年预测值高于2014年的3.3%，为3.8%，我们不得不质疑其准确度。2014年深秋时节美欧日股市大跌，日、德、法、俄均出现衰退迹象，美国也有所疲软，中国经济还处于减速过程中，2015年世界经济至少比较低迷，有可能进入新一轮衰退。

（一）股市是表明经济衰退的“先行指数”

美国股市标普500价格由2014年9月19日的2019点，跌至10月15日的1820点，跌幅约10%，为2014年2月5日以来第二低点，跌破年线，且在创新高时成交量放大为平时多倍。诸多迹象表明，这是股市较大级别调整的初期。其次，欧洲股市下跌更多。德国股市自10050高点至10月15日，跌幅15%；英国自6904高点跌至10月15日6211点，跌幅10%；法国自4598跌至10月15日3939点，跌幅14%。日本股市从16374高点跌至10月16日14735点，下跌10%。此外，差不多相同时期，澳大利亚从前期高点下跌10%，韩国跌30%，加拿大跌15%，俄罗斯跌34%，巴西至10月2日跌19%，等等。

（二）世界著名机构纷纷下调经济增长预测值

其一，2014年10月7日，IMF发布报告下调了世界经济增长预测，一年期间居然三次下调对世界经济的预测，并为欧元区核心国、日本和新兴经济体面临的经济增长疲软趋势表达担忧和示警。IMF将2015年世界GDP增长率从4%下调为3.8%。

我们认为，2015年日本经济处于高风险状态。当前日本央行执行新的量宽政策，在推高股市等资产价格的同时，却稀释了大宗商品价格下跌、日本原本希望看到的预期通胀。因为新的量宽政策，导致日元大幅贬值，原本可以拉高预期通胀，但大宗商品价格下跌却几乎同步发生，两者作用抵消，拉高通胀预期的效果瞬间落空。更加失算的是，日本央行平添负债，埋下更多风险。如果2015年世界经济陷入衰退，日本经济将停滞增长，则流入日本市场的国际资本可能瞬间外逃，发生日元暴跌，引发日本国债危机、金融危机及实体经济危机。

其二，世界银行继年中下调对世界经济的预测后，10月6日发布《东亚经济半年报》，对中国经济增速2014年和2015年两年预测分别降至7.4%和7.2%。报告预计东亚发展中国家经济2014年增长6.9%，低于2013年的7.2%。

其三，11月4日欧盟下调2015年欧元区经济增速低至1.1%，6个月前预测为1.7%，说明欧元区经济复苏低迷。其中对德国经济预测仅增1.1%，甚至低于德国政府刚刚公布的1.2%预测值。此外，对法国、意大利预测也比较悲观。

其四，国际货币基金组织机构预警衰退。2014年10月IMF指出，德、法、意三国经济陷入衰退概率为40%。笔者认为日本经济自消费税上调后已步入衰退，俄罗斯经济受到制裁后明显呈现陷入衰退的特征。

其五，西非埃博拉疫情扩大风险。目前西非国家经济在世界经济中的占比微不足道，但埃博拉疫情扩大趋势却让人忧心忡忡。据世界卫生组织统计，埃博拉患者死亡率高达70%！美国在商讨防范方法，航空股票为此下跌。中国、欧盟、美国均与非洲经济交往密切，在增加对疫情区援助，这些无疑为世界经济平增一分风险。

（三）国际大宗商品价格换挡下跌

国际原油价格，布伦特油价自2014年6月23日113.92美元/桶的高点下跌至10月16日84.06美元/桶，跌幅26.2%。同期，路透大宗商品指数RCB从313高点跌至270低点，跌幅约14%。按照以往经验分析，本轮国际市场大宗商品价格下跌与2011年或2012年有所不同。此前调整是价位处于较高水准，此次下跌是进入更低的下降通道，持续时间超过一般调整期，目前还没有止跌，且跌幅较深，带有明显的经济衰退预兆，显示全球经济前景堪忧。

（四）中美“两驾马车”支撑全球经济增长动力不足

以往中国经济增速在9%～10%，带动世界经济增势强劲。但2011年中国政府开始调整过热，打压房地产价格过快上涨，收紧银根等，中国经济对世界经济增长带动力开始连年减弱，2015年恐怕更弱。

2013年美国经济温和复苏，IMF数据显示，其对世界经济带动不过在15%水平，显示出中美“两驾马车”动力不足。

进而，2014年美国第三季度经济增速为3.5%，其中国防开支拉动效果明显。但2015年美国国防预算不会大幅增加，总体复苏动力不会强劲。

根据IMF的购买力平价数据，美国GDP在全球经济中的占比已由金融危机前的19.2%降至2013年末的16.5%。再考虑到前文提到，美国政府为扭转不平衡，政策上鼓励出口，不希望看到进口如以往那样大幅增加。因而，对美国拉动世界经济的预期不能达到以往水准。

（五）新兴经济体债务风险不容忽视

2008年国际金融危机后，主要发达国家竞相货币宽松造成全球流动性过剩。而新兴经济体以其相对较高的金融市场利率水平，能以较低成本从国际金融市场上大规模融资，其发行的公司债规模显著上升：2011～2013年年均超过6000亿美元，私人部门加杠杆的趋势日益明显。2013年，出于对美联储退出QE的担忧，新兴经济体金融市场年中出现动荡，但其全年公司债发行规模仍突破7000亿美元，是继2012年后再创新高。其公司债务占GDP的比重已从2007年第二季度的50%升为2013年的75%。新兴经济体企业债务的相当部分是以国际主要货币计价的，因此未来美联储加息时，一旦国际资本撤出，势必压低新兴经济体汇率，增大企业偿债负担，影响企业的再融资。据国际金融协会（IIF）测算，2014～2018年，所有新兴经济体需要展期的企业债务将达到 1.68 万亿美元，其中 3 成左右为国际主要货币计价。一旦美联储加息，美国国债收益率上升，新兴经济体企业债券展期成本将明显上升，甚至有可能高于企业盈利水平。这无疑会增大企业负债结构以外债为主的阿根廷和印度尼西亚等国债务危机爆发的风险。

八 2015 年我国进出口形势展望

综上所述，2015 年世界大宗商品价格将续跌，美元在升值周期续升，世界经济续调，主要经济体存在下行压力，风险增加，2015 年世界经济、贸易增速收窄，持慎重预期，不排除出现新一轮衰退可能。估计国内经济增速继续回落，增长 7.0% 左右；人民币将双向波动，波动幅度扩大，自由兑换程度增加，同时略有升值；预计 2015 年中国将实现进出口同比增长 6.6%，达到 46480 亿美元。其中出口 25280 亿美元，增长 7.5%；进口 21200 亿美元，增长 5.5%。

B.16
2014 年中国大宗商品市场分析及新一年展望

陈克新*

摘　要：2014 年，由于国内需求疲弱，中国进口大幅增长，双重冲击下国内生产减速明显以及供过于求情形下市场价格降低的综合影响，中国大宗商品市场压力巨大。预计在新的一年，虽然存在宏观经济较大下行压力，市场行情继续探底等不利因素，但是考虑到经济改革、定向刺激效应、强劲的进口、供应抑制以及出口提速等有利的因素，商品市场或许超跌反弹。从以上情况来看，正能量投资刺激势在必行。

关键词：大宗商品　经济改革　国内需求

2014 年，由于经济增长继续放缓，全球跨国公司低价竞争，以及市场信心缺失，中国大宗商品市场压力沉重，价格行情震荡下行。展望新一年大宗商品市场形势，由于改革助力经济增长，定向刺激效应逐步显现，以及价格持续跌落引发供应抑制，美国实体经济较为强劲复苏等，中国大宗商品市场将会引来温和与结构性回升。

一　2014 年大宗商品市场压力沉重

受到多种因素影响，2014 年中国大宗商品市场压力沉重。

* 陈克新，兰格经济研究中心首席分析师。

（一）经济数据持续回落，国内需求（表观消费）较为疲弱

2014 年中国经济增长继续放缓。据统计，前三季度国内生产总值（GDP）同比增长 7.4%，比 2013 年增速又回落了 0.3 个百分点。主要经济指标中，前三季度全国固定资产投资（不含农户）同比增长（名义）16.1%，增速比上半年回落 1.2 个百分点；全国房地产开发投资同比（名义）增长 12.5%，增速比上半年回落 1.6 个百分点，房屋新开工面积同比下降 9.3%。受其拖累，前三季度全国规模以上工业增加值（按可比价格计算）同比增长 8.5%，增速也比上半年回落 0.3 个百分点。目前市场氛围“偏冷”。预计第四季度经济回升有限，全年 GDP 增速可能低于计划目标。

中国经济持续减速，尤其是加工制造业回落，全产业链竞相去库存，导致大宗商品国内需求（表观消费，下同）较为疲弱。据测算，2014 年 1 ~9 月累计，全国矿石、原油、焦炭、有色金属、天然橡胶等 7 种重要大宗商品表观消费量同比增长 7.4%，与上年同期大体持平。重要大宗商品中，2014 年前 9 个月累计，全国原油表观消费量为 38423 万吨，同比增长 5.1%；10 种有色金属表观消费量为 3464 万吨，增长 6.9%；铁矿石表观消费量为 179907 万吨，增长 9.8%；焦炭表观消费量为 34856 万吨，同比下降 1.2%（见表 1）。预计第四季度大宗商品消费继续低水平增长，2014 年大宗商品表观消费比上年增长 7% 左右，增幅有所回落。

表 1　2014 年 1 ~9 月全国重要大宗商品表观消费情况

单位：万吨，%

品　种	消费量	比上年同期	品　种	消费量	比上年同期
铁矿石	179907	9.8	焦　炭	34856	-1.2
原　油	38423	5.1	塑　料	3464	17.5
10 种有色金属	3464	6.9	氧化铝	3857	8.7
天然橡胶	263	12.9	合　计	263876	7.4

注：铁矿石中含有国产原矿。

（二）境外进口大幅增长，中国因素依然强劲

中国是现阶段大宗商品进口最多的国家，即便经济增速持续回落，需求增长放缓，但绝对数量依然巨大。据海关统计，2014 年 1 ~9 月累计，全国矿石、原油、粮食、橡胶、金属等进口量达到 10.6 亿吨，比上年同期增长 15.1%（见表 2）。其中氧化铝进口同比增幅为 58.4%，石油气（及其他）进口增幅为 23.7%，铁矿石进口增幅为 16.5%，大豆进口增幅为 15.3%，均呈现强劲增长势头。预计第四季度全国进口量继续增加，全年 9 种重要大宗商品进口增幅在 14% 以上，比上年增速至少提高 4 个百分点。

表 2　2014 年 1 ~9 月重要大宗商品进口情况

单位：万吨，%

品　种	进口	同比	品　种	进口	同比
铁矿石	69907	16.5	初级塑料	1920	6.0
铜精矿	856	19.5	铜及铜材	359	10.5
氧化铝	392	58.4	粮　食	7469	23.4
原　油	22850	8.3	天然橡胶	193	15.7
石油气及其他	1991	23.7	合　计	105937	15.1

中国大宗商品进口强劲增长，进一步提高了其进口依存度，平均超过 50%。其中铁矿石已经达到了 70%。中国大宗商品进口强劲增长，除了自身需求数量巨大外，还受到以下两个因素驱动。

一是企业补充库存。因为“买涨不买落”的市场法则，2013 年许多企业过度去库存，致使社会库存低于合理水平。随着市场价格大幅跌落，市场普遍认为国际市场价格行情已经处于相对低位，为此激发了补库需求，刺激了进口增加。

二是世界矿业巨头与主产区低价倾销。前些年大宗商品价格飙升，直接刺激了其产能的大幅增长。比如，2013 年全球铁矿石供给增速超过 15%，2014 年全球铁矿石又净增产能 1.3 亿吨，目前总产能已达 15 亿吨以上（不含中国产能），较多地超出了需求。同样，前些年天然橡胶价格暴涨，也刺

激了国内外天然橡胶的大规模种植，致使目前产量迅速增加。其他如有色金属、天然气等，也都存在类似情形。供大于求压力之下，拥有巨大产能的跨国公司及大宗商品主要产区纷纷祭出降价杀手锏，以扩大销售，抢占市场份额，实现利润最大化，并借此清除竞争对手。这方面，铁矿石世界巨头降价促销意图最为明显。受其影响，中国铁矿石进口量大幅增加，预计 2014 年其进口量超过 9 亿吨，比上年增长 15% 以上。

（三）遭遇双重冲击，国内生产明显减速

一方面，国内需求疲软，相应降低了国内企业增产空间；另一方面，世界巨头与主要产区低成本扩产与低价促销，亦挤占了国内企业市场份额，致使国内一些重要大宗商品生产减速。据统计测算，2014 年前 9 个月累计，全国 7 种重要商品国内产量同比增长 4%（见表 4），比上年同期增速回落了 2 个多百分点。其中焦炭产量 35434 万吨，同比下降 0.4%；原油产量 15609 万吨，增长 0.2%；10 种有色金属产量 3195 万吨，增长 6.6%；铁矿石产量估算为达到 110000 万吨，增长 6%，增长水平都有较多回落。

表 3　2014 年 1～9 月重要大宗商品国内产量情况

单位：万吨，%

品　　种	产量	同比	品　　种	产量	同比
铁　矿　石	110000	6.0	焦　　炭	35434	-0.4
原　　油	15609	0.2	氧化铝	3476	4.8
10种有色金属	3195	6.6	初级塑料	1287	7.5
天然橡胶	70	5.0	合　　计	169071	4.0

注：铁矿石产量为原矿，为估算值。

（四）供大于求压制，市场价格低位运行

中国宏观经济持续回落，美元汇率走强，致使全球大宗商品市场压力沉重。从国际市场来看，粮食、矿石、金属、石油、橡胶等普遍出现深幅跌落，致使覆盖 22 种基础商品的彭博大宗商品指数 2014 年以来下跌 5.6%，

创下5年新低。其中普氏铁矿石（62%）指数从年初的134.50美元/吨下滑至9月中旬的79.75美元/吨，累计下跌4成左右。

国际市场行情跌落，对于国内大宗商品价格指数形成很大拖累。据测算，2014年9月，全国大宗商品价格指数（CCPI）为127.8点，比上年同期下降9.8%，比年初下降9.4%（见表4）。重要大宗商品中，橡胶类价格同比降幅最大，达到25.9%；其次为食糖类，下降25.2%；矿产类下降15.8%；能源类与和钢铁类分别下降14.9%和14.3%；只有农产品类同比上涨2.4%，有色金属类持平。

表4　2014年9月中国大宗商品价格指数（CCPI）

单位：%

类　别	9月	环比涨	同比	较年初
总指数	127.8	-1.9	-9.8	-9.4
橡胶类	66.4	-7.7	-25.9	-17.4
食糖类	77.6	-8.8	-25.2	-14.3
矿产类	112.8	-3.7	-15.8	-17.3
能源类	111.6	-2.6	-14.9	-15.9
钢铁类	89.0	-5.0	-14.3	-11.2
油料油脂类	175.6	-6.2	-12.9	-11.6
牲畜类	231.3	1.0	-3.7	-1.7
有色金属类	75.6	-0.1	0.0	1.6
农产品类	181.5	0.8	2.4	1.6

国内重要大宗商品期货价格中，从年初至9月中旬，铁矿石期货由900元/吨跌到556元/吨，跌幅亦近40%；螺纹钢从3600元/吨跌到2619元/吨，跌幅接近28%；其他诸如铜、铝、煤炭、焦炭、天然橡胶等产品价格无不大幅跌落。

从2014年全年各月环比情况来看，整体价格曲线基本呈现一路下滑态势，只是在第二季度有所扬升（见图1）。

由于供大于求、相关企业压价销售、美元升值预期及市场信心缺失“四座大山”的压制，预计年内大宗商品行情依然低迷，但降幅趋缓，2014年大宗商品价格指数下降10%左右。

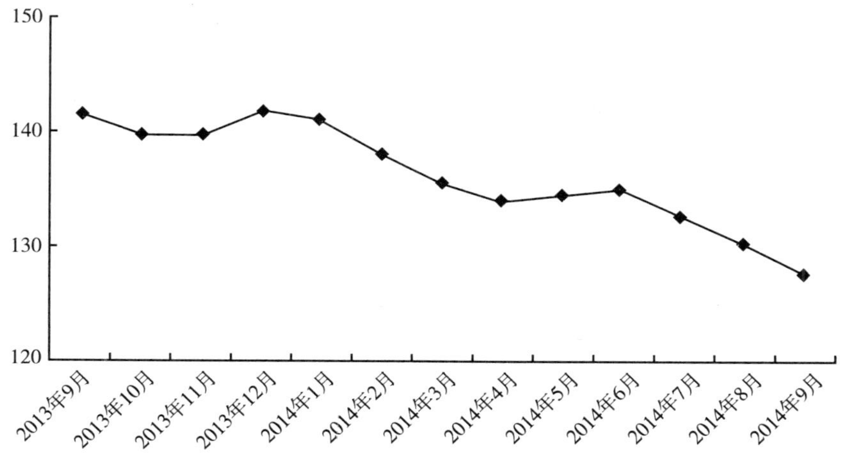

图1　2014年1~9月中国大宗商品价格指数（CCPI）月度走势

二　新一年商品市场或许超跌反弹

展望2015年大宗商品市场形势，一方面，宏观经济下行压力较大，加之美元升值影响，致使市场行情继续探底；另一方面，由于改革助力经济增长，定向刺激效应逐步显现，以及价格持续跌落引发供应抑制，美国实体经济较为强劲复苏等，中国大宗商品市场将会引来温和与结构性回升。

（一）宏观经济下行压力较大

2015年宏观经济下行压力体现在以下几个方面。

首先是国内房地产市场的不确定性。国家统计局最近发布报告，7月全国70个大中城市新建商品住宅价格环比跌幅为1.2%，延续了5月开始的下跌态势，并且跌幅明显扩大，也创下了近十年的最大跌幅。虽然10月房地产市场有所回暖，但全国70个城市没有一个房价环比上涨。由于各方面预期继续“看空”，预计2015年内全国房地产市场向下调整亦将持续。如果更多城市房价步入下行通道，进而影响房屋销售，冲击房地产投资。房地产是现阶段国民经济重要部门，涉及数十个产业部门。其投资占固定资产投资比重超过20%，构成GDP的15%以上。全国房地产销售、新开工面积与整体投资减速过快，势必拖累整体投资、工业生产与物流运输，冲击消费需求，形成经济增长抑制。如果不出意外，预计2015年中国经济增速将继续放缓，大约为7%，比上年再减速0.3个百分点。

其次是欧美国家债务危机。2008年金融危机前后，全球主要国家均出现了巨额债务，出于“救市”需要，世界各国，尤其是美日欧等发达经济体债务达到一个新的高峰，其对全球经济增长的冲击难以避免：一是世界许多国家、企业缺乏资金，比如潜力巨大的世界各国基础设施建设资金难觅；二是许多国家、企业与家庭获得收入后，首先是偿还债务，而非进行投资与消费。此外，现阶段过低的物价水平，也使得投资前景难以乐观；美元升值亦会加剧一些国家债务负担。所有这些，都使得一段时期内投资积极性与消费动力不足，因此全球经济复苏越发艰难，增长陷于停滞。前不久，国际货币基金组织（IMF）下调全球经济预期，将2015年全球经济增长预期由先前的4.0%下调至3.8%；世界银行也下调了全球经济增长预期。其中东亚和太平洋地区发展中经济体2015年增长预期，由先前的7.1%下调至6.9%，并将中国2015年的经济增长预期由先前的7.5%下调至7.2%。欧元区的德国亦将2014年GDP增速预期从1.8%下调至1.2%，2015年从2.0%下调至1.3%。所有这些，都显示了世界经济发展前景的不乐观。

受其影响，2015年中国矿石、原油、大豆、有色金属等7种重要大宗商品需求（表观消费量，下同）增长7%左右，增幅继续回落，其中原油、有色金属增幅低于平均水平，焦炭增幅不超过3%。相对而言，铁矿石消费增幅较大，大约在10%左右，天然橡胶也会有较大幅度增长。

（二）商品市场行情继续探底

国内外经济增速继续放缓及复苏乏力，势必压制消费需求，致使新一年内大宗商品市场行情继续探底。

整体市场供大于求。由于扩产、丰收及需求放缓等因素影响，供大于求将会成为 2015 年全球大宗商品市场的主基调。据有关资料，美国 2014 年大豆总产较上年增加 19%，玉米总产增加 3.4%；2014/2015 年度，全球小麦总产将达到创纪录的 7.2 亿吨，结转库存增至 1.96 亿吨，比上年增加 1.9%。在今后的 4 年间，淡水河谷会将其在巴西卡拉加斯的铁矿石产能从 3 亿吨扩张到 4.5 亿吨。“两拓”也有着规模庞大的铁矿石扩产计划。其中力拓计划将 2014 年铁矿石产量增产至 2.95 亿吨，在 2015 年达到 3.6 亿吨。其石油供需方面，主要是北美地区油气产量大幅增加，以及需求增长不及预期，国际市场石油供应过剩局面在 2015 年内仍将继续。另外，鉴于国内棉花储备库存过多，有关部门可能会对棉花与煤炭进口实施限制，从而加剧国际市场棉花、煤炭市场过剩局面。

特别需要警惕的是，如果中国房地产价格跌落失控，引发连锁影响，全球钢铁、铜、铝、橡胶、塑料及矿石、能源等大宗商品需求势必受到很大冲击，相关产品价格亦将再下台阶。

世界巨头与主产区继续低价促销。供大于求的沉重压力，将迫使全球大宗商品跨国公司及主产区继续降价促销战略。2014 年全球石油价格的大幅跌落，并没有削弱石油巨头的增产势头。其中 OPEC 2014 年 9 月原油产量创 2013 年来新高。即便预测 2015 年石油市场供大于求，但 OPEC 内部争议不断，沙特并没有准备减少未来产量，而是将基准油价降至将近六年来最低，伊朗也随后大幅下调销往亚洲的 11 月交割原油期货价格，折扣幅度创近六年新高。同样，世界矿业巨头也在积极扩产，并将其增产铁矿石的销售目标，主要指向中国市场。其中巴西淡水河谷要将未来对中国的铁矿石销售翻倍，2013 年销往中国 1.5 亿吨，2018 年将翻倍成 3 亿吨。为了挤占销售市场，世界矿业巨头势必进一步下调价格。如果不出意外，预计 2015 年中国进口铁矿石到岸价格将进一步走低，将跌至 80 美元/吨左右，甚至逼近 70 美元/吨。受其影响，新一年内中国铁矿石进口量有可能达到 12 亿吨，届时国内矿山企业市场压力进一步增大。如果 2015 年中国铁矿石进口到岸价格跌至 80 美元/吨以下，甚至逼近 70 美元/吨，全年铁矿石进口量就有可能达到12亿吨，消化掉同期世界矿业巨头的全部扩充产量。

美元升值冲击。进入2014年后，美国经济继续较为强劲的复苏态势，收支情况好转，由此奠定美联储退出QE基础，并推动美元累计升值超过3%。面对美联储升息预期增强，预计2015年内美元汇率还会坚挺走高，从而对于国际市场大宗商品价格行情形成压制。

国际投行借势做空。2014年和2015年两年大宗商品市场压力沉重，势必引发国内外投机资本，尤其是国际投行的乘势打压，大举做空，致使价格出现超跌，一些商品价格甚至低于成本。

（三）行情超跌或许迎来反弹

另外，我们也要看到，沉重压力之下，大宗商品市场亦存在以下几方面积极因素。

一是中国改革助力经济增长。毕竟改革的目的是实现国民经济的更好、更快发展，而非相反。目前加大改革力度主要集中在增强企业投资与经济活力方面。比如，通过投资准入改革，允许地方通过股权融资、项目融资、特许经营等方式吸引社会资本投入，拓宽融资渠道，提高国民经济短板领域建设资金的筹措能力；进一步给小微企业减轻税负，激发经济活动能力；以合作等方式，吸引民间资本进入政府主导的投资项目和鼓励社会资本进入基础设施；由市场决定资源配置，决定价格水平，使得社会资本进入产业政策鼓励项目有利可图，调动多方面投资积极性；等等。因此，加大改革力度最终会引发经济强增长。

二是定向刺激效应逐步显现。总体来看，面对较大的经济下行压力，决策部门坚持不搞全面性“强刺激”，以防范过剩产能“搭便车”，扭曲经济结构，损害可持续、健康发展。但不搞全面性“强刺激”，并不意味着不刺激，改革也并非不发展。7%以上的增长速度，仍是国务院努力争取的实现目标。因此，实施定向刺激，有选择地发展国民经济短板领域，稳定经济增长预期，将是宏观调控的主导方针。

定向刺激的宏观调控，将使得2015年货币政策趋向宽松。2014年9月人民银行向五大行投放 5000 亿元的常备借贷便利（SLF）引发广泛关注，这实际上是向市场注入流动性，相当于存款准备金率下调 0.5 个百分点，为经济增长提供紧急支持。预计 2015 年货币政策趋向宽松，包括降准和降低利率。定向刺激将使得房地产调控适度宽松。目前全国大部分城市已经取消了限购，前不久人民银行下发文件对商业银行房贷松绑。今后可供选择的宽松政策还有：充分满足首套房与改善性购房的贷款需求，予以更为优惠的贷款利率等。受其影响，一些城市住房销售环比增长，显示“刚需”开始试探性入市。定向刺激还将使得基础设施、铁路交通、棚户区改造进一步提速。前不久，国家发改委明显加快了铁路建设项目审批，预计 2014 年铁路投资超过万亿元，再创历史纪录。重大水利工程建设方面，2014 年和 2015 年两年会有引调水、重点水源、江河湖泊治理、大型灌区等一批重大水利工程陆续开工建设，投资将超 6000 亿元。在新型城镇化、保障房建设和提高城市基础设施承载能力方面，各级政府一直在加快投资进展。

受到上述几个方面的影响，预计 2015 年中国大宗商品需求呈现稳定增长局面。其中粗钢实际需求（含直接出口）将超过 9 亿吨，带动铁矿石需求 14 亿吨左右。

三是国际市场中国进口因素依然强劲。即使 2015 中国经济增速回落至 7% 左右，但从世界范围比较，仍然属于中高水平。同时还要看到，由于增长基数的提高，现在 7% 的增量相当于甚至高于过去 10% 的增量，因此 7% 的经济增速依然使得中国大宗商品需求总量巨大。预计 2015 年 7 种重要大宗商品进口增幅仍在 10% 以上，保持较为强劲的增长势头，这对于国际市场大宗商品市场而言，应当是一个好消息。

四是价格持续跌落引发供应抑制。迄今为止，一些大宗商品价格的跌落一直没有引发生产总量下降，但这种局面不会一直维持下去。预计中国金属产业链的减产与企业破产会从矿石、焦炭，向金属冶炼次第展开。在强势进口与低价销售冲击之下，中国沿海独立矿山将首当其冲。据有关资料，截止到 2014 年 9 月中，用于钢铁生产的海外矿石份额已经超过 70%。如果今后中国进口铁矿石到岸价格维持在 80 美元/吨以下，价格优势与竞争需要将迫使钢铁企业更多使用进口资源，即便是自有矿山的钢铁企业亦将如此，届时会有更多高成本铁矿被挤出市场。而供大于求与环保执法力度增强，也会引发高成本焦炭企业停产或减产。随着供求关系趋向平衡，相关产品市场价格亦会回升，比如铁矿石价格重新回到90美元/吨以上水平，继而抬高钢铁企业生产成本，从而将减、停产扩展至钢铁领域，抑制资源供应，为其价格回升提供条件。从钢价市场行情分析，石油价格持续走低至80美元/桶以下水平，将会对页岩油气及其他能源生产形成重大冲击，使其产量受到抑制，并且因为价格便宜而刺激需求增加，从而促成供求关系平衡，推动价格回升。

五是中国出口趋向提速。作为全球第一大经济体，美国的经济走势牵动着全球经济命脉。2014年第二季度美国经济增长4.6%，达到两年来最高增速，显示了较为强劲的复苏态势。也正是因为如此，美联储才不断缩减QE规模。欧元区国家与日本经济复苏乏力，也会推动其新一轮的货币宽松；面对全球经济停滞风险，世界各国财长承诺采取“大胆行动”，促使全球经济复苏，美联储亦有可能因此推迟加息，甚至再次“QE”。如果欧元区和全球经济出现新的下行可能并对美国经济构成风险，如果通胀预期下滑至严重低于美联储的预期，美联储将会打开新一轮QE的大门，重新开始购买债券。新一年内全球经济继续复苏，将有利于中国外贸出口。2014年以来，中国外贸出口持续加速，其中9月出口同比增长15.3%，达到一个较高水平。预计2015年中国外贸出口趋向提速，全年增幅超过6%，从而带动国内加工制造，相应刺激大宗商品需求。

由此可见，尽管2015年中国商品市场压力山大，但亦不可过于悲观，随着上述积极因素产生效应，逐步成为经济主流，大宗商品市场将在超跌后触底，或许迎来温和回升转机。

三　正能量投资刺激经济增长势在必行

中国经济增速持续回落，大宗商品市场行情继续探底，导致企业效益下降，财政收入滑坡，并使失业问题浮出水面。2014年9月汇丰银行中国制造业采购经理人指数中，就业分项指数初值下滑至46.9，创2009年2月以来最低水平，已经连续11个月在50下方运行，可能显示了中小企业就业问题开始显现，必须引起警觉。

为了扭转中国经济增速持续回落局面，防范效益和失业问题扩展，有必要大规模进行国民经济短板领域投资与偿还历史欠账投资，即所谓正能量投资，如环保、基础设施、交通、教育、医疗、养老投资等。与加剧产能过剩和结构扭曲的负能量投资不同，这种定向性的正能量投资，可以在启动需求、促进短期经济增长的同时，优化经济结构，为今后国民经济的更好、更快发展提供条件，获取多重效应。

现阶段中国存在巨大的正能量投资空间，比如在环境保护、基础设施、交通物流、食品安全、教育医疗等方面，都存在巨大历史欠账或能力缺口，可以容纳数十万亿元的新增投资。全国棚户区改造、产业技术升级、强大国防建设等也存在巨大投资需求，可以成为拉动经济快速增长的强大引擎。

不仅如此，我们还具有能够进行大规模正能量投资的几乎所有物质条件，即充裕制造能力、庞大的施工队伍与巨额资金储备。其中仅金融机构20%以上的存款准备金率，就冻结了20万亿元左右的人民币存款；此外还有4万亿美元的外汇储备，都可以用于国民经济短板领域投资。

预计今后一段时期内大宗商品将继续低迷，甚至还会进一步走低。这就给我们进行低成本建设，实现国民经济结构填平补齐，大规模正能量投资提供了非常有利的外部环境。我们必须抓住这个有利时机。

以正能量投资刺激经济增长，必须解决资金来源问题。为此，要加大改革力度。要在简政放权，松动投资准入，拓宽投资渠道的同时，更多、更快地实现市场定价，发挥市场配置资源的决定性作用，也就是说，要使得进入国民经济短板领域的正能量投资有利可图。因此，淡水、清洁能源等稀缺资源产品价格要超过成本，污染环境费用要提高，养老体系建设政府财政要予以扶持，修建高速铁路与城市轨道交通，所引发的土地升值部分，也要与投资者分享，借此减轻其庞大债务负担，等等。只有这样，才能有源源不断的资金进入国民经济短板领域与历史欠账领域，保障正能量投资的可持续进行。

市场价格与收入分配篇

Market Price and Income Distribution

B.17

生育政策调整对潜在增长率的影响

蔡昉 陆旸*

摘 要： 与其他预测经济增长的方法不同，本文从人口红利假说出发，以估算潜在增长率预测中国经济增长未来。这种方法使我们能够观察相应的改革可能产生的提高潜在增长率的效果，即改革红利。具体而言，本文根据可行的生育政策调整方案，估计未来潜在增长率在不同方案下的情景，并提出相应的政策建议。

关键词： 人口生育政策 人口红利 改革红利 潜在增长率

* 蔡昉，中国社会科学院副院长、党组成员，研究员，长期从事农村经济理论与政策、劳动经济学、人口经济学、中国经济改革、经济增长、收入分配和贫困等领域的研究；陆旸，中国社会科学院人口与劳动经济研究所副研究员，硕士生导师，研究方向为宏观经济学和环境经济学。

一 用潜在增长率预测和模拟未来

随着近年来特别是2012年以来中国经济增长速度的放缓，经济学家和政策研究者十分关心未来的增长率究竟能够保持多高，相应地形成多种预测方案，相关结论也众说纷纭、莫衷一是。一般来说，进行预测的有以下几种方法。常见的是传统的外推法，即用以往的速度外推将来。采取这种方法时，虽然常常并没有精确的模型，但是，作为一种思考问题的方式，这种方法广为流行。问题在于，这种方法没有考虑发展阶段的变化，如越是发达的国家经济增长速度越慢。实际情况就如后文将阐释的，中国已经发生了经济发展阶段的实质性变化。

作为对于上述传统方法的修正，最近的文献显示以下几种引人注目的方法。第一是增长的“趋同法”，即遵循新古典增长理论的趋同假说，按照人均GDP把中国目前与其他发达国家，如东亚经济体的特定时期进行类比，判断中国今后一段类似时期可能实现的增长速度。例如，按照中国在2008年人均GDP仅相当于美国的21%，根据日本、新加坡、韩国和中国台湾的经验，预期中国可以靠后发优势继续实现较高的赶超速度（林毅夫，2013）。

第二是增长的“中断论”，认为高速增长终究要止于某个特定的经济发展水平上。根据多个国家数据，有的研究发现，一般而言在按照2005年购买力平价计算的人均GDP达到17000美元时，高速经济增长转向减速，减速程度为从以往7年的平均增长速度6.8%，减到随后7年的平均增长速度3.3%（Eichengree, et al., 2011）。不过，这个经验包括了太多不同的国家数据，以致找不到能够解释减速的一致原因。

第三是增长的“趋中律”，根据一个自然统计规律（regression to the mean），认为任何经济增长必然回归到世界平均值上。按照这个“规律”，有学者估计，中国在2013~2023年期间，年平均增长率仅为5.01%，2023~2033年期间更进一步降低到年均3.28%（Pritchett and Summers, 2014）。但是，这里采用的花哨“规律”，充其量只是一个统计现象，不可能适用于所有国家，因此难以对得出的减速做出经济解释。

鉴于上述方法都未能充分考虑中国经济增长所经历的阶段性变化，我们采用估算潜在增长率的方法来预测未来的增长速度。一个国家的实际经济增长在短期受需求因素影响，而在长期则受供给因素影响，后者我们称之为潜在经济增长率。实际上，一个国家的潜在增长率正是由资本、劳动力和全要素生产率（TFP）等供给因素决定的。这些供给因素的潜在水平决定了一个国家经济增长的潜力，而实际经济增长率总是围绕着潜在增长率波动。

当实际增长率高于潜在增长率时，说明产能利用率超出一个国家的潜在水平，此时，为了满足更高的产出要求，就业人数就必然超过了潜在就业量（或称为充分就业条件下的就业数量），而失业率则低于自然失业率（或充分就业下的失业率，仅包含结构性失业和摩擦性失业），此时，宏观经济产生通货膨胀压力。反之，如果实际增长率低于潜在增长率，则会产生周期性失业现象，形成高于自然失业率的失业率。实际 GDP 增长率与潜在增长率以及通货膨胀之间的关系，在经济学中被描述为菲利普斯曲线；实际 GDP 增长率与潜在增长率以及周期失业率之间的关系，在经济学中被描述为奥肯定律。实际上，菲利普斯曲线和奥肯定律所描述的正是受短期需求因素如何影响实际 GDP 增长率与受长期供给因素影响的潜在 GDP 增长率之间的因果关系，进而印证了潜在增长率决定论。

二　人口红利对潜在增长率的影响

影响潜在增长率的三个主要因素看似互不相关，实际上却是相互联系的。人口的变化不仅直接影响潜在增长率，而且还通过其他途径间接影响到资本存量和 TFP。在经济学文献中，人口结构的变化对经济增长产生的正向影响，我们称之为“人口红利”。实际上，人口问题并非只是人口总量的问题，世界各国由于人口结构的差异往往能够产生更具差异化的经济表现。中国 30 多年的高速经济增长就是靠“人口红利”的贡献。

具体来看，当一个国家的劳动年龄人口持续增加，抚养比（被抚养人口与劳动年龄人口之比）持续下降时，通常伴随了高速的经济增长。例如，20 世纪 70 年代的日本。准确地说，特殊的人口结构有利于提高潜在经济增长率的直接表现为，劳动年龄人口（一般指 15～64 岁的人口）持续增加保证了充分的劳动力供给，而不断下降的人口抚养比，意味着劳动年龄人口需要负担的被抚养人口在减少（被抚养人口包括 15 岁以下的少儿和 65 岁以上的老人），产出中用于消费的比例将减少、储蓄增加，资本形成率（资本形成占 GDP 的比重）会提高，进而保证了充足的资本供给。其实，人口红利最为本质的表现，则是劳动力无限供给可以阻碍资本报酬递减，劳动力从农业向非农产业转移创造资源重新配置效率，从而提高全要素生产率。这正是“人口红利”对潜在增长率的影响途径。

我们测算的结果是，在“十二五”期间，中国经济会从过去接近 10% 左右的潜在增长率，降到平均只有 7.6%。到“十三五”时如果没有其他变化还会降到 6.2%（见图 1）。2012 年和 2013 年的实际增长率是 7.7%，2014 年可能是 7.4%，大体上，实际增长速度跟潜在增长速度是一致的，也就是增长速度在潜力范围内，没有比它高也没有比它低。这意味着虽然增长速度下降了，但是生产要素已经充分利用了，生产率的进步潜力也充分发挥了，生产要素没有过剩的状态，没有利用不足的状态（包括劳动力），因此也就没有出现明显的失业现象。这就是我们所说的劳动力市场的新常态，也是一个经济增长的新常态。就业没有问题，就不要以就业为借口去要求政府采取什么措施拉动需求、刺激经济。就业虽然有结构性的问题，但是这个不能用宏观总量政策去解决，也不是靠 GDP 增长可以解决的。

传统的经济增长理论暗含的假设前提是，人口“同质无差异”，然而，在“人口红利”的框架内，强调的是人口的“异质性”带来的增长效应。此时，人口的不同年龄决定了不同的“储蓄—消费”模式和劳动力供给潜力；即使年龄相同，由于受教育程度和城乡分布的差异，对经济增长的影响也不尽相同。如果从这个角度来解释长期经济增长潜力，我们发现唯一具有外生性的因素就是人口发展。有趣的是，与世界各国的人口发展基本模式不

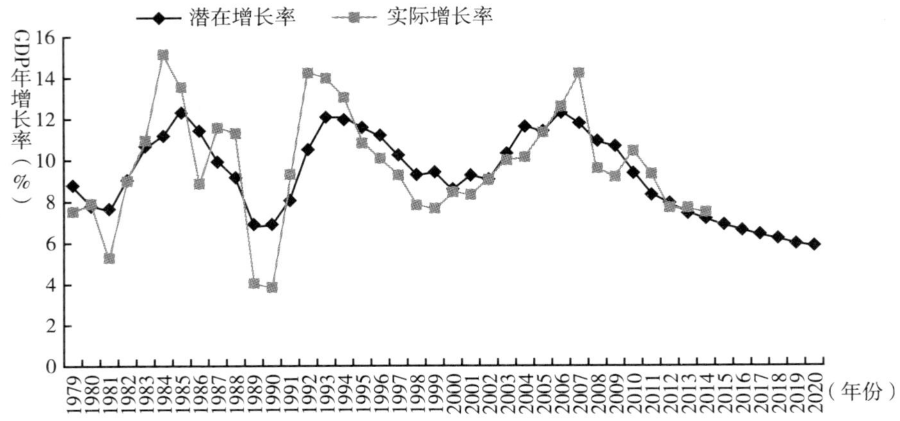

图1　中国经济潜力和实际增长率

资料来源：Lu，Yang and Cai Fang（2014）. China's Shift from the Demographic Dividend to the Reform Dividend，in Ligang Song，Ross Garnaut，and Cai Fang（eds）*Deepening Reform for China's Long Term Growth and Development*，ANU E Press。

同，中国的人口发展过程更具有独特性。通俗地讲，外生的人口生育政策，使中国的“人口红利”来得快、去得更快，因此，中国经济也将面临更多的挑战。然而，从另一个角度来说，既然中国获得人口红利与政策有一定关系，政策调整也完全可以产生延长人口红利的效果，从这个意义上，生育政策调整可以带来改革红利。

在人口学中，通常采用“总和生育率”（Total Fertility Rate，简称TFR，每个育龄妇女平均生育的子女数）来刻画一个国家的人口出生率。这个指标将决定一国未来的人口总量和人口结构。历史经验表明，当一个国家的经济发展超过特定阶段后，人们的结婚和生育观念会发生改变，总体上将逐渐推迟结婚和生育年龄以及减少生育子女的数量，人口出生率则会持续下降。例如，一些发展中国家的TFR超过了5，而一些发达国家的TFR甚至低于2。这也就可以解释，世界上部分发展中国家人口膨胀的同时，发达国家的人口却出现了负增长的现象。

当TFR降低至2.1以下时，就意味新生一代的人口规模不能替换老一代人口规模，人口总量迟早会减少。这是经济发展过程中的普遍现象，例如，欧洲国家和亚洲的日本和韩国，即使这些国家采用鼓励生育的高福利政策，很多家庭也仍然选择不生育，而不断降低的 TFR 也使一些发达国家正在面临着人口负增长的风险。除此之外，人口结构趋于老龄化还给社会保障体系带来压力，而“人口红利”消失甚至是“人口负债”对潜在增长率的冲击更大。例如，20 世纪 80 年代末的日本，在人口红利消失后，日本的潜在增长率下降了近 2 个百分点（陆旸、蔡昉，2014）。

与世界上其他国家不同，中国的人口结构变化不仅受到经济发展的影响，特有的“独生子女”生育政策也产生了相当大的作用。按照国际经验，即使没有人口生育政策约束，中国的人口生育率也会迟早降低，只不过这个过程将是缓慢的。“人口红利”和“人口负债”产生的增长效应都会减弱。通俗地讲，如果没有生育政策，中国的人口结构变化过程是比较长的。

然而，在“独生子女”生育政策下，TFR 在理论上达不到 2，但是要高于 1。因为依照当时的政策执行情况，城市人口执行了一孩政策，而农村基本上是两孩。这项政策在执行之初对于抑制人口膨胀起到了一定的效果。政策产生的直接效果就是出生人口几何递减，以及由此带来的“少儿扶养比”迅速降低。根据人口红利理论逻辑，这一现象将直接使储蓄率上升，进而有利于资本积累，为之后经济的高速增长提供了资本要素的保障。然而，这也为日后新增劳动年龄人口递减埋下了隐患。

一些人口学家认为，受到经济发展和人口政策的双重影响，中国目前的 TFR 只有 1.4，远低于更替水平 2.1。因此，中国的人口结构变化要快于其他国家。可以说，“人口红利”有多么显著，未来的“人口负债”就会有多么严重。2010 年中国 15 ~ 59 岁劳动年龄人口达到峰值（如果按照 15 ~ 64 岁计算，峰值出现在 2013 年），同年人口扶养比开始上升。从人口结构的变化来看，中国的人口转折出现在 2010 年。

三　提高 TFR 对中国潜在增长率的影响

与发达国家的总和生育率变动趋势不同，中国的总和生育率受到外生政策的影响。这也就意味着，面对不断降低的总和生育率，中国可以通过放松人口生育政策提高 TFR 水平。不同于发达国家采取高福利政策鼓励生育，中国政府可以通过放松生育限制增加 TFR。前者不一定能够实现 TFR 上升的目的，而后者能够在一定程度上提高 TFR。这是因为，无论程度如何，符合政策要求且有生育意愿的家庭将选择生育第二个孩子。这一差异也正是中国人口发展的独特性。

实际上，“独生子女”政策在执行之初就被认为是“一代人的政策”。然而，多年来政府和学术界一直对何时放开生育政策，以及放松生育政策后是否引起人口激增、中国的 TFR 是否会迅速上升等问题有所担心。在学术界达成基本共识后，2014 年中国政府正式施行了“单独二孩”政策，即夫妻一方为独生子女的家庭可以申请生育第二个孩子。从某种程度上，这也是中国计划生育政策的第一次微调。

然而，人们的生育行为并非只受生育政策的影响，随着经济和社会的发展，特别是当受教育程度提高后，结婚和生育年龄将向后推迟，生育率会逐渐下降。因此，与 30 年前中国生育决策完全不同，并不是所有符合“单独二孩”资格的家庭都会选择生育第二个孩子。根据王广州（2014）的估算，受“单独二孩”政策的影响，每年新增人口不会超过 300 万。而实际上，从 2014 年的不完全统计数据来看，全国只有 69 万余对符合条件的夫妇申请生育第二孩，人数远低于原来的预期。即使考虑到各省份在政策执行时的非同步问题，之前文献对“单独二孩”政策产生的 TFR 效应也存在了明显的高估。如果考虑到中国第六次人口普查的出生漏报和育龄妇女重报等各种因素，王广州（2014）认为，2010 年中国的总和生育率应该在 1.4 左右。这就意味着，如果中国 2010 年的总和生育率在 1.4 左右，那么“单独二孩”政策最多使 TFR 提高到 1.6，这正是郭志刚（2013）给出的低方案，这个 TFR 水平依然距离更替水平较远。但是从目前来看，即使这个上限也很难达到。不过在理论上，放开生育政策对 TFR 将产生正向影响，是毋庸置疑的。

在理论上，虽然实行“单独二孩”政策的直接政策目标并非提高经济增长率，但是放松人口生育政策使 TFR 上升却能够从两个途径分别影响中国短期和长期的潜在增长率。首先，在中短期内（15 年之内），由于实行“单独二孩”政策，TFR 上升使中国的总和生育率提高，进而少儿抚养比会高于基准情景（基准情景是维持“独生子女政策”），带来的直接效应是消费率上升、储蓄率下降，进而资本形成率和资本存量都要低于基准情景。由于在中短期内，新生人口还没有进入劳动力市场，他们只会影响到抚养比而不会影响总体的劳动年龄人口数量。因此，理论上“单独二孩”政策只能使潜在增长率在短期内低于基准情景。其次，在长期条件下（15 年以上），由于新生人口进入了劳动力市场，劳动年龄人口绝对数量以及潜在就业量将高于基准情景，从而有利于提高潜在增长率。然而，当受到“单独二孩”政策的影响所释放的新生人口进入劳动年龄阶段后，人口抚养比将下降（抚养比计算公式中的分母开始增加）。因此，从长期来看，TFR 提高将使潜在增长率高于基准情景。

实际上，人口预测被认为是“现实中看得见的未来”。当我们确定总和生育率水平时，未来的分年龄和性别的人口数量就能够大致推算出来。我们的研究采用了郭志刚（2013）的人口预测数据，他在中国第六次人口普查数据基础上，采用人口学估计方法推算了 2011 ~ 2050 年分年龄和性别的人口数量，并给出了在四种人口政策调整方案下中国未来分年龄和性别的人口数量。这四种人口调整方案分别是：低方案（TFR 升至 1.6）、中方案（TFR 升至 1.77）、高方案（TFR 升至 1.94）、晚升高方案（维持现行生育水平至 2035 年，之后 TFR 提升至 1.94，以后延续下去）。“晚升高方案”维持现有的 1.4 总和生育率水平到 2035 年，因此，我们可以将其视为基准情景。

在估计 2011 ~ 2050 年中国潜在增长率时，我们假设 TFP 保持不变，而其他投入要素，包括资本、劳动力、人力资本都随着人口结构发生变化。在标准的 CD 生产函数基础上，根据我们的模型设定，能够影响未来潜在增长率的唯一因素是人口结构的变化，而其他因素将保持不变。此时，中国未来“分年龄和性别”的人口预测数据将直接影响潜在就业，同时我们根据扶养比和资本形成率之间的关系，可以估计出未来潜在资本形成率，进而推算出潜在资本存量。最终建立起一个人口结构和潜在增长率之间的模型。具体估计过程参见陆旸和蔡昉（2014）。

估计结果显示，中国的平均潜在增长率从过去30年平均9%～10%，下降到“十二五”时期的7.75%。其中，2015年中国的潜在增长率将进一步降低至7.2%。因此，从2010年开始，随着中国“人口红利”的逐步消失，中国经济增长潜力正逐渐下降，而中国政府也应该根据不断降低的潜在增长水平，逐年调整中国的经济增长率目标，使经济增长目标接近潜在增长水平。

在基准情景的基础上，我们进一步估计了放松人口生育政策对潜在增长率的影响。模型的基本逻辑相同，唯一的区别在于代入模型中的“分年龄和性别”的人口预测数据不同。而这些预测数据分别对应于TFR＝1.6，1.77，1.94。估计结果显示，在短期内，虽然提高TFR对潜在增长率产生了负向影响，但是程度十分有限。从长期来看，提高TFR对潜在增长率的影响却出现了由负转正的趋势，并且“正效应”要远超短期内的“负效应”。例如，当TFR从1.4提高到1.6时，对潜在增长率产生的短期“负效应”不足0.1个百分点，即使我们乐观地假设“单独二孩”政策可以使中国的总和生育率迅速提高到1.77，其对短期潜在增长率的负向影响最多不会超过0.2个百分点。然而，长期的“正效应”却远超0.2个百分点。

四 政策建议

我们呼吁尽快从“单独二孩”向“全面放开二孩”政策过渡。中国的“人口红利”从2010年开始逐渐消失，即使执行了“单独二孩”政策也无法从根本上改变这一趋势。尽管如此，政府还应该继续坚持“生育政策调整和完善”。虽然放松人口生育政策并不会带来立竿见影的增长效应，但是从长期来看将有利于实现合理的人口结构，提高未来劳动年龄人口数量和比例，从而能够对潜在增长率产生正向的影响。但是我们必须认识到，虽然人口生育政策会影响总和生育率，但人口的生育率下降是经济社会发展的结果。随着经济发展，生育意愿不断降低乃大势所趋，不能指望有明显的逆转。中国目前的总和生育率只有1.4，这个水平已经非常接近国际上公认的1.3的“低生育陷阱”，即一旦TFR低于1.3的警戒水平就很难反弹。历史经验表明，所有落入这一“陷阱”的国家，都没能再重新达到人口更替水平。因此，人口生育政策越早调整，其所产生的效果就越明显。

综上，政府应该尽快从现有的“单独二孩”政策过渡到“全面放开二孩”政策，同时，通过微观调查，跟踪典型地区的人口总和生育率变化趋势，进而根据人口发展现实及时调整中国的人口生育政策。根据我们的测算，如果从目前的“单独二孩”政策（假设TFR为1.6）过渡到“全面放开二孩”政策，甚至更大幅度的政策调整（假设TFR能够达到1.94），对潜在增长率产生的短期“负效应”最多达到0.2个百分点，但是产生的长期“正效应”却能达到0.4~0.5个百分点（见表1）。

表1　在不同政策模拟下的中国未来潜在经济增长率：2011~2050年

单位：%

潜在增长率	2011~2015年	2016~2020年	2021~2025年	2026~2030年	2031~2035年	2036~2040年	2041~2045年	2046~2050年
Ⅰ. 调整人口生育政策对潜在增长率的影响:2011~2050年								
TFR=1.6	7.73	6.64	5.87	5.40	5.05	4.60	4.17	3.84
TFR=1.77	7.72	6.58	5.78	5.34	5.16	4.80	4.39	4.04
TFR=1.94	7.71	6.50	5.66	5.23	5.29	5.08	4.65	4.25
Ⅱ. 当TFR达到1.94时对中国潜在增长率产生的影响:增长效应								
基准情景（TFR=1.6）	-0.024	-0.140	-0.204	-0.168	0.241	0.485	0.477	0.413
基准情景（TFR=1.77）	-0.009	-0.076	-0.114	-0.103	0.135	0.279	0.259	0.209

图2给出了不同TFR对应下的潜在增长率变化趋势。我们看到，即使从现在开始放松人口生育政策，对潜在增长率的正向影响也只能等到2030年之后。在短期，由于“远水解不了近渴”，放松生育政策不仅不能提升潜在增长率，反而会因少儿扶养比的上升导致资本积累放缓，最终使潜在增长

率低于基准情景。当然，短期负效应非常微弱。此外，我们也必须认识到，即使进一步放松人口生育政策，中国的总和生育率也很难有实质性的改变，或者说，即使放松生育政策也不能改变中国的人口转变趋势。中国正逐步踏入人口老龄化通道。如果没有进一步的改革措施，到 2050 年，中国的潜在增长率很可能低于 4%。这对于一个快速发展的巨型经济体来说无疑是很严峻的挑战。

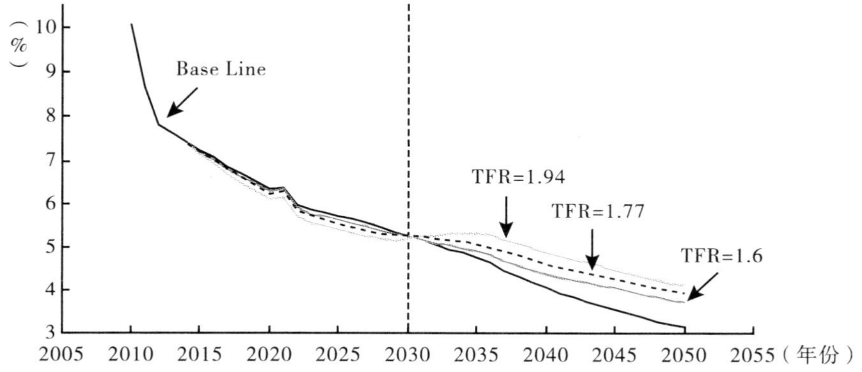

图 2　中国在不同人口生育政策下的潜在增长率：2011～2050 年

资料来源：陆旸和蔡昉（2014）。

中国应该根据潜在增长率的变化及时调整增长目标。当一个经济体达到一定的转折点时，快速的经济增长最终将会放缓，在世界范围内这已被证实（Eichengreen et al.，2011）。然而，在面对经济增长率快速下降时，各国政府所采取的政策措施与此后的经济表现却大不相同。典型的案例是日本。在 20 世纪 90 年代初，由于日本人口结构的变化，经济增长率迅速下降。但是，当时的日本政府并没有意识到经济增长放缓是供给因素变化所导致的潜在增长水平降低，而是错误地将政策投入到短期需求因素上。最终经济刺激政策导致实体经济泡沫持续膨胀，对于日本的影响则是“失去的十年”，甚至是“失去的二十年”。日本的经验对我们的启示是，由于人口红利消失，潜在增长率下降是必然趋势。如果从需求因素入手则是“南辕北辙”，反过来还可能伤害潜在增长率。根据测算，2015 年中国的潜在增长率将进一步降低至7.2%。因此2015年中国的实际经济增长目标应定为7.2%左右更为合理。

参考文献

Eichengreen, Barry, Donghyun Park and Kwanho Shin (2011). When Fast Growing Economies Slow Down: International Evidence and Implications for China, NBER Working Paper No. 16919, National Bureau of Economic Research, Cambridge, MA.

Pritchett, Lant and Lawrence H. Summers, 2014, Asiaphoria Meets Regression to the Mean, *NBER Working Paper*, No. 20573. http://www.nber.org/papers/w20573.

Lu, Yang and Cai Fang (2014), China's Shift from the Demographic Dividend to the Reform Dividend, in Ligang Song, Ross Garnaut, and Cai Fang (eds) *Deepening Reform for China's Long Term Growth and Development*, ANU E Press.

林毅夫：《详解“中国有维持8%增长20年潜力”》，在“中国未来的机遇与挑战”研讨会上的发言，2013年6月30日，http://business.sohu.com/20130630/n380266951.shtml。

陆旸、蔡昉：《人口结构变化对潜在增长率的影响：中国和日本的比较》，《世界经济》2014年第1期。

郭志刚：《2011~2050年中国人口预测》，工作论文，2013。

B.18

2014 年中国税收形势分析预测及 2015 年初步展望

付广军*

摘　要：2014 年税收收入，第一季度累计呈明显的高速运行态势，其增长速度高于经济增速 2.5 个百分点，第二季度累计虽有回落，但仍然高于经济增速 0.7 个百分点，第三季度累计继续回落，基本与经济增速同步，仅高于经济增速 0.4 个百分点。主要税种收入增速较上年呈不同程度的回落，沿海主要税源大省税收收入增速小幅回升，直接影响到全国税收收入增速呈现小幅回升。2015 年假如中国宏观经济形势处于"新常态"运行态势，税收收入也将进入一个中速增长时期，并继续与经济增长保持基本同步。

关键词：税收形势　税收收入

2014 年以来中国税收形势受经济形势和税制改革的双重影响，税收收入及主要税种收入增长均不同程度增长，并处于由高到低，逐月缓慢下降的状态。尤其是自 2013 年 8 月 1 日营业税改增值税（简称"营改增"）全国铺开以来，营业税收入大幅减少，其增速仅为 1.3%，以"营改增"等为主的税制改革，减税效果明显。中国税收收入增长总体放缓，并伴随中国宏观经济进入"新常态"，税收收入也同时进入一个"新常态"增长时期。

* 付广军，国家税务总局税收研究所研究员。

一 2014 年前三个季度税收形势分析

2014 年前三季度（1～9 月），全国税收收入[①]实现 97199. 24 亿元，比上年增加 6926. 16 亿元，同比增长 7. 7%，比上年同期提高 0. 5 个百分点。

（一）2014 年 1～9 月分季度累计税收收入走势分析

2014 年第一季度累计，税收收入实现 32337. 33 亿元，同比增长 9. 9%（见表 1），比上年提高 6. 9 个百分点，国内生产总值（GDP）实现 128212. 7 亿元，按可比价同比增长 7. 4%，税收收入增速高于 GDP 可比价增速 2. 5 个百分点；上半年累计，税收收入实现 68662. 91 亿元，同比增长 8. 2%，比上年同期提高 2. 5 个百分点，GDP 实现 269044. 1 亿元，按可比价同比增长 7. 5%，税收收入增速高于 GDP 可比价增速 0. 7 个百分点；前三季度累计，税收收入实现 97199. 24 亿元，同比增长 7. 7%，GDP 实现 419908 亿元，按可比价同比增长 7. 3%，税收收入增速高于可比价 GDP 增速 0. 4 个百分点。

表 1　2014 年税收收入分季度运行状况

单位：亿元，%

指标名称	第一季度累计		上半年累计		前三季度累计	
	绝对数	同比	绝对数	同比	绝对数	同比
税收收入	32337. 33	9. 9	68662. 91	8. 2	97199. 24	7. 7
GDP	128212. 7	7. 4	269044. 1	7. 5	419908. 0	7. 3
宏观税负	25. 2		25. 5		23. 1	

资料来源：国家税务总局收入规划核算司编《税收月度快报》，2014 年 9 月。

（二）2014 年前三季度分月度税收收入运行分析

2014 年前三季度中国税收收入月度运行特点：一是增速基本趋势是前

① 本文税收收入是指税务部门统计口径，不包括关税和船舶吨税，未扣减出口退税。

高后低，呈逐波动态势，与上年前低后高存在明显差异，1 月实现 14380.63 亿元，同比增长 14.1%，2 月仅实现 8892.45 亿元，同比增长 9.1%，3 月税收收入同比增长 4.5%，开始低于上年增长，9 月更是低了 7.9 个百分点（见表2、图1）。二是除1 月外，前三季度税收收入呈中间高两头低的态势，2、3、8、9 月均低于万亿元，1、4、5、6、7 月均高于万亿元，其中2、3、8、9 月税收收入分别为 8892.45 亿元、9064.25 亿元、7871.93 亿元和 8902.98

表 2　2014 年税收收入分月度运行状况

单位：亿元，%

月份	2014 年		2013 年		与 2013 年比较
	绝对数	同比增长	绝对数	同比增长	
1 月	14380.63	14.1	12599.88	2.5	11.6
2 月	8892.45	9.1	8149.59	2.1	7.0
3 月	9064.25	4.5	8669.70	4.8	-0.3
4 月	11846.93	8.8	10890.94	7.9	0.9
5 月	12605.18	5.5	11947.11	6.7	-1.2
6 月	11873.47	6.3	11169.30	10.1	-3.8
7 月	11761.41	9.6	10731.19	10.4	-0.8
8 月	7871.93	4.0	7565.78	10.1	-6.1
9 月	8902.98	4.3	8536.79	12.2	-7.9

资料来源：国家税务总局收入规划核算司编《税收月度快报》2013 年 9 月。

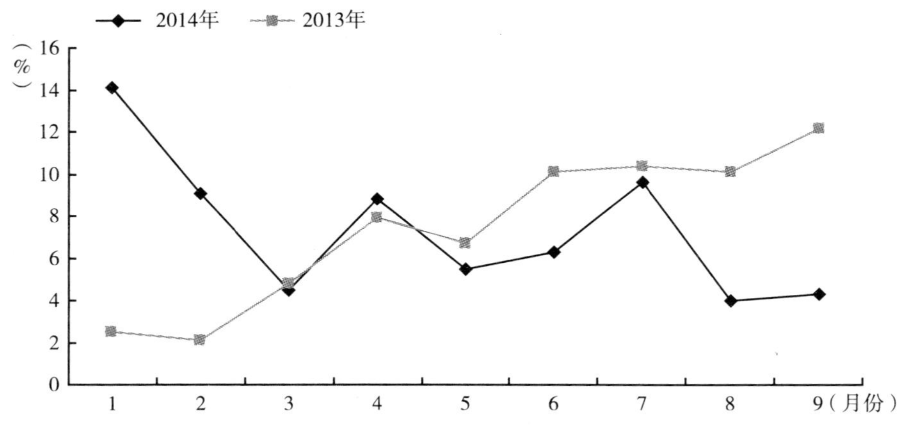

图 1　2014 年分月度税收收入增速

亿元；中间的 4、5、6、7 月税收收入分别为 11846. 93 亿元、12605. 18 亿元、11873. 47 亿元和 11761. 41 亿元，此特点与上年相同。

（三）2014 年前三季度税收收入结构分析

2014 年前三季度税收收入结构如表 3、图 2、图 3、图 4 所示。

表 3　2014 年前三季度税收收入运行状况

单位：亿元，%

指　标		绝对数	同比增加	同比增长	占全部收入比
税收收入		97199. 24	6926. 16	7. 7	100. 0
分产业	第一产业	166. 38	42. 17	34. 0	0. 2
	第二产业	44284. 71	2152. 44	5. 1	45. 5
	第三产业	52748. 15	4731. 55	9. 9	54. 3
分地区	东部	65272. 10	4996. 02	8. 3	67. 1
	中部	16389. 16	1028. 59	6. 7	16. 9
	西部	15537. 98	901. 54	6. 2	16. 0
分级次	中央级	53368. 15	3062. 81	6. 1	54. 9
	地方级	43831. 09	3863. 36	9. 7	45. 1

资料来源：国家税务总局收入规划核算司编《税收月度快报》，2014 年 9 月。

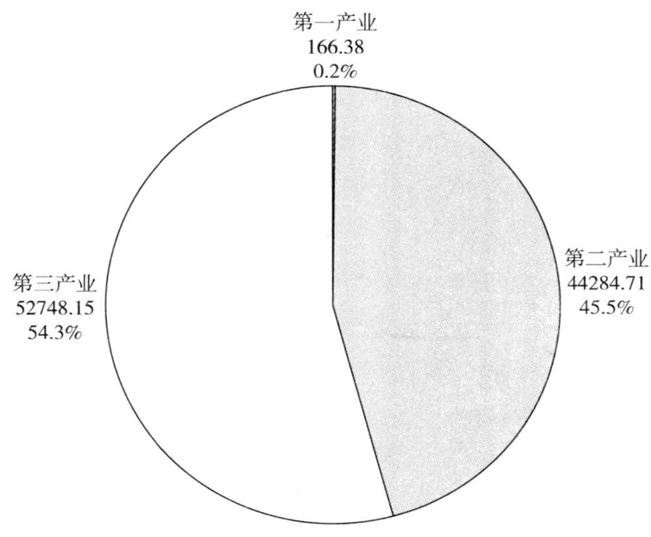

图 2　税收收入分产业结构

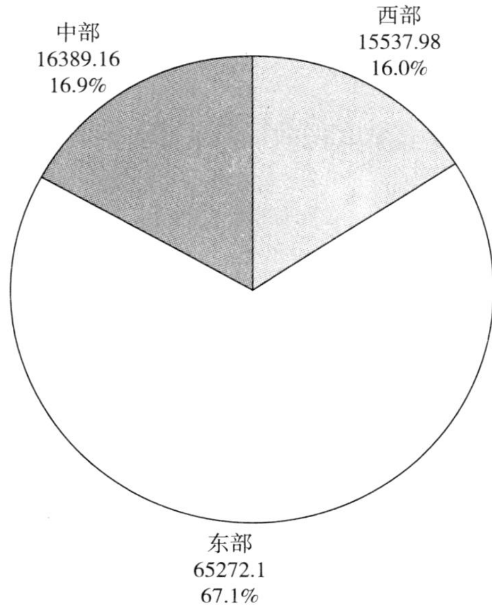

图3　税收收入分地区结构

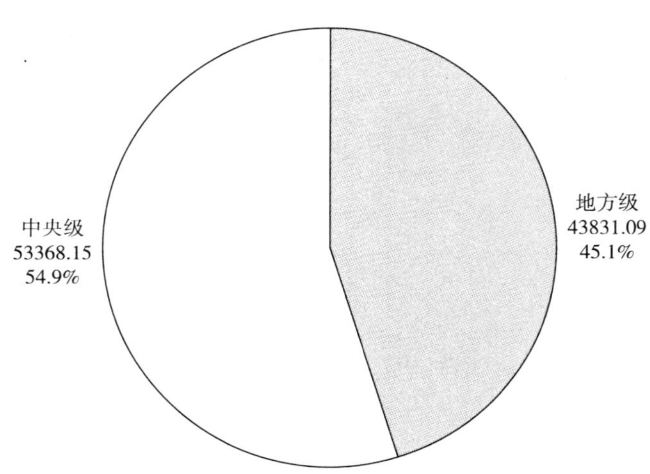

图4　税收收入分级次结构

2014 年税收收入结构分析如下。

第一，分产业看，第一产业税收收入 166.38 亿元，同比增长 34.0%，仅占全部税收收入的 0.2%，即使是高增长对税收收入影响也不大；第二产业税收收入 44284.71 亿元，同比增长 5.1%，占全部税收收入的 45.5%；第三产业 52748.15 亿元，同比增长 9.9%，占全部税收收入的 54.3%。

第二，分地区看，东部地区税收收入 65272.1 亿元，同比增长 8.3%，占全部税收收入的 67.1%，由于占比较大，其增速较高对税收收入增速运行影响较大；中部地区税收收入 16389.16 亿元，同比增长 6.7%，占全部税收收入的 16.9%；西部地区税收收入 15537.98 亿元，同比增长 6.2%，占全部税收收入的 16.0%。

第三，分级次看，中央级税收收入 53368.15 亿元，同比增长 6.1%，占全部税收收入的 54.9%；地方级税收收入 43831.09 亿元，同比增长 9.7%，占全部税收收入的 45.1%。

中国 2014 年前三季度税收收入增速 7.7%，其主要影响因素分析如下。一是从产业看，第二产业税收增速低、第三产业税收增速高，第三产业成为维持税收收入增长的主要因素；二是从地区看，东部地区增速高，中部、西部增速低，中、西部经济欠发达省份成为影响税收收入增长的重要因素；三是从级次上看，中央级收入增速低、地方级收入增速高，地方级收入所占比重的提高，成为影响税收收入的首要因素。

（四）2014 年前三季度主要省份税收收入运行分析

从中国税收收入前 10 名税源大省（市）看，除第 9 名四川省外均为东部沿海经济发达省份（见表 4、图 5）。2014 年前三季度主要税源大省税收收入增幅表现差异较大，税收收入前 3 名的广东省增速较大，为 12.3%，比上年提升 6.5 个百分点，上海市增速为 11.2%，较上年提升 7.6 个百分点，北京则保持在 6.7%，较上年回落 7.3 个百分点；税收收入增幅回落最大的是辽宁省，同比增长 -1.6%，回落 4.6 个百分点。

2014 年前三季度累计，10 个主要税收省份合计 64762.09 亿元，比上年增加 4999.02 亿元，同比增长 8.4%，占全国税收收入的 66.6%，比上年提高 0.4 个百分点。

表 4　2014 年前三季度税收收入前 10 名省份运行状况

单位：亿元，%

省份名称	2014 年		2013 年		与 2013 年增速比较
	绝对数	同比增长	绝对数	同比增长	
税收收入	97199. 24	7. 7	90273. 08	7. 2	0. 5
1. 广东省	11797. 65	12. 8	10454. 88	6. 3	6. 5
2. 上海市	9537. 00	11. 2	8576. 15	3. 6	7. 6
3. 北京市	9096. 58	6. 7	8524. 10	14. 0	-7. 3
4. 江苏省	8796. 06	10. 0	7998. 36	7. 6	2. 4
5. 浙江省	6639. 30	5. 6	6289. 27	5. 6	0. 0
6. 山东省	6141. 01	5. 7	5809. 27	6. 5	-0. 8
7. 辽宁省	3660. 94	-1. 6	3722. 24	3. 0	-4. 6
8. 天津市	3192. 41	10. 1	2899. 88	2. 0	8. 1
9. 四川省	2955. 14	7. 0	2761. 48	12. 4	-5. 4
10. 福建省	2946. 00	8. 0	2727. 44	14. 2	-6. 2
前 10 名合计	64762. 09	8. 4	59763. 07	—	—
占全部税收比重	66. 6	—	66. 2	—	—

注：表中广东、浙江、山东、辽宁、福建 5 省税收收入均包含所辖计划单列市。
资料来源：国家税务总局收入规划核算司编《税收月度快报》，2014 年 9 月。

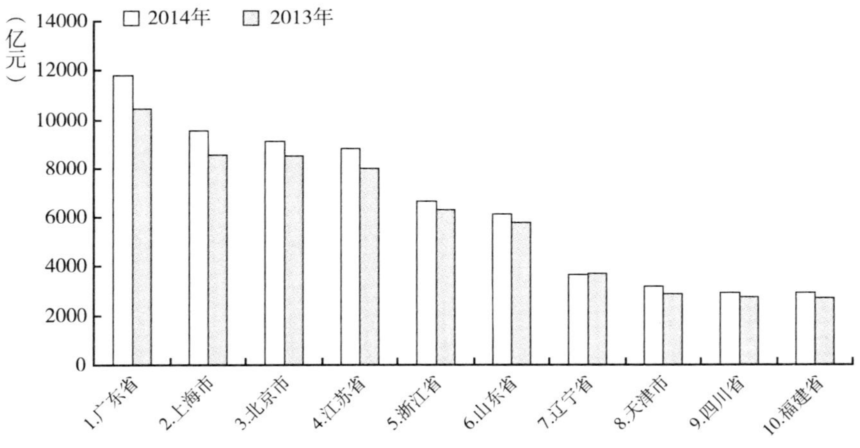

图 5　2014 年 1 ~ 9 月税收收入前 10 名税源大省（市）

二 2014 年前三季度税收收入运行特点及原因

（一）2014 年前三季度税收运行主要特点

其一，与上年同期比，税收收入增速小幅提高。1～9 月税收收入增速比上年同期提高 0.5 个百分点。

其二，与生产经营相关的主体税种收入增速较上年有升有降。2014 年 1～9 月国内增值税同比增长 7.4%，比上年同期下降 0.8 个百分点（见表 5）；消费税同比增长 5.9%，比上年同期增速提高 1.8 个百分点；营业税同比增长仅为 1.3%，比上年同期增速回落 9.6 个百分点；企业所得税同比增长 8.5%，比上年同期增速提高 1.3 个百分点。

表 5　2014 年前三季度税收收入及主要税种增长情况

单位：亿元，%

项　目	2014 年		2013 年		与 2013 年比较
	绝对数	同比增长	绝对数	同比增长	
税收收入合计	97199.24	7.7	90273.08	7.2	0.5
其中：国内增值税	22464.11	7.4	20916.61	8.2	-0.8
国内消费税	6776.73	5.9	6397.71	4.1	1.8
营业税	13046.00	1.3	12877.30	10.9	-9.6
企业所得税	21151.45	8.5	19499.62	7.2	1.3
个人所得税	5695.51	12.4	5065.60	10.4	2.0
城市维护建设税	2695.31	6.6	2529.14	8.8	-2.2
印花税	1052.22	14.4	919.90	21.0	-6.5
城镇土地使用税	1458.96	13.4	1286.54	11.1	2.3
土地增值税	2987.45	20.4	2481.12	23.6	-3.2
房产税	1343.68	16.7	1151.40	13.8	2.9
耕地占用税	1403.44	11.0	1264.77	9.3	1.7
契税	3033.04	6.9	2835.96	36.5	-29.5

资料来源：国家税务总局收入规划核算司编《税收月度快报》，2013 年 9 月。

其三，个人所得税收入增幅较大。2014 年 1 ~9 月个人所得税同比增长 12.4%，比上年同期增速提高 2.0 个百分点，继续保持了上年以来的高速增长，其中，工资薪金所得税和劳务报酬所得税增幅较大，同比分别上涨 18.0% 和 18.8%；个体工商户生产经营所得税降幅较大，同比下降 10.0%。

其四，与房地产相关的税收收入增速下降较大。2014 年 1 ~9 月，房地产业税收收入完成 12822.50 亿元，比上年同期增加 864.09 亿元，同比增长 7.2%，较上年下降 22.1 个百分点；房地产营业税实现 4226.09 亿元，仅比上年同期增加 156.11 亿元，同比增长 3.8%，较上年的 37.4% 回落 33.6 个百分点；房地产企业所得税实现 2515.15 亿元，比上年同期增加 128.24 亿元，同比增长 5.4%，较上年的 26.7% 回落 21.3 个百分点。契税实现 3033.04 亿元，比上年同期增加 197.08 亿元，同比增长 6.9%，较上年的 36.5% 回落 29.6 个百分点。

其五，进口税收增速明显回升。2014 年 1 ~9 月进口货物增值税和消费税同比增长 6.9%，较上年的 -10.1% 回升 17.0 个百分点，其中，进口货物增值税比上年增加 617.354 亿元，同比增长 6.6%；进口货物消费税比上年增加 70.93 亿元，同比增长 12.5%。

（二）2014 年前三季度税收收入增速影响因素分析

与上年同期相比，2014 年 1 ~9 月税收收入增速小幅回落的主要原因如下。

第一，国内经济增速小幅回落，导致与经济指标密切相关的税种收入增速放缓。1 ~8 月规模以上工业增加值增长 8.5%，比上年同期增速回落 1.0 个百分点；1 ~8 月社会消费品零售总额增长 12.1%，比上年同期增速回落 0.8 个百分点。

第二，工业企业经营状况好转。1 ~8 月全国规模以上工业企业实现利润 38330.4 亿元，较上年增加 3466.4 亿元，同比增长 10.0%。

第三，价格总水平涨幅回落使得以现价计算的税收收入增速回落。1 ~8 月全国居民消费价格总水平同比上涨 2.2%，比上年同期回落 0.3 个百分点。

第四，房地产销售额大幅减少。1～8 月商品房销售额实现 41661.0 亿元，较上年同期减少 4063 亿元，同比增长 -8.9%，比上年同期下降 43.3 个百分点，造成与房地产行业相关税种的收入大幅减少。

第五，一般贸易进口额增速上升。1～8 月一般贸易进口额实现 7730.9 亿美元，同比增长 10.3%，比上年同期增速提高 4.4 个百分点。

第六，税制改革（如营改增）和小微企业税收优惠政策使一些主体税种都有不同程度减收。其他如实施小型微利企业所得税优惠政策、对小微企业免征增值税和营业税、部分进口商品关税调降、营业税改征增值税试点扩大至全国等政策，都使企业所得税、增值税、营业税和关税等相关税收减少。

三　2014 年全年税收收入预测及 2015 年初步展望

（一）2014 年全年税收收入预测

从 2014 年前三个季度税收运行情况看，尽管部分省份税收仍然保持了较高的增长速度，但全国大部分省份税收收入增速明显放缓，特别是中、西部经济欠发达地区税收收入增速低于全国平均水平，这些省份的税收收入在全国税收收入中所占份额尽管较小，但是省份众多，影响面广，尤其是部分老工业基地税收增速下降幅度较大，对税收收入增长的下拉力度显现，它们的税收运行状况对全国税收运行影响作用不容忽视。第四季度，这种低速运行的情况不可能会有根本性改观，即使年末税收收入增长有翘尾因素，受经济运行的影响，2014 年税收收入增速不会太高。

我们根据 2013 年税收分季度运行情况，对 2014 年税收收入进行简单类比预测：2013 年前三季度税收收入累计 90273.08 亿元，占 2013 年全年税收收入 119942.99 亿元的 75.2%。2014 年前三季度税收收入累计 97199.24 亿元，假设 2014 年仍保持 2013 年前三季度占全年收入同样的比重，2014 年全年税收收入为129254.31亿元，同比增长7.76%；假设保持2014年前三季度同样的增长速度（7.7%），则2014年全年税收收入为129178.60亿元；考虑到后三个月的翘尾因素，估计2014年全年税收收入会介于前面两个预测数之间，假如继续保持2013年全年比前三季度高1.1个百分点的情况，2014年依旧保持，则2014年全年税收收入为130497.97亿元。我们取三者的平均数作为预测值，则2014年税收收入为129643.63亿元，同比增长8.1%（见表6）。

表6　2014年全年税收收入预测分析

单位：亿元，%

年份	第一季度累计		上半年累计		前三季度累计		全年累计	
	绝对数	同比增长	绝对数	同比增长	绝对数	同比增长	绝对数	同比增长
2011	25087.54	33.2	52429.58	30.1	77788.22	27.4	99564.68	23.3
2012	28555.90	9.4	60005.07	10.0	84214.57	8.3	110740.04	11.2
2013	29419.16	3.0	63426.51	5.7	90273.08	7.2	119942.99	8.3
2014	32337.33	9.9	68662.91	8.2	97199.24	7.7	129643.63	8.1

（二）2015年中国税收形势初步展望

2014年是中国“十二五”规划实施的第四年。从前三季度的经济形势看，经济增长低于上年水平，增速为7.4%。固定资产投资、工业生产与销售、国内贸易及货币信贷增速均比上年有所回落。

从2014年前三季度税收收入的走势和全年预测分析，2015年税收收入增长应略低于上年。

根据有关方面对2015年经济预测，如果经济增长保持在7.0%左右，预计2015年全年税收总收入将增长7.4%至8.0%之间，税收收入初步估计为139237.26亿元至140015.12亿元之间。

需要说明的是，自20世纪90年代以来税收收入增速超经济增长现象，已从2013年起出现转折，2014年继续保持了这种态势，预计2015年仍将延续，进入一个税收收入增速与经济增长可比价基本同步时期。

四 几点看法和建议

一是继续深化税制改革，以改革为经济增长提供动力，以改革激发市场活力。税制改革是各项改革中的最关键因素，2014 年 6 月 30 日，中共中央政治局审议通过了《深化财税体制改革总体方案》，方案明确提出“完善税收制度”，主要目标是建立现代税收制度，发挥中央和地方两个积极性，同时调整中央和地方间税收分配关系，在保持中央和地方税收收入格局大体稳定的前提下，进一步合理理顺中央与地方税收收入划分。

二是合理确定“营改增”后增值税在中央与地方之间的共享比例。实现增值税“扩围”的全覆盖后，在不开征新的税种情况下，如何保障地方税收利益成为普遍关注的话题。“营改增”涉及增值税和营业税两大主体税种，增值税是共享税，中央与地方按照 75∶25 的比例分享，营业税绝大部分为地方级收入，全面取消营业税后，地方及收入如何补偿成为关键问题，由于营业税对地方财力的影响很大，目前实行的是过渡期的临时分配办法，尽管有关“营改增”后的增值税分享方案，各界提出较多，但最终采取哪种方案，需要进一步深入研究。

三是加快房地产税立法并适时推进改革，并将其作为地方税主体税种的目标努力。由于房地产具有非流动性、地域性和税基广泛性特点，因此房地产税通常作为地方政府的稳定税源之一。按照国际经验，经济进入发达阶段，财产税更适合作为地方税主体税种。对于中国而言，将房地产税确定为地方税主体税种在短期内由于征管基础条件的限制尚有困难，但是从长期看，适时推进房地产税改革，完善多环节、多税种的房地产税收体系，应是目标。建议将房地产生产、交易和持有环节的各项税收统一考虑，设计出新的房地产税体系。

四是加强个人所得税征管，完善个人所得税制。为实现税收公平目标，逐步建立综合与分类相结合的个人所得税制，提高个人所得税占税收收入的比重，使其与企业所得税一起，成为中国的主要直接税，为提高直接税比

例，实现间接税与直接税比例合理的税制，做出贡献。为实现十八届三中全会决定中提出的逐步提高直接税比重和调节收入分配目标，进一步完善个人所得税，是其重要手段。

五是适时推进环境保护“费改税”改革，发挥税收调节手段，治理环境污染。中共十八届三中全会明确指出，推动环境保护费改税。目前中国尚未开征专门的环境税，只是在现行税种，如消费税、增值税、企业所得税、资源税、耕地占用税等的相关规定中体现一定的环境保护政策导向，充其量只能算作是嵌入式的环境税制模式，既不系统，也不明确，且存在明显的政策空白。近期应做好环境保护费的规范和清理工作，并对现行税种中具有环境税功能的具体规定进行筛选、取舍、整合、优化，在此基础上选择比较成熟的项目开征独立的环境税，将水污染、大气污染（碳排放）、固体物污染等纳入环境税范畴。

B.19

改革之年：新常态、新机遇

——2014 年证券市场回顾与 2015 年展望

朱平芳*

摘　要： 回顾2014年以来的证券市场，可以用“结构型牛市已露峥嵘”来基本概括。尽管世界经济出现反复，国内经济面临诸多困难，但2014年在改革预期带动下，证券市场各种题材轮番上阵，行情不断，带动上证指数从年初2000多点上升至目前的2400多点，上涨幅度已达20%多。展望2015年证券市场，我们认为目前正站在牛市的边缘，全年的慢牛行情值得期待。

关键词： 证券市场　新常态　货币政策　投资价值

一　结构型牛市已露峥嵘：2014 年证券市场回顾

回顾2014年以来的证券市场，可以用“结构型牛市已露峥嵘”来基本概括。尽管世界经济复苏出现反复，国内经济面临诸多困难，但在改革及其预期带动下，2014年国内证券市场各种题材轮番上阵，行情不断，带动大盘从年初2000多点上升至目前的2400多点，上涨幅度已达20%多，预计年底2500点可能性很大。

---

* 朱平芳，上海社会科学院经济研究所、上海社会科学院数量经济研究中心。

首先，京津冀一体化被中央隆重推出。2 月 26 日，习近平总书记在听取京津冀协同发展工作汇报时强调，实现京津冀协同发展是一个重大国家战略。3 月 5 日，李克强总理在作政府工作报告时指出，加强环渤海及京津冀地区经济协作。随后，有关部门表示，京津冀一体化的相关规划正在紧密制定当中，会尽快对外公布。京津冀一体化消息一经传出，相关概念股闻风而动，其中以区位优势突出的河北板块表现最为亮眼，3 月份河北板块整体上涨超过 12%，位居各区域板块之首。

接着，4 月 8 日，财政部宣布，扩大享受减半征收企业所得税优惠政策的小型微利企业范围。此后，中国铁总宣布，在新开工项目、固定资产投资以及投产里程等方面调增了 2014 年铁路建设的目标，而“建设重点将在中国西部地区”。同期，国务院常务会议提出加快棚户区改造。国务院办公厅近日印发《关于进一步加强涉企收费管理减轻企业负担的通知》，部署收费管理工作，进一步减轻企业负担。

其次，4 月 10 日，为促进内地与香港资本市场共同发展，中国证监会、香港证监会决定原则批准上交所、香港联交所、中登公司、香港中央结算公司开展沪港股票市场交易互联互通机制试点，市场简称为沪港通，具体包括沪股通、港股通。沪股通总额度为 3000 亿元人民币，每日额度为 130 亿元人民币；港股通总额度为 2500 亿元人民币，每日额度为 105 亿元人民币。证监会表示，沪港通正式启动需要 6 个月准备时间。试点初期，沪股通的股票范围是上证 180 与上证 380 的成分股，以及在上交所上市的 A + H 股。港股通的股票范围则是恒生综合大盘股指数、恒生综合中型股指数的成分股，以及同时在沪港上市的 A + H 股。沪港通最积极意义在于国人投资海外股市迈出关键一步，在于人民币资本项下国际化迈出关键一步。A 股与港股的互通在一定程度上还能够改变目前创业板估值过高、蓝筹股估值过低的价格失衡状态，有助于优化内地的投资理念，回归证券市场的长期资金供给属性。

4 月 25 日，下调县域农村商业银行人民币存款准备金率 2 个百分点，下调县域农村合作银行人民币存款准备金率 0.5 个百分点。6 月 16 日起，凡符合审慎经营要求且“三农”或小微企业贷款达到一定比例的商业银行可下调存款准备金率0.5个百分点。

5月初，国务院印发《关于支持外贸稳定增长的若干意见》，以提振外贸企业信心、促进进出口平稳增长。

5月9日，国务院发布《关于进一步促进资本市场健康发展的若干意见》。该意见从九个方面明确资本市场健康发展的总体要求和具体任务，包括紧紧围绕促进实体经济发展，坚持市场化和法治化取向，激发创新活力，拓展资本市场广度深度，提高直接融资比重，积极发展混合所有制经济，促进资本形成和股权流转；发展多层次股票市场；规范发展债券市场；培育私募市场；推进期货市场建设；提高证券期货服务业竞争力；扩大资本市场开放；防范和化解金融风险；营造资本市场良好发展环境。从市场反馈来看，仅在“新国九条”颁布后的第一个交易日股市就出现了2%的大涨。

然而，2014年我国资本市场最重要的事情还是IPO两次重启，决定了2014年股票市场前抑后扬的基本格局。1月17日，新股IPO在时隔一年多后重启，1、2月份共计发行了48只股票。随后因发行中存在问题而又暂停了5个月，其间沪深交易所修改IPO网上按市值申购实施办法，证券业协会修订《首次公开发行股票承销业务规范》等，IPO配套措施落地，6月18日再次重启。两次重启对我国2014年证券市场的行情演绎起到了决定性的作用。1月17日第一次重启产生了2014年证券市场的第一个低点，上证最低跌到1984.82点；暂停后产生了上证年内第一个高点2177.98点；随后再次重启预期则产生了上证年内最低点1974.38点，创业板则从最高1571.4点跌至1210.81点，跌幅近23%。6月18日再次重启，利空出尽，市场由此开始逐步上扬，牛市迹象逐渐显露，上证从2010.51点涨至目前的2400点以上，其间不断刷新年内新高；创业板也重新焕发，重新站上1500点高位。

2014年也是一个题材风行的结构型牛市初步显露年。其间在转型调结构等政策刺激下，中小板、创业板行情不断；在东海、南海形势紧张背景下，军工板块异常活跃；在自贸区逐步外扩的发展，自贸区概念反复被市场热宠；在李克强总理的大力推销下，以高铁为代表的制造业板块也是不断发力，土地流转、国企改革、芯片制造鼓励政策也刺激着相关板块行业逐步走强。这些都构成了2014年中国证券市场色彩斑斓的一幕幕。

尽管经济增长疲弱，但定向降准，公开市场操作引领利率下降，SLF的引入，使得2014年债市也走出了一波牛市行情。10月14日央行年内第三次下调公开市场正回购利率，由3.5%下调至3.4%，再次传达宽松信号，稳定了市场对低资金利率的预期（见图1、图2）。10月17日，市场传言央

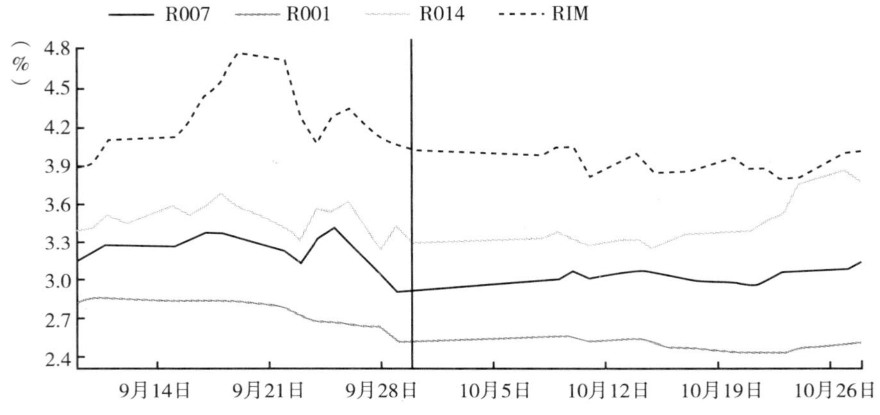

图1　资金利率稳定在低位

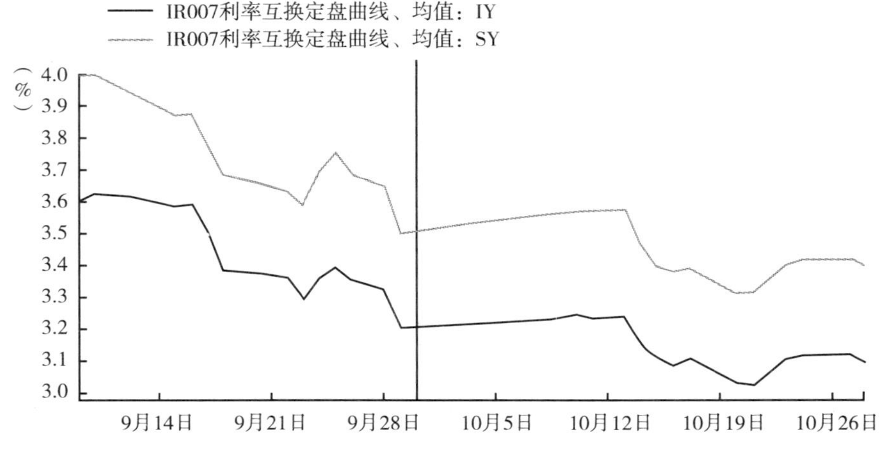

图2　IRS再下台阶，创2013年2月份以来最低

行向股份制银行定向SLF，规模为2000亿元，从数量上向市场“放水”，量价双管齐下，引导利率下行决心明显。下旬虽然有IPO、财政缴税因素等因素的冲击，但利率并没有明显冲高，全月银行间质押式回购隔夜和七天基本在2.5%和3.0%上下震荡，月末分别在2.58%和3.25%的位置。

10月举行的国务院常务会议上李克强总理强调了消费的“引擎”作用，重点推进住房等六大领域消费促进经济提质增效；各地方政府第三季度GDP普遍低于预期目标，年内最后两个月冲刺压力较大，加快基建投资也将是地方稳增长的关键。为了配合投资的加快，预计货币政策还将延续宽松基调，不排除继续扩大SLF等工具的使用范围。预计未来经济在新一轮稳增长助力下或短期改善。不过更远地看，2015年经济下行压力依然不小，经济新的增长点仍未形成，结构化调整还在继续，所以基本面对债市的支撑作用还将延续。

二　新常态、新机遇：2015年证券市场展望

展望2015年，国民经济将进入7.5%左右中速增长的新常态，但伴随着改革的深入，证券市场正产生着巨大的新机遇，我们认为2015年国内证券市场出现缓慢牛市的概率较大，目前我们正站在牛市的边缘。考虑到无风险收益率趋势性下降、有政府信用背书的城投债未来将“进博物馆”，2015年从中期看债市的牛市可能确定性较强。

（一）新常态

1. 中速增长常态化

随着刘易斯拐点的到来，中国经济继续维持两位数以上的增长已经不太现实。提高经济效率，改善增长质量，避免中等收入陷阱则成为今后中国经济改进的最重要方向，为此，中速增长的常态化是必要的。2014年以来，我国GDP增速有所回落，但预计维持在7.5%左右，并逐步常态化（见图3）。根据最新数据，第三季度GDP增长7.3%，比第二季度GDP下降0.1个百分点，其中第三产业增速（前三季度7.9%）明显超过第二产业

(7.4%)；前三季度 GDP 增长 7.4%，全年保 7.5%左右目标有望完成。

第四季度 GDP 有望略升。截至 10 月中旬的高频数据显示（见图 4），发电量、粗钢产量等触底略升，地产销量回暖明显；驱动力主要来自“9・30”地产新政、央行宽松、三产崛起、改革红利、微观转型等。新一届政府宏观

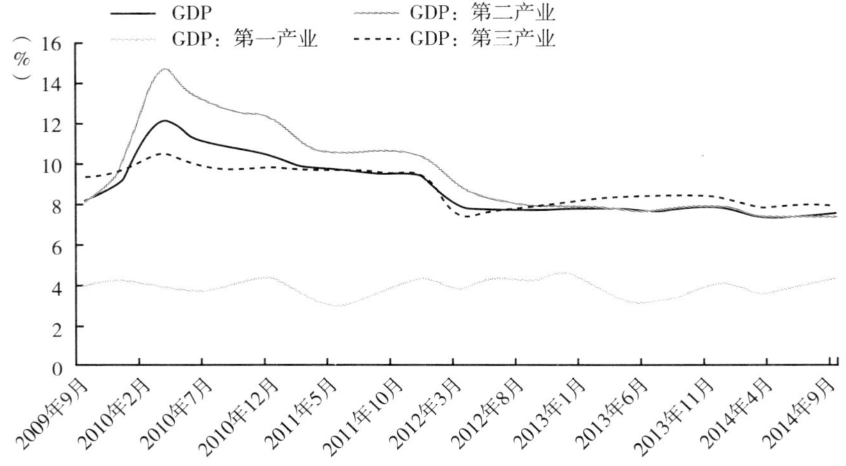

图 3　GDP 增长中速企稳

资料来源：国家统计局。

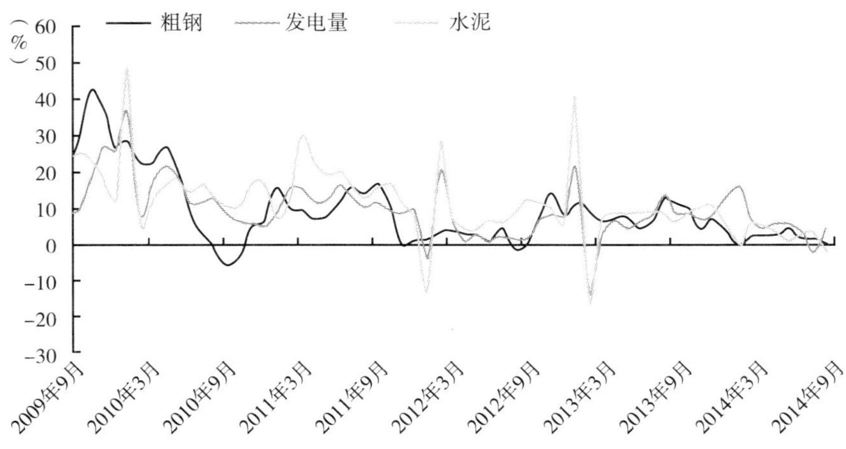

图 4　高频数据显示经济企稳

资料来源：国家统计局。

调控基调十分清楚：虽不刺激，但会托底；短期看经济失速风险缓解，长期看增速换挡任务尚未完成，7.5%左右的中速增长将常态化。

2. 微刺激常态化

由于大规模的经济刺激，不利于调整中国目前的经济结构，更无助于提高经济效率，在此情况下，为了保证经济增长不过度失速，成功实现经济软着陆，同时迫使个人和社会投资进入实体部门，微刺激将常态化。

进入第四季度，发改委密集发布包括铁路、机场等基建项目，截止到10月27日，新批项目总投资接近5500亿元。按照2014年铁总8000亿元的投资目标，年内剩余两个月里，还有近2500亿元铁路固定资产投资，基建投资将再度成为第四季度稳增长的重要手段。而房地产方面，9月30日房贷新政出台对改善性购房需求有一定的刺激作用，具体可能在10月及以后的经济数据中逐步体现。目前看，土地市场较为明显。中原地产市场研究部数据显示，截至10月23日，一线城市共成交土地22宗，成交楼面均价达9787.5元/平方米，创近半年的最高点。商品房成交量也有所回暖（见图5）。根据每日公布的30大中城市商品房成交数据，10月前29天共成交

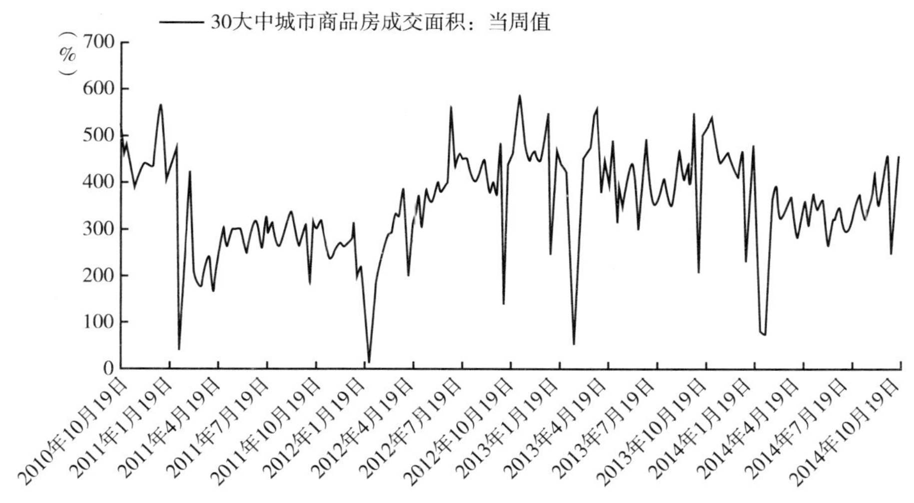

图5 商品房销量显著上升

资料来源：国家统计局。

16.5 万套，成交面积 1731 万平方米，均比 9 月份有所改善。不过由于 2013 年基数较高，同比增速依然为负，只是降幅收窄。预计 10 月房地产投资增速下滑势头会得到一定遏制，不过依然不太乐观。

3. 利率下行引导成为新策略，低利率将常态化

尽管 2014 年以来央行没有全面降准降息，但在货币政策方面央行动作不断。从第二季度以来，央行先后于 7 月 31 日、9 月 18 日和 10 月 14 日三次下调正回购利率，正回购利率累计降幅达到 40 个 BP；9 月 17 日对五大行进行了 5000 亿元的 SLF 以及 10 月 17 日对股份制银行预计不低于 2000 亿元的 MLF，这些举措都表明央行试图降低社会融资成本的目的。

从最新的银行三季报来看，截止到第三季度银行综合负债成本为 2.46%，较第二季度上行了 4 个 BP。从央行公布的最新贷款数据来看，第三季度贷款增量中，“三农”贷款同比少增 6200 亿元，小微贷款同比少增 1900 亿元，“三农”和小微合计同比少增 8100 亿元，放缓明显。造成这种现象的根源在于，经济处于下行通道，银行风险偏好下降，同时在利率市场化的进程中受到互联网金融、理财等冲击，银行综合负债成本不断上行（见图 6），对于薄

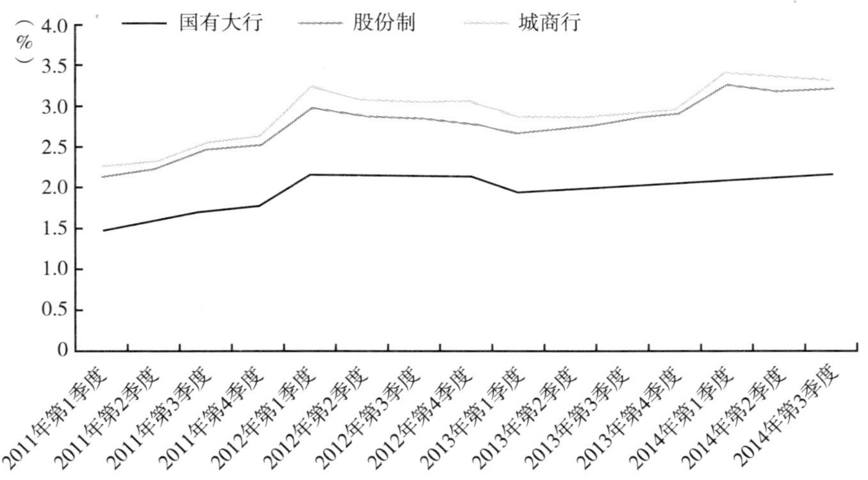

图 6　2011～2014 年季度银行综合负债成本

资料来源：国家统计局。

利的小微贷款和“三农”贷款发放力度兴趣不足。由于降低社会融资成本是央行今年第一要务，央行未来依然需要在货币政策上有所行动。

此外，三大资金黑洞无效融资需求（地方融资平台、产能过剩重化工行业国企和房地产）收缩、中速增长常态化将成为利率中枢下移、无风险利率的核心内生因素，未来低利率将常态化。近期，地方债改革、央行动作、监管部门降低融资成本等政策变量将成为未来低利率常态化形成的外生变量。

4. 货币宽松常态化

为了便于经济转型，同时使得市场利率保持在较低水平，货币政策将维持目前较为宽松的局面。央行货币政策委员会第三季度例会强调，继续实施稳健的货币政策，灵活运用多种货币政策工具，保持适度流动性，实现货币信贷及社会融资规模合理增长。

定向宽松已经成为2014 年货币政策的主基调，未来相关货币政策依然可以期待。具体来看，央行可能采取以下一些方式：下调正回购利率，扩大定向降准、降息的范围和规模，扩大 SLF 的范围和规模等。2015 年这些措施仍然会被继续使用。

从资金面来看，第四季度资金面依然会保持相对宽松。2014 年上半年银行资金成本为2.42%，参照2014 年以来的利差均值来计算，7 天回购利率中枢大概在 3.7% 附近。按过去三年资金成本与 7 天回购利差的均值 169BP 计算，则对应的 7 天回购利率中枢将会上升至 4.1%。央行可能会对正回购利率进行下调，则 7 天回购利率中枢将会低于上述标准。在中速增长常态化的大背景下，2015 年资金面保持相对宽松将常态化。

（二）新机遇

在中速经济增长常态化的情况下，我们依然看好中国证券市场的理由有三：第一，无风险利率下行会带来风险资产价格上升。第二，房地产行业价格拐点的到来，使得其投资价值逐步丧失，近十年来的资金堆积将逐步从这一领域退出，投入其他实体行业。随着资本市场赚钱效应凸显，相当一部分资金会在资本市场上寻找新的增长点，从而推动证券市场在2015年迎来一个一定级别的缓慢牛市。第三，在经历了2008年金融危机之后，国际经济增长虽有反复，但恢复增长的势头正逐步明朗。

1. 无风险利率下行

利率下行，会使得人们重新考虑自己的资产配置，风险资产会获得更多青睐，从而导致风险资产价格上升。此外，理论上，利率下行一方面有利于降低社会必要收益率，降低DDM模型（Dividend Discount Model）的分母部分，另一方面则有利于企业债务负担降低，从而提升DDM模型的分子部分，结果自然导致企业股票价格提升，这将成为2015年股票市场牛市格局的核心驱动力，是股票价格提成的内生影响因素，会成为2015年股票市场牛市格局触发器。

2. 房地产失去投资价值

多年来，三大资金黑洞无效融资需求（地方融资平台、产能过剩重化工行业国企和房地产）中的两个都是由于房价不断上升引起的，基本上是内生因素。逻辑链条也很清晰，房价不断上涨，带来对房价进一步上涨的预期，进而带动房价进一步上涨；房价不断上涨，从而带动房地产投资需求的大幅增加，一度占到整个社会固定资产投资的一半以上；房地产投资的不断增加提高了地方政府收入，也提高地方财政收入的预期，直接刺激了地方融资平台规模的扩张。另外，房地产行业的不断扩张也直接导致了许多无效产业的扩张。还有，房价高企加重了购房者的负担，严重影响了一大部分社会人群的消费能力。总之，房地产业就像一个巨大的磁石，将大部分的社会资金都吸引入其中。

但随着房价调整，对房价进一步上涨的预期现在已被打破，这使得房地产作为投资品的作用大大降低。相反的逻辑链条正在形成，这将是社会资金的一次巨大释放，规模会类似于超新星爆发，最终会超出我们的想象。大量的社会资金会重新进入有效产业，带动证券市场分子部分加速成长，同时，就如前所述会使得利率下行，减小分母，从而带动整个风险资产价格上扬，产生资本市场向上预期，从而吸引更多资金直接进入证券市场。

而且，随着证券市场改革的深入，证券市场引导资金进入有效产业的能力也正在增强。由此，新的良性的逻辑循环链条正在形成，中国经济结构调整的良好环境也趋于形成，调整本身将在2015年进入佳境。由此，我们认为2015年证券市场必将迎来一轮一定规模的缓慢牛市行情。

3. 国际经济形势好转

美国主要数据仍保持强劲态势。9月工业产出环比增长1.0%，高于预期的0.4%，创2012年11月以来最大升幅。产能利用率达到2008年6月以来新高，升至79.3%，比危机前正常水平仅仅相差0.8个百分点。制造业PMI指数为56.6，略低于预期和上月值，但依然非常强劲。美国商务部10月30日公布数据显示，美国第三季度经济增幅超出市场预期，并取得十年多来最强六个月增长，因政府开支增加、贸易逆差降低，弥补了家庭开支减缓的影响。具体数据显示，美国第三季度实际国内生产总值（GDP）初值年化季率增长3.5%，增幅高于市场预期的3.0%，第二季度增幅为4.6%。这是2003年上半年以来最强的连续季度增长。在美国第三季度GDP 3.5%的增幅中，有整整一个百分点的增幅来自美国出口的贡献，经济学家们认为，9月份发货量增加是部分原因。美国商务部尚未公布9月份贸易报告，经济学家们的预期是9月出口超过8月。美国出口在第二季度为GDP贡献了1.4个百分点的增幅。

尽管欧洲和日本经济依然疲弱，但海运指数近期较大规模的反弹（见图7），似乎在说明世界贸易正在逐步恢复。

（三）债市预期

就债券市场来讲，《关于加强地方政府性债务管理的意见》无疑是2014年最为重大的事情。2014年10月2日国务院出台了《关于加强地方政府性债务管理的意见》，全面部署加强地方政府性债务管理。该文件指出要修明渠、堵暗道，赋予地方政府依法适度举债融资权限，加快建立规范的地方政府举债融资机制。同时，坚决制止地方政府违法违规举债，政府债务不得通

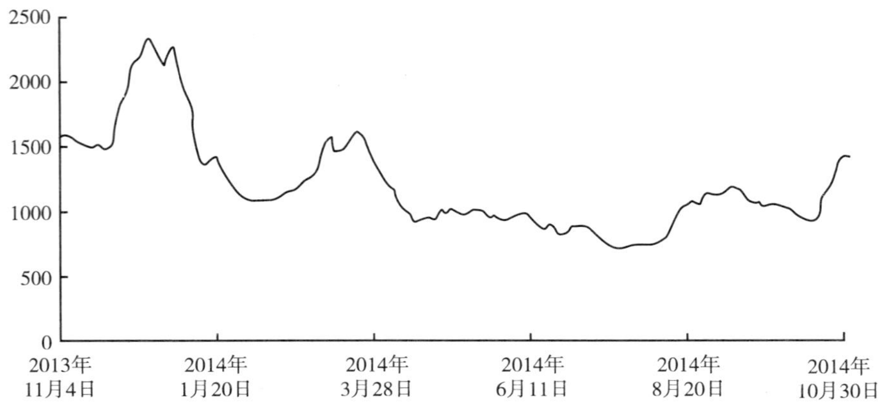

图 7　干散货运输市场波罗的海综合运价指数 BDI

过企业举借，剥离融资平台公司政府融资职能，融资平台公司不得新增政府债务。

国务院《关于加强地方政府性债务管理的意见》进一步对举债主体、举债权限、举债方式、存量债务处理、风险防范处置等做了更明确的规定。我们的解读明确而简单：有利于中断无效融资需求、消除隐性担保、降低无风险利率、推动股债双牛。

虽然可能股债双牛，但股票收益率将明显跑赢债券，考虑到无风险收益率趋势性下降、有政府信用背书的城投债未来将“进博物馆”，从中期看债市的牛市确定性较强。

（四）债市策略

1. 利率债策略

截止到 2014 年 10 月 30 日，7 天回购利率年内均值为 3.59%，目前已经回落至 3.33% 附近。由此看来，资金利率并未伴随央行一系列宽松政策的实施快速下降，且第三季度银行综合负债成本小幅抬升至 2.46%，对比银行 2011～2014 年各季的资金成本和 7 天回购利率走势，可以发现近三年中，7 天回购利率几乎不会跌至银行资金成本以下，若公开市场操作回购利率继续指导下降，则当前回购利率还有下降空间，但预计下降过程比较缓慢，且资金面受到IPO打新等阶段性扰动，将制约下降空间。我们认为短线债市维持震荡的可能性较大，如果市场调整则逢高增仓，中短端保护较多，参与波段。

从具体品种来看，对于银行等配置盘，资产配置时要充分考虑税收因素和经济资本占用。在计算各利率品的税后收益之后，发现金融债的税后收益明显不及国债。目前各期国债均高于金融债40BP以上（见表1），且具有不占用风险资本的优势，配置价值较为明显。尽管财政部代发代还的地方政府债具有很高的配置价值，但2014年已经发行结束，因此不在考虑范围。建议投资者还可以适当关注铁道债。

表1　利率债各品种绝对收益和税后收益

单位：%

关键期限:年	绝对收益				税后收益			
	国债	金融债	地方政府债（代发代还）	铁道债	国债	金融债	地方政府债（代发代还）	铁道债
1	3.38	3.78	3.57	4.37	3.38	2.84	3.57	3.82
3	3.46	4.03	3.65	4.56	3.46	3.02	3.65	3.99
5	3.56	4.19	3.75	4.63	3.56	3.14	3.75	4.05
7	3.73	4.33	3.93	4.88	3.73	3.25	3.93	4.27
10	3.77	4.34	4.02	4.98	3.77	3.26	4.02	4.36

注：数据来源于WIND。数据截止到2014年10月30日。

2. 信用产品投资策略

2014年10月以来信用债收益率跟随利率债一路下行（见图8）。月内行情始于央行在10月14日再次下调公开市场正回购利率，随后又传出央行对股份制银行SLF的传言，后被证实为MLF，即商业银行可通过债券质押向央行换取低息资金。在降低社会融资成本的大背景下，央行运用多样化的政策工具进行调控，市场处于宽松的氛围中，债券市场收益率自中旬大幅下行。截至10月29日，3年期AAA、AA+、AA短融的收益率分别为4.57%、

4.93%、5.37%，较月初下行40BP。7年期各评级中票收益率也较月初下行40BP左右。信用利差方面，各评级各期限进一步收窄，7年期较月初收窄近20BP。

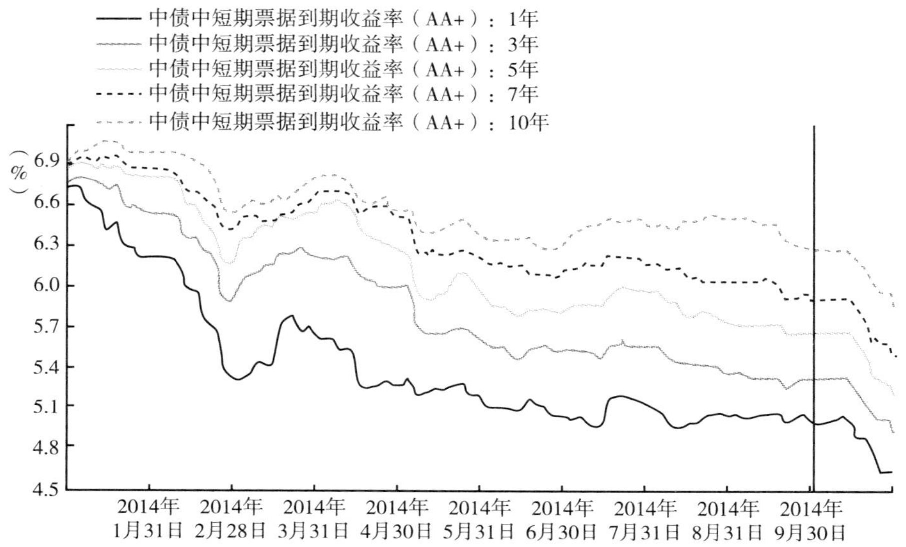

图8　信用债收益率走势

近日，财政部网站发布《地方政府存量债务纳入预算管理清理甄别办法》（351号文），这是针对国务院发布的《关于加强地方政府性债务管理的意见》（43号文）的第一份配套文件。此办法旨在清理2014年12月31日前的地方政府存量债务，并规定了政府负有偿还责任的债务属性。

该办法鼓励社会资本介入，大力推广PPP模式来减轻政府财政举债压力，鼓励社会资本参与提供公共产品和公共服务并获取合理回报。能够通过PPP模式转化为企业债务的，不纳入政府债务。在其他存量债务具体甄别方面，将地方政府债务划分为一般债务和专项债务的规定与43号文精神一致。“项目没有收益、计划偿债来源主要依靠一般公共预算收入的，甄别为一般债务。如义务教育债务。项目有一定收益、计划偿债来源依靠项目收益对应的政府性基金收入或专项收入、能够实现风险内部化的，甄别为专项债务。

如土地储备债务。项目有一定收益但项目收益无法完全覆盖的，无法覆盖的部分列入一般债务，其他部分列入专项债务。”文件明确了义务教育债务和土地储备债务的政府信用，同时对于PPP模式转化的存量债务则为企业信用。

细则文件的出台意味着政府债务清理进入实质性阶段，当前的城投债品种未来必将分化成企业信用和政府信用，融资平台将不复存在。

具体策略方面，由于“超日债”重整方案通过，其公司债的持有者获得本息的概率有所上升。但在经济整体维持低位的情况下，对于信用风险仍要保持警惕。目前信用债市场需求仍然旺盛，理财资金仍然是主要的配置力量，机构扩充资管规模的意愿很难主动下降，除非监管方面有重大政策出台或者信用风险事件再一次引爆市场情绪。

B.20

中国金融状况指数的构建与金融稳定性分析*

陈守东　刘洋**

摘　要：本文基于 Dirichlet 成分分析方法构建了中国金融状况指数 FCI，检验结果显示，该指数不仅能有效地反映我国货币市场运行状况，而且作为先行指标，FCI 还表现出对 CPI 和 GDP 具有较强预测能力，适合作为制定货币政策的参考指标。本文进一步利用无限状态马尔可夫区制模型度量了我国金融状况指数保持自身稳定状态的惯性，结果表明，我国的金融状况指数的惯性总体上长期保持稳固，虽然受我国货币政策转向与金融危机影响 FCI 出现过三次短期波动，但其在 2002 年下半年、2007 年末与 2009 年末表现出较高的惯性水平。

关键词：金融状况指数　不稳定性　惯性度量

引　言

肇始于美国而最终席卷全球的金融危机使得以往被奉为圭臬的“确保物价水平稳定即可确保整个金融系统稳定的货币政策”理念已为各国政策

---

* 基金项目：教育部人文社科重点研究基地重大项目（14JJD790043）、国家社科基金项目（12BJY158）。

** 陈守东，吉林大学商学院、吉林大学数量经济研究中心；刘洋，吉林大学商学院。

监管部门所摈弃。经济学家们逐渐意识到，在新的金融环境下，物价水平的稳定仅仅表现为金融稳定的必要条件，而非充分条件（Mishkin，2009）。伴随着经济金融运行环境的变迁，传统的货币政策规则开始面临挑战：诸如“量化宽松”之类扩张性货币政策产生的大量资金流向资本市场时，会出现“低通胀”和“高资产价格”并存局面，这使得以往钉住通货膨胀或钉住价格水平的单一货币政策目标框架体系变得越来越不合时宜。货币当局开始尝试从多角度、多层次来对金融状况进行宏观审慎监管以达到维护整个金融系统稳定性的需要。这使得构建综合反映实际货币市场运行状况的指标体系及识别金融状况稳定性变得迫在眉睫。

金融状况指数（FCI）是由货币状况指数发展而来的，它不仅能够反映货币当局调控货币政策的松紧程度，而且对通货膨胀率等宏观经济指标具有极强的预测能力，是宏观经济运行的“风向标”。金融状况指数最早由 Goodhart 和 Hofmann（2000）提出，他们凭借短期利率、实际有效汇率、实际房屋销售价格和实际股票价格四个经济变量，利用总需求方程缩减式和 VAR 模型的脉冲响应分析，来确定相关变量权重的方法，构建了 G7 国家的金融状况指数。Mayes 和 Virén（2001）则进一步基于 IS 曲线的总需求方程缩减式结合房价和股价等资产价格的高频数据测算了金融状况指数，研究发现改进后的金融状况指数能够为通货膨胀提供更准确的预期。English et al.（2005）利用 Stock 和 Watson 的扩散指数方法得出各经济变量间的动态权重，进行加总构建了德、英、美三国的金融状况指数。Wang et al.（2007）依据政府会计标准委员会（GASB）所编制的财务报表，从现金偿付能力、预算偿付能力、长期偿债能力、服务水平偿付能力四个微观层面构建了美国各州的金融状况指数。Hatzius et al.（2010）则从货币政策传导机制的利率渠道和信贷渠道两个角度出发，在以往常规指标体系中加入流动性指标，借助动态因子模型构建了美国的金融状况指数。

为厘清资产价格传导渠道的顺畅程度和掌控由资产价格波动导致金融系统不稳定性而产生的系统性金融风险，包含房地产价格和股票价格指标的金

融状况指数引起国内学者的广泛关注。陆军和梁静瑜（2007）根据中国的实际情况构建了中国的金融状况指数，证实了金融状况指数可作为中国货币政策的一个重要参考指标，认为将资产价格纳入货币政策决策参考过程已刻不容缓。李建军（2008）从“未观测金融”视角出发构建了中国的未观测货币金融状况指数，结果显示未观测货币金融状况指数大体上能够反映未观测金融对货币运行的扰动程度。封思贤等（2012）用货币供应量缺口、利率缺口、汇率缺口、股票价格缺口和房地产价格缺口的IS方程来估计权重，从而得出中国的金融状况指数。他发现FCI比采用单一的金融变量能更合理地预测通胀趋势。徐国祥和郑雯（2013）用包含通货膨胀的SVAR模型构建了固定权重性质的金融状况指数，引入的谱分析方法显示，利用此模型构建的金融状况指数与通货膨胀具有强相关性。但由于金融状况指数间存在复杂的相互制约和相互影响机制，固定系数权重的金融状况指数解释效力明显不强。虽然存在指数构建成本高、指数前后可比性差等缺陷，出于可操作性考虑，人们开始运用时变参数模型构建金融状况指数。余辉和余剑（2013）通过时变参数状态空间模型估算不同经济因素的动态权重，并以此为基础构建了金融状况指数，结果发现包含货币供应量的金融状况指数对通货膨胀的影响更为显著。

总体而言，国内外除利用主成分方法萃取金融状况指数外，其他方法出于模型估计便利而大多使用货币供给量、短期利率、实际有效汇率、实际房屋销售价格和实际股票价格等六七个经济变量来构建金融状况指数。而在当今信息爆炸时代，所生成的海量数据借助“大数据”的技术优势，凭借尽可能多的相关经济统计数据来动态实时监测宏观经济运行状况引起了监管部门和学术界的广泛关注，通过高维数据构建金融状况指数变得越来越具有吸引力。

伴随着城镇住房制度市场化改革引致的房地产市场的持续繁荣，股票市场的蓬勃发展，人民币汇率形成机制改革逐步推进，利率市场化改革进一步深化，人均可支配收入的稳步提高，未来经济走向的趋势效应变得越发不显著。这使得依据上述变量构建的金融状况指数具有明显的区制特征。Borio

和 White（2004）认为，由于经济全球化和金融自由化的发展使得各国的金融状况环境变得越发脆弱而更具波动性，这相应导致监管当局的金融政策和货币政策呈现区制效应。Davig 和 Hakkio（2005）利用马尔科夫转移的向量自回归模型研究了堪萨斯金融状况指数在“高压力区制”与“低压力区制”情况下与宏观经济的相互关联性。高国华（2013）利用马尔科夫区制转移模型研究了我国宏观系统性金融综合指数的区制特征，发现我国宏观系统性风险指数存在明显的“低度风险”“中度风险”和“高度风险”三个区制。陈守东等（2013）通过马尔科夫区制转移的多元动态因子模型研究了中国的金融状况特征，实证结果发现，根据中国金融系统所具有的内在周期不稳定性特征，可以将中国金融状况分为“金融不稳定区制”和“金融稳定区制”。大致来说，目前关于金融状况指数区制特征的研究基本上采取利用人为主观因素来确定区制个数。该方法虽然简便，但由于研究者根本没有进行区制存在性检验而做出了先验假定，使得对于金融状况指数区制效应的研究缺少有力的实际理论依据。

在此基础上，本文对相关研究进行了进一步拓展。首先提出利用 Dirichlet 成分分析方法构建中国金融状况指数，该方法的核心是通过最小化多维数据的 Dirichlet 相关性的方式从高维数据中分析数据成分，通过非参数的遗传算法过程降低数据维度，提取数据信息。本文采用这种方法，突破传统 PCA 主成分分析方法在多维数据相关性分析上的不足，从 16 维金融状况相关数据中提取出我国金融状况指数（简称 FCI），将这一不可观测变量具体化。进一步本文将 VAR 模型扩展为基于分层 Dirichlet 随机过程的 Dirichlet-VAR 模型，以适应对多元非平稳数据进行时变分析，同时对 FCI 与 CPI，FCI 与 GDP 之间的相互影响关系进行分析。作为对金融状况指数效用的检验，本文还验证了 FCI 指数作为先行指标与 CPI、GDP 之间的滞后期数据的因果关系与预测能力。最后，本文采用无限状态区制转移模型（简称 IMS 模型）对 FCI 进行分析，通过区制时变的 AR 结构的系数之和来度量金融状况指数的惯性和我国金融状况的稳定性，并以 IMS 模型对 FCI 的未来走势进行预测。

一 研究方法与指标选取

（一）研究方法

本文利用高维动态因子分析法识别出一组经济指标体系所包含的共同趋势成分，考虑到金融状况指数与各经济指标都存在多元数据之间的动态相关关系，为了适应高维多元相关性的处理，我们使用高维数据的 Dirichlet 成分分析方法（Wang et al，2008），以最小化 Dirichlet 相关性的方式来实现对金融状况指数 FCI 的提取。进一步为适应对多元非平稳数据进行时变分析，采用基于分层的 Dirichlet-VAR 模型，对 FCI 与 CPI，FCI 与 GDP 之间的相互影响关系进行分析。最后采用无限状态区制转移模型（简称 IMS 模型）对 FCI 进行分析，通过区制时变的 AR 结构的系数之和来度量金融状况指数的惯性和我国金融状况的稳定性，并以 IMS 模型对 FCI 的未来走势进行预测。

（二）指标选取和数据处理

基于中国经济现实，本文从宏观经济环境、货币政策调控和价格水平波动角度选取 16 个经济指标来构建金融状况指数。本文中样本选择区间为 2000 年 1 月至 2013 年 12 月。数据来源于中国国家统计局、万得（Wind）数据库、锐思金融研究数据库、国际货币基金组织提供的国际金融统计（IFS）。所选择的数据均进行频率转换为月度数据后再进行相应标准化处理以使其满足模型的需要（见表 1）。

表 1 指标变量选取及相关处理

变 量	变量名称	变量说明	数据频率
宏观经济变量	TSF	社会融资总量	季度
	LDR	存贷款比率	月度
	FER	外汇储备	月度
	SCI	上证综合指数	天
	ZCI	深圳成分指数	天
	PER	沪深 300 市盈率	天

续表

变　量	变量名称	变量说明	数据频率
货币政策变量	M0	流通中现金	月度
	M1	狭义货币供给量	月度
	M2	广义货币供给量	月度
	FBR	外汇占款/基础货币	月度
	NRW	7 天银行同业拆借利率	天
	NRM	1 个月银行同业拆借利率	天
	NRQ	3 个月银行同业拆借利率	天
	REER	人民币实际有效汇率	天
价格体系变量	HPI	国房景气指数	月度
	ICO	国际原油价格	月度

注：(1) 对于只存在季度数据的指标，采用插值法将其转为月度数据；(2) 对于只存在日数据的指标，采用当月最后一个交易日的数据为月度数据；(3) 采用上年同期的同比数据进行实证分析。

二　金融状况指数的估计与效用检验

（一）金融状况指数的估计

一般来说，指数值越大表示该时点金融压力越大和货币市场环境越恶劣。应用 Dirichlet 成分分析方法提取出金融状况指数 FCI。图 1 显示了 2000 年 1 月至 2014 年 8 月 FCI 估计值的趋势，从中可以看到：2001 年 9 月以前，由于受"东南亚金融危机"时我国政府坚持人民币不贬值的承诺和中国"入世"的预期影响，人民币实际有效汇率出现单边上升趋势而带动金融状况指数趋紧。从 2001 年 10 月至 2006 年 8 月，由于亚洲周边各国和中国的主要贸易伙伴国的经济规模逐渐恢复，我国经济进入新一轮快速增长时期。经常账户与资本账户的"双顺差"导致外汇储备迅速增加，四大国有银行的大部分坏账剥离提高间接融资渠道的融资效率而降低了融资成本，国有企业的股权分置改革稳步推进增强了国有企业的盈利能力而导致了上市公司市盈利的下降。总之，这一时期我国宏观经济呈现快速平稳增长的良好趋势，这使得我国金融系统所积累的风险得到了释放，金融稳定性得到不断增强。2006 年 9 月至 2008 年 11 月，伴随着我国为完善人民币汇率形成机制而实行以市场供求为基础、参

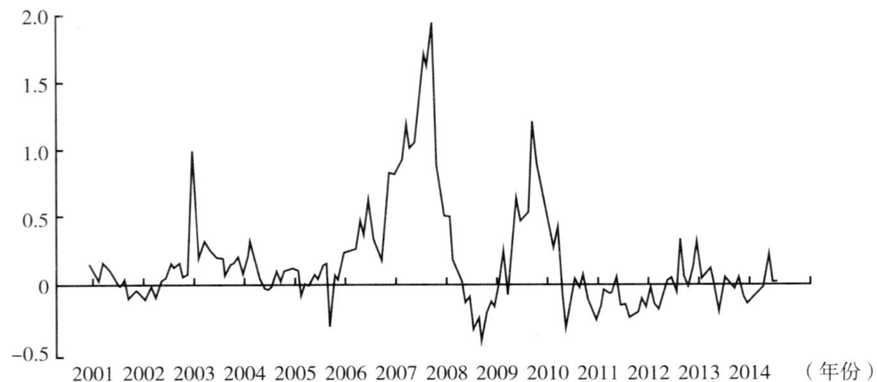

图 1　2000 年 1 月至 2014 年 8 月 FCI 估计值

考一揽子货币进行调节、有管理的浮动汇率制，人民币兑美元渐渐进入持续升值通道，在此期间人民币累计升值 22.87%。同时，股权分置改革和伴随人民币汇率升值而来的“热钱”涌入导致了中国股票市场的繁荣。流动性过剩导致的整个金融系统的系统性风险迅速积累并于 2008 年初达到顶峰。随后由“次贷危机”引发且最终席卷全球的金融危机导致经济中的泡沫成分开始破灭，金融压力迅速开始下降。2008 年年底我国政府为了提振经济推出了“4 万亿”等一系列经济政策激刺计划，这一揽子经济刺激计划在随后几年里对我国的宏观经济金融环境产生了深远的影响。一方面大规模基础设施建设的低投资回报率和长回收期加重了地方政府的财政负担，使得地方政府债务风险日益累积，另一方面货币超发催生的房地产泡沫已经成为当前中国经济最不可预测的因素。多重因素的共同作用导致了 2009 年以后我国的金融状况指数持续处于高位且面临着极大的不确定性。总体而言，我国的金融状况运行较平稳，在此时段没有发生较为严重的金融危机。2006 年以前金融状况指数运行具有很强的周期性且波动幅度较小，而 2006 年以后金融状况指数运行的周期特征逐渐减弱且波动幅度也越来越剧烈，该现象在全球金融危机爆发后表现得尤为显著。

《中国人民银行法》明确规定人民银行货币政策的最终目标是保持货币币值的稳定。而在实践操作中，一个国家货币币值稳定与否在狭义测度上主要以通货膨胀率为依据。随着我国资本市场的蓬勃发展和资本存量的逐渐积累，股票市场、房地产市场的波动对整个金融系统的影响也越来越显著，货币政策的制定也越来越多地考虑资产价格因素。以往单一的钉住通货膨胀目标制的货币政策规则虽然简单、明晰，但缺乏了实效性和代表性。通过加入宏观经济变量、货币政策变量、价格体系变量，金融状况指数（FCI）可有效提高宏观政策的前瞻性。

（二）金融状况指数与通货膨胀的相关性分析

为证实我们利用高维动态因子模型所构建的金融状况指数（FCI）对通货膨胀率（CPI）具有很强的预测效果，我们首先研究了金融状况指数和通货膨胀率相关性。图 2 为金融状况指数 FCI 与 CPI 通货膨胀率的月度数据的趋势比较，可以看出金融状况指数和通货膨胀率的运行趋势方向基本一致。从图形趋势来看，金融状况指数的变化先于通货膨胀率走势，该现象在 2007 年 9 月以后表现得尤为突出。例如金融状况指数在 2007 年 10 月达到波峰而通货膨胀率在 2008 年 2 月达到波峰；金融状况指数在 2008 年 11 月处于波谷而通货膨胀率在 2009 年 5 月处于波谷。我们可以初步认为 FCI 与 CPI 具有较强的相关性，且领先于 CPI。

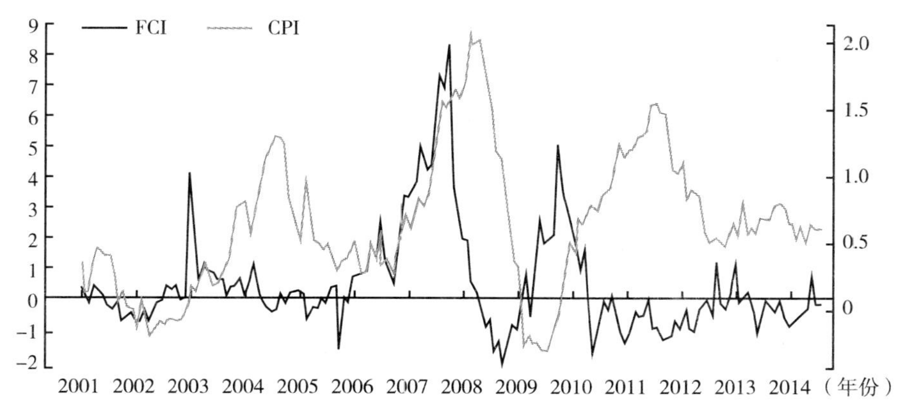

图 2　2000 年 1 月至 2014 年 8 月的 FCI 与 CPI

基于分层 Dirichlet-VAR 模型得到的对 FCI 与 CPI 之间影响关系的时变估计结果如图 3a 所示。

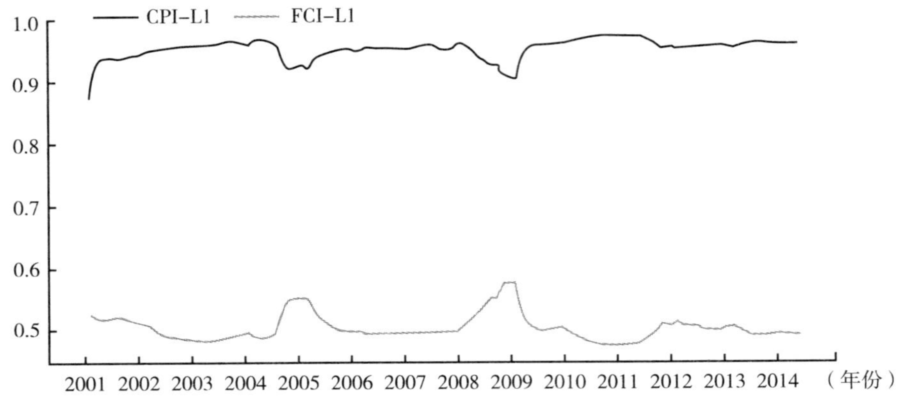

图 3a　FCI，CPI 滞后项对 CPI 的影响系数

图 3a 表示出 FCI 滞后项与 CPI 滞后项对 CPI 的影响系数。由图 3a 可见，FCI 滞后项对 CPI 的影响系数远大于 0，对 CPI 产生显著影响。特别是在 2004 年下半年左右，受人民币升值与出口下降等因素影响，FCI 滞后项对 CPI 的影响系数加大，在 2008 年期间，受金融危机影响，FCI 滞后项对 CPI 的影响系数加大，体现冲击因素透过金融体系对国内通胀形势的影响。相反，从图 3b 显示的 CPI 滞后项对 FCI 的影响系数的时变估计结果可见，CPI 对 FCI 的反作用不明显。

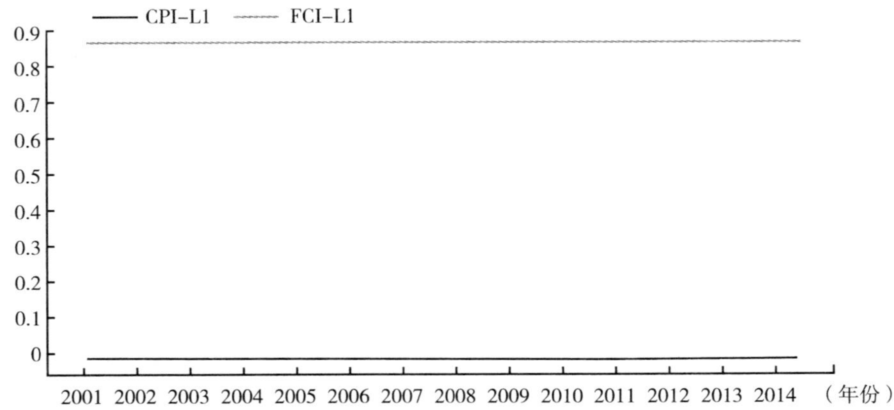

图 3b　CPI，FCI 滞后项对 FCI 的影响系数

（三）金融状况指数与 GDP 的相关性分析

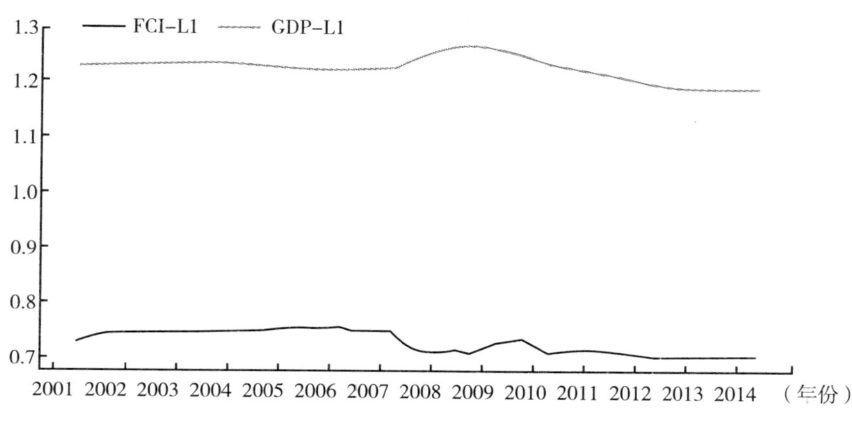

图 4a　FCI，GDP 滞后项对 GDP 的影响系数

从金融状况指数与 GDP 季度数据的趋势比较可以看出，FCI 与 CPI 也具有较强的相关性，并且在 2008 年之后，FCI 领先于 GDP 的特征比较明显。通过 Dirichlet-VAR 模型对 FCI 与 GDP 之间影响关系的时变分析结果也证实了这种判断。图 4a 表示的是 FCI 滞后项与 GDP 滞后项对 GDP 的影响系数的时变估计结果，由图 4a 可见，FCI 滞后项对 GDP 的影响系数远大于 0，对 GDP 产生显著影响。相反，由图 4b 可见，GDP 滞后项对 FCI 的影响系数在 0 附近，作用不明显。

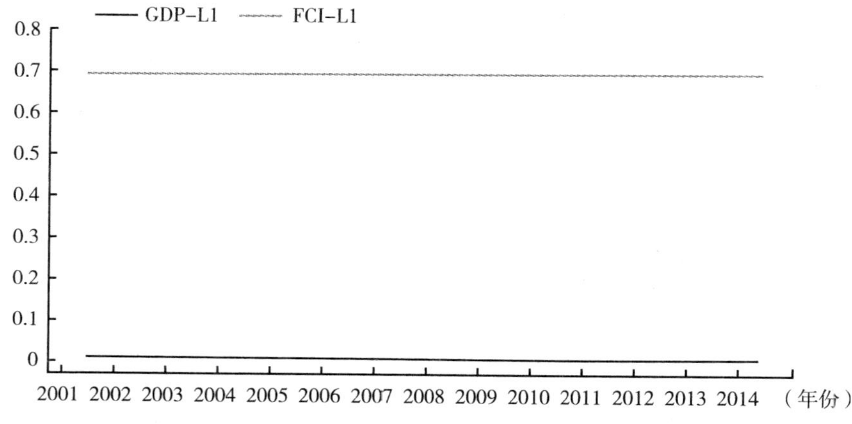

图 4b　GDP，FCI 滞后项对 FCI 的影响系数

三　我国金融状况的稳定性分析与预测

（一）金融状况指数的惯性度量

中国作为一个新兴的经济体，产业结构不断面临着调整改造和优化升级。产业结构不合理与经济增长不均衡使得整个社会的系统性金融风险的主要来源和波动幅度总处于不稳定状态，这导致我国的金融状况指数呈现非线性区制特征。通过自相关检验，本文选取滞后 3 阶的 FCI 数据模型进行无限状态 Markov 区制转移模型 IMS（3）进行分析。利用 Chib（1996）的向前滤波与向后抽样算法（Forward-Filtering，Backward-Sampling），设计 Gibbs 抽样方法，通过进行 10000 次迭代进行样本预烧，50000 次 MCMC 模拟迭代以计算后验分位数估计值。

图 5a 为我国的金融状况指数的惯性度量结果。从图 5a 中可以发现，我国的金融状况指数的惯性指标总体上长期保持稳固，其较高的惯性水平在 2002 年下半年，2007 年末与 2009 年末，受我国货币政策转向与金融危机影响出现过三次短期波动。其中 2002 年我国结束了应对亚洲金融危机以来的反通缩政策，开启了至 2007 年的相对稳健的货币政策，其后受到 2008 年前后金融危机的影响，我国的货币政策再次调整。我国金融状况指数惯性指标的三次短期波动在图 5b 所示的随机扰动项方差的后验分位数估计结果与图 5c 所示的后验突变概率的结果中也有所体现。

总体而言，图 5a，图 5b，图 5c 分别从惯性指标的分位数估计值，随机误差项的波动方差与突变概率等不同角度证实我国的金融状况指数由于受到复杂多变的经济环境影响而呈现明显的状态变化。这反映了我国经济运行过程中经济环境与金融状况的变化情况，2002 年以后我国国民经济进入平稳、稳健发展的快车道，总体经济摆脱“东南亚金融危机”的影响而开始进入新中国成立以来从未有过的最长上升期。随着中国“入世”利用劳动密集型比较优势产业而逐渐融入世界贸易分工体系，外贸条件逐渐改善带来的外

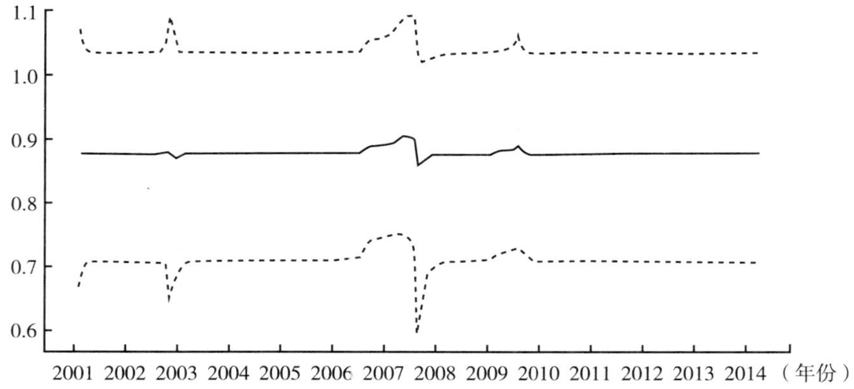

图 5a　金融状况指数惯性指标

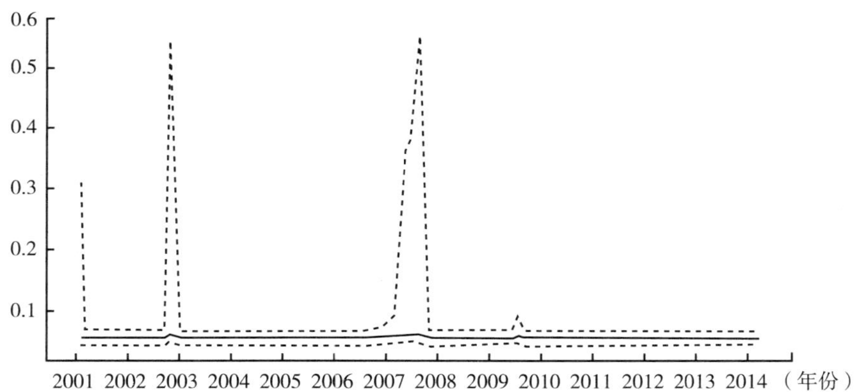

图 5b　金融状况指数随机扰动项的方差

汇储备迅速增加减少了经济系统发生资本外逃而对汇率制度稳定性的冲击。同时，自“互联网泡沫”破灭以后，美联储为了防止经济衰退和恢复经济增长活力，长期将联邦基准利率控制在较低的水平，从而使美国这一世界经济的“发动机”继续处于“大稳健”时代。宽松的国内经济环境和国际局势下，货币政策主要通过信贷渠道对宏观经济产生调控使得我国货币市场在金融危机前运行平稳而只表现为一个阶段状态。2005 年后由股权分置改革带来的我国证券市场上市公司的基本面状况改善和“大小非”解禁使得市场进入全流通时代为证券市场带来了一轮持续两年的波澜壮阔的“大牛

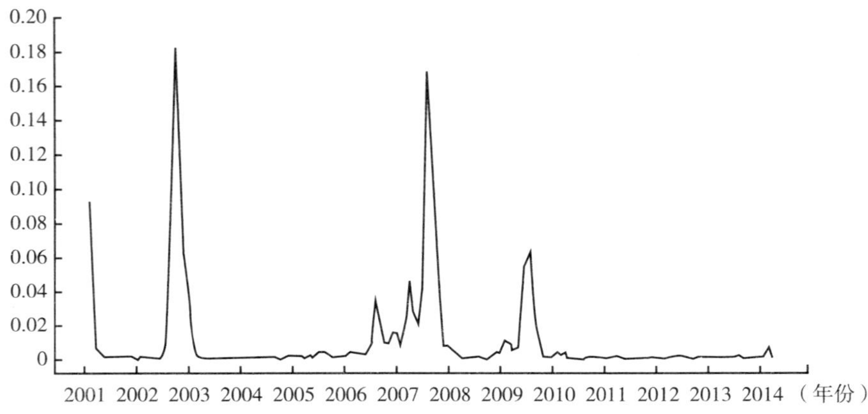

图 5c　金融状况指数的后验突变概率

市”；市场投机、炒作盛行使得2007年底证券市场转向而迅速开始下跌。证券市场行情大幅涨跌引起的金融资本大规模流入和流出，导致货币政策更多的受资产价格渠道作用。另外，自2005年人民银行宣布人民币汇率形成机制改革后，汇率持续升值预期和资本市场的繁荣引起寻找更高收益的跨境资金迅速通过经常账户和资本账户涌入我国，外汇储备接连攀至新高。外汇储备的激增带来了市场货币供给量的增加和物价水平的上升，未预期到的货币供给的增加为市场的波动埋下了风险隐患。证券市场和外汇市场中上述这些短暂、不规则冲击使得金融危机中金融状况变成了越加复杂的三个阶段状态。金融危机爆发后系统性金融风险在全球蔓延扩散开来，世界经济陷入自“大萧条”时期以来最严重的一次经济衰退。各国出于进一步降低长期实际利率从而刺激私人部门消费和增加固定资产投资考虑，纷纷推出不同版本的“量化宽松”政策。全球流动性泛滥使得我国经济承受很强的输入型通货膨胀风险。而我国也为了保增长、调结构和对抗输入型通货膨胀风险影响，实行积极的财政政策和适度宽松的货币政策。从图6的区制数量的后验分布结果中可以看到，虽然受到金融危机与货币政策调整等因素的影响，但是我国金融状况指数的区制数保持在一个区制状态内的概率在50%以上，这说明在外部冲击与政策调整的影响作用前后，我国金融状况总体保持着较为稳定的状态，短期波动效应并没有改变整体上的一致性。

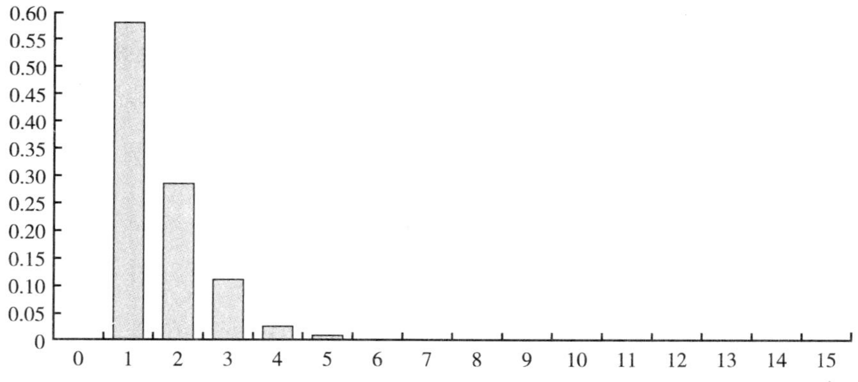

图6　金融状况指数区制数量的后验分布

（二）金融状况指数的预测分析

通过利用无限状态 Markov 区制转移模型，即 IMS（3）模型对我国金融状况指数的分析，不仅可以获得金融状况指数的动态特征，还可以根据拟合的 IMS 模型，对我国金融状况指数进行预测分析，得到如图6所示的预测分析结果。本文在2000年1月至2014年8月 FCI 的基础上，通过 IMS（3）模型向后滚动预测至2015年3月的 FCI 走势，实现向后7期 FCI 指数的预测工作。

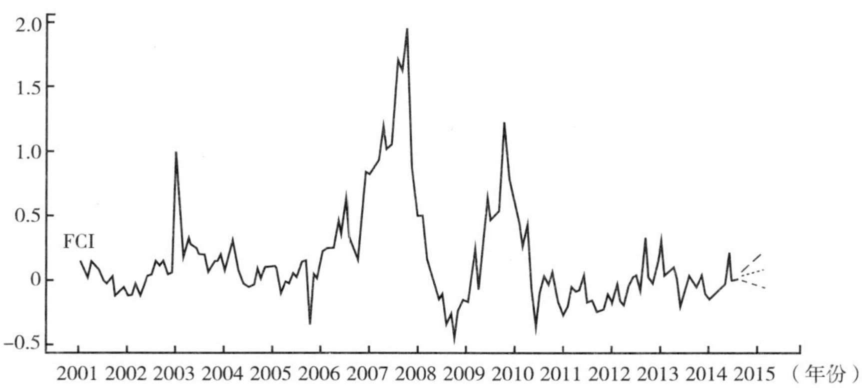

图7　金融状况指数的预测分析结果

在图 7 所示的预测分析结果中，2014 年 8 月之后的 FCI 数据由 IMS 模型滚动预测所得。结果显示，在 2015 年 3 月之前，FCI 有望回升。图 6 中由点线段代表 FCI 指数的中位数预测结果，有望在年底前折返回升。2015 年 3 月之前的预测部分的上下两端分别为 90% 与 10% 的分位数。

结　论

我国作为一个新兴的经济体，政府监管部门在经济活动中居于主导和中心地位，这种政府主导型宏观调控模式使得货币政策执行过程中对经济活动产生显著外生冲击效应。此外市场还面临货币政策传导机制不顺畅、传导渠道有限等缺陷，以及经济自由化、金融全球化将各经济体紧密联系在一起而导致风险共生效应等问题。在这些内生因素、外生因素的共同作用下，我国的金融状况呈现明显的不稳定状态。以往我们在研究金融状况的区制特征时对于各时点区制个数的设定往往借助于研究者的主观经验判断，而金融状况本质上来说是一个衡量货币市场运行环境的不可观测变量，主观感知不可观测因素容易产生很大误差。而分层狄利克雷混合过程的无限状态隐含马尔可夫区制模型，通过模型无限状态这一不直接对状态个数进行约束的假定很好地克服了上述缺陷，我们可以根据模型直接估计出各个时点的状态个数与结构突变情况。

根据该模型估计结果，我国的金融状况在 2002 年下半年，2007 年末与 2009 年末存在短期突变，但突变点前后的区制状态一致。金融状况指数在宏观经济运行的不同阶段均表现出明显的平稳性和稳定性特征，这表明我国货币市场从总体上来说并不存在很严重的系统性风险。但金融状况在宏观经济运行的过程中依然存在短期突变的可能性。

参考文献

Beal M J, Ghahramani Z, Rasmussen C E. The Infinite Hidden Markov Model. Advances in Neural Information Processing Systems, 2002, 1: 577 - 584.

Borio C E V, White W. Whither Monetary and Financial Stability?: The Implications of Evolving Policy Regimes. Bank for International Settlements, 2004.

English W, Tsatsaronis K, Zoli E. Assessing the Predictive Power of Measures of Financial Conditions for Macroeconomic Variables. *BIS Papers*, 2005, 22: 228 - 252.

Gauthier C, Graham C, Liu Y. Financial Conditions Indices for Canada. Bank of Canada Working Paper 2004 - 22.

Goodhart C, Hofmann B. Financial Variables and The Conduct of Monetary Policy. Sveriges Riksbank Working Paper Series (No. 112), 2000.

Hatzius J, Hooper P, Mishkin F S, et al. Financial Conditions Indexes: A fresh Look After the FinanCial Crisis. National Bureau of Economic Research, 2010.

Hua-Yan Wang, Qiang Yang, Hong Qin, Hongbin Zha, "Dirichlet Component Analysis: Feature Extraction for Compositional Data", in Proc. 25th Int. Conf. on Machine Learning (ICML'08), 1128 - 1135, Helsinki, Finland, Jul. 5 - 9, 2008.

Jochmann M. Modeling US Inflation Dynamics: A Bayesian Nonparametric Approach . 2010.

Kim C J, Nelson C R. Business Cycle Turning Points, A New Coincident Index, and Tests of Duration Dependence Based on A Dynamic Factor Model With Regime Switching. *Review of Economics and Statistics*, 1998, 80 (2): 188 - 201.

Mayes D G, Virén M. Financial Conditions Indexes. University of Otago Department of Finance Seminar Series. 2002.

Mishkin F S. Globalization, Macroeconomic Performance, and Monetary Policy. *Journal of Money*, Credit and Banking, 2009, 41 (s1): 187 - 196.

Teh Y W, Jordan M I, Beal M J, Blei D M. Hierarchical Dirichlet Processes. *Journal of the American Statistical Association* 2006, 101, 1566 - 1581.

Wang X, Dennis L, Tu Y S J. Measuring Financial Condition: A Study of US States. *Public Budgeting & Finance*, 2007, 27 (2): 1 - 21.

陈守东、王妍、唐亚晖:《我国金融不稳定性及其对宏观经济非对称影响分析》,《国际金融研究》2013 年第 6 期, 第 56 ~ 66 页。

封思贤、蒋伏心、谢启超:《金融状况指数预测通胀趋势的机理与实证——基于中国 1999 ~ 2011 年月度数据的分析》,《中国工业经济》2012 年第 4 期, 第 18 ~ 30 页。

高国华:《逆周期资本监管框架下的宏观系统性风险度量与风险识别研究》,《国际金融研究》2013 年第 3 期, 第 30 ~ 40 页。

李建军:《中国货币状况指数与未观测货币金融状况指数——理论设计, 实证方法与货币政策意义》,《金融研究》2008 年第 11 期, 第 56 ~ 75 页。

陆军、梁静瑜:《中国金融状况指数的构建》,《世界经济》2007 年第 4 期, 第 13 ~

24 页。

徐国祥、郑雯：《中国金融状况指数的构建及预测能力研究》，《统计研究》2013 年第 8 期，第 17 ~ 24 页。

余辉、余剑：《我国金融状况指数构建及其对货币政策传导效应的启示——基于时变参数状态空间模型的研究》，《金融研究》2013 年第 4 期，第 85 ~ 98 页。

台港澳经济篇

Taiwan, Hong Kong and Macao's Economy

台湾地区经济形势分析与展望（2014～2015年）

张冠华　熊俊莉*

摘　要：2014年台湾地区经济受美欧经济好转、两岸稳步开展经济合作的带动，经济景气有所回升。台湾地区统计部门预计全年经济增长率将由上年的2.09%升为3.41%。以电子资讯业为主的对外贸易是经济增长的主要动力，并拉动岛内相关产业的民间投资。年内台湾当局推出多项金融市场开放的政策，但“海峡两岸服务贸易协议”和“自由经济示范区规划草案”受政治因素影响未如期通过，这将影响台湾经济改革与转型的速度。尽管年底台湾实际经济增长率还将小幅上调，但由于经济增长内生动力不足以及外部美欧及新兴经济

* 张冠华、熊俊莉，中国社会科学院台湾研究所。

体发展形势复杂，2015 年台湾经济难有大的起色。

关键词： 台湾经济 温和增长 经贸关系

2014 年，台湾地区对外贸易和民间投资恢复中速增长，民间消费稳中有升，使总体经济呈现温和增长态势。台湾地区统计部门预计经济增长率为 3.41%，第三季度出口表现高于预期，全年经济增长率可望超过 3.5%。年内台湾当局积极加紧推动经济自由化，但“海峡两岸服务贸易协议”和“自由经济示范区规划草案”都因在野党反对未如期在“立法院”通过。此外岛内爆发学生“反服贸”运动，将影响两岸经济合作的深化发展。展望 2015 年，在美国退出货币量化宽松政策、新兴经济体经济增速持续放缓等因素影响下，台湾地区经济增长仍难有起色。

一 2014 年经济现状

2014 年，在全球经济特别是美欧经济好转、两岸稳步开展经济合作的带动下，台湾地区经济呈现温和增长态势。

1. 经济增长

2014 年上半年，美、欧经济都出现明显转好态势，中国大陆地区在深化改革进程中维持经济稳定增长的步伐。在外部环境总体利好的带动下，加上同比基数较低，台湾地区全年经济增长率预测值有望达到 3.41%，其中前两个季度 GDP 增长率分别为 3.24% 和 3.74%。下半年台湾经济预计仍将维持温和增长。据台湾地区统计部门预测，第三季度和第四季度 GDP 增长率将分别为 3.62% 和 3.08%。

从台湾发布的景气对策灯号指标看，自 2014 年 2 月起已连续 7 个月处于经济景气稳定的绿灯，灯号分值由年初的 22 分提高至 8 月的 29 分，显示台湾经济呈持续复苏态势。

2014 年外需对台湾经济增长的贡献有所增加。在欧美经济稳定复苏的带动下，预计台湾全年商品出口和进口将分别增长 3.21% 和 3.80%，外贸总额预计约 5954 亿美元。在 2014 年预计的 3.41% 经济增长率中，出口和进口分别贡献 3.28 个和负 2.47 个百分点，合计外部需求贡献 0.91 个百分点。

内需特别是消费需求是拉动 2014 年台湾经济增长的主力，年内民间消费和“政府消费”对 GDP 增长的贡献预估分别为 1.40 个和 0.10 个百分点，固定资产投资占 0.53 个百分点，存货变动占 0.47 个百分点，合计内部需求在经济增长率中的贡献为 2.5 个百分点。今年台湾内需表现总体较好，民间消费在失业情况和薪资水平改善、上半年股市大涨以及岛内旅游市场扩张的带动下预计将增长 2.62%，预计民间投资也将增长 4.83%。但“政府投资”持续减少，前两季增长率分别为 -9.38% 和 -7.66%，台湾当局在经济建设上的财政投入日益减少。

2. 对外贸易与投资

年内台湾对外贸易维持低速增长。1～9 月台湾地区累计出口 2346.5 亿美元，同比增长 3.5%；进口 2083.0 亿美元，同比增长 3.2%；贸易顺差 263.5 亿美元，同比增长 6%。

从进出口商品结构看，台湾地区出口过于集中于电子产业的状况仍未改善。2014 年前两个季度，台湾电子产品出口增长率分别为 11.4% 和 13.2%，而其他类别产品如矿产品、通信产品等出口都较疲弱。前 9 个月出口比重最大的产品包括电子产品（31.4%）、基本金属及制品（9.3%）、塑橡胶制品（7.8%）、化工产品（7.1%）及矿产品（6.9%）。同期，民间投资的复苏也带动农工原料和资本设备进口分别增长 1.7% 和 6.4%。近年来台湾消费品进口快速增加，前 9 个月增长率为 9.6%，占台进口结构比重由 2008 年的 7.5% 提升至 2013 年的 10.3%。

从对外贸易的地区看，中国大陆是台湾地区最大的贸易伙伴，东盟自 2007 年起超过美国成为台第二大出口市场，但如果考虑到台商在中国大陆及东南亚投资形成的加工贸易比重较高因素，实际上美欧地区仍是台湾最主要的最终出口市场。年内美欧经济好转，消费需求上升，而新兴市场增长放缓，使台湾对美欧的直接出口回升，增速均高于对祖国大陆、东盟等地。据台湾地区贸易主管部门统计，前 9 个月台湾对大陆（含香港）出口和进口分别增长 4.0% 和 13.0%；对美国出口增长 6.1%，进口增长 7.9%；对日本出口增长 4.4%，进口减少 2.7%；对东盟（10 国）出口增长 2.5%，进口增长 8.2%；对欧盟出口增长 6.7%，进口增长 4.4%。近几年台湾与东盟贸易关系持续快速发展。1 ~ 9 月台湾对东盟出口约占总量的 19.1%，比 2008 年提升了近 4 个百分点。

年内台湾对外投资大幅增长。1 ~ 9 月台湾主管部门批准对外直接投资金额为 63.6 亿美元（不含大陆，下同），同比增加 70.9%。除大陆以外的前 5 大投资地区为英属加勒比海地区（28.6 亿美元，占 45%）、日本（6.7 亿美元，占 10.5%）、英国（6.5 亿美元，占 10.2%）、越南（5.3 亿美元，占 8.4%）及香港（4.0 亿美元，占 6.3%）。从投资地区看，台商向东南亚投资增长速度走缓，向美、日等发达地区则快速增加。前 9 个月台湾对新加坡、越南、马来西亚、泰国、菲律宾和印度尼西亚等东盟 6 国投资共计 7.9 亿美元，占对外投资总额的比重由上年同期的 55% 下降至 12.4%；而同期台湾对日本投资增长了 3 倍多，对美国投资增长了 46.3%。在投资产业布局上，年内台湾对外投资以服务业为主，制造业的比重明显缩减：金融保险业（32.9 亿美元）、不动产业（7.6 亿美元）和批发零售业（7.3 亿美元）合计占对外投资总额的 79.9%，其中不动产业对外投资大幅增长 55 倍。

台湾吸引外商直接投资仍处于低位。国际金融危机后台湾吸引外资持续萎缩，2013 年同比下降 11.3%，投资金额（49.3 亿美元）与 2007 年（153.6 亿美元）相比缩减近七成。2014 年前 9 个月台湾吸引外商投资 36 亿美元，小幅增长 0.18%。外资机构反映，电力、人才和两岸经贸关系是影响其赴台投资意愿的最重要因素。据台湾经济主管部门统计发现，台湾对资本的吸引力已远远落后于韩国，近十年固定投资增长率（2.9%）仅为韩国（5.3%）的一半左右。在世界银行对“经济自由度”的评比中，台湾也排名在韩国、马来西亚和新加坡之后。从吸引外资的地区看，年内英国、新西兰、越南等地对台投资快速增长，而美、德等地对台投资大幅减少。从外资产业布局看，服务业比重约占61.7%，但增幅最大的是传统制造业，如橡胶、木材、化学、食品等。

另据台湾地区“央行”公布的数据，2014年上半年除直接投资的资金净流出53.63亿美元外，在证券投资方面，台湾居民投资海外证券219.0亿美元，同比增长44.3%；海外资金投资岛内证券143.4亿美元，同比增长109倍；总计净流出75.6亿美元。加计民间汇回海外投资收益、存款及银行部门承做衍生性金融商品交易收益，台湾金融账逆差持续扩大，净流出274.7亿美元，比上年同期增长了44%。岛内可投资的金融商品有限，资金找不到可投资标的是台金融账逆差的重要原因之一。9月以后，受全球经济景气向下波动、美国逐步退出QE政策以及岛内食品安全问题频发等因素影响，部分外资退出台湾资本市场转为观望。

3. 产业状况

2013年上半年，台湾地区三次产业均呈小幅增长态势，服务业比重有所降低。第二季度台湾农业、工业、服务业占GDP比重分别为1.98%、31.00%（其中制造业为25.73%）、67.02%。

前两个季度农业生产附加值分别增长5.14%和-3.97%。1～8月台湾农产品出口和进口分别为40.4亿美元和118.8亿美元，比上年同期分别增长了5.5%和7.5%，逆差78.4亿美元。台湾农产品逆差主要因为大量自美国进口小麦、牛肉及其他农产品；自巴西进口黄豆、油料等。两岸经济合作协议（ECFA）早收清单从2013年起全面实施，大陆对台湾地区30多项农产品进口降至零关税，大幅拉动台湾地区农产品对大陆出口。2013年祖国大陆（占18.1%）超过日本（占16.3%）成为台湾地区农产品最大的外销市场，2009～2013年台湾对大陆农产品出口增加了150%。年内台湾当局规划了“自由经济示范区——农业加值”政策，目标是将过去的“产品型农业”转型为“新产业链农业”，第一阶段已启动屏东农业生物科技园区，重点发展观赏鱼和动物疫苗产业，但第二阶段规划因“自由经济示范区规划草案”在台湾“立法院”未能通过而无法落实。2013年7月

和11月，台湾先后与新西兰和新加坡签署经济合作（伙伴）协定，新西兰对台湾农产品出口有高额顺差，新加坡与台湾农产品贸易基本平衡，未来几年台湾与两地大幅开放农产品市场及减免关税预计将对岛内农业造成一定影响。

工业生产呈现扩张态势。上半年工业生产指数创历年同期新高，主要得益于半导体、LED、太阳能、机械等产业增产。1～9月工业生产指数同比增长5.6%，其中制造业生产指数同比增长6%。制造业按四大类产业划分，前9个月金属机械工业、信息电子工业、民生工业和化学工业增长率分别为5.9%、10.0%、0.8%和0.6%。需要注意的是，但近年来台湾面板产业在激烈的国际竞争中陷入发展困境，全球市占率不断下滑，前9个月面板产业生产指数出现负增长（-2.5%），半导体产业未来也将面临越来越激烈的全球竞争。台湾当局加快推动产业升级和扶植新支柱产业：一是帮助IT产业转型，重点由半导体产业转向发展智慧城市相关产业；二是帮助传统产业转型，开发高附加价值产品；三是积极发挥育成中心的作用，培育新兴产业，重点发展物联网、生物制药和云端产业。年内外销复苏态势明显，增长率从1月的-2.8%逐渐回升至9月的12.7%，1～9月台湾外销订单累计增长6.3%。祖国大陆（含香港，25.9%）和美国（24.2%）是最大订单来源地，但增速最快的是东盟（10%）和日本（9.4%）。主要接单产品包括信息通信产品占25.5%、电子产品占25.1%、精密仪器占7.1%、基本金属占6.3%。另外，外销订单的海外生产比重也在提升，9月达55.6%。台湾在全球电子资讯、通信产业链中承担组装、代工等重要环节，年内欧美地区消费复苏使台湾电子、通信、机械等产业订单大幅增加。

2013年上半年服务业维持低增速，前两个季度增幅分别为2.3%和2.57%。岛内民众消费意愿提升，1～8月批发、零售业营业额同比分别增加2.6%和4.2%，处于近年来相对较高水平。出口回暖带动运输仓储业前两季分别增长4%和3.2%。年内金融服务业受不动产升值及海外并购大幅获利，前两季增长率分别为7.2%和5.2%，金融业总资产突破58万亿元新台币，前三季度15家金控公司税后获利超过2500亿元新台币。但总体看，台湾服务业面临的难题仍然存在，包括内需市场狭小、传统服务业比重高、附加价值低、吸纳就业率不足，以及如何发展高端的现代服务业、提升服务业投资和创新等。近年来，台湾当局积极推动服务业科技化和国际化，但目前看来效果有限，尤其两岸服务贸易协议虽签署但在民进党等强力抵制下仍未在岛内民意机构通过，更严重影响了台湾服务业借助大陆市场转型升级的有利时机。按 WTO 最新公布数据显示，台湾目前服务输出以旅游和其他事务（主要是三角贸易）为主，专利及商标输出仍有高达 28 亿美元的逆差（2013 年），总体服务输出在全球排名仅 26 位，远低于“亚洲四小龙”的其他成员（韩国第 13 位，香港第 10 位，新加坡第 12 位）。

4. 金融与财政

年内台湾当局推出一系列刺激金融市场的举措：将金融纳入“自由经济示范区”的“示范产业”、开放银行推出双币信用卡、放宽在岛内销售的境外结构型商品可链接大陆地区商品、放宽债券型与平衡型基金可投资高收益债券、开放投信业者发行 RQFII ETF 等商品。10 月台湾金融监管部门“金管会”又进一步开放信用交易，包括资产互换不计入融资融券限额中、提高上柜股票融资最高比率、提高融资融券限度等，对吸引自然人、一般投资者参与有促进作用。

2014 年台湾地区货币政策仍维持“适度宽松”基调。1 ~8 月货币供应增速有所提升，M1B 和 M2 分别增长 8.4% 和 5.8%，高于 2013 年同期水平。截至 8 月底，主要金融机构贷款额增长 4.6%，对民营企业、“政府机关”、公营事业及个人（含社保）贷款分别增长 5.8%、-9.7%、-4.2% 和 6.5%。部分服务业扩大投资规模，不动产、批发零售和运输业贷款分别增长 8.6%、6.7% 和 3.3%；制造业中电子计算机贷款增加了 15.4%。自 2011 年 9 月以来台湾“央行”维持不变利率，目前重贴现率、担保放款融通利率及短期融通利率分别为 1.875%、2.25% 和 4.125%。总体来看，台湾地区的利率在国际上仍属较低水平，亚洲地区除日本外，大陆、韩国、印度等均高出台湾地区 1 ~2 个百分点左右。

在汇率方面，第二季度受台股大幅上涨带动，外资持续流入岛内，新台

币对美、欧、日及人民币汇率均呈现升值。6 月底 1 美元兑换新台币升至 29.9 元。但 8 月以来外资转为净流出，第三季度汇出规模不断扩大，加上台湾当局为维持与韩国产业的出口竞争力使台币快速贬值，10 月 31 日 1 美元兑换新台币贬至 30.48 元。

台湾股市年内先扬后抑。上半年台股涨势明显，由年初的 8612 点升至 8 月底 9436 点，涨幅高达 9.6%，有力地支撑了岛内民间消费的成长。下半年受国际地缘政治形势恶化、美国即将退出 QE 政策并可能升息等因素影响，外资大规模流出，带来新台币贬值和台股下跌的双重影响。9 月台股下跌 5%，10 月 21 日又跌至 8655 点，日成交值也由 8 月的超过 1000 亿元新台币缩减至 600 余亿元新台币。岛内学者认为，近年台湾税制改革的主要举措，包括开征健保补充保费、个人综合所得税最高级距拉高至 45% 等都对股民不利，而即将实施的证所税“大户条款”对台股造成冲击，已使台股大户（年度股票出售金额新台币 10 亿元以上）平均每季交易数比过去减少近 48%。1～9 月台股总成交值 17.6 万亿元新台币，比上年同期增长 21%，但仍未恢复 2011 年水平。企业上市意愿低落，前 9 个月岛内 IPO 募资金额仅 25.9 亿元新台币，同比下降 50%。9 月底外资持股市值占台股总市值的 35.4%，加上外资持有的债券、台币存款等，共计 3028 亿美元，占台外汇储备的 72%。

2014 年 8 月底台湾地区外汇储备为 4231 亿美元，在全球排名居第 4 位，仅次于中国内地、日本及俄罗斯。

财政方面，经济复苏带动税收增长，前 9 个月台湾税收共计 1.5 万亿元，比上年同期增长 7.6%。其中，所得税增加 7.8%，营业税增加 9.1%，货物税增加 8.3%，关税增加 12.3%，证券交易税增加 31.1%。但 2011 年以来台湾当局推动的财政改革面临诸多困难，先后开征的“奢侈税”、证券交易所得税等在岛内引起较大争议，未来可能面临通过“立法院”程序废除或修正。2014 年 5 月台湾“立法院”通过所得税修正案，将综合所得税最高税率增至 45%，将“两税合一”中股利扣抵率由 100% 降至 50%，但其也被质疑将逼退高收入阶层，抑制岛内消费投资，进而伤害台湾的经济基础。财政支出方面，由于2014年财政收入状况大有改善，台湾行政部门调整2015年财政预算获得更大空间，预计2015年财政收入增加5.4%而支出增加2.3%，增加的支出主要用于福利（发放“国民年金”、全民健保、农渔水利会补助等）和教科文化（科技创新计划和学生就学贷款利息补助等）。目前，“国防”支出仍是台湾财政支出中重要项目，按预算2015年将增加80亿元新台币，约占财政支出的16%。2015年台湾财政仍旧“入不敷出”，按预算2015年举债规模将达2264亿元新台币，使债务累计规模逼近40%的举例比例上限。

5. 物价与就业

年内台湾物价总体保持稳定，但个别季节及部分产品受气候及农畜产品疫情等因素影响，岛内食物类内销品价格升高。1～9月台湾地区CPI指数较上年同期上涨1.32%，批发物价指数（WPI）同比增长0.27%。房价方面，年内台湾当局持续推出提升房贷首付、严格管控“一人多房”、加强对银行房贷的监管等抑制房价上涨政策，使房价（不计入物价指数）高涨的态势得到控制，但地域上呈现“北跌南涨”特点，即台北市、新北市、台中市等中北部地区房价大幅下跌，而南部的高雄、台南等地逆势上涨。

2014年台湾地区失业情况持续好转。1～8月台湾平均失业率降至4%以下，9月失业率为3.96%，为近13年来同期最低水平。当前岛内劳动力市场仍面临两大难题，一是青年人就业问题突出，8月青年（15～24岁）失业率升至13.25%，而2000年仅7%左右。二是老龄化问题日趋严重，台湾老年人口（65岁以上）已占总人口的12%，低出生率使老龄化速度加快，据台“官方”估计，2060年老年人口将增加为现在的2.7倍，而幼年和工作年龄人口将大幅减少为现在的50%。

收入方面，台湾行政部门已连续3年调升基本工资，2014年通过审议将再次涨薪3.8%，使月薪和时薪分别升至新台币20008元和120元。1～8月台湾实质平均薪资（47243元新台币）同比增长3.1%。OECD资料显示，目前台湾无论薪资水平还是涨薪增速都为亚洲“四小龙”最低：2013年台湾平均薪资1533美元/月，新加坡、香港、韩国分别为3693美元/月、2222

美元/月、2841 美元/月；2008 年至今台湾薪资上涨 9%，新加坡、香港、韩国分别为 31.4%、25.9%、22%。

近年台湾当局通过向高收入者加征税收，以及通过扩大财政支出对低收入者发放社会福利补助等，一定程度上缓解了贫富差距的扩大。根据最新的所得分配统计，目前台湾地区最高 20% 家庭的可支配收入 188.3 万元新台币，是最低 20% 家庭所得（30.9 万元新台币）的 6.08 倍。

6. 两岸经济关系

2014 年两岸关系和平发展继续巩固深化。一方面，两岸两会领导人举行第 10 次会谈，签署《海峡两岸气象合作协议》和《海峡两岸地震监测合作协议》两项协议，两会签署协议已达 21 项。两岸 ECFA 效益逐步显现，两岸经济合作委员会继续就两岸货物贸易协议、争端解决机制等加紧协商；ECFA 早期收获计划带动了两岸贸易并使双方关税减免累计近 20 亿美元。两岸产业合作继续深化，现有试点项目取得新进展，新的试点项目稳步推动。两岸金融合作稳步推进，两岸金融监管部门加强合作，大陆银行在台发行人民币计价的国际债券（宝岛债）到 9 月已达到 167 亿元。另一方面，两岸经济合作中面临的挑战也增多。2013 年两岸签署的两岸服务贸易协议尽管对台湾很有利，但受到民进党强力抵制在岛内民意机构迟未通过，3 月岛内发生"反服贸运动"使服贸协议通过再次拖延，这使两岸经济合作进程受到严重干扰。

两岸贸易近年来增速下滑，年内出现负增长。按照商务部统计，1～9 月两岸贸易额为 1458.8 亿美元，同比下降 2.1%。其中，大陆对台出口 345.1 亿美元，同比上升 13.1%；自台湾进口 1113.7 亿美元，同比下降 6%。一方面，近年来台湾在祖国大陆地区市场占有率呈下滑趋势，目前占大陆对外贸易比重已降至 4.6%（第 7 位）。另一方面，随着两岸经济关系趋于正常化，台湾自大陆（含香港）进口占台总体进口额比重不断上升，从 2008 年的 13.7%增加至 2013 年的 16.1%，超过日本（17.6%）跃居首位。

年内台商赴大陆投资小幅增长，服务业成为台商投资新动力。按照商务部统计，1～9月大陆实际使用台资金额16.7亿美元，同比增长1.8%。截至2014年9月底，大陆累计批准台资项目91734个，实际利用台资金额608.2亿美元。按实际使用外资统计，台资在祖国大陆累计吸收境外投资比重由2010年的5.1%降至4.1%。服务业投资快速增长，据台湾“投审会”统计，由2008年15.8亿美元提升至2013年39.8亿美元，年平均增长26%，2014年前9个月台商投资大陆服务业占总投资金额的37%。

2014年陆资赴台投资规模出现下滑。1～9月大陆企业赴台投资项目98个，金额2.6亿美元，同比减少20.1%。截至9月底，累计投资11.3亿美元，涵盖物流、餐饮、通信、旅游、金融等多个行业。近年祖国大陆加快实施“走出去”战略，2014年对外投资将达1200亿美元，预计未来5年都将以10%以上增速发展。由于台湾方面对陆资赴台仍有诸多限制，加上市场诱因有限，大陆赴台投资与对外投资相比规模很小。

大陆赴台旅游人数快速增长，2014年前8个月大陆赴台游客已超过台湾赴大陆游客。按台湾统计，前8个月大陆赴台总人数约261.8万人次，同比增长37.4%，占台湾吸引游客总数比重由上年的37.5%提升至40.6%。同期台湾赴大陆游客218.9万人，同比增长9%，占台出境游客总数比重27.2%。大陆居民赴台旅游规模的迅速扩大，带动台湾航空、观光、餐饮、住宿等产业发展。据估算，大陆游客在台日均消费356美元，远高于第二位的日本游客（254美元），迄今已为台湾创造了2000多亿元新台币的收入。

二　2015年经济展望

2014年下半年台湾经济保持相对稳定的增长态势。第三季度出口大幅增长为7.3%，使总体经济表现优于预期，台湾“主计处”最新估算第三季度经济增长率为3.78%。岛内外研究机构纷纷调高全年台湾经济预测值，10月初国际货币基金（IMF）和台湾中华经济研究院分别上调为3.5%和3.46%。但近期台湾接连爆发食品安全问题使餐饮业大受冲击，其影响将在第四季度继续发酵，从而拉低民间消费。再加上欧洲经济复苏逐渐疲软、新兴

市场经济增长持续放缓，在多项不利因素影响下年底台湾经济增长可能出现降温。

展望2015年，台湾统计部门预计将维持3.51%的稳定增长态势。但从岛内外及两岸经济情势来看仍存在较多不确定因素，台湾经济缺乏稳定增长的长期动力。

从全球经济因素看，近年来美欧经济处于不断复苏的态势，对台湾地区出口和经济增长创造了较好的外部环境。但美国已于10月底正式公布将退出量化宽松（QE）政策，预计其对全球经济的影响将逐渐显现，特别是新兴经济体可能由于资金外流而面临生产萎缩、资产价格滑落等挑战，并进而影响金融市场和经济增长的稳定。此外，欧盟地区“低通胀、高失业”的风险仍存在，东欧地区地缘政治形势恶化，这些都构成2015年全球经济增长的不确定性。IMF在10月发布的预测对年初全年经济走势的乐观预测进行修正，将2014、2015年两年全球经济增长率分别下调至3.3%和3.8%。

从两岸因素看，大陆作为台湾最大的贸易、投资伙伴，两岸经济合作仍将是推动台湾经济发展的重要因素。特别是两岸经济合作由制造业逐渐向服务业领域延伸，大陆经济在“稳增长”和“调结构”的平衡中稳步发展，有利于给台湾带来分享大陆经济成果的机遇。但也要看到，两岸经贸合作已进入“深水区”，政治互信不足、产业竞争性增强、岛内“台独”势力的阻碍等，都为未来两岸经济关系发展增加了变数。中韩FTA先于两岸服务贸易协议与货物贸易协议实施，将对台产品在大陆市场的竞争力产生强力冲击。

从台湾内部因素看，尽管半导体产业仍将在一定时期内拉动岛内经济增长，但经济过于依赖出口、市场过于集中于欧美、产业过于依赖制造业、生产方式过于集中于代工的结构性问题仍然突出。2015年若国际经济环境持续改善，台湾经济增长有望实现“主计处”预估的3.51%。但长期来看，台湾缺少新的推动经济增长的内生动力，受国际经济波动影响的局面仍将持续，经济转型升级仍面临诸多瓶颈，短期内难有大的起色。

附表　台湾地区重要经济指标（2012～2014年）

项　目		2012年	2013年	2014年
经　济	1. 经济增长率(%)	1.32	2.09	3.41(预测)
	2. 人均GNP(美元)	21042	21558	22128(预测)
	3. 产业结构(GDP)(%)	100.0	100.0	100.0(第二季度)
	农业	1.90	1.68	1.98
	工业	28.95	30.00	31.00
	服务业	69.15	68.32	67.02
物　价	1. 消费者物价年增长率(%)	1.93	0.79	1.39(1～8月)
	2. 批发物价年增长率(%)	-1.16	-2.43	0.41(1～8月)
工业生产	1. 工业生产年增长率(%)	-0.25	0.65	5.04(1～8月)
	2. 制造业生产年增长率(%)	-0.32	0.56	5.38(1～8月)
消费与投资	1. 民间消费年增长率(%)	1.47	2.02	2.62(预测)
	2. 民间投资年增长率(%)	-2.11	6.67	4.83(预测)
贸　易	1. 进口金额(亿美元)	2704.7	2699.0	2083.0(1～9月)
	年增长率(%)	-3.9	-0.21	3.2
	2. 出口金额(亿美元)	3011.8	3054.4	2346.5(1～9月)
	年增长率(%)	-2.3	1.41	3.5
	3. 出(入)超(亿美元)	307.1	355.4	263.5(1～9月)
	4. 汇率(1美元兑新台币)(平均)	14.5	29.77	30.16(9月)
金　融	1. 外汇储备(亿美元)(期底)	3482.0	4168	4207(9月)
	2. 重贴现率(%)	1.875	1.875	1.875(10月)
	3. 集中市场加权股价指数(平均)	7700	8612	8967(9月)
劳　动	1. 就业人数(万人)	1086.0	1096.7	1111.0(8月)
	2. 失业人数(万人)	48.1	47.8	47.3(8月)
	3. 失业率(%)	4.24	4.18	3.99(1～8月)
两岸贸易（中国海关统计）	1. 两岸贸易额(亿美元)	1689.6	1973.8	1458.8(1～9月)
	增长率(%)	5.6	16.7	-2.1
	2. 对台出口(亿美元)	367.8	406.4	345.1(1～9月)
	增长率(%)	4.8	10.5	13.1
	3. 自台进口(亿美元)	1321.8	1566.4	1113.7(1～9月)
	增长率(%)	5.8	18.5	-6
	4. 对台贸易逆差(亿美元)	954	1160	768.6(1～9月)
台商对大陆投资（商务部统计）	1. 台商对大陆投资项目(项)	2229	2017	1716(1～9月)
	增长率(%)	-15.5	-9.5	15.6
	2. 大陆实际利用台资额(亿美元)	28.5	20.9	16.7(1～9月)
	增长率(%)	30.4	-26.7	1.8

续表

项目		2012 年	2013 年	2014 年
陆商对台湾投资（台湾地区统计）	1. 陆商对台湾投资项目（项）	138	138	98（1～9 月）
	增长率（%）	35.3	0	-3.9
	2. 陆商对台湾投资金额（亿美元）	3.3	3.5	2.6（1～9 月）
	增长率（%）	750.1	5.4	-20.1

B.22

台湾经济形势分析与展望

刘孟俊 彭素玲 陈馨蕙*

摘 要： 2014年上半年，随着世界经济逐渐复苏，台湾经济稳定发展，经济增幅为3.49%。2014年台湾进口和出口形势均表现良好，其中第3季度出口增长了6.68%，进口增长了7.71%。民间消费稳定增长，对经济增长的贡献大约36%，为内需各项中比重最高项。台湾投资因民间投资拉动，第2季度增长率达到3.69%，实现触底反弹。由于政府财政赤字影响，台湾公共支出缩减。物价和金融各项指标也有一定的增长。预计2014年全年经济增长3.46%，2015年增长3.53%。

关键词： 台湾经济 就业 进出口

一 台湾经济表现

2014年上半年因全球经济成长逐渐复苏，台湾经济表现也稳定成长。根据“主计总处”8月发布的所得资料，第1、第2季经济成长率分别为3.24%、3.74%，合计上半年成长3.49%；就第1季之成长贡献言，以净输出为支撑主力，第2季则以内需为主要挹注，成长来源有所不同。观察其他主要国家的表现，如以第2季GDP成长率观察，美国（2.4%）、日本

* 刘孟俊，台湾中华经济研究院经济展望中心主任兼第一研究所研究员；彭素玲，中华经济研究院经济展望中心研究员；陈馨蕙，中华经济研究院经济展望中心助理研究员。

(-0.1%)、新加坡(2.4%)、韩国(3.6%)等，成长表现皆低于台湾。

若观察相关经济指标，景气灯号连续第7个月呈绿灯，综合判断分数较上月增加2分，为29分；领先指标虽持续下跌但跌幅不大，同时指标则稳定上升且增幅持续扩大，显示当前岛内经济保持温和成长；各项指标中，工业生产指数、机械及电机设备进口值均由绿灯转为黄红灯，分数各增加1分；其余构成项目灯号维持不变。此外，工业生产指数也持续表现亮眼，8月指数110.66为历年单月次高，年增率也连续7个月正成长，与上年同月比较，工业生产增加7.03%，其中制造业增加7.20%。

目前全球经济成长驱动力主要来自以美国为主的先进经济体，重要新兴市场的成长动能仍然缓慢；部分国家景气复苏逐渐明朗，已开始恢复常规的货币政策，然区域局势不稳恐为隐忧。国际预测机构如IMF、OECD等，近期发布之经济展望报告也下修2014、2015年全球与主要国家之经济成长预测，显示国际经济情势仍较原先预期更显疲弱。

预测台湾2014年经济成长率为3.46%，较7月上修0.31个百分点，民间消费、民间投资、财货与服务输出、财货与服务输入成长率均较上次预测向上修正。2015年岛内经济成长动能可望转强，预期全年成长率约为3.53%。本次预测之不确定因素包括：强势美元趋势浮现、全球经济复苏脆弱且面临多项风险、红色供应链兴起与两岸产业竞争加剧，以及薪资停滞问题仍待解决。

二 对外贸易

2014年9月商品出口、进口表现维持成长，年增率分别为4.71%、0.16%，其中出口已连续8个月正成长。第3季出口总值812.68亿美元，较上年同期增加6.68%；进口总值710.86亿美元，年增率为7.71%。第3季出口增加主因8月出口金额达280.87亿美元，较上年同月增加9.63%。

就出口结构观之，2014年第3季重化工业产品占商品出口比重持续维持逾八成以上达到81.5%，年增率为6.95%，非重化工业产品也有5.72%的成长率，相较之下，农产品及农产加工品之成长幅度较小，较上年同期分别成长 0.79%、3.62%。各项出口产品成长以电子产品较上年同期成长 16.96% 为最高，较上年同期下跌幅度最大者为信息与通信产品，年增率为 -12.74%。至于主要出口国家及地区，2014 年第 3 季仍以台湾对大陆（含香港地区）及东盟六国为主，对主要国家及地区之出口年增率皆有 5% 以上之成长，以对日本出口年增率 8.98% 为最高，其中以电子产品及信息与通信产品之出口大幅成长。

至于进口结构方面，2014 年第 3 季农工原料进口占比为 75.5%，年增率 6.21%；资本设备占 13.0%，年增率为 13.16%；消费品占 10.5%，年增率为 10.38%。主要进口货品则以矿产品占 26.1% 最高（原油占 12.1%），电子产品、化学品则都在两位数以上；就年增率观察，进口主要货品皆为正成长，交通运输设备、信息与通信产品成长达 20% 以上，分别为 26.32%、21.85%。进口商品来源亦都以亚洲区域内贸易为主，但是相对来源较为平均，大陆（含港、澳地区）、日本及东盟六国的占比皆达两位数。对主要商品进口国家及地区皆为正成长，以自中国大陆与香港进口年增率最高，较上年同期成长 18.64%，其次为美国年增率 13.45%。

展望未来商品贸易趋势，自 2014 年 2 月以来，台湾出口皆维持正成长，显示出口动能持稳，行动装置推陈出新、物联网商机可期，加以迈入欧美年底采购旺季，均有助延续第 4 季出口动能，惟中国大陆推动产业供应链本地化及国际产业竞争加剧等，仍约制部分成长力道。另外，根据世界贸易组织（WTO）9 月发表之报告，2014 年及 2015 年之全球货物贸易额成长率将低于预期，主因区域性冲突升高及埃博拉病毒疫情之影响，使贸易可能无法加速成长。

展望台湾服务输出之发展趋势，由于台湾与大陆洽签的服务贸易协议，尚待“立法院”审议通过，仍需等待作业与发酵时间，故而预期短期内挹注效果可能有限。不过其中有关观光旅游之外汇收入，根据“观光局”统计资料，2013 年来台旅客达 802 万人次，其中约有 287.5 万人次来自大陆，占比近 36%，显示每三名来台旅客即有一人士来自大陆，显见对此一客源的依赖，光是观光旅游之外汇收入，陆客挹注约有 1576 亿元，“观光局”预估 2014 年将成长至 1600 亿元以上的外汇收入。

三　民间消费

根据“主计总处”资料，2014 年第 2 季民间消费成长 2.53%，略高于第 1 季之 2.53%，民间消费维持稳定成长，并对经济成长率贡献 1.35 个百分点，占比为三成六左右（1.35/3.74 =0.36），为内需各项组成中挹注比重最高者。

观察 2014 年第 2 季各项消费组成，除住宅服务、水电瓦斯及其他燃料支出比重达到两位数字之外（比重 10.15%，以下同），而后依序为食品及非酒精饮料（7.97%）、交通类（7.65%）、医疗保健类（5.89%）。各项组成项目中成长较为明显者，以交通类成长 8.64% 最高，而后为休闲与文化 5.81%、衣着鞋袜及服饰用品 4.03%、通信类 3.21%；至于年增率呈现负数者有烟酒类 -4.05%、教育类 -1.73%。

展望未来民间消费，受到岛内经济及就业市场好转，消费者信心止跌回升影响，民众对未来景气看法谨慎乐观。根据 2014 年 9 月消费者信心指数（CCI）调查，虽然总数较上月上升 0.10 点为 83.16 点，但得分值仍低于 100，显示信心虽略微恢复但仍处于悲观；各项组成中，有三项上升：“未来半年国内就业机会”“未来半年经济景气”及“未来半年家庭经济状况”，三项指标下降：“未来半年购买耐久性财货时机”“未来半年物价水平”及“未来半年投资股票时机”；以“未来半年就业机会”上升幅度最大，较上月调查上升 1.58 点，下降幅度最大的指针为“未来半年购买耐久性财货时机”，较上月调查下降 0.75 点。

受应届毕业生持续投入寻职行列影响，自 6 月起失业率逐月攀升，8 月失业率上升至 4.08%。其中初次寻职失业者较上月增加 9000 人，使得失业人数随之增加。此外，根据“行政院主计总处”公布之数据，2014 年 1 ~7 月平均薪资为 49708 元新台币，较上年同期增加 4.45%；扣除同期间消费者物价指数上升 1.29%，以 2011 年价格衡量之本年前 7 个月实质薪资平均为 47953 元新台币，虽较上年同期增加 3.12%，但仍低于十五年前之实质平均薪资。失业率近期走高，加上薪资水平停滞衰退，造成民众消费意愿呈现保守，难有明显改善。

四　投资

台湾投资因国际经济趋疲，自2011年第3季起转呈负成长，至2012年第4季起才转负为正。2014年第1季台湾投资仅成长0.2%，但第2季成长受民间投资带动，年增率为3.69%。就各项投资类别观察，以运输工具大幅较上年同期大幅成长43.78%最为亮眼，主因航空业者积极扩增新航线及在廉价航空成立带动下，本季飞机进口大幅增加；其次为营建工程投资，也有3.36%之正成长；至于机器设备、无形固定资产年增率分别为-1.52%、-1.48%。

就投资主体观察，民间投资仍为台湾投资之主力支撑，不但占总投资比重达八成以上（83%），且年增率6.58%，也领先其他主体。其中，以运输工具较上年同期成长52.13%最高，营建工程投资表现持稳，年增率6.4%，机器设备投资仅成长0.83%，主因岛内半导体主要厂商资本支出略缓，无形固定资产投资年增率为-1.55%。另外，政府投资及公营事业投资皆为负成长，年增率分别为-7.66%、-11.41%。

截至6月中旬，根据“经济部”掌握的制造业、商业服务业等民间新增投资金额约6665亿元新台币，较2014年预定促进民间投资目标金额1.3兆元新台币，达标率约五成。另据“经济部投资处”统计资料，截至2014年6月底，在台商回台投资金额为新台币551亿元；对外招商部分，投资目标金额为108亿美元，投资金额为56.48亿美元，达标率约52.30%。

五　公共支出

根据“行政院主计总处”所得统计资料，2014年第2季公共部门占GDP比重约为13.37%（若以名目值计算占比为13.98%），由于公营事业投资、政府投资呈现负成长，2014年第2季公共支出对经济成长之贡献为-0.25个百分点。受限于政府财政赤字，政府公共支出缩减，根据世界经济论坛（WEF）9月公布的全球竞争力评比，台湾的政府财政赤字、政府债务等评比项目虽有改善，但排名仍居后段，分别为第 80 名与 64 名。

在信评部分，国际三大机构皆维持台湾评级展望为“稳定”。穆迪指出，台湾经济具竞争力、总体经济表现稳定、债务负担能力良好，加上体制架构健全，维持台湾主权信用评级 Aa3 不变。

六　物价波动

图 1 为台湾消费者物价与趸售物价走势图。根据“主计处”新闻稿，2014 年 8 月消费者物价总指数（CPI）为 104.85（2010 年 = 100），较上月涨 0.43%，与上年同期相比涨幅达 2.07%，为 2012 年 3 月来涨幅最大的一次。其中，食物类涨幅最显著，蔬菜、水果及蛋类分别较上月涨 14.14%、7.89% 及 6.64%，使得食物类涨 2.13%，较上年同期上涨 5.6%。若以商品性质观察，占 CPI 权数 9.9% 的外食费，较上年同期上涨 4.54%，为 1998 年 2 月以来最高。依照所得层级别区分，低所得家庭 CPI 较上月涨 0.71%，较上年同期上涨 2.56%。

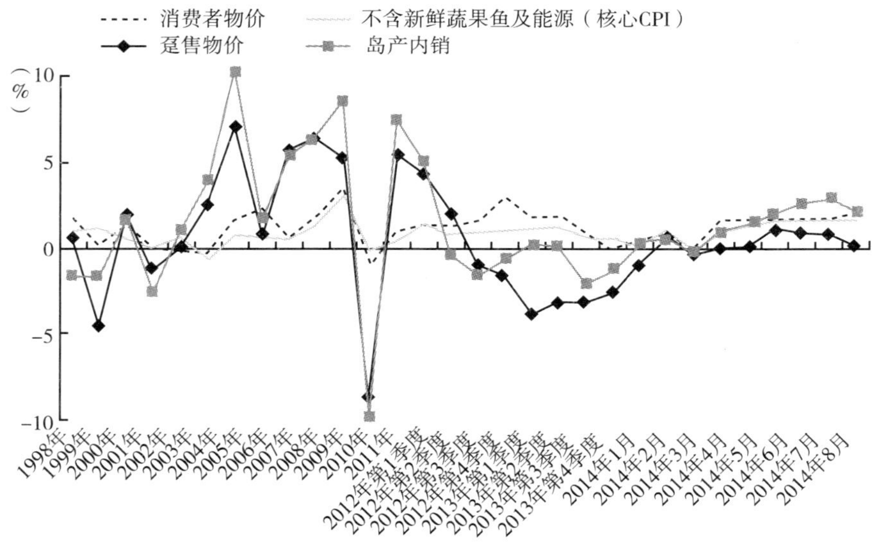

图 1　趸售物价指数

8 月 CPI 涨幅虽然创 2012 年 3 月以来最大，但同期间趸售物价则呈现走跌趋势。8 月趸售物价指数为 96.58，较上月降 0.37%，较上年同月微涨 0.12%。且中华经济研究院台湾制造业经理人指数（PMI）显示，由于油品与国际钢价的走跌，全体企业之原物料价格指数中断连续 9 个月的上升（高于 50.0%）转为下降，指数为 46.6%，较 8 月滑落 6.5 个百分点，显示制造业上游端原物料价格也呈现走跌趋势（见图 2）。9 月消费者物价总指数（CPI）随即走跌 0.03%，指数为 104.81，与上年同期相比涨幅仅 0.72%。

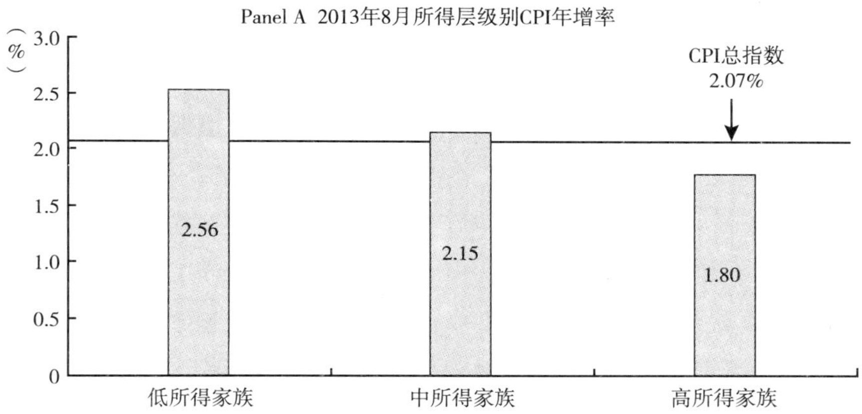

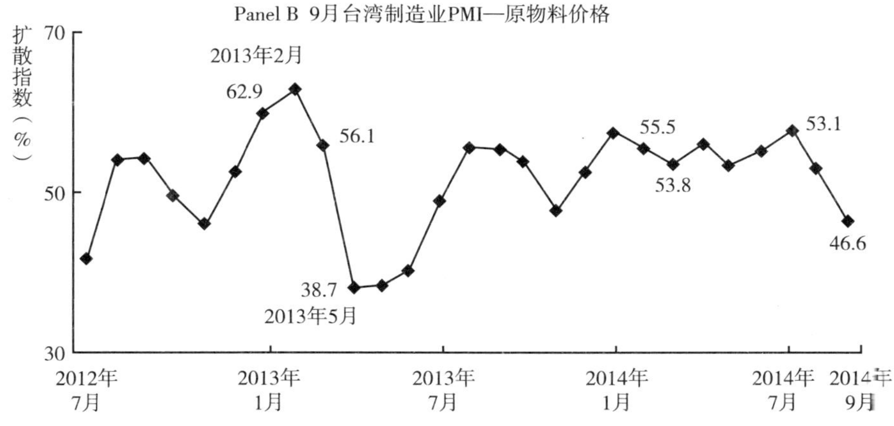

图 2　物价相关图表

资料来源：台湾经济新报，中经院整理。

为近7个月最低。不过，外食费涨幅仍达4.43%，连续第3个月涨幅逾4%，惟上涨幅度略微较上月减少0.12个百分点。累计2014年1~9月台湾CPI年增率为1.32%，与韩国（1.4%），1~8月美国（1.8%）、新加坡（1.5%）、中国大陆（2.2%）及香港（3.9%）CPI年增率相比，台湾物价涨幅相对平稳。Global Insight预估台湾2014年CPI年增率约为1.34%，涨幅相对温和。

七　金融概况

考虑物价涨幅、国际经济情势，以及金融等情势，9月25日“中央银行”理监事会议决议利率政策按兵不动。重贴现率、担保放款融通利率及短期融通利率分别维持年息1.875%、2.25%及4.125%不变。“央行”虽利率政策维持不变，但“央行”货币政策确实已由适度宽松转为中性，扩大回收市场过剩资金。“央行”从2014年2月起将364天期定存单由每月标售金额为1000亿元新台币增加到1200亿元新台币。8月起更将2年期NCD由每月标售金额100亿元新台币调高1倍至200亿元新台币。显示“央行”2年期200亿元定存单（NCD）得标加权平均利率已连续4个月上扬。9月12日加权得标利率续飙高至0.836%，创2013年8月重启标售以来新高，较8月的0.802%，上扬3.4个bp（1bp为0.01个百分点）。由于对于未来升息的预期，市场预估10月标售的NCD得标加权平均利率将再攀高。若未来标售金额不变，合计到年底的余额将达1.64兆元新台币，相当于调升存款准备率约5个百分点（见图3）。

过去台湾的长期利率主要跟着美国利率走势，而“央行”的货币政策方向则要看物价及岛内外经济情势而定。从表1可知，过去一年以来世界主要国家的官方利率大多维持不变，欧元区与澳大利亚甚至持续降息，仅印度、新西兰、马来西亚与巴西有升息。不过，前述升息国家大多面临高通膨的情况。例如，印度与巴西2014年CPI预估值更分别高达8.1%与6.3%。相较之下，台湾的物价相对稳定。

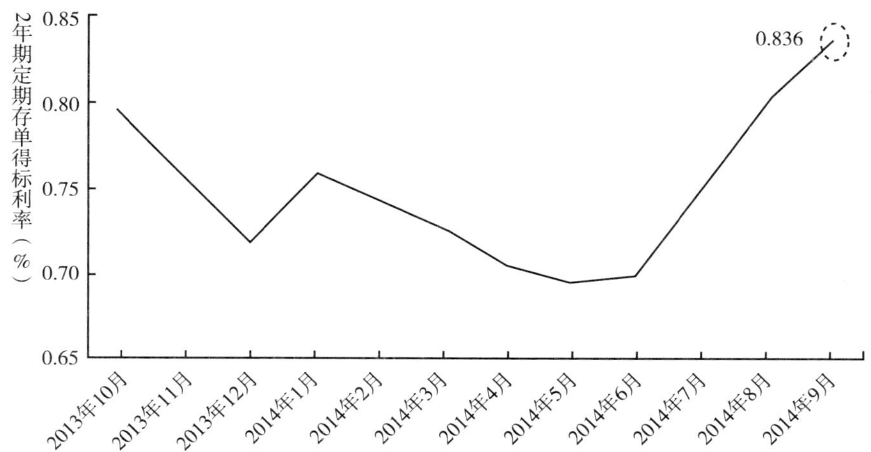

图3　定存单与利率－金融图表

资料来源：《工商时报》。

表1　世界重要国家或地区货币市场利率、物价与经济成长率汇整

单位：%

国家地区	官方利率(Policy Interest Rate)		2014 CPI(f)	2013GDP	2014GDP(f)
	2013/7	2014/7			
中国台湾	1.88	1.88	1.5	2.1	3.5
美　　国	0.09	0.09	1.9	2.2	2.2
日　　本	0.10	0.10	2.9	1.5	1.1
英　　国	0.43	0.43	1.7	1.7	3.1
欧 元 区	0.50	0.15	0.6	(0.4)	0.8
澳大利亚	2.50	2.50	2.8	2.3	3.0
中国大陆	6.00	6.00	2.2	7.7	7.5
韩　　国	2.50	2.50	1.1	3.0	3.3
印　　度	7.25	8.00	8.1	5.0	5.5
巴　　西	8.23	11.00	6.3	2.5	0.1
新 西 兰	2.50	3.50	1.6	2.4	3.2
马来西亚	3.00	3.30	3.2	4.7	5.8

注：1. 中国大陆资料为一年期贷款利率。

2. (f) 表示预测值。

资料来源：TEJ、Global Insight。

2014 年 9 月台湾制造业 PMI 续跌 2.1 个百分点至 53.3%，为 2014 年 3 月以来扩张速度最缓慢的一次。美国 ISM 制造业 PMI 也由 59.0% 滑落至 56.6%。日本与韩国等制造业 PMI 9 月都呈现下滑走势，韩国更转为紧缩。中国大陆经济复苏缓慢，PMI 持续盘旋在 50% 左右。因此，台湾利率未来走势观察重点仍为台湾经济成长、CPI 年增率突破 2% 与否以及与台湾邻近地区（主要竞争对手）是否升息。

八　台湾经济预测

预期 2014 年第 3 季经济成长率为 3.76%，略高于第 2 季之 3.74%；民间消费成长虽下降，但仍维持 2% 以上的成长率为 2.28%；台湾投资预期成长 5.56%，其中民间投资将成长 7.25%；外贸部门方面，财货与服务之输出、输入成长皆高于前两季之表现，年增率分别为 5.58%、5.32%。

粗估第 4 季经济成长表现，经济成长率约为 3.13%，较第 3 季下滑，主因之一为上年第 4 季成长率 2.88%，比较基期较高；民间消费成长也因上年比较基期高而较前三季为低，年增率为 1.48%；台湾投资预期成长率为 2.16%，其中民间企业投资成长 3.87%；至于外贸部门表现，财货与服务之输出、输入成长将平缓，年增率分别为 3.39%、3.35%。

合计 2014 年下半年经济成长率约为 3.45%，较上半年之 3.49% 略低；其中，民间消费因上年比较基期较高，所以下半年成长较上半年低，年增率为 1.88%；台湾投资平均年增率为 4.08%，主要依赖民间投资成长 5.56% 的支撑；至于财货与服务输出与输入，下半年平均年增率分别为 4.49% 以及 4.34%，成长幅度皆高于上半年成长水平；2014 年下半年 CPI 因上年比较基期较低，年增率约为 1.82%，高于上半年平均物价年增率 1.22%。

2014 年全年经济成长率预估为 3.46%，较 2013 年之 2.09% 增加 1.37 个百分点；其中民间消费年增率为 2.19%，低于当季经济成长率；投资年增率 2.95%，民间投资成长 4.52%，为经济成长提供有利支撑，规模达 2.13 兆元新台币，接近金融海啸前之 2.18 兆元新台币（2007 年）；财货与服务输出与输入年增率分别为4.13%及3.62%，输出成长高于输入，故而净输出规模约3.21兆元新台币，年增率7.35%，仍将挹注经济成长；至于CPI年增率预估为1.52%，较2013的0.79%差距0.73个百分点；新台币兑美元汇率2014年平均价约为30.19元新台币兑换1美元，较2013年略贬1.42%。平均失业率约为3.98%，较2013年的4.18%下降0.2个百分点，反映景气之和缓改善。

2015年经济成长率约为3.53%，仍维持3%以上的成长率，并较2014年的3.46%增加0.07个百分点。其中，民间消费成长2.36%，投资增加3.56%，民间投资5.38%，规模维持2兆元新台币以上为2.25兆元新台币；至于财货与服务输出与输入年增率分别为5.03%、4.18%，输出成长趋势较2014年更趋稳健；CPI年增率预估将为1.54%，略高于1.5%，但仍低于2%，较2014年上升0.02个百分点；新台币兑美元汇率2015年平均价约为30.08元新台币兑换1美元，较2013年略升1.04%；平均失业率约为3.89%，较2014年的3.98%，下降0.09个百分点，反映景气渐趋改善。台湾经济基准预测见表2。

表2　台湾经济基准预测

新台币十亿元（2006年基期）	2014年				2013年	2014年	2015年
	第1季	第2季	第3季	第4季			
	实际值	实际值	预测值	预测值	实际值	预测值	预测值
实质GDP	3753.30	3893.54	4038.00	4190.14	15343.61	15874.98	16435.54
年增率（%）	3.24	3.74	3.76	3.13	2.09	3.46	3.53
实质GNP	3907.63	3967.17	4130.63	4296.98	15725.05	16302.41	16889.58
年增率（%）	3.84	3.93	3.76	3.20	1.81	3.67	3.60
每人平均GNP（US$）*	5422.84	5340.74	5609.56	5747.24	21557.43	22120.38	23091.71
年增率（%）	1.79	3.39	3.85	1.48	2.19	2.61	4.39
民间消费	2078.40	2051.21	2118.73	2138.25	8206.61	8386.58	8584.47
年增率（%）	2.52	2.53	2.28	1.48	2.02	2.19	2.36
固定资本形成	590.42	659.53	678.76	686.50	2540.26	2615.21	2708.22
年增率（%）	0.20	3.69	5.56	2.16	4.74	2.95	3.56

续表

新台币十亿元（2006年基期）	2014年				2013年	2014年	2015年
	第1季	第2季	第3季	第4季			
	实际值	实际值	预测值	预测值	实际值	预测值	预测值
民间投资	503.49	551.94	564.18	514.95	2042.16	2134.57	2249.36
年增率(%)	0.20	6.58	7.25	3.87	6.67	4.52	5.38
财货与服务输出	2792.29	2981.82	3039.32	3138.87	11458.18	11952.30	12553.89
年增率(%)	3.92	4.37	5.58	3.39	3.81	4.31	5.03
财货与服务输入	2099.01	2194.08	2212.70	2235.33	8435.71	8741.12	9106.67
年增率(%)	1.95	3.84	5.32	3.35	3.91	3.62	4.18
海关出口，亿美元**	733.13	800.69	808.34	832.16	3054.41	3174.33	3332.74
年增率(%)	0.96	2.88	6.11	5.57	1.41	3.93	4.99
海关进口，亿美元**	668.53	703.53	720.99	717.12	2698.97	2810.17	2946.89
年增率(%)	-1.64	3.77	9.25	5.25	-0.21	4.12	4.87
GDP平减指数(2006=100)	98.01	94.66	95.06	94.2	94.94	95.48	96.06
年增率(%)	0.89	0.34	0.56	0.47	1.34	0.57	0.6
WPI(2006=100)**	97.32	96.88	97.06	97.60	96.44	97.21	98.79
年增率(%)	0.07	0.67	0.75	1.73	-2.43	0.80	1.62
CPI(2006=100)**	103.06	104.02	105.01	105.13	102.74	104.30	105.91
年增率(%)	0.80	1.64	1.83	1.81	0.79	1.52	1.54
M2货币存量(日平均)	36005.39	36383.72	36851.67	37199.24	34616.69	36610.00	38639.89
年增率(%)	5.82	5.96	5.66	5.59	4.78	5.76	5.54
台币兑美元汇率**	30.36	30.16	30.03	30.22	29.77	30.19	30.08
年增率(%)***	-2.75	-0.70	-0.28	-1.99	-0.52	-1.42	0.37
31~90天期商业本票利率	0.62	0.60	0.62	0.73	0.69	0.64	0.85
失业率(%)	4.05	3.89	4.02	3.95	4.18	3.98	3.89

说明：*有关每人平均GNP在此以美元表示。

**表示2014年第3季资料为官方统计之粗估值，非预测值。

***有关汇率变动百分比，正值表示升值，负数表示贬值比率。

资料来源：中华经济研究院，经济展望中心，2014年10月7日。

B.23
香港经济形势分析与展望

陈李蔼伦*

摘　要：2014年，外围环境依然充满挑战，加上旅游输出减少以及内部需求放缓所拖累，整体经济首三季虽仍持续温和扩张，但增速较2013年稍慢。短期内，各种不明朗因素继续困扰环球经济前景，包括各国央行的未来货币政策取向未明、欧元区的结构性问题令其经济复苏呆滞、日本经济在4月调高销售税后明显转弱，加上世界多处地缘政局紧张等，都为全球经济前景蒙上阴影。幸而，内地经济仍在合理区间运行，保持平稳增长，加上其他亚洲地区经济基本面普遍强韧，为香港经济带来支持，预料香港经济在2014年全年温和增长2.2%。通胀方面，由于进口价格升幅温和，租金压力缓和，以及工资增长平稳，通胀的上行风险在短期内仍然有限。特区政府会密切留意物价走势，特别是通胀对低收入人士的影响。

楼市气氛自2014年第二季起转趋活跃，资产泡沫风险仍然未除，特区政府已推出了连串措施令楼市健康平稳发展，确保宏观经济和金融系统稳定。展望2015年，以上谈及的多种外围因素仍会影响香港的经济表现。不过，内地经济持续发展所提供的机遇，将会继续为香港经济带来

* 陈李蔼伦，香港特区政府财政司司长办公室，政府经济顾问。

支持。

关键词： 香港经济 楼市泡沫风险 长远经济发展策略

一 经济近况

全球经济在2014年年初起步缓慢，先进经济体复苏步伐不均，继续影响香港的经济表现。美国经济在极端天气的影响下，在第一季出现颇为严重的倒退，第二季起才恢复增长。欧元区依然受到区内高企的失业率以及信贷增长乏力所影响，经济复苏接近停滞。日本在4月调高销售税后，零售业销售和营商信心等经济指标再次转差，第二季经济出现收缩。目前，美国经济复苏的前景相对较佳，但其未来经济数据的好坏将会影响美联储货币政策正常化的步伐。同时，其他主要先进经济体增长乏力，欧日央行仍在扩大货币政策的规模，各主要央行势将采取不同的货币政策路向，或会引发全球资金流向转变，增加全球金融不稳的风险。同时，世界多处地缘政局紧张所衍生的不明朗因素，仍然挥之不去。不过，亚洲区经济基本面整体上依然较佳；当中，内地经济继续是全球经济的亮点，2014年首三季按年增长7.4%，仍然相当稳健，并远高于先进经济体的增长，对区内的经济和生产活动带来支持。2014年10月，国际货币基金组织再下调2014年全球经济增长预测至3.3%，与上年的增幅相同。

在这样的背景下，香港作为细小开放的经济体，经济表现难免受到影响。在外围环境波动不稳的情况下，香港的货物出口在2014年年初表现相当呆滞，其后增速才略为加快。服务输出在旅客消费下跌的拖累下转弱，而内部需求的增长动力也有所回软。幸而，劳工市场依然稳定，大致维持在全民就业状态，工资收入续有实质的增长。本地生产总值继2013年全年实质增长2.9%后，增速在2014年首三季略为放缓，按年增幅分别为2.6%、1.8%和2.7%（见图1），首三季合计按年温和扩张2.4%。经季节性调整后，香港经济在第一季按季增长 0.3% 后，第二季微跌 0.1%，第三季显著回升 1.7%。

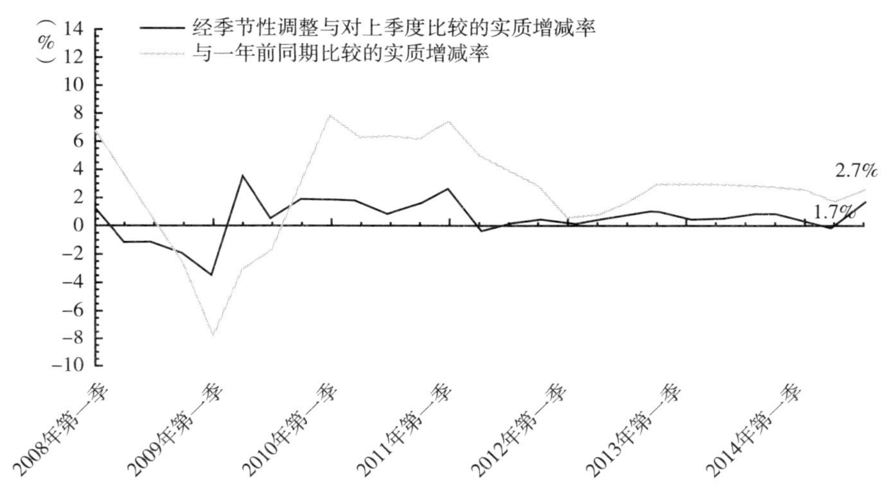

图 1　香港经济在 2014 年首三季温和增长

（一）对外贸易

香港整体货物出口（按本地生产总值口径计算）在 2013 年实质增长 6.6% 后，于 2014 年首三季显著放缓至按年 1.4% 的增长（见图 2），部分是受非货币黄金出口在 2013 年急升后比较基数极高而下跌所拖累。扣除非货币黄金出口的影响，货物出口在第一季按年下跌后，第二季恢复增长，第三季表现续有改善。然而，各主要市场表现不一。输往主要先进市场的出口在第三季整体上继续表现疲弱，反映其进口需求复苏缓慢。输往美国的出口仅微升，而输往欧盟及日本的出口更转弱至出现跌幅。不过，受区内原材料及资本货物进口需求增加所带动，输往亚洲的出口显著加快，当中输往印度、中国台湾、韩国及东盟多个经济体的出口录得尤其显著的增幅（见图 3）。

服务输出于 2014 年第二季出现下跌后，第三季恢复增长。不过，整体表现仍逊于上年，首三季实质按年上升 1.1%，较 2013 年 5.5% 的升幅为

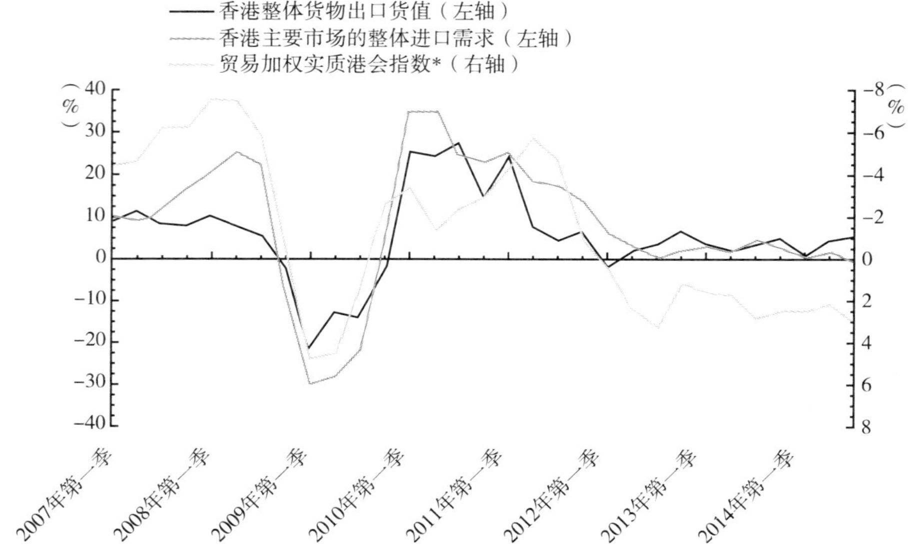

图 2　货物出口在 2014 年首三季温和增长（与一年前同期比较的增减率）

注：＊实质港汇指数以倒置显示，正数变动表示港元实质升值。

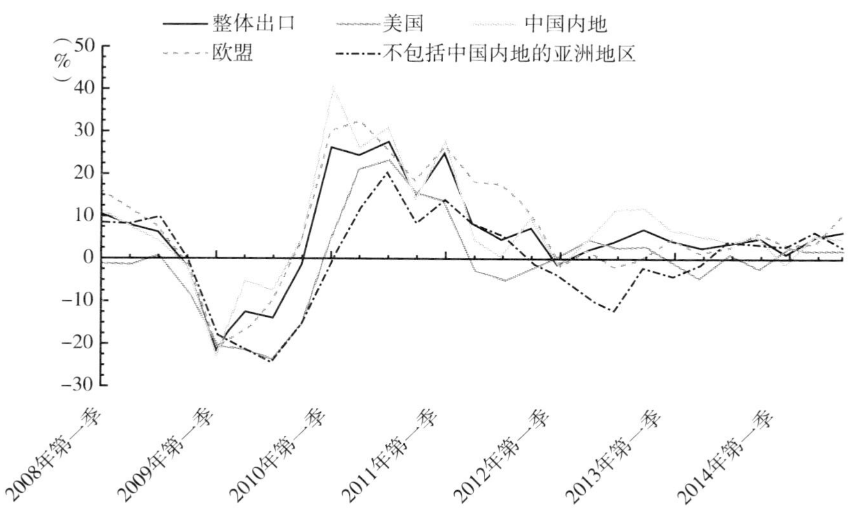

图 3　中国内地及许多亚洲市场区内贸易于年中过后表现改善

低。服务输出在2014年转弱，主要是受旅游服务输出第二季倒退所拖累，而2013年访港旅客大量购买与黄金相关的货品造成了极高的比较基数，也加大了第二季按年跌幅。然而，随着访港旅客人数在第三季恢复以双位数的速度增长，加上基数效应减退，旅游服务输出在第三季度的按年跌幅也大幅收窄。同时，其他服务输出在第三季亦普遍好转。随着区内贸易及生产转趋活跃，与贸易相关的服务输出增长略为加快。受惠于跨境金融服务及集资活动畅旺，金融及其他商用服务输出也显著上升。经季节性调整后比较，服务输出在第三季明显反弹，较上一季实质回升1.3%。

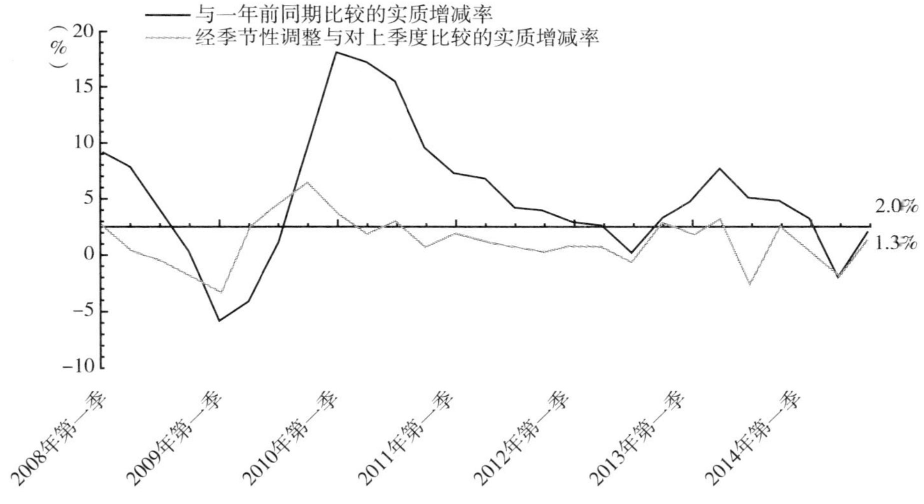

图4　服务输出第三季恢复增长

（二）内部需求

内部需求方面，各组成项目表现不一。私人消费开支2014年经过两季增长回软后，第三季有所转强，按年实质增长3.2%，尽管首三季合计按年增长2.0%，仍低于2013年4.3%的增幅。第三季表现转强（见图5），反映在良好的就业和收入状况以及正面的财富效应支持下，本地消费信心略为好转。零售业务方面，零售销售在第二季显著按年下跌，主要是由于一些贵价品的销售，如珠宝首饰、钟表及名贵礼物等，在2013年同期较高的比较基数下大幅减少所拖累。然而，随着高基数效应减退，访港旅客人数续有显著增长，以及本地消费信心第三季好转，零售销货量在第三季回稳，按年轻微反弹。

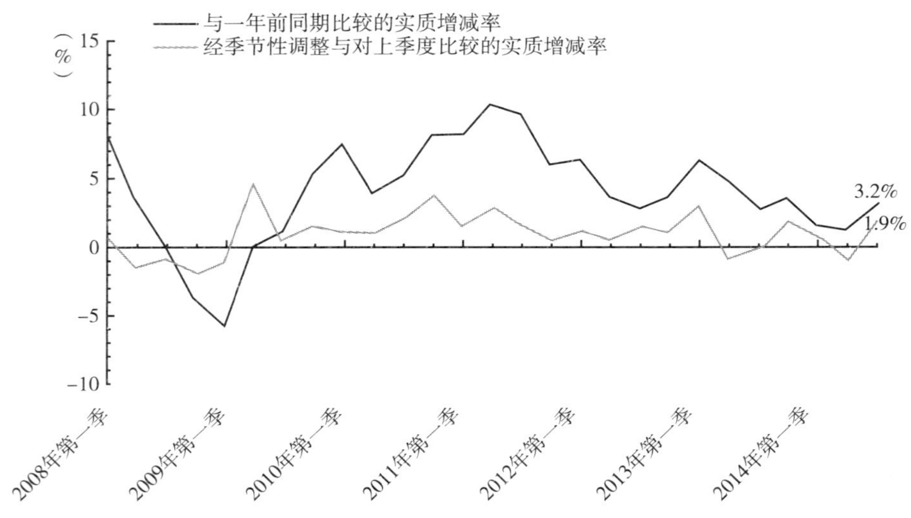

图5　私人消费增长第三季转强

整体投资则表现疲弱（见图6），本地固定资本形成总额继2013年实质增长3.3%，2014年首三季录得2.6%的按年跌幅。主要是受机器及设备购置下跌所拖累，在首三季按年剧减7.6%。尽管机器及设备购置这个本地生产总值组成项目经常波动不定，而第二及第三季的比较基数亦较高，其疲弱表现某种程度上亦与最近经济增长动力回软有关。整体楼宇及建造开支2014年首三季温和增长，较上年有所改善。当中，大型基建工程于过往数年高速增长后，在这基础上再进一步上升的幅度有所递减，不过，私营机构楼宇建造活动则恢复温和增长。

（三）劳工市场

劳工市场大致保持稳定，经季节性调整后的失业率在第三季为3.3%（见图7），与2013年第四季的3.2%相若。同时，就业不足率亦低企于

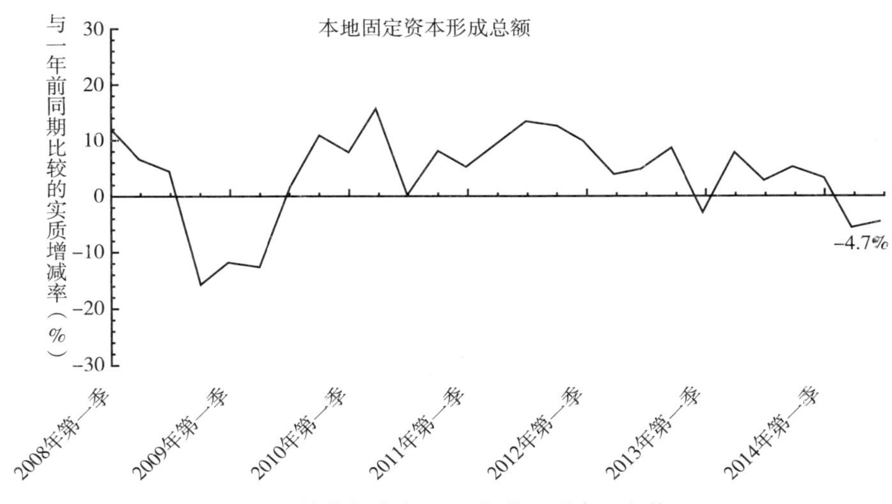

图 6　整体投资在 2014 年首三季表现欠佳

1.5% 的低水平，职位空缺数目在 6 月稍为回升，第三季总就业人数录得稍快增长，两者都反映劳工需求直至第三季依然坚挺。此外，工资及收入在第二季续见稳定增长。基层劳工的全职雇员平均就业收入在首三季续有实质改善，扣除通胀后，实质上升 1.5%。尽管第三季整体就业及收入情况维持良好，近期内部需求面对下行风险再度增大，其对劳工市场的潜在影响须密切留意。

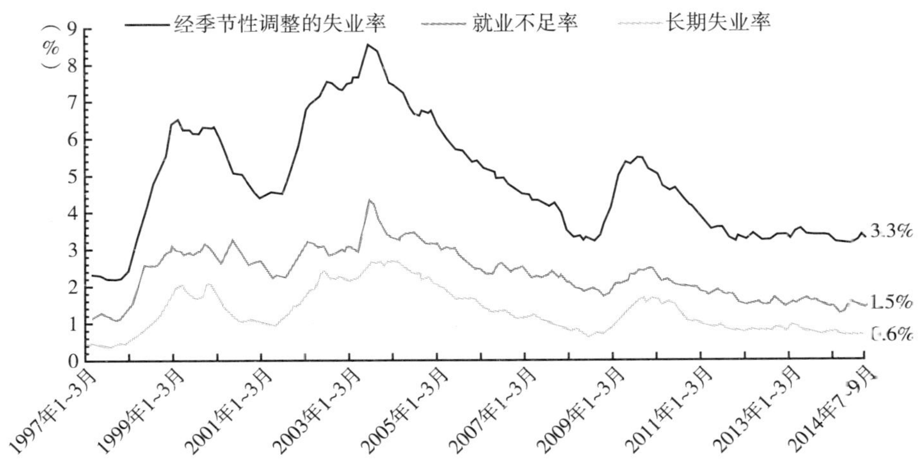

图 7　失业率在 2014 年第三季维持低位

（四）通胀

2014 年首 9 个月，基本消费物价通胀保持缓和趋势，反映租金压力持续减退，以及进口价格升幅维持温和（见图 8）。住宅租金的升幅放缓，令消费物价指数中私人房屋租金项目的按年升幅续见收窄。其他本地成本增幅同样温和，当中商业楼宇租金的按年升幅进一步缓和，劳工成本则维持稳定增长，两者都有助营商成本压力受控。外围方面，尽管中东和东欧的地缘政局转趋紧张，国际油价未有显著的压力，同时，国际能源及原材料价格回软，主要进口来源地的通胀亦见缓和，整体进口价格的升幅依然温和。基本综合消费物价通胀率 2014 年 9 个月平均为 3. 5%，低于 2013 年全年的 4. 0%。

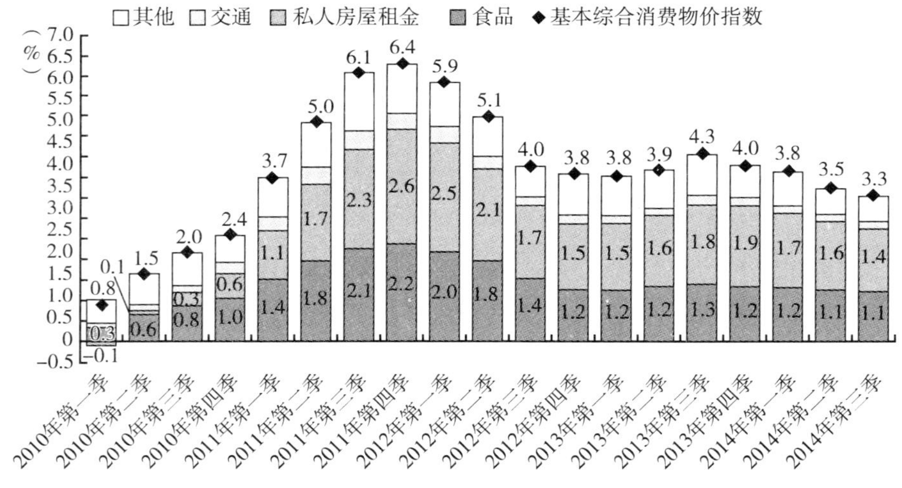

图 8　通胀压力在 2014 年首三季保持缓和的趋势

二　宏观经济基本状况

（一）宏观经济基本面

全球经济环境近年来一直多变不稳，香港经济在 2014 年首三季仍能够保持温和增长及全民就业，既反映香港经济基调良好，亦确认特区政府努力维持经济和就业稳定的成果。内地经济持续平稳增长，是亚洲地区乃至全球经济重要的增长动力，并为香港经济提供了重要支持作用。

香港经济良好的基本面亦得到国际信贷评级机构的认同。由于香港坐拥庞大的对外资产净值和充裕的政府财政储备，加上香港相对于其他高收入经济体具有较高的经济增长潜力，香港的长期外币及本币信贷评级获标准普尔评为最高的“AAA”级，前景为“稳定”，反映国际社会充分肯定香港稳健的经济基调及金融体系抵御冲击的能力。

（二）财政储备和长远财政计划

公共财政方面，由于特区政府多年来秉持审慎理财的宗旨，政府的财政储备状况保持良好。直至2014年3月底，政府拥有超过7500亿港元的财政储备（见图9），几乎是本地生产总值的36%，足以应付政府20个月的开支。

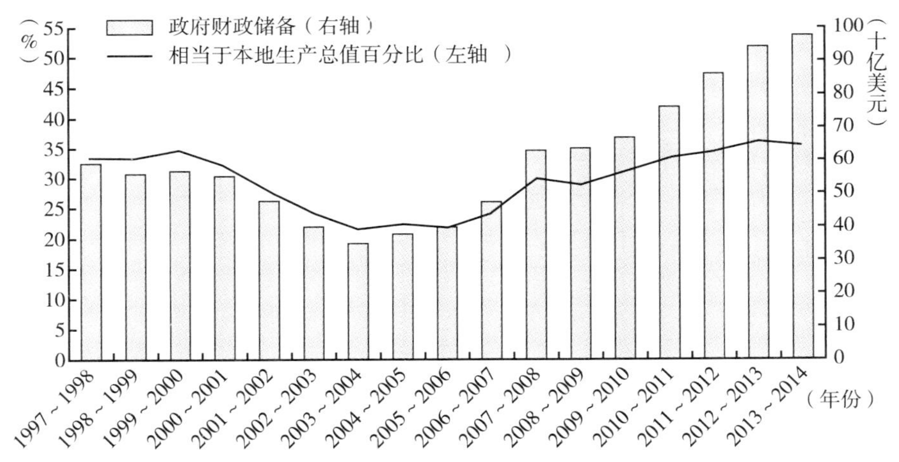

图9　政府财政储备状况良好

此外，特区政府在2013年成立长远财政计划工作小组，邀请学者及相关专家加入，一同研究如何在公共财政上为人口高龄化以及政府其他长远的财政承担作出更周全的规划。工作小组已于2014年3月提交了工作报告，向财政司司长建议了一系列全面的财政措施，以更好应对未来的财政挑战。建议包括：控制开支增长；保持、稳定和扩大收入基础；未雨绸缪，设立储蓄计划；经营账目与非经营账目分开处理，力求两者均达到收支平衡；厘清财政储备的涵盖范围；加强政府资产管理；维持房屋委员会（房委会）财政稳健。

（三）国际收支平衡

香港的对外头寸一向稳健。本港经常账自1997～1998年亚洲金融危机后多年来一直录得盈余。唯金融危机后外需恢复进度缓慢，加上近期访港旅客消费减弱，香港的经常账无可避免略为转差，在2014年上半年录得134亿港元的轻微赤字，相当于本地生产总值的1.3%。然而，香港的累计净国际投资仍然雄厚。于2014年6月底，净国际投资头寸达7881亿美元（见图10），是整体经济规模的2.8倍，说明香港的对外头寸丰裕，并不存在依赖向外借贷来支撑消费及投资的问题。

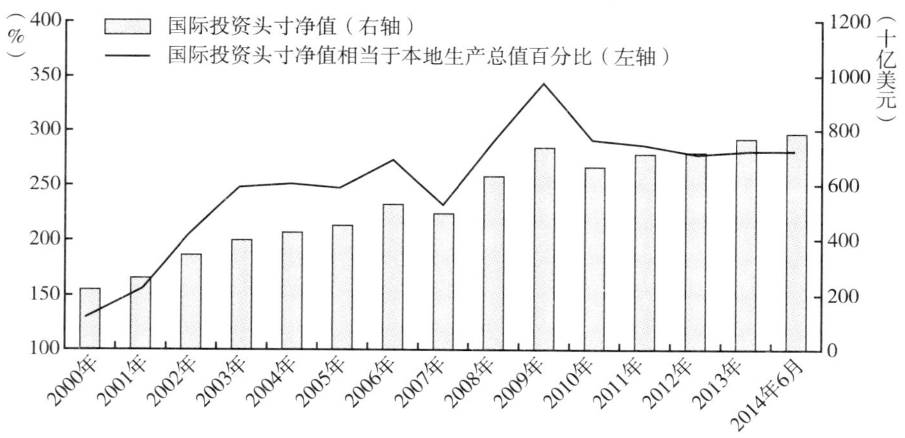

图10　净国际投资头寸充裕

（四）金融体系稳健

香港的银行体系基础稳健，本港注册认可机构的资本水平充裕，拥有较强的抵御风险能力。2014年6月底，这些机构的资本充足比率平均维持于16.1%的高水平（见图11），而一级资本充足比率亦达到13.3%，可见本港银行业的资本额不但远高于国际最低要求，也远比香港金融管理局（金管局）规定的法定最低比率为高。同时，本港零售银行的平均流动资金比率在2014年6月底为40.8%，同样远高于法定要求的25%，反映银行体系在外围环境持续波动下，依然十分稳健。

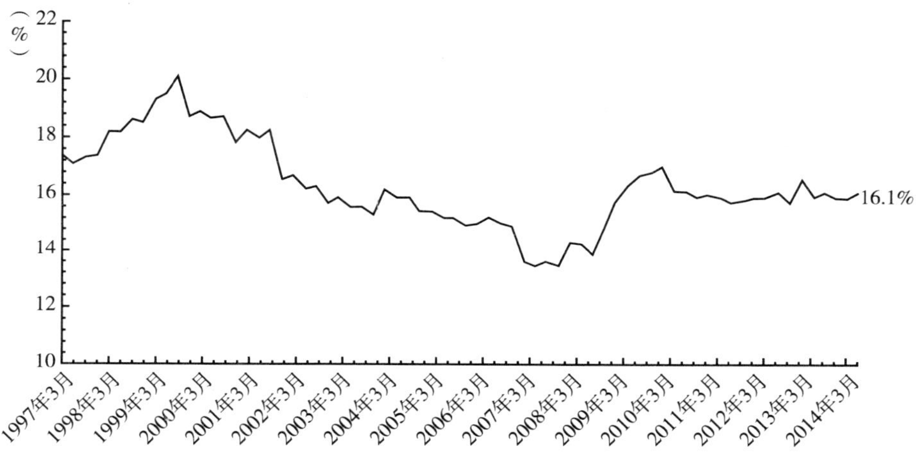

图11 银行资本充足率位于高水平

作为巴塞尔银行监管委员会（巴塞尔委员会）的成员之一，金管局致力于加强本地银行监管的质素。由2013年起实施巴塞尔委员会所颁布的《巴塞尔协议三》框架，并预期于2019年全面实行该框架。随着首阶段《巴塞尔协议三》的标准已经生效，金管局现正筹备实施下一阶段《巴塞尔协议三》的标准，当中涵盖缓冲资本要求、流动性覆盖比率，以及有关这些标准及杠杆比率的披露要求。金管局正着手制定各方面的实施规则，包括《银行业（资本）规则》和《银行业（披露）规则》的修订条文，及一套新制定的《银行业（流动性）规则》，以期在今年内提交立法会审议。此外，金管局亦根据巴塞尔委员会的原则，为本港具系统重要性的认可机构设立和实施规管及监督制度的建议进行首轮业界咨询，并已在5月结束。透过对这些被确定的认可机构实施一系列审慎监管规定，有助于降低这些认可机构倒闭的风险，以及其倒闭的规模和影响，从而确保香港金融体系稳健。

另外，本港银行体系的资产质素持续改善。特定分类贷款净额相对贷款总额的比例，自 2009 年 6 月底 1.01% 的高位，逐步下降至 2014 年 6 月底的 0.32%（见图 12），而拖欠信用卡贷款比例及住宅按揭贷款拖欠比率在 6 月底亦分别维持在 0.22% 和 0.02% 的低水平。然而，流动资金泛滥和低息环境未改，本港楼市的泡沫风险甚至本地银行体系的系统性风险依然不容小觑。因应上述发展，金管局近年已合共推出了六轮收紧物业按揭贷款的审慎监管措施，保障银行体系的稳定。

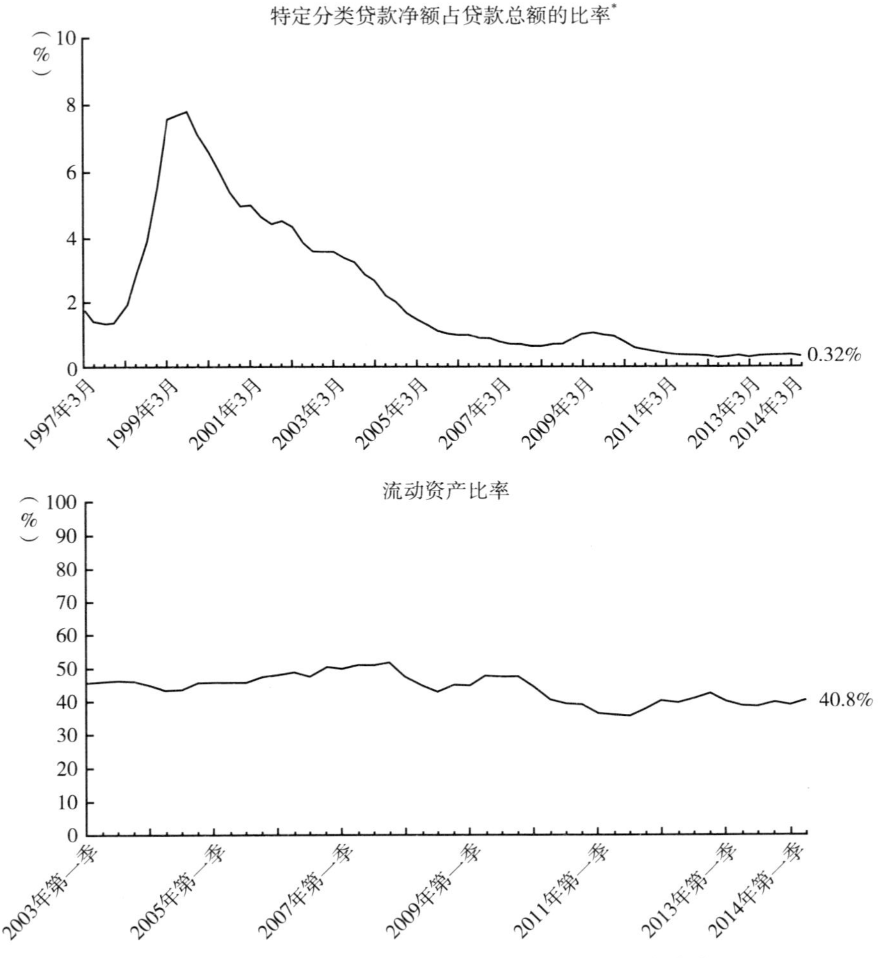

特定分类贷款净额占贷款总额的比率*

（%）

0
2
4
6
8
10

1997年3月
1999年3月
2001年3月
2003年3月
2005年3月
2007年3月
2009年3月
2011年3月
2013年3月
2014年3月

0.32%

流动资产比率

（%）

0
10
20
30
40
50
60
70
80
90
100

2003年第一季
2005年第一季
2007年第一季
2009年第一季
2011年第一季
2013年第一季
2014年第一季

40.8%

图 12　银行不良贷款比率及流动资产比率均处于安全水平

注：＊扣除特殊准备金/个别减值准备。

三　楼市近况和资产泡沫风险

住宅物业市场在第三季保持活跃（见图 13）。市场憧憬低息环境持续，加上楼市供求情况紧绌，市场气氛受到支持。发展商在季内加快推售新楼盘，大多反应理想，交投更趋活跃。住宅售价进一步上升。

交投上升，第三季送交土地注册处注册的住宅物业买卖合约总数较上一季跃升 25%，较上年同期急升 80% 至平均每月 6654 份，尽管仍低于 1994 ~ 2013 年每月 7900 份的长期平均数。整体楼价在第三季内上升 6%。升幅主要由中小型单位（100 平方米以下）带动，其售价上升 6%，而大型单位（100 平方米或以上）的售价则上升 3%。2014 年 9 月的整体住宅售价较 2014 年 3 月的近期低位上升 9%，较 2013 年 12 月则升 8%。

增加土地供应以增加住宅供应，是政府推动楼市健康发展的首要政策。反映政府的持续努力，私人住宅单位落成量在 2014 年首三季较上年跃升 175% 至 12200 户。中期而言，未来数年的住宅单位总供应量亦由 2009 年 9 月底估计的近期低位 52000 户，增加至 2014 年 9 月底估计的 74000 户的新高。

由于增加住宅供应需时，政府同时做了大量工作，以管理需求并降低楼市亢奋对金融稳定可能带来的风险。这些措施已取得显著成效。投机活动方面，短期转售（包括确认人交易及 24 个月内转售）的成交宗数在 2014 年第三季维持在低水平，平均每月有 84 宗，占总成交的 1.2%，远低于 2010 年 1 月至 11 月期间（即开征“额外印花税”前）的平均每月 2661 宗。反映“买家印花税”的影响，以非本地个人及非本地公司名义购买物业的个案平均每月有 126 宗，占总成交的 1.7%，远低于 2012 年 1 月至 10 月期间平均每月 365 宗。按揭贷款方面，第三季新造按揭的平均按揭成数为 56%，亦低于 2009 年 1 月至 10 月期间（即香港金融管理局推出首轮住宅物业按揭贷款宏观审慎监管措施前）的平均数 64%。

不过，整体楼价在过去数年几乎毫无间断上升后，在 2014 年 9 月已较

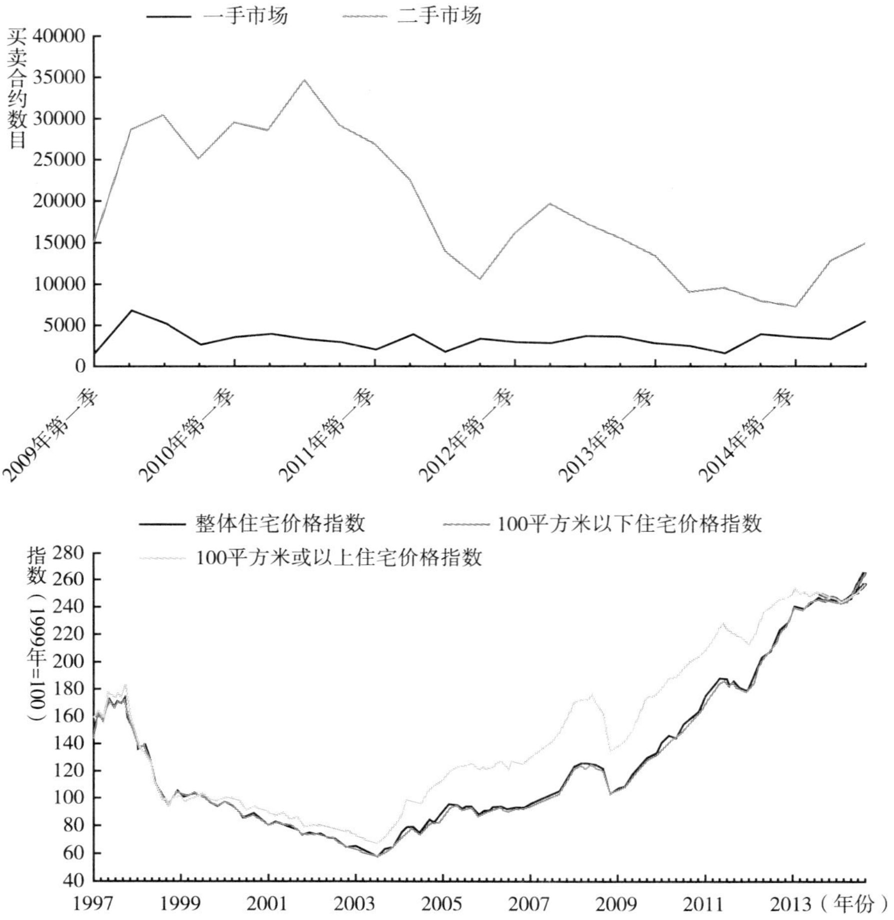

图 13　楼市在 2014 年第三季依然活跃

1997 年的高峰大幅高出 54%。市民的置业购买力，即面积 45 平方米单位的按揭供款相对住户入息中位数（不包括居于公营房屋的住户）的比率，在第三季上升至 57% 左右（见图 14），高于 1994 ~2013 年间的长期平均数 47%。

近期物业市场转趋活跃，楼市泡沫风险仍然显著。虽然美国联邦储备局已如期结束资产购买计划，美国货币政策正常化的步伐仍未明朗，特别是首次加息的时间。随着市场气氛、息率预期和国际资金流受这各项因素影响而变化，楼市或会出现较大波动。政府会密切留意市场情况。

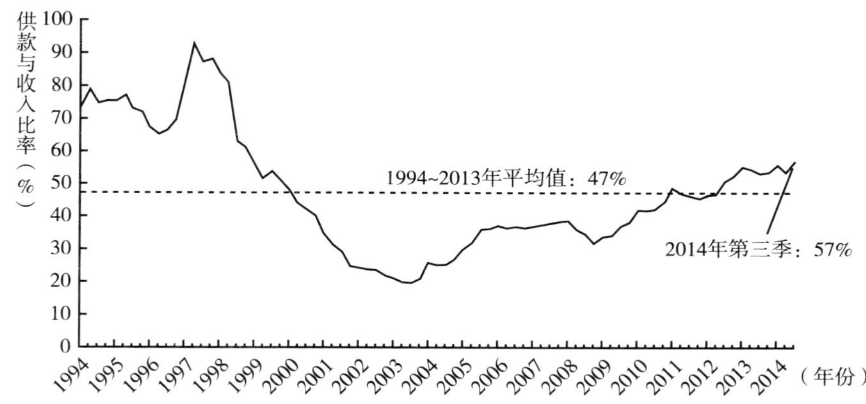

图14　置业购买力在第三季恶化

注：指45平方米单位的按揭供款（假设按揭成数为70%及年期为20年）相对住户入息中位数（不包括居于公管房屋的住户）的比率。

四　未来经济展望

2014年余下时间，中国经济料继续平稳增长，而许多其他亚洲经济体料亦会保持相对稳健，可望为香港出口带来一些支持。然而，先进经济体复苏步伐依然不一，欧元区和日本的经济增长缓慢且有下行风险，短期内环球经济充其量只会以温和步伐扩张，将继续牵制香港出口上升的动力。此外，各国中央银行货币政策走向背驰，会不时影响市场对利率的预期，并且令资金流向更为波动，甚或对国际金融稳定构成威胁。世界多处地缘政治风险仍然高企，亦难免增添不确定性。本地方面，内部需求料只会缓慢增长，特别是鉴于近期一些香港本地的发展，以及外围环境持续不稳对香港本地经济气氛的影响。特区政府在2014年11月预测，香港经济2014年增长2.2%。

展望2015年，环球经济仍会维持温和增长的态势。虽然国际货币基金组织在2014年10月预测2015年全球经济增长将稍为加快至3.8%，但这个预测基于先进经济体有关当局能够采取果断的措施增加往后的增长动力，主

要央行货币政策走向各异不会打击全球经济及金融的稳定，以及地缘政局紧张不会转化成冲击全球的危机。当中，美国经济增长2015年有望加快，其未来经济数据的好坏将会影响联储局货币政策正常化的步伐，将会左右环球金融市场走势，并有可能随时引发全球资金流向转变。

欧洲所面对的问题需要长时间和持之以恒地努力去解决。随着欧债危机的影响进一步淡化，欧元区经济理应可重拾一些动力。然而，其经济增长在第二季再次陷于接近停滞，多个成员国仍受高失业、高负债和竞争力弱等问题困扰，在未来一段时间内相信仍难以恢复较快扩张（国际货币基金组织在2014年10月预测欧元区2015年经济增长仅1.3%）。即使欧洲央行近期采取积极的货币政策措施，并买入资产抵押证券及担保债券，但欧洲各国仍必须在改善公共财政和稳住经济增长之间取得平衡，长远来说，加大改革力度，推动区内经济真正一体化和改善竞争力，才能将欧元区经济带出现时的困境。

日本经济复苏的路途依然崎岖不平。日本自2013年推出积极进取的财政和货币政策，务求创造一个更好的经济增长环境，推动结构改革，以提高日本的潜在增长率及削减财政赤字，打破多年来低增长及通缩的困局。虽然有关政策在推高短期经济增长曾有一些成效，有关当局亦在一些结构改革上取得进展，但当地经济和消费表现在2014年4月增加消费税后出现大幅回调，第三季复苏亦较预期逊色，未来经济能否重拾动力仍存在许多变数。再者，进一步推动结构性改革和财政整顿可能遇到的难度更不可低估。事实上，由于日本经济增长动力不足，仍未能彻底走出通缩的阴霾，日本央行在10月底进一步采取宽松措施，这将增添环球金融货币不稳的忧虑。

总体而言，香港经济仍面对各种隐忧。外围环境要视乎先进经济体的增长情况。假若先进经济体再现危机，全球营商气氛必然受压，香港外贸亦难免会受到下行压力。幸而，内地经济平稳增长仍会为香港的经济提供支持。本地方面，尽管2013年高基数效应将逐步消退，第三季零售业表现回稳，但旅客消费模式有所转变，以及近期香港一些本地发展的相关风险，或会持续影响整体经济未来的表现。

五　长远经济发展方向

由于主要先进经济体在未来一段时间仍会被结构性问题困扰，加上亚洲及其他新兴市场的发展潜力庞大，长远而言，全球经济增长动力将更多来自中国和其他新兴国家，全球经济重心势将向东转移。香港必须乘着这个新格局，利用本身的独特优势，拓展商机，令香港经济更上一层楼。一方面，本港要继续促进跟内地的经济融合，把握好内地市场发展的机遇，协助香港企业拓展内地业务、引领海外资金进入内地市场和支持内地企业“走出去”；另一方面，香港要致力保持自身的竞争力，同时扩大和深化本地产业发展。

（一）深化与内地经济合作

香港自回归祖国后，和内地的经济融合一日千里。内地是香港最大的货物贸易伙伴，双边贸易在2013年占香港整体货物贸易总额的一半以上。此外，内地亦是香港最大的服务贸易伙伴，在2012年占本港服务出口总额高达37%。当中，又以旅游服务输出的贡献最大，占本地对内地的服务出口总额达72%。这反映“个人游”政策自2003年实施以来，对本港经济增长带来重大贡献。

为促进内地和香港服务业的交流和合作，中央政府应允特区政府要求，成立中央和香港的《内地与香港关于建立更紧密经贸关系的安排》（CEPA）联合工作小组，并于过去一年多举行了三次会议。内地和香港双方具体磋商了香港业界利用CEPA遇到的政策及规管问题，并就解决方案详细讨论。双方同意继续推动CEPA的有效落实，协助香港企业拓展内地市场。累计至《补充协议十》，在CEPA下共有403项服务贸易开放措施，涵盖不同的服务领域，包括分销、金融服务、运输及物流等，都是香港拥有比较优势的服务领域。

行政长官于2013年的施政报告中提出成立香港与内地经贸合作咨询委员会，就加强香港与内地在经济贸易及相关范畴合作事宜，向特区政府提供建议。该委员会聚焦探讨香港企业和人才在内地发展业务的商机，促进与内地在香港及海外的经贸合作，探讨南沙、横琴、前海和河套等地和香港未来发展的关系、机遇和合作模式，及促进落实香港与内地贸易自由化及投资便利化，以协助业界加快拓展内地市场。

特区政府亦增加了在内地办事处的设点。驻武汉经济贸易办事处已于2014年第二季开始运作。未来，驻北京办事处和驻上海经贸办亦将分别在北部和东部开设两个联络处，驻武汉经济贸易办事处成立一段时间后，亦将在中部开设联络处，进一步加强内地与香港在经贸和其他范畴的交流与合作。

2014年10月，粤港澳三地联合承办了“第十届泛珠三角区域合作与发展论坛暨经贸洽谈会”，透过互动交流让泛珠省区凝聚共识。各行政首长亦同意加强内地省区与香港商贸合作，发挥香港特区作为区域资金、人才和技术管道的独特优势和“超级联系人”的角色。此外，各泛珠行政首长亦在会议上共同签署了《泛珠三角区域深化合作共同宣言（2015～2025年）》，为推进未来泛珠合作勾画了蓝图。

2014年11月，香港和广东举行了粤港合作联席会议第十七次会议。双方认为各个合作项目的整体落实进度理想，例如，在粤港双方的共同努力，以及中央政府大力支持下，粤港两地将通过CEPA率先基本实现服务贸易自由化，并继续推进金融发展、专业服务、旅游、口岸建设、跨境基建、知识产权保护、社会民生、教育、文化交流和环境保护等多方面的合作，继续寻求在上述的合作范畴上取得突破，以巩固香港和广东之间的经贸合作关系。

此外，香港作为区内的国际金融中心，截至2014年9月，香港的股票市场有857家主要业务在内地的上市企业。内地企业的市值占总市值的比率达59%，而所涉及的成交量更是总成交量的七成左右。在2014年前三季89家新上市企业中，亦有64家企业来自内地。此外，香港作为离岸人民币业务枢纽，为全球各地的企业和金融机构提供平台，进行人民币支付、融资和投资等不同金融活动，大大提升了香港的国际金融中心地位。自2004年1月开始发展，香港银行提供的人民币服务包括存款、人民币兑换、汇款和人民币银行卡等，随后的业务范围不断扩大。截至2014年9月底，共有149

家香港认可机构开展了人民币业务，人民币存款的总额达9448亿元人民币，在最近5年内增加15倍多。人民币贷款业务也从2010年7月开始稳步发展，在2014年9月底，人民币贷款余额已增至1668亿元人民币。人民币债券业务更进一步促进香港债券市场的发展。截至2014年9月底，共有456笔人民币债券在港发行，筹集资金总额5740亿元人民币。香港亦不断丰富离岸人民币投资产品，近年已推出了人民币定价的黄金交易所买卖基金、离岸人民币债券指数交易所买卖基金及人民币期货等。

2014年4月，香港和内地两地证监会发表联合公告，宣布香港和上海两地股市建立互联互通试点机制，允许两地投资者通过当地证券公司或经纪商买卖规定范围内的对方交易所上市的股票，并于11月17日正式启动。对内地来说，这一机制有助于提高上海市场机构投资者的参与度，促进市场成熟稳步发展，内地投资者有序地到海外投资，有助于内地资本项目逐步开放及人民币国际化的进程。对香港来说，可促进香港与内地市场的战略性融合，增加人民币资金于在岸和离岸市场之间的双向循环，进一步提高香港离岸人民币市场的流动性，并在过程中巩固和提升香港作为国际金融中心及离岸人民币业务中心的地位。

香港经济取得上述成果得来不易，有赖于中央政府的政策支持和香港善用其自身优势。展望未来，祖国的发展将会继续朝着更均衡、更可持续的方向迈进，并着力提升服务业在内地经济的比重。内地提升服务业水平的需求迫切，而香港服务业的竞争优势明显，既拥有国际级水平，又有助于内地市场与国际市场接轨，与内地的经济融合将有助于发展内地服务业，同时为香港的专业服务行业带来庞大商机。

（二）提升本港竞争力

在加强与内地经济合作的同时，香港亦必须不断提升自己的竞争力，走向高增值的知识型经济，才能在世界舞台上继续占一席位。因此，特区政府一直大力投资教育。经过多年持续投放资源，专上教育人士占劳动人口的比例已由2003年的27.2%上升至2013年的35.4%，同期劳动生产力平均每年增长2.9%，较其他先进经济体及亚洲国家为佳。此外，为推动本地科研发展，政府和高等教育机构在2012年的研究经费开支合共接近82亿港元，较2002年累计增加了62%，推进香港继续向知识型经济转型。财政司司长在2014年的财政预算案中亦提出，要确保人力资源能够切合社会经济发展，必须有针对性地增强青少年的生涯规划、职业教育和培训。同时，个别行业人力短缺，将滞碍相关产业发展，例如建造业的劳工短缺，会对基建工程造成影响。除了鼓励年轻人加入这些行业外，从外地输入本地欠缺的人才和劳动力，对维持竞争力亦有一定的帮助。此外，政府亦会继续大力投放资源于基础建设投资，深化区域经济融合。随着港珠澳大桥和广深港高铁等跨境基建未来相继落成，珠三角地区内的人流和物流将会更加方便，有利于生产要素更有效地分配和使用，从而提升香港乃至整个珠三角地区的中长期发展潜力。

香港的制度优势和国际化视野同样是香港经济竞争力的来源。凭着金融体系稳健、税制简单、资本自由流动、市场运作透明而高效、法制和监管健全等优势，香港成功吸引世界各地的商业机构来港发展。香港优良的营商环境得到广泛认同，不但在世界银行营商环境调查中排行全球第三，在2014年，共有1389家跨国企业在香港设立地区总部，及6196家公司在港设立地区或当地办事处。另外，香港亦是重要的国际金融中心，在世界经济论坛的金融发展报告中连续两年排名第一，在2014年9月公布的全球金融中心指数方面排名第三。在整体竞争优势方面，瑞士洛桑国际管理发展学院在《2014年世界竞争力年报》中把香港评为亚洲第二最具竞争力的经济体，仅次于新加坡。故此，特区政府会致力于保持香港经济的制度优势，并且优化营商环境，继续担当连接环球商家的桥梁，巩固香港在国际商贸活动中的角色。

（三）推动本地产业发展

特区政府一向不遗余力地推动本地产业发展。除了从多方面支持本地中小企业，协助它们应对目前充满挑战的外围环境外，特区政府亦会继续从政策、基建配套和培育人才等方面支持本地产业发展，并且配合市场的敏锐触觉，抓紧发展机遇，使香港经济可以在固有的优势及基础上，继续蓬勃发展。

贸易和物流业、旅游业、金融业和工商及专业服务是香港经济的传统支柱行业，多年来一直推动香港经济快速发展。为巩固和提升香港在这些行业上的竞争优势，特区政府多年来提出了多项发展政策，包括增建物流业专用设施和运输基建、提升旅游业配套、发展基金及资产管理以及离岸人民币业务等，务求提升香港作为国际金融、贸易、航运中心的地位。另外，特区政府在 2013 年成立了金融发展局，作为高层次和跨界别的咨询平台，就推动香港金融业发展向政府提出意见。金发局已向政府提交了多份报告，在不同方面分析金融业的机遇与挑战，详述香港作为国际金融中心的未来发展定位及策略方向，并就离岸人民币业务、资产和财富管理、房地产投资信托基金、首次公开招股机制等方面提出建议。

特区政府亦推动新产业的发展，让香港的经济基础更加多元化、更扎实。现届政府在产业政策上的一项重要举措是成立了经济发展委员会。这个委员会是政府配合市场力量，推动经济发展的新平台，就推动经济发展集思广益，提出策略及政策，检视产业结构，以及研究扶助产业发展所需的措施，充分发挥行政长官“适度有为”的经济思想方针。委员会将就制定产业政策，夯实香港经济基础及促进经济发展的整体策略和政策，向政府提供具体建议。特区政府期望能找出新的增长亮点，令香港经济得以长远可持续发展，以改善市民的生活质素，提高社会效率，并为年轻人提供更广阔的就业选择。

B.24

澳门经济分析与展望

华侨大学“澳门经济分析与预测”课题组*

摘　要：受惠于博彩业服务贸易出口等活动的带动，在2013年较高基数的基础上，2014年上半年澳门特区经济实质增长率为10.2%。预计下半年增长放缓，全年预计将有单位数的增长。2015年澳门经济将继续增长，《横琴支持澳门经济适度多元发展的十一条措施》的颁布实施将为澳门经济适度多元化提供新机遇。如何应对通货膨胀和进行房地产调控仍然是澳门政府应注意考虑的问题。

关键词：澳门经济　博彩收入　横琴发展　通货膨胀

2013年外部环境复杂多变，但在建设“世界旅游休闲中心”和“区域商贸服务平台”的发展定位下，受惠于博彩服务贸易出口等活动的带动，澳门经济继续保持增长态势。2013年全年澳门本地生产总值（GDP）为4135亿元（澳门元，全文同），实质增长率为11.9%，高于2012年的经济增长率9.9%。2013年澳门人均本地生产总值为697502元，比2012年增长7.4%。目前澳门人均GDP已位居世界第四，仅次于卢森堡、卡塔尔和挪威。2013年澳门经济增长主要来源于旅游博彩业持续畅旺，受强劲的服务出口及内部需求带动。其中博彩服务出口增加12.4%，旅客总消费上升13.7%，其他旅游服务出口上升10.0%，拉动经济增长12.3%。内部需求

* 课题负责人：吴承业；课题参加单位：华侨大学数量经济研究院、澳门发展策略研究中心。

方面，私人投资增加27.3%，但政府投资大幅回落48.1%，导致固定资本投资增幅明显收窄至4.7%；另外，私人消费及政府最终消费支出均上升6.3%、货物出口增加11.4%，而货物进口上升15.1%。2013年全年博彩毛收入创3607亿元历史新高，较2012年上升18.6%。2013年全年总出口货值为90.9亿元，较2012年增加11%；总进口货值为810.1亿元，较2012年增加11%。对外商品贸易总额达901亿元，较2012年的790.9亿元增长13.92%。统计局公布的《2012/2013住户收支调查》显示，澳门住户每月收入为41423元，较五年前增加34.1%；每月平均消费开支为29177元，实质增加27.1%。基尼系数由五年前的0.38降至0.35。

2013年澳门金融业稳健发展，截至2013年年底澳门银行体系的总资产达9901亿元，较2013年增长24.4%；总存款6801亿元，较2013年增长25.8%；总贷款5347亿元，较2013年增长31.4%。全年税后盈利为75.4亿元，较2013年增长31.5%。资产规模持续扩大，各项监测指标保持在良好水平，不良贷款率为0.09%，资本充足率为14.8%，核心资本率为11.2%，一个月及三个月的流动比率分别为12.3%及66%。作为澳门多元化产业中重要一“元”，澳门银行业资产从2009年的4300亿元增至2013年的接近万亿元，五年间平均增速超过23%；金融业增加值增长率也不断加快，从2009年的4.2%增至2012年的17.3%，都反映出银行业已成为澳门多元化产业中重要一“元”。

作为澳门金融产业的重要组成部分，截至2013年年底澳门银行的国际资产总额达8444亿元，较2012年增长27.1%；其中，对外资产达6528亿元，较2012年增长26.2%；本地外币资产达1916亿元，较2012年增长30.4%。作为国际资产主要组成部分的外地贷款及存款，较2012年上升25.8%，金额达6035亿元。澳门银行的国际负债总额较2012年上升25.7%，金额为7996亿元；其中，对外负债及本地外币负债分别较2012年上升27.3%及24.2%，金额分别达3968亿元及4028亿元。澳门居民及特区政府存放于本地银行的各类外币存款仍然是国际负债的主要组成部分，这类存款从2012年年底的3047亿元上升至2013年年底的3758亿元，增长

23.4%。截至2013年12月底，澳门的人民币总存款余额为858.34亿元，较2012年增长106.2%，其中个人客户存款为271.34亿元，较2012年增长100.8%。2013年全年跨境贸易人民币结算总额为1492.39亿元，较2012年增长53.46%。保险业作为澳门金融产业的重要组成部分，截至2013年年底总保费收入为68亿元，较2012年增长25.5%；其中人寿保费为50亿元，较2012年增长32.8%；非人寿险的保费为18亿元，较2012年增长9.3%。

根据2014年度《全球经济自由度指数》报告，澳门总体评分为71.3分，相对2012年的71.7分略低，在全球178个经济体中排名第29位，较2013年的第26位有所下降。在亚太地区42个经济体中，澳门排名第7位。澳门自2009年被纳入评估以来，这已是连续第六年被评价为“较自由”的经济体。10项经济自由度指标中，澳门排名较高的指标仍然为政府开支、贸易自由度、投资自由度、货币自由度及金融自由度等。另外，由于澳门长期以来受惠于全球贸易和投资，营商环境畅顺有效，私有产权相对受到尊重。度假娱乐项目及相关的基础设施投资，已将澳门的小型经济体转变成为世界领先的旅游目的地。

2014年中国《城市竞争力蓝皮书：中国城市竞争力报告》中，澳门的综合竞争力在全国294个城市中排名仍然保持第10位、和谐城市竞争力排名第2位、可持续竞争力排名第5位、文化城市竞争力排名第5位、生态城市竞争力排名第3位、全域城市竞争力排名第2位。值得注意的是，澳门在宜居城市竞争力排名方面从2013年的第2位到2014年的退出前10位。

为了让居民分享经济发展成果，澳门特区政府于2008年起开始实施对澳门居民一次性发放现金的计划，该计划一直延续至今。2014年7月3日起陆续发放澳门居民2014年度的现金分享，其中永久性居民及非永久性居民分别获发9000元及5400元。2014年现金分享计划受惠的永久性居民约55万人，非永久性居民6万多人，涉及财政开支约57亿元，较2013年度增加约10亿元。

一 澳门地区总体经济状况

2014 年在全球经济复苏日渐明朗情况下，澳门经济增幅渐趋稳定，截至 2014 年上半年，澳门经济已连续 20 个季度保持增长。澳门特区政府财政金融基础稳健，较多的有利因素都会继续支持澳门经济发展。2014 年上半年澳门经济实质增长率为 10.2%。

1. 上半年澳门总体经济继续增长有所放缓

2014 年上半年，全球经济继续温和复苏，欧洲央行推行宽松货币政策；美国股市年内以来连创新高，对亚洲股市有所提振；4 月起，中国政府推行一系列“微刺激”政策对经济形成支撑作用。2014 年第一季度澳门本地生产总值为 1064 亿元，比 2013 年同期实质增长 12.4%。经济增长主要由服务出口及投资上升所带动。其中博彩服务及其他旅游服务出口较 2013 年同期分别上升 13.0% 及 6.6%，私人投资增加 39.8%，此外，量度整体价格变动的本地生产总值内含平减物价指数较 2013 年上升 8.5%。2014 年第二季度澳门本地生产总值为 1060.28 亿元，比 2013 年同期实质增长 8.1%，经济增速有所放缓，是 2013 年以来六个季度中最低的增幅。经济增长主要由投资及其他旅游服务出口升幅带动，其中私人投资增加 56.4%，货物出口及其他旅游服务出口均上升 10.4%；另外，博彩服务出口首次出现回落，比 2013 年同期下跌 0.5%。2014 年上半年经济实质增长率为 10.2%，较 2013 年同期的 10.5% 有所下降。

由于澳门一直以来就业情况理想和人力资源需求上升，总就业人数及工作收入均处于历史新高，2014 年第一季度私人消费较 2013 年同期继续实质上升 4.7%，其中住户在本地的消费较 2013 年同期增加 4.8%，在外地的消费温和上升 2.3%。政府最终消费支出较 2013 年第一季度上升 8.6%，其中雇员报酬增加 3.0%，购入货物及服务净值上升 18.7%。2014 年第二季度私人消费较 2013 年同期实质上升 7.0%，其中住户在本地及外地的最终消费支出分别上升 7.3% 及 6.6%。政府最终消费支出较 2012 年第二季度增加4.8%。其中，雇员报酬增加3.4%，购入货物及服务净值上升7.5%。

2014年第一季度反映投资的固定资本形成总额较2013年同期大幅增加30.9%。由于大型旅游娱乐设施全面动工，私人投资增加39.8%，其中建筑及设备投资分别上升44.9%及19.4%。政府投资明显回落49.2%，一方面是澳门大学横琴校区已于2013年竣工，另一方面是2014年第一季度没有新增的大型公共工程，公共建筑投资及设备投资分别大幅收缩49.1%及53.1%。2014年第二季度投资又成经济增长的主要动力。固定资本形成总额比2013年同期大幅增加52.7%，远高于2014年第一季度的30.9%。私人投资增幅达56.4%，其中建筑及设备投资分别上升58.3%及46.9%，主要是多项大型旅游娱乐设施全面动工所致。政府投资比2013年同期增加9.6%，公共建筑及设备投资分别上升10.4%及4.0%。

2014年第一季度总出口货值为26.3亿元，较2013年同期上升6%；总进口货值为219.2亿元，较2013年同期上升18%。首季的货物贸易逆差扩大至192.9亿元。2014年第一季度对外商品贸易总额达245.5亿元，较2013年同期增加17%。2014年第二季度总出口货值为25.6亿元，较2013年同期上升14%；总进口货值为216.9亿元，较2013年同期上升11%。货物贸易逆差为191.3亿元。2014年上半年总出口货值为51.9亿元，较2013年同期上升10%；总进口货值为436.1亿元，较2013年同期上升14%。2014年上半年的货物贸易逆差扩大至384.2亿元。2014年上半年对外商品贸易总额达488.0亿元，较2013年同期的427.0亿元增加14%。

服务贸易方面，博彩毛收入、入境旅客及旅客消费同步上升，2014年第一季度服务出口较2013年同期增加11.9%；其中，博彩服务出口上升13.0%，其他旅游服务出口增加6.6%。另外，服务进口较2013年同期上升3.2%。进入第二季度，服务贸易增长放缓。旅客及旅客消费同步增加，致使其他旅游服务出口较2013年同期仍然有10.4%的升幅，但博彩服务出口终止过去六个季度的升势，较2013年同期下跌0.5%。受博彩业表现欠佳影响，整体服务出口增长大幅收窄至 1.3%，服务进口较 2013 年同期下跌 11.1%。

2. 公共财政表现较好主要得益于博彩业的增长

2013 年度政府公共财政盈余为 1245.6 亿元，比 2012 年上升 36.9%。2013 年公共财政总收入达 1759 亿元，比 2012 年上升 21.3%，当中直接税收入达 1323 亿元，比 2012 年上升 18.2%。众多收入中，“投资资产之出售”比 2012 年上升增长近 500% 达 46.8 亿元。2013 年公共总开支为 513.8 亿元，较 2012 年减少 4.9%，其中人员开支较 2012 年增加 10.4% 至 133.5 亿元，占总开支的 1/4。2013 年投资开支较 2012 年大幅度减少 46% 至 77.1 亿元。2014 年第一季度公共财政收入 421.46 亿元，较 2013 年同期增长 22.1%，其中来自博彩税收入为 358 亿元，占财政收入的 85%，较 2013 年同期增长 21.5%。公共财政开支为 70.61 亿元，较 2013 年同期增长 10.9%。2014 年第一季度财政结余 350.85 亿元，较 2013 年同期增长 24.6%，执行率高达 54.7%。2014 年第二季度公共财政收入 412.94 亿元，其中来自博彩税收入为 352 亿元，公共财政开支为 159.4 亿元。2014 上半年澳门公共财政收入 834.4 亿元，较 2013 年同期增加 13%，完成全年预算的 59.1%。博彩税收入为 710 亿元，较 2013 年同期增加 16%，仍占整体公共财政收入的 85%。上半年公共财政开支近 230 亿元，较 2013 年同期增加 34.6%，增幅较大，但执行率仍不足 30%。上半年公共财政盈余 604.6 亿元，较 2013 年同期增加 6.5%，达到全年预算的 95.1%。2014 年 6 月底澳门的财政储备资产总额，初步统计为 2420.3 亿元，其中包括基本储备 1164.6 亿元，超额储备 1252.0 亿元，上半年的累计投资盈余 3.7 亿元。

3. 旅客消费总量和人均消费量增长

2013 年澳门全年旅客总消费达 595 亿元，较 2012 年的 523 亿元上升 14%。2013 年旅客人均消费为 2030 元，较 2012 年增加 9%。2014 年第一季度旅客总消费（不包括博彩消费）达 159 亿元，较 2013 年同期的 145 亿元上升 10%，其中留宿旅客消费 132 亿元，不过夜旅客消费 28 亿元。2014 年第一季度旅客人均消费为2074元，较2013年同期增长1%。内地客人均消费2534元，较2013年同期下跌4%；自由行旅客人均消费2660元，较2013年同期下跌11%。2014年第二季度旅客总消费为163亿元，较2012年同期的139亿元上升17%。旅客人均消费为2141元，较2013年同期上升9%，其中内地旅客人均消费2659元，较2013年同期上升6%；自由行旅客人均消费2973元。

4. 旅游人数增长较快，旅游物价指数增幅仍然较大

2013年来澳旅客为2932.48万人次，较2012年上升4.4%，其中内地旅客为1862.21万人次，较2012年上升10.2%，增幅最大。全年自由行旅客为805.97万人次，较2012年上升13.0%。2014年第一季度入境旅客总数为769.02万人，较2013年同期增加9%。2014上半年入境旅客达1528.3847万人次，较2013年同期增加8%，而内地旅客人数则较2013年同期增加15%。

2013年澳门全年旅游物价平均指数为132.76，较2012年上升6.8%，以衣履、住宿和食品及烟酒增幅较大，分别上升10.50%、9.68%及9.15%，而杂项物品价格指数下跌3.56%。2014年第一季度旅游物价指数为144.02，较2013年同期上升7.35%，主要是由于农历新年期间酒店客房租金大幅上调，以及餐饮服务收费和手信食品价格上升带动。升幅最明显的大类有住宿、食品及烟酒和娱乐及文化活动，分别比2013年同期上升20.80%、5.63%及5.40%；而机票及金饰价格回落，交通及通信和杂项物品价格指数较2013年同期分别下跌2.95%及2.38%。2014年第二季度旅游物价指数为133.52，较2013年同期上升6.14%，升幅由酒店住宿和餐饮服务收费、服装及手信食品价格上升带动，其中住宿、衣履、食品及烟酒和餐饮分别上升12.63%、7.08%、5.39%和5.36%，均有明显上升。2014年上半年的旅游物价指数较2013年同期上升6.76%，其中住宿、食品及烟酒和衣履的价格指数分别上升17.25%、5.51%及4.89%，均有较大的升幅。

5. 失业率长期维持在低位

2013年澳门全年总体失业率为1.8%，本地居民年度失业率为2.4%。

从2013年11月至2014年1月，失业率降至1.7%，接下来数月一直保持该水平。统计局公布的2014年6月至8月澳门失业率为1.7%，就业不足率为0.3%，两项指标均继续处于历年低位。

6. 通货膨胀问题仍较为严重

2013年澳门全年综合消费物价指数为123.48，年通货膨胀率为5.5%，较2012年的6.11%有所回落，升幅主要由住户租金及外出用膳收费上升带动。进入2014年，受农历新年在1月影响，2014年1月澳门综合消费物价指数为127.85，较2013年同期上升6.35%，又处于6%这一高水平之上。2014年第一季度综合消费物价平均指数较2013年同期上升6.12%，甲类及乙类消费物价指数分别上升6.77%及6.01%。2014年第二季度综合消费物价平均指数较2013年同期上升6.17%。甲类及乙类消费物价平均指数平均上升6.60%及6.09%。2014年上半年综合消费物价平均指数较2013年同期上升6.14%，甲类及乙类消费物价平均指数平均上升6.69%及6.05%。澳门通货膨胀主要由内需带动，由于旅游业持续兴旺，特别在内地长假期间，大量旅客集中来澳门，确实对内需造成压力，同时也令物价居高不下。

7. 住宅单位价格升幅过大，成交量和成交金额均下跌

2013年全年楼宇单位买卖共12046个，较2012年减少29%，成交金额682亿元，较2012年减少8%。2013年住宅单位平均成交价为每平方米81811元，较2012年大幅度上升43%，增幅为五年以来最高。其中住宅楼花和现货住宅的平均成交价分别为每平方米105452元和66175元，分别较2012年上升27%及30%。办公室及工业单位平均价格分别为每平方米74525元及33721元，分别较2012年大幅上升61%及62%。

2014年第一季度楼宇单位买卖共1980个，较2013年同期减少21%，成交金额121.9亿元，较2013年同期减少16%。住宅单位平均成交价为每平方米88958元，较2013年同期上升3%。2014年第二季度楼宇单位买卖共2462个，较2013年同期上升24%，成交金额176.2亿元，较2013年同期上升45%。由于有价格较高的新楼盘推出，住宅单位平均成交价为每平方米111542元，较2013年同期上升25%。另有数据显示，2014年上半年

澳门房源成交情况较2013年同期下降明显，整体楼市表现格外平淡，但是澳门的置业需求没有减少反而大比例上涨，这种矛盾的化解，主要是因为澳门置业族群逐步转战海外市场，特别是香港、珠海、横琴等邻近区域。

为了应对过热的楼市，澳门特区政府采取了楼市调控政策。在增加供应方面，由政府主导修建保障性住房，用以出租和出售，还将通过新的土地法和规划法，企图盘活更多土地。与此同时，2013年澳门出台的“楼花法”，除了规范市场以外，更多是为了调控疯涨的楼价。此外，澳门特区政府颁布的一系列政策抑制外地人到澳门炒房，包括外地人买房时还需缴纳总价10%的买家印花税等。

8. 会展活动次数和人数规模均有增加，专业化程度不断提升

2013年澳门共举行1030项会议及展览活动，比2012年增加8项；与会及入场总数达203.4万人次，较2012年增加26%。2013年展览主办机构的收入为1.80亿元，支出为3.00亿元。

2014年第一季度澳门共举行会议263项，与会者达4.0万人次，比2013年同期上升38%。同期展览共13项，入场观众比2013年同期大幅增加51%，达26.4万人次；使用场地面积共4.7万平方米。2014年第二季度澳门共举行会议209项，与会者达2.2万人次，其中大型会议及公司会议的与会者占总数75%。同期展览共18项，入场观众比2013年同期大幅增加160%，达50.0万人次；使用场地面积共6.7万平方米。2014年上半年举办的会展活动共503项，比2013年同期增加45项，入场总数达82.7万人次。其中，展览有31项，入场观众共76.4万人次，比2013年同期分别上升48%及107%。

2014年第一季度共收集10项展览主办机构资料，其中7项在2013年同期亦有举办，参与活动的全职员工为247名。主办机构收入为1622万元，比2013年同期大幅增加88%，支出为3748万元，增幅为9%，主要为宣传及公关（26%）、展场制作及场地布置（22%）和住宿饮食（16%）。2014年第二季度共收集16项展览的主办机构资料，其中6项是首次在澳门举办，另有6项在2013年同期亦有举办；此外，主办机构共有208名全职员工跟

进有关展览的举行。由于参展品以高端消费品展为主，且部分展会人均消费较高，展览收入为7176万元，比2013年同期大幅上升104%，主要来自摊位租金（59%）及政府或其他机构资助（38%）；支出为5308万元，增加102%。会展业被视为推动经济多元化的行业之一，2014年澳门会展业进一步发展，活动规模、专业化程度等方面不断提升，对会展业推动澳门经济多元化有一定的促进作用。

9. 零售业总体大幅度上升

2013年，澳门零售业销售额660.4亿元，较2012年上升23%，较2010年的306亿元翻了一番多。其中钟表及珠宝销售额达204.6亿元，占总数的近31%，百货货品达103.9亿元，占总数的近16%。2013年全年零售业销货量比2012年增长24%。增幅较高的有通信设备、钟表及珠宝，以及皮具制品，分别有49%、39%、27%和19%的升幅。

2014年第一季度零售业销售总额为183.7亿元，较2013年同期上升15%，升幅较高的包括电器、超级市场货品、百货货品及成人服装，分别有47%、25%、22%和19%的升幅。2014年第二季度零售业销售总额为163.7亿元，其中，钟表及珠宝的销售额为42.0亿元（占总数的26%）、百货货品占17%、皮具制品及成人服装各占10%、汽车占7%及超级市场货品占6%。较第一季度下跌11%，比2013年同期上升3%。2014年上半年澳门零售业销售额达347.4亿元，比2013年同期增加9%。

10. CEPA货物继续呈现较快增长态势，投资合作力度不断增强

2014年是《内地与澳门关于建立更紧密经贸关系的安排》（CEPA）签署11周年，内地与澳门经贸往来更趋紧密。自2006年起，所有澳门原产的货物，经确定原产地标准后，全部可以享受零关税待遇进口内地，按2013年内地税号确定的原产地标准货物已达1283项。2013年澳门与内地贸易额为35.7亿美元，较2012年上升19.4%。其中，澳门从内地进口31.8亿美元，较2012年增加17.4%；澳门对内地出口3.9亿美元，较2012年增加38.7%。2013年澳门在内地投资获批新项目310个，较2013年同期上升2.3%；实际投资额6亿美元，较2013年下跌8.9%。2014年

上半年内地与澳门贸易额为16.6亿美元，较2013年同期下降7.2%。其中，内地对澳门出口15.5亿美元，较2013年同期下降1%；自澳门进口1.1亿美元，较2013年同期下降50.6%。2014年上半年澳门在内地投资获批新项目161个，较2013年同期上升15%；实际投资额3.3亿美元，较2013年上升26.2%。截至2014年6月底，澳门在内地投资新设项目13613个，实际投资额116.8亿美元。按实际使用外资统计，澳资占内地累计吸收境外投资总额的0.8%。与此同时，内地企业也不断增大在澳门的投资力度。

11. 澳门机场稳定发展

2013年澳门机场营运商总收入突破40亿元，较2012年增长14%，其中机场专营公司收入突破9亿元。2013年机场客运量达502万人次，航班升降4.8万架次，较2012年分别增长12%及16%。2014年第一季度澳门机场营运状况良好，共接待超过128万人次旅客及12500个航班，较2013年同期均上升10%左右，反映澳门旅客市场稳定增长，新增航线及航班密度的增加为市场提供更多元选择。除了东南亚部分航线因为受到一些外部不稳定的政治因素影响客运量稍有下降外，中国大陆及台湾航线的市场表现仍然理想，分别较2013年同期增长20%和14%。2014年上半年，总体上澳门机场的客运吞吐量和飞机起降架次均明显增长。其中，旅客运输量为261.5万人次，较2013年同期增长10.7%；飞机起降架次为25000架次，较2013年同期增长8%。

二　下半年澳门地区经济增长将放缓，全年将获得个位数增长

展望2014年下半年，澳门经济短期会受外围和内地影响，各项经济增长速度有所放缓，但上升势头仍会保持。

1. 2015年世界经济增长将缓慢复苏

由于全球经济复苏依然脆弱、不平衡，国际货币基金组织不断调低世界

经济增长预期，2014 年 10 月 7 日的《世界经济展望报告》中预计 2014、2015 年两年全球经济增长率分别为 3.3% 和 3.8%，比 7 月公布的预测数分别减少 0.1% 和 0.2%。发达经济体经济增长率分别为 1.8% 和 2.3%，新兴经济体的经济增长率分别为 4.4% 和 5.0%。美国经济增长率分别为 2.2% 和 3.1%，欧元区的经济增长率分别为 0.8% 和 1.3%，中国经济 2014、2015 年增长率分别为 7.4% 和 7.1%，预计澳门经济在 2014 年和 2015 年将会维持增长，预计本地生产总值 2014 的年增长率为 6% ~8%，澳门的经济增长仍然由博彩服务贸易出口的带动，加上政府的公共投资，2015 年澳门整体经济环境基本理想。

2. 博彩收入跌幅有扩大趋势

2014 年上半年澳门累计博彩毛收入为 1930.86 亿元，较 2013 年同期增长 12.6%。2 月的博彩收入较 2013 年同期增长 40.3%，创下 2011 年 10 月以来最佳纪录，但其后的增幅逐月递减，到 5 月已跌至个位数增幅，博彩收入从 6 月连续出现负增长，跌幅呈现急剧扩大的趋势。9 月博彩毛收入为 255.64 亿元，较 2013 年同期下跌 11.7%，比 8 月亦减少 11.5%，已连跌四个月。累计 1 ~9 月为 2759.41 亿元，较 2013 年同期仍保持增长至 5.9%。有学者指出，若 10 月的博彩收入继续跌势，全年博彩收入有可能出现负增长。有机构预测博彩收入在 2014 年和 2015 年将分别较前一年下跌 2% 和 3%，2015 年下半年博彩收入有望恢复增长。

3. 旅客人数仍然呈现增长

统计局数据显示，2014 年 7 月澳门入境旅客共 275.3 万人次，较 2013 年同期增加 7%，内地旅客有 187.2 万人次，较 2013 年同期增长 13%。自由行人数为 87.1 万人次，较 2013 年同期增长 19%，有较大的增长。1 ~7 月入境旅客总数有 1803.7 万人次，较 2013 年同期增长 8%。8 月，入境旅客达 308.23 万人次，创单月新高，比 2013 年同期增加 7%；随团来澳旅客为 126.7 万人次，较 2013 年同期大幅增加 30%。中国大陆团客为 105.0 万人次，增幅高达 36%。有研究表明，访澳入境旅客的数量对于澳门旅游博彩业十分重要，旅客数量的不断增长是旅游博彩业以及经济发展的动力。

4. 通货膨胀问题仍然值得重视

进入下半年通胀走势依然没有改变，2014 年 7 月综合消费物价指数为 131.2，较 2013 年同期上升 5.92%。8 月综合消费物价指数为 131.61，较 2013 年同期上升 6.07%。9 月综合消费物价指数为 132.31，较 2013 年同期上升 5.82%。第三季度综合消费物价平均指数较 2013 年同期上升 5.94%，甲类及乙类消费物价平均指数分别上升 6.39% 及 5.82%。2014 年前 9 个月综合消费物价平均指数按年上升 6.08%。有学者表示，虽然 6 月以来博彩收入下跌，但旅客量未有减少，内需持续，估计短期内消费物价指数不会回落。

5. 楼价高位制约续涨，楼市供不应求的局面短期难改

2014 年上半年，澳门楼价增速明显回落，显示出脱离高速增长的发展趋势。由于楼市长期处在“干升”状态，成交愈发低迷。2014 年上半年住宅单位成交量较 2013 年同期下跌四成，成交量愈发低迷。因此，纵观澳门过去几年房地产交易状况，始终呈现价升量跌趋势，且量与价的分离走势日趋明显。澳门楼价在连年高增长的基础上，已处在相对高位，楼价继续大幅上涨受到制约。预计 2014 年下半年澳门房地产市场的成交价格大幅上涨受到制约，不会出现过往高增速，将保持横行或小幅向上的平稳趋势。成交量仍将保持现状，全年住宅成交量很难过万，将创新低。楼市整体上将保持量价平稳淡静态势。

6.《横琴支持澳门经济适度多元发展的十一条措施》支持澳门经济适度多元发展

横琴新区始终把加强与澳门的合作作为首要任务，截至 2014 年 9 月，已注册和登记的澳门投资企业达 195 家，计划投资总额 1695 亿元人民币。作为粤澳合作产业园首个启动项目，粤澳合作中医药科技产业园进展顺利，商业孵化中心正式启用，截至 2014 年 9 月已有 11 个企业进驻。2014 年 7 月 16 日，《横琴支持澳门经济适度多元发展的十一条措施》首次发布，表明珠澳合作开发建设横琴进入新阶段。“11 条”包括落实“澳门优先”原则、设立专门机构提升服务、加快粤澳合作产业园建设、加强用地支持、提高工

商服务质量、加强金融支持、加大财税支持、加强对澳基础设施对接、推进通关便利、加强市场环境合作、健全沟通机制。近年来，横琴坚持在基础设施建设上无缝对接澳门、在优惠政策上倾斜澳门、在产业用地保障上协力拓展澳门、在营商环境打造上趋同澳门，粤澳合作产业园、澳门大学等重点项目建设取得明显进展，对澳合作从前期沟通交流迈向项目落地、全面合作，有力促进了澳门经济的适度多元发展。以横琴开发为切入点，珠澳合作近年来也呈现多重变化：合作观念迈向积极参与、优势互补、协同发展，合作领域迈向经济、交通、教育、医疗、环保等全方位格局，合作机制迈向政府、市场、企业等多元模式，合作路径迈向规划引领、先行先试、重点突破、逐步推广，合作深度从产业项目、基础设施等硬件向社会建设、营商环境等软件拓展。“11 条”进一步从不同维度将横琴支持澳门经济适度多元发展的使命落实到具体项目，将对澳门经济适度多元化发展提供有益的帮助，也将为内地经济带来新的活力。

附　　录

Appendix

B.25

统计资料

1978～2015年我国主要经济指标

年份	GDP增长率(%)	第一产业增加值增长率(%)	第二产业增加值增长率(%)	第三产业增加值增长率(%)	交通运输仓储邮政业增加值增长率(%)
1978	11.7	4.1	15.0	13.7	9.8
1979	7.6	6.1	8.2	7.9	8.3
1980	7.8	－1.5	13.6	6.0	4.3
1981	5.2	7.0	1.9	10.4	1.9
1982	9.1	11.5	5.6	13.0	11.4
1983	10.9	8.3	10.4	15.2	9.5
1984	15.2	12.9	14.5	19.3	14.9
1985	13.5	1.8	18.6	18.2	13.8
1986	8.8	3.3	10.2	12.0	13.9
1987	11.6	4.7	13.7	14.4	9.6
1988	11.3	2.5	14.5	13.2	12.5
1989	4.1	3.1	3.8	5.4	4.2
1990	3.8	7.3	3.2	2.3	8.3
1991	9.2	2.4	13.9	8.9	10.6
1992	14.2	4.7	21.2	12.4	10.1

续表

年份	GDP 增长率（%）	第一产业增加值增长率（%）	第二产业增加值增长率（%）	第三产业增加值增长率（%）	交通运输仓储邮政业增加值增长率（%）
1993	14.0	4.7	19.9	12.2	12.5
1994	13.1	4.0	18.4	11.1	8.5
1995	10.9	5.0	13.9	9.8	11.0
1996	10.0	5.1	12.1	9.4	11.0
1997	9.3	3.5	10.5	10.7	9.2
1998	7.8	3.5	8.9	8.4	10.6
1999	7.6	2.8	8.1	9.3	12.2
2000	8.4	2.4	9.4	9.7	8.6
2001	8.3	2.8	8.4	10.3	8.8
2002	9.1	2.9	9.8	10.4	7.1
2003	10.0	2.5	12.7	9.5	6.1
2004	10.1	6.3	11.1	10.1	14.5
2005	11.3	5.2	12.1	12.2	11.2
2006	12.7	5.0	13.4	14.1	10.0
2007	14.2	3.7	15.1	16.0	11.8
2008	9.6	5.4	9.9	10.4	7.3
2009	9.2	4.2	9.9	9.6	4.2
2010	10.4	4.3	12.3	9.8	9.8
2011	9.3	4.3	10.3	9.4	9.9
2012	7.7	4.3	7.9	8.1	6.8
2013	7.7	3.8	7.8	8.3	7.2
2014	7.3	3.8	7.2	7.9	6.9
2015	7.0	3.6	6.8	7.6	6.8

年份	批发和零售业增加值增长率（%）	全社会固定资产投资规模（现价，亿元）	全社会固定资产投资名义增长率（%）	全社会固定资产投资实际增长率（%）	工业出厂品价格指数上涨率（%）
1978	23.1	899	19.9	19.5	0.1
1979	8.7	977	8.7	4.7	1.5
1980	-1.9	911	-6.8	-8.5	0.5
1981	29.5	961	5.5	2.9	0.2
1982	-0.7	1230	28.0	25.1	-0.2
1983	21.2	1430	16.2	13.3	-0.1
1984	24.7	1833	28.2	23.9	1.4
1985	33.5	2543	38.8	30.1	8.7

续表

年份	批发和零售业增加值增长率（%）	全社会固定资产投资规模（现价，亿元）	全社会固定资产投资名义增长率（%）	全社会固定资产投资实际增长率（%）	工业出厂品价格指数上涨率（%）
1986	9.4	3121	22.7	15.8	3.8
1987	14.7	3791	21.5	14.1	7.9
1988	11.8	4747	25.2	10.0	15.0
1989	-10.7	4410	-7.1	-12.9	18.6
1990	-5.3	4518	2.4	-3.0	4.1
1991	5.2	5595	23.8	15.0	6.2
1992	10.5	8080	44.4	25.3	6.8
1993	8.6	13072	61.8	27.8	24.0
1994	8.2	17043	30.4	18.1	19.5
1995	8.2	20019	17.5	10.9	14.9
1996	7.6	22974	14.8	10.3	2.9
1997	8.8	24941	8.6	6.7	-0.3
1998	6.5	28406	13.9	14.1	-4.1
1999	8.7	29855	5.1	5.5	-2.4
2000	9.4	32918	10.3	9.1	2.8
2001	9.1	37213	13.1	12.6	-1.3
2002	8.8	43500	16.9	16.7	-2.2
2003	9.9	55567	27.7	25.0	2.3
2004	6.6	70477	26.8	20.1	6.1
2005	13.0	88774	26.0	24.0	4.9
2006	19.5	109998	23.9	22.1	3.0
2007	20.2	137324	24.8	20.2	3.1
2008	15.9	172828	25.9	15.6	6.9
2009	12.1	224599	30.0	33.2	-5.4
2010	14.3	278122	23.8	19.5	5.5
2011	12.6	311485	23.9	15.6	6.0
2012	9.8	374676	20.3	19.0	-1.7
2013	10.1	451110	19.3	18.9	-1.9
2014	9.8	517776	15.8	15.2	-1.7
2015	9.3	594052	14.7	14.3	-1.4

年份	固定资产投资价格指数上涨率（%）	居民消费价格指数上涨率（%）	城镇居民实际人均可支配收入增长率（%）	农村居民实际人均纯收入增长率（%）	新增货币发行（亿元）
1978	0. 3	1. 5	-2. 4	6. 7	NA
1979	3. 8	2. 1	19. 6	17. 6	NA
1980	1. 9	7. 0	6. 2	18. 2	NA
1981	2. 5	2. 6	1. 6	10. 7	50
1982	2. 4	1. 9	5. 8	21. 1	43
1983	2. 6	1. 2	4. 3	14. 7	91
1984	3. 4	1. 7	12. 5	12. 7	262
1985	6. 7	7. 6	0. 1	11. 7	196
1986	6. 0	6. 5	13. 8	3. 2	231
1987	6. 4	7. 3	2. 4	5. 2	236
1988	13. 9	18. 8	-2. 3	6. 4	680
1989	6. 7	18. 0	0. 0	-1. 6	210
1990	5. 6	3. 1	8. 5	1. 8	300
1991	7. 6	3. 4	7. 2	2. 0	533
1992	15. 3	6. 4	9. 7	5. 9	1158
1993	26. 6	14. 7	9. 5	3. 2	1529
1994	10. 4	24. 1	8. 5	5. 0	1424
1995	5. 9	17. 1	4. 9	5. 3	597
1996	4. 0	8. 3	3. 9	9. 0	917
1997	1. 7	2. 8	3. 4	4. 6	1376
1998	-0. 2	-0. 8	5. 8	4. 3	1027
1999	-0. 4	-1. 4	9. 3	3. 8	2251
2000	1. 1	0. 4	6. 4	2. 1	1197
2001	0. 4	0. 7	8. 5	4. 2	1036
2002	0. 2	-0. 8	13. 4	4. 8	1589
2003	2. 2	1. 2	9. 0	4. 3	2468
2004	5. 6	3. 9	7. 7	6. 8	1722
2005	1. 6	1. 8	9. 6	6. 2	2563
2006	1. 5	1. 5	10. 4	7. 4	3041
2007	3. 9	4. 8	12. 2	9. 5	3303
2008	8. 9	5. 9	8. 4	8. 0	3844
2009	-2. 4	-0. 7	9. 8	8. 5	4028
2010	3. 6	3. 3	7. 8	10. 9	6381
2011	6. 5	5. 4	8. 4	11. 4	6120
2012	1. 1	2. 6	9. 7	10. 7	3911
2013	0. 3	2. 6	7. 0	9. 3	3915
2014	0. 5	2. 0	6. 6	8. 5	2370
2015	0. 4	1. 8	6. 1	7. 6	2070

年份	社会消费品零售总额（亿元）	社会消费品零售总额名义增长率(%)	社会消费品零售总额实际增长率(%)	贷款余额（亿元）	新增贷款（亿元）
1978	1559	32.7	31.8	1850	187
1979	1800	15.5	13.2	2040	190
1980	2140	18.9	12.2	2415	375
1981	2350	9.8	7.3	2861	446
1982	2570	9.4	7.3	3181	320
1983	2849	10.9	9.2	3590	409
1984	3376	18.5	15.2	4766	1176
1985	4305	27.5	17.2	5905	1139
1986	4950	15.0	8.5	7590	1685
1987	5820	17.6	9.6	9032	1442
1988	7440	27.8	7.9	10551	1519
1989	8101	8.9	-7.6	14360	3809
1990	8300	2.5	0.3	17681	3321
1991	9416	13.4	10.2	21338	3657
1992	10994	16.8	10.8	26323	4985
1993	14270	29.8	14.7	32943	6620
1994	18623	30.5	7.2	39976	7033
1995	23614	26.8	10.5	50544	10568
1996	28360	20.1	13.2	61156	10612
1997	31253	10.2	9.3	74913	13757
1998	33378	6.8	9.7	86523	11610
1999	35648	6.8	10.1	93733	7210
2000	39106	9.7	11.4	99370	5637
2001	43055	10.1	11.0	112314	12944
2002	48136	11.8	13.3	131293	18979
2003	52516	9.1	9.2	158995	27702
2004	59501	13.3	10.2	178197	19202
2005	68353	14.9	14.0	194690	16493
2006	79145	15.8	14.6	225347	30657
2007	93572	18.2	13.9	261691	36344
2008	114830	22.7	15.9	303395	41704
2009	132678	15.5	16.9	399685	96290
2010	156998	18.3	14.8	473247	79511
2011	183919	17.1	11.7	547947	74700
2012	210307	14.3	12.1	629910	81963
2013	237810	13.1	11.5	719000	89090
2014	266135	11.9	10.8	812851	93851
2015	296578	11.4	10.4	912782	99931

年份	财政收入（亿元）	财政收入增长率（%）	财政支出（亿元）	财政支出增长率（%）	财政收支差额（亿元）
1978	1132	29.5	1122	33.0	10.2
1979	1146	1.2	1282	14.2	-135.4
1980	1160	1.2	1229	-4.1	-68.9
1981	1176	1.4	1138	-7.4	37.4
1982	1212	3.1	1230	8.0	-17.7
1983	1367	12.8	1409	14.6	-42.6
1984	1643	20.2	1701	20.7	-58.2
1985	2005	22.0	2004	17.8	0.6
1986	2122	5.8	2205	10.0	-82.9
1987	2199	3.6	2262	2.6	-62.8
1988	2357	7.2	2491	10.1	-134.0
1989	2665	13.1	2824	13.3	-158.9
1990	2937	10.2	3084	9.2	-146.5
1991	3149	7.2	3387	9.8	-237.1
1992	3483	10.6	3742	10.5	-258.8
1993	4349	24.8	4642	24.1	-293.4
1994	5218	20.0	5793	24.8	-574.5
1995	6242	19.6	6824	17.8	-581.5
1996	7408	18.7	7938	16.3	-529.6
1997	8651	16.8	9234	16.3	-582.4
1998	9876	14.2	10798	16.9	-922.2
1999	11444	15.9	13188	22.1	-1743.6
2000	13395	17.0	15886	20.5	-2491.3
2001	16386	22.3	18903	19.0	-2516.5
2002	18904	15.4	22053	16.7	-3149.5
2003	21715	14.9	24650	11.8	-2934.7
2004	26396	21.6	28487	15.6	-2090.4
2005	31649	19.9	33930	19.1	-2281.0
2006	38760	22.5	40423	19.1	-2162.5
2007	51322	32.4	49781	23.2	1540.4
2008	61330	19.5	62593	25.7	-1262.3
2009	68518	11.7	76300	21.9	-7781.6
2010	83101	21.3	89874	17.8	-6772.7
2011	103874	25.0	109248	21.6	-5373.4
2012	117210	12.8	125712	15.1	-8000.0
2013	129143	10.1	139056	10.9	-10601.0
2014	139760	8.2	153260	10.2	-13500.0
2015	150373	7.6	165373	7.9	-15000.0

年份	城乡储蓄存款余额（亿元）	城乡储蓄存款余额增长率（%）	货币和准货币（M2）（亿元）	货币和准货币（M2）增长率（%）	社会融资总额（亿元）
1978	211	15.7	NA	NA	NA
1979	281	33.4	NA	NA	NA
1980	400	42.2	NA	NA	NA
1981	524	31.1	NA	NA	NA
1982	675	29.0	NA	NA	NA
1983	892	32.1	NA	NA	NA
1984	1215	36.1	NA	NA	NA
1985	1623	33.6	5199	NA	NA
1986	2238	38.0	6721	29.3	NA
1987	3081	37.7	8331	24.0	NA
1988	3822	24.0	10100	21.2	NA
1989	5196	36.0	11950	18.3	NA
1990	7120	37.0	15293	28.0	NA
1991	9242	29.8	19350	26.5	NA
1992	11759	27.2	25402	31.3	NA
1993	15203	29.3	34880	37.3	NA
1994	21519	41.5	46923	34.5	NA
1995	29662	37.8	60750	29.5	NA
1996	38521	29.9	76095	25.3	NA
1997	46280	20.1	90995	19.6	NA
1998	53407	15.4	104498	14.8	NA
1999	59622	11.6	119898	14.7	NA
2000	64332	7.9	134610	12.3	NA
2001	73762	14.7	158302	17.6	NA
2002	86911	17.8	185007	16.9	20112
2003	103617	19.2	221223	19.6	34113
2004	119555	15.4	254107	14.9	28629
2005	141051	18.0	298756	17.6	30008
2006	161587	14.6	345604	15.7	42697
2007	172534	6.8	403442	16.7	59664
2008	217885	26.3	475167	17.8	69804
2009	260772	19.7	606225	27.6	139105
2010	303302	16.3	725852	19.7	140191
2011	343636	13.3	851591	17.3	128286
2012	391970	14.1	974149	14.4	157605
2013	447602	12.0	1106509	13.6	172900
2014	497753	11.2	1248160	12.8	165094
2015	548500	10.2	1400920	12.2	160925

年份	进口总额（亿美元）	进口总额增长率(%)	出口总额（亿美元）	出口总额增长率(%)	货物贸易顺差(亿美元)
1978	108.9	51.0	102.0	34.4	-7
1979	156.8	44.0	135.8	33.1	-21
1980	200.2	27.7	181.2	33.4	-19
1981	220.1	10.0	220.1	21.5	0
1982	192.9	-12.4	223.2	1.4	30
1983	213.9	10.9	222.3	-0.4	8
1984	274.1	28.1	261.4	17.6	-13
1985	422.5	54.1	273.5	4.6	-149
1986	429.0	1.5	309.4	13.1	-120
1987	432.2	0.7	394.4	27.5	-38
1988	552.8	27.9	475.2	20.5	-78
1989	591.4	7.0	525.4	10.6	-66
1990	533.5	-9.8	620.9	18.2	87
1991	637.9	19.6	719.1	15.8	81
1992	805.9	26.3	849.4	18.1	44
1993	1039.6	29.0	917.4	8.0	-122
1994	1156.1	11.2	1210.1	31.9	54
1995	1320.8	14.2	1487.8	22.9	167
1996	1388.3	5.1	1510.5	1.5	122
1997	1423.7	2.5	1827.9	21.0	404
1998	1402.4	-1.5	1837.1	0.5	435
1999	1657.0	18.2	1949.3	6.1	292
2000	2250.9	35.8	2492.0	27.8	241
2001	2435.5	8.2	2661.0	6.8	226
2002	2951.7	21.2	3256.0	22.4	304
2003	4127.6	39.8	4382.3	34.6	255
2004	5612.3	36.0	5933.3	35.4	321
2005	6599.5	17.6	7619.5	28.4	1020
2006	7914.6	19.9	9689.8	27.2	1775
2007	9561.2	20.8	12204.6	26.0	2643
2008	11325.7	18.5	14306.9	17.2	2981
2009	10059.2	-11.2	12016.1	-16.0	1957
2010	13962.4	38.8	15777.5	31.3	1815
2011	17435.0	24.9	18983.8	20.3	1549
2012	18178.0	4.3	20489.0	7.9	2303

续表

年份	进口总额（亿美元）	进口总额增长率（%）	出口总额（亿美元）	出口总额增长率（%）	货物贸易顺差（亿美元）
2013	19504	7.3	22096	7.9	2592
2014	19935	2.2	23420	6.0	3485
2015	20852	4.6	25045	6.9	4193

注：1989 年以后的新增贷款包括全部金融机构。2011 年以后固定资产投资不含农户。
表中 2014、2015 年为预测数。

（娄峰　整理）

Abstract

In the first three quarters of 2014, China's gross domestic product (GDP) growth rate reaches 7.4%, presenting a stable trend, and the growth rate of the whole year will be 7.3%, which is less than 7.7% in 2013. The agriculture development performs well, and the total grain output will maintain at 0.6 billion tons, which will fulfill "increasing for the twelfth consecutive year". Industrial production development keeps within a stable range, and in spite of the slower growth, positive progress is obtained in the adjustment of industrial structure. Service sectors run better than the industrial sections, maintaining a good development trend and continual increasing in their added value as a share of GDP. There is a slowing growth in investment of fixed assets, while the consumption remains the main growth driver. Uncertainty in the world economy leads to a lower speed in the imports and exports of China's foreign trade.

Along with the increasing economic size, since 2011 when China part from double-digit economic growth, its rate of economic development has been decreased. Due to double pressure from the enhancing constraint of environment and resources, the uncertainty of international economic recovery, China's economy has been going to the "New Normal", which means that the economic structure would tend to optimize, the rise of price would tend to mediate, employment would tend to stabilize, and the growth rate would tend to be within economy's potential.

In 2015, although it is difficult that the driving force of external demand to export rises sharply due to complex domestic and foreign development environment, and uneven recovery of the major economies, China's economy would maintain steady and relatively fast, and the rate would reach around 7%, because slow growth of domestic investment is likely to tend to stability, consumption keeps steady growth, service industry pulls the economic development, deepening the reform releases the "reform dividend", and the transformation and upgrading offer great potentials.

Contents

Abstract: This paper analyzes the current economic situation, pointing out that the downward pressure on the economy did not reduce, but increasing. The paper puts forward the future economic trends (2015 –2020), there are four possibilities: First, all the way down. The second is to continue to go flat. Third, return to more than 10% growth. Fourth, on the basis of the midline of the reasonable range, make the economic normal fluctuations within the reasonable interval between the upper and lower limits. This article argues for the fourth possibility and makes policy recommendations. To build a new type of long-term development of China's economy, that is to carry out a new type of people-centered urbanization, combined with major regional development of the Yangtze River economic belt, the Beijing-Tianjin-Hebei economic belt, the Silk Road economic belt. Finally, the paper points out that there is a larger space for the development of new type of urbanization in China, the current decline in China's economic growth should be a gradual process of wave type, but should not be "substantial" down the steps.

Keywords: China Economy; Macroeconomic Control; Economic Fluctuations; New Type of Urbanization

Abstract: In 2014, Chinese government adheres to a steady growth in work, make innovations in ideas and methods of macro-control, directional regulation based on interval control. China's government achieves active progress in the following areas: making steady growth, adjusting structure, promoting reform, preventing risks, and benefiting people's livelihood, and the overall economy and society develop steadily. In 2015, the international economic situation will be more severe and complicated, and the sustainable and stable development of China's economy has great potential. It is expected that China's economy will continue to maintain a steady growth in the next year.

Keywords: National Economy; Development Forecast; Macroeconomic Regulation

B. 5 Macroeconomic Situation Analysis in 2014 and Outlook in 2015

Fu Linghui / 042

Abstract: In 2014, China's macro-economy performs stably generally. In the first three quarters of this year, the gross domestic product grows by 7. 4% , economy increases steadily, and deceleration and acceleration of growth appear alternately. Employment and price are in stability, and people's income increases steadily. Transformation to service industry domination in economy speeds up, the new industry develops rapidly, and the market performs vigorously. In 2015, due to the slow recovery in the world economy and international market competition, external demand is not able to vigor the export of our country sharply. Because of numerous constraints in demand growth, overcapacity in the traditional industry, and management difficulties in enterprise, internal impetus of economic growth in China will be insufficient. However, since the continuous contribution from service industry, impetus from deepening economic reform, huge economic potential from transformation and upgrading, in 2015, China's economy would continue to maintain steady and rapid growth.

Keywords: Macro Economy; Employment; Domestic Economy; Transformation and Upgrading

B. 6 Situation Analysis of Issues of Agriculture, Rural Development and Farmers in 2014

Li Zhou, *Dang Guoying* / 051

Abstract: In 2014, the output of China's summer grain is 136. 596 million tons, growing 3. 6 percent, and increases 4. 748 million tons higher than that in 2013. According to the information that has been published, the annual grain output will remain at a high level of 0. 6 billion tons. The agricultural product quality is up to standard, cultivated land continues to advance, the employment of migrant workers continues to increase, farmers' income growth still increases faster than the income of urban residents, and the welfare of farmers continues to improve. To maintain the sustained and stable development of agriculture, there are still a series of relations need to handle, including the relationship between strengthen protection and new solutions, the relationship between perfect theory and simple operation, and the relationship between climate risks and political risks.

Keywords: Issues of Agriculture, Rural Development and Farmers; Food Production; Agricultural Risks

Abstract: In the first three quarters of 2014, the industrial economy appeared to fall, but the adjustment of industrial structure had achieved positive progress, the quality of industrial economic growth improved obviously. At present, the industrial dynamic mechanism of economic growth is facing a transformation. From the demand perspective, an important driving force for industrial growth is still investment, but the efficiency of investment accelerate decline; from the view of supply, total factor productivity will gradually take the place of capital formation, and become the core of industrial growth driving force; from the industry point of view, labor-intensive industries, capital intensive, knowledge intensive industries play an irreplaceable role in China's industrial economic growth, but the mechanism and relative position will have a certain change.

Keywords: Industrial Economy; Situation Analysis; Policy Recommendations

Abstract: In 2014, China's industrial growth is apparent fallout, industrial investment growth continue to slow down, export of industrial production maintains in moderate rate, profitability of industrial enterprises sustains to improve, the contradiction between supply and demand of the industrial products becomes intensified, and industrial electricity consumption declines significantly. Advantages as following exist in industrial growth, such as, more prompt macroeconomic regulation and control, fine consumption condition led from the stable employment situation and steady price situation, reform measures effectively promoting the enterprise growth, expansion of the production and business. However there are also some adverse factors, such as, continually downward investment, restricted enterprise production space during destocking, the insufficient foreign demand because of bad world economic situation, and problems in enterprise management. According to the analysis of the synthetic index of industrial prosperity, expectedly in 2015, annual industrial output growth would reach around 8.6%.

Keywords: Industrial Growth; Industrial Prosperity Index; Warning Index

B Ⅲ Macro-economic Policy and Macro-economic Regulation and Control

Abstract: In 2014, China's economic downward pressure increases, consumption growth is basically stable, the export growth rises again, investment growth continues to fall, and the real estate enters in the transitional adjust period. The major source of economic downturn pressure is the growth speed decline of real estate investment. Economic growth will reach bottom in 2015, the market demand is stabilizing, and tasks of transformation and upgrading is heavy. The government should combine steady growth with promoting economic transformation and upgrading, continuous improve the development of environment, improve the ability to adapt to the micro foundation and the structure of the economy to changes in the environment, accelerate cultivating and consolidating the economic growth in the new normal situation.

Keywords: Economy Decline; Transformation and Upgrading; Economic Situation; Real Estate

Abstract: Due to economic development in continual high speed, resources restriction and structural adjustment, China's economic development has entered into the phase of " the new normal" . In 2015, researchers and economic experts should gives comprehensive overviews of the new standard, the new speed, and the new quality, in order to promote the understanding of " the new normal" . China should pinpoint the goals and direction of economic structural adjustment. In order to strengthen innovation driven strategy, China needs to work for top - level design and countermeasures of it. For promoting the economic system reform, China must continue to transform government function, handle the relationship between the government and the market, and make the market plays a decisive role in the allocation of resources. In the aspect of promoting the modernization of national governance, China should pay attention to the requirements of modern governance. In the understanding of GDP growth, governments at all levels should take comprehensive condition analysis into consideration and give measures to changes in the rate of economic development.

Keywords: The New Normal; Policy Choices; Management System; Innovation Driven

B. 11 China's Macroeconomic Situation and Policies: 2014 –2015

Zheng Chaoyu / 130

Abstract: In 2014, China's economy preliminarily interrupted the growth deceleration trend since 2011, but its recovery process stagnated. In 2015, China's economy should sustain proactive fiscal policy and prudent monetary policy and, through the counter-cycle operation of accommodative demand management, effectively promote the comprehensive normalization of economic condition, so as to achieve the final transition of business cycle from depression to prosperity.

Keywords: China's economy; Growth, fluctuation and inflation; Demand management

B. 12 The Analysis and Forecasting of Economic Situations of 2014 – 2015

Chen Lei, *Sui Zhanlin and Zhang Tongbin* / 142

Abstract: The economy has been in the recession phase of this short cycle from 2013Q4. The economic climate turned down again in 2014 and has stepped into the 'partial cold' state. However, it maybe stop downward trend within 2014 and is expected to keep roughly stable in 2015. We predicate that the GDP growth rate would reach about 7.4% and 7.2% respectively in 2014 and 2015, and meanwhile the inflation rate would be about 2% and 1.8% respectively. The amplitude of business and inflation cycle would become much smaller. The business cycle has been featured with wavelet since 2012, and the economic growth have gradually turned to the "new normal" stage.

Keywords: Business Cycle; Economic Climate Analysis; Monitoring and Early Warning; The New Normal

Ⅳ Analysis of Consumption, Investment and Trade Situation

Abstract: The new normal is the characteristics stage of China's current economic development. In 2014, China's economy continues the former stable condition, and its rate keeps within the ration ranges of the new normal. The implementation of infrastructure construction, the upgrading of consumption and the promotion of "One Belt And One Road" open policy will become the basic driving of economic growth in 2015. Under development style of the new normal, in view of slow economic growth, China should grasp the development requirement: stability, coordination and adjustment room, and should grasp the development connotation: adjustment structure, changing development model and Innovation driving. Moreover, China should grasp the new basic ideas of macroeconomic regulation and control: quality development idea, employment priority growth target, supply-oriented control keynote and market-driven regulation policy.

Keywords: The New Normal; Adjustment of Structure; Transformation of Development Mode; Development Trend

Abstract: In 2014, because bill financing significantly increases in RMB loans and the funding of non-bank financial institutions decreases significantly, money supply slows down in China. Social financing maintains in moderate scale, and the financing structure achieves its optimization, while more currency lend out, and the loan structure improves. Interest rates of China have the trend of downward, at the same time the RMB exchange rate performs in the two-way fluctuation. However, due to spreading trend of the financial risk, a weaker demand for credit, outstanding financing problems, great changes in the monetary base channel, and the new trends in the funding, financial situation of China needs more attention. Outlook for 2015, China should strengthen the prospective of monetary policy, should use a variety of monetary policy to achieve macroeconomic stability.

Keywords: The New Normal; Currency; Financial; Structural Adjustment

Abstract: The world economic recovery is full of twists and turns in 2014, and world trade grows at an almost equivalent rate with world economy in recent years; that is to say, global trade and economy are both in a rare slump, indicating the hard world economy and trade situation during the adjustment period. In China, the slowing foreign trade growth shows relative resilience; structural transformation of export improves year after year; the quantity of imports grows faster than the amount of imports and the terms of trade improves to some extent. China's foreign trade is expected to rise roughly 4. 8% in 2014. In 2015, the outlook for the world economy and trade is bleak: geopolitical unrest may lead to damage to the European economy and cause the recession of Russia; risk of Japan may increase; US economy remains uncertain; China's economy continues to slow down and its foreign trade is expected to rise roughly 6. 6%.

Keywords: Foreign Trade; Transitional Period; Probability of Recession

Abstract: In 2014, due to weak domestic demand, significant growth in imports of China, slowing down of domestic production under dual impacts, and lower price resulted from an over-supply of products, China's commodity market have large pressure. Expectedly, in 2015, although macroeconomic situation have huge downward pressure and continual bad market condition, the commodity market of China would rebound back, because of economic reform, directional stimulation effect, robust import situation, supply inhibition mechanism and speed-up export situation. Since the condition above, the positive investment stimulus is imperative for China.

Keywords: Commodities; Economic Reform; Domestic Demand

B V Market Price and Income Distribution

Abstract: Different from other existing method in literatures, this paper estimates China's potential growth rate from a perspective of demographic dividend. Forecasting the trends of economic growth rate according to its potential growth rate is also conductive to identify the net effect from all kinds of reform. That is so-called the reform dividend. Specifically, this paper provides different simulation of potential growth effect resulting from various possible family planning policy adjustment plans. It then provides some policy suggestions.

Keywords: Family Planning Policy; Demographic Dividend; Reform Dividend; Potential Growth Rate

Abstract: In 2014, China's accumulated tax revenue appeared an obviously high-speed running posture in the first quarter of the year, which growth rate was

2.5 percent higher than the economic growth rate. In the second quarter of the year, the accumulated tax revenue rebounded, but still 0.7 percent higher than the economic growth rate. The tax revenue continued to fall in the third quarter of the year, which synchronized changing with the economic growth rate, and only 0.4 percent higher than the economic growth rate. The main categories of taxes income growth over the previous year showed declines of varying degrees. The growth rate of large coastal provinces, which are the main sources of tax revenue, rebounded slightly, and directly made the national tax revenue growth small rebounded. If China's macroeconomic situation appears normally new situations in 2015, the tax revenues will also enter a medium speed growth period, and continue to maintain the basic synchronization with economic growth.

Keywords: Tax Situation; Tax Revenue

Abstract: Retrospectively, the security market condition since 2014 can be described as "structural bullish market beginning to burst out". In spite of the uncertainty in world economy and difficulty in domestic economy, in 2014, the security market of China presents continually good situation, driving the Shanghai composite index increasing from 2000 point at the beginning of 2014 to 2400 point at now, which increasing by 20%, due to the reform boosting. Expectedly, at the end of 2014, the Shanghai composite index would reach 2500. In 2015, we predict that since the security market has been on the edge of bullish market, it would be a slow bull market in next whole year.

Keywords: Security Market; The New Normal; Monetary Policy; Investment Value

Abstract: This paper constructs financial conditions index (FCI) in China based on Dirichlet component analysis method. Test results shows that, the index can not only effectively reflect the running status of money market in China, but also show strong predictive ability on CPI and GDP as a leading indicator of FCI, and it is a suitable reference index of monetary policy. In order to maintain its stable state of inertia, we use infinite state Markov model to measure China's financial status index. The results show that the overall inertia of China's financial condition index remains firm in the long-term. Although there are three times of short-term fluctuations because of the monetary policy shifts and the impact of the financial crisis to FCI, China's financial condition shows a high level of inertia in the first half of 2002, at the end of 2007 and the end of 2009.

Keywords: Financial Conditions Index; Instability; Inertial Measurement

B Ⅵ Taiwan, Hong Kong and Macao's Economy

Abstract: In 2014, Taiwan economy continue to upswing, driven by a pickup in the Us and Europe, the cross-strait economic cooperation. Economic growth has been forecast a rise of 3. 41% from 2. 09%. Taiwan economic growth depends upon the trade of electronic information industry, which is also a driving force for internal investment. In a year many financial liberalization policies were pushed by Taiwan authorities, but not including the draft of Free Economic Pilot Zones and The Mainland-Taiwan Agreement on Service Trade, which were blocked in Taiwan legislature. That would be not conducive to Taiwan economic reform and restructure. Currently there are still two questions for Taiwan economic: lack of the endogenous growth momentum and complicated international economic situation. Looking forward to the year of 2015, we conclude that Taiwan economy is likely to keep slow growth.

Keywords: Taiwan Economy; Modest Growth; Economic and Trade Relations

Abstract: In the first half of 2014, as the world economic recovery, economic development in Taiwan perform in stability, and its economic growth is 3. 49%. In 2014, the import and export situation of Taiwan run well, and the exports increase by 6. 68%, while the imports increase by 7. 71% in the third quarter. Private consumption increase stably, and its contribution to economic growth reaches around 36%, which is the highest part of domestic demand. Since the driving of the private investment, growth rate of investment in Taiwan is 3. 69% in the second quarter, achieving bottoming out. As a result of fiscal deficit, Taiwan cuts public spending. Moreover, indicators of price and finance are in good condition. Expectedly, the growth rate of Taiwan would be 3. 46% in 2014, while would be 3. 53% in 2015.

Keywords: Taiwan's Economy; Employment; Import and Export

Abstract: In 2014, the external environment remains challenging, the overall economy in the first three quarters is still continuing to expand at a moderate growth, but slightly slower than last year. The mainland economy, Coupled with other Asian area economic fundamentals, maintains a steady growth, and bring support for Hongkong's economy. It is expected that Hongkong's economic growth rate is at 2. 2% this year. As to inflation, because of import prices increase moderately, rent pressure eases, and wage growth is steady, upside risks to inflation are still limited in the short term. Property market has become active since the second quarter of 2014, the risks of asset bubbles still remain, and the SAR government has launched a series of measures to make the property market develop healthily and steadily, to ensure a stable macroeconomic and financial system. Outlook in 2015, many external factors mentioned above will affect the performance of Hongkong's economy. However, sustained economic development opportunities provided by the mainland will continue to bring support for Hongkong's economy.

Keywords: Hongkong's Economy; Property Market Bubble; Long-term Strategy

Abstract: Benefited from the pull from the gambling industry and the export of service trade, the real growth rate of the first half of 2014 is 10. 2% on the basis of a relatively high basis of 2013. It is estimated that the growth of the second half of 2014 will slow down and the whole year will have a one-digit growth. The Macao Economy of 2015 will continue to grow, and the promulgation and implementation of "Eleven Measures of Hengqin to Support Macao Economic Moderate Diversification Development" will provide a new opportunity for the appropriate diversification of the future Macao economy. How to cope with inflation and take measures on real estate are still the problems that Macao should confront.

Keywords: Macao Economy; Revenue of Gambling Industry; HengQin Development; Inflation

𝔹 Ⅶ Appendix

皮书起源

“皮书”起源于十七、十八世纪的英国，主要指官方或社会组织正式发表的重要文件或报告，多以“白皮书”命名。在中国，“皮书”这一概念被社会广泛接受，并被成功运作、发展成为一种全新的出版型态，则源于中国社会科学院社会科学文献出版社。

皮书定义

皮书是对中国与世界发展状况和热点问题进行年度监测，以专业的角度、专家的视野和实证研究方法，针对某一领域或区域现状与发展态势展开分析和预测，具备权威性、前沿性、原创性、实证性、时效性等特点的连续性公开出版物，由一系列权威研究报告组成。皮书系列是社会科学文献出版社编辑出版的蓝皮书、绿皮书、黄皮书等的统称。

皮书作者

皮书系列的作者以中国社会科学院、著名高校、地方社会科学院的研究人员为主，多为国内一流研究机构的权威专家学者，他们的看法和观点代表了学界对中国与世界的现实和未来最高水平的解读与分析。

皮书荣誉

皮书系列已成为社会科学文献出版社的著名图书品牌和中国社会科学院的知名学术品牌。2011 年，皮书系列正式列入“十二五”国家重点图书出版规划项目；2012~2014 年，重点皮书列入中国社会科学院承担的国家哲学社会科学创新工程项目；2015 年，41 种院外皮书使用“中国社会科学院创新工程学术出版项目”标识。

法律声明

“皮书系列”（含蓝皮书、绿皮书、黄皮书）之品牌由社会科学文献出版社最早使用并持续至今，现已被中国图书市场所熟知。“皮书系列”的LOGO（ ）与“经济蓝皮书”“社会蓝皮书”均已在中华人民共和国国家工商行政管理总局商标局登记注册。“皮书系列”图书的注册商标专用权及封面设计、版式设计的著作权均为社会科学文献出版社所有。未经社会科学文献出版社书面授权许可，任何使用与“皮书系列”图书注册商标、封面设计、版式设计相同或者近似的文字、图形或其组合的行为均系侵权行为。

经作者授权，本书的专有出版权及信息网络传播权为社会科学文献出版社享有。未经社会科学文献出版社书面授权许可，任何就本书内容的复制、发行或以数字形式进行网络传播的行为均系侵权行为。

社会科学文献出版社将通过法律途径追究上述侵权行为的法律责任，维护自身合法权益。

欢迎社会各界人士对侵犯社会科学文献出版社上述权利的侵权行为进行举报。电话：010-59367121，电子邮箱：fawubu@ssap.cn。

社会科学文献出版社

权威报告·热点资讯·特色资源

皮书数据库

ANNUAL REPORT(YEARBOOK) DATABASE

当代中国与世界发展高端智库平台

WWW.PISHU.COM.CN

皮书俱乐部会员服务指南

1. 谁能成为皮书俱乐部成员?

- 皮书作者自动成为俱乐部会员
- 购买了皮书产品(纸质书/电子书)的个人用户

2. 会员可以享受的增值服务

- 免费获赠皮书数据库100元充值卡
- 加入皮书俱乐部,免费获赠该纸质图书的电子书
- 免费定期获赠皮书电子期刊
- 优先参与各类皮书学术活动
- 优先享受皮书产品的最新优惠

3. 如何享受增值服务?

(1)免费获赠100元皮书数据库体验卡

第1步 刮开附赠充值的涂层(右下);

第2步 登录皮书数据库网站(www.pishu.com.cn),注册账号;

第3步 登录并进入"会员中心"—"在线充值"—"充值卡充值",充值成功后即可使用。

(2)加入皮书俱乐部,凭数据库体验卡获赠该书的电子书

第1步 登录社会科学文献出版社官网(www.ssap.com.cn),注册账号;

第2步 登录并进入"会员中心"—"皮书俱乐部",提交加入皮书俱乐部申请;

第3步 审核通过后,再次进入皮书俱乐部,填写页面所需图书、体验卡信息即可自动兑换相应电子书。

4. 声明

解释权归社会科学文献出版社所有

皮书俱乐部会员可享受社会科学文献出版社其他相关免费增值服务,有任何疑问,均可与我们联系。

图书销售热线:010-59367070/7028
图书服务QQ:800045692
图书服务邮箱:duzhe@ssap.cn

数据库服务热线:400-008-6695
数据库服务QQ:2475522410
数据库服务邮箱:database@ssap.cn

欢迎登录社会科学文献出版社官网(www.ssap.com.cn)和中国皮书网(www.pishu.cn)了解更多信息

社会科学文献出版社 SOCIAL SCIENCES ACADEMIC PRESS (CHINA) 皮书系列

卡号:325934453951

密码:

子库介绍
Sub-Database Introduction

中国经济发展数据库

涵盖宏观经济、农业经济、工业经济、产业经济、财政金融、交通旅游、商业贸易、劳动经济、企业经济、房地产经济、城市经济、区域经济等领域，为用户实时了解经济运行态势、把握经济发展规律、洞察经济形势、做出经济决策提供参考和依据。

中国社会发展数据库

全面整合国内外有关中国社会发展的统计数据、深度分析报告、专家解读和热点资讯构建而成的专业学术数据库。涉及宗教、社会、人口、政治、外交、法律、文化、教育、体育、文学艺术、医药卫生、资源环境等多个领域。

中国行业发展数据库

以中国国民经济行业分类为依据，跟踪分析国民经济各行业市场运行状况和政策导向，提供行业发展最前沿的资讯，为用户投资、从业及各种经济决策提供理论基础和实践指导。内容涵盖农业，能源与矿产业，交通运输业，制造业，金融业，房地产业，租赁和商务服务业，科学研究环境和公共设施管理，居民服务业，教育，卫生和社会保障，文化、体育和娱乐业等 100 余个行业。

中国区域发展数据库

以特定区域内的经济、社会、文化、法治、资源环境等领域的现状与发展情况进行分析和预测。涵盖中部、西部、东北、西北等地区，长三角、珠三角、黄三角、京津冀、环渤海、合肥经济圈、长株潭城市群、关中—天水经济区、海峡经济区等区域经济体和城市圈，北京、上海、浙江、河南、陕西等 34 个省份及中国台湾地区。

中国文化传媒数据库

包括文化事业、文化产业、宗教、群众文化、图书馆事业、博物馆事业、档案事业、语言文字、文学、历史地理、新闻传播、广播电视、出版事业、艺术、电影、娱乐等多个子库。

世界经济与国际政治数据库

以皮书系列中涉及世界经济与国际政治的研究成果为基础，全面整合国内外有关世界经济与国际政治的统计数据、深度分析报告、专家解读和热点资讯构建而成的专业学术数据库。包括世界经济、世界政治、世界文化、国际社会、国际关系、国际组织、区域发展、国别发展等多个子库。